『十三五』国家重点出版物出版规划项目

长江三峡工程文物保护项目报告

乙种第六十一号

重庆市文物局　重庆市水利局　主编

开州长塝

山东大学考古学院　编著

科学出版社

内 容 简 介

本书是重庆市开州区长塝墓地和铺溪四组墓地的发掘报告。报告在介绍其发掘过程的基础上，以墓葬为单位，全面、系统地公布了汉代至六朝时期37座墓葬的全部发掘成果。该墓地是澎溪河中上游地区规模较大、发现墓葬数量较多、出土遗物较丰富的一处汉代至六朝时期的墓地，对于全面、深入地认识澎溪河流域乃至长江三峡地区同时期文化具有一定的现实意义。

本书可供考古学、历史学等领域的专家学者和高等院校相关专业师生参考、阅读。

图书在版编目（CIP）数据

开州长塝 / 山东大学考古学院编著. -- 北京：科学出版社，2025. 6.
--（长江三峡工程文物保护项目报告）. -- ISBN 978-7-03-082401-1
Ⅰ. K878.85
中国国家版本馆CIP数据核字第2025Q36H19号

责任编辑：王光明　雷　英 / 责任校对：邹慧卿
责任印制：肖　兴 / 封面设计：陈　敬

科学出版社 出版
北京东黄城根北街 16 号
邮政编码：100717
http://www.sciencep.com
北京中科印刷有限公司印刷
科学出版社发行　各地新华书店经销
*
2025年6月第　一　版　开本：880 × 1230　1/16
2025年6月第一次印刷　印张：16 3/4　插页：30
字数：590 000

定价：258.00元
（如有印装质量问题，我社负责调换）

"13th Five-Year Plan" National Key Publications Publishing and Planning Project

Reports on the Cultural Relics Conservation
in the Three Gorges Dam Project
B(site report) Vol.61

Cultural Relics and Heritage Bureau of Chongqing
Chongqing Water Resources Bureau

TGCR

The Changbang Site in Kaizhou District, Chongqing City

School of Archaeology, Shandong University

Science Press

长江三峡工程文物保护项目报告

乙种第六十一号

《开州长塄》

主　　编

王　芬　栾丰实

项目承担单位

山东大学考古学院

重庆市开州区文物管理所

目　　录

第一章　概述……（1）
一、地理位置和自然环境……（1）
二、历史沿革……（3）
三、发现和发掘经过……（4）
第二章　地层堆积和墓葬分布……（7）
一、地层堆积……（7）
二、墓葬分布……（9）
第三章　墓葬形制和随葬品……（11）
第四章　结语……（224）
一、墓葬反映的文化内涵和特征……（224）
二、墓地的分期和年代……（227）
三、关于特殊的M33……（231）
附表　墓葬登记表……（233）
ABSTRACT……（245）
后记……（249）

插图目录

图一　开州发掘遗址和墓地平面分布图 ……………………………………………………（1）
图二　澎溪河两岸平坝和墓地分布及长塝、铺溪四组墓地位置示意图 ……………………（3）
图三　T2055、T2155、T2255、T2355、T2455、T2555南壁剖面图 ……………………（8）
图四　T2275、T2375、T2475、T2575、T2675、T2775南壁剖面图 ……………………（8）
图五　T1845、T1945、T2045、T2145、T2245、T2345南壁剖面图 ……………………（8）
图六　长塝墓地和铺溪四组墓地墓葬分布图 ……………………………………………（10）
图七　M3平、剖面图 ……………………………………………………………………（11）
图八　墓砖花纹和砌石纹样、图案拓片 …………………………………………………（12）
图九　M4总平面图及墓道、墓室平面、剖视图 …………………………………………（13）
图一〇　M4出土器物 ……………………………………………………………………（15）
图一一　M4出土器物 ……………………………………………………………………（16）
图一二　M4出土釉陶器 …………………………………………………………………（18）
图一三　M4出土釉陶器 …………………………………………………………………（19）
图一四　M4出土陶器 ……………………………………………………………………（22）
图一五　M4出土陶小口圜底罐 …………………………………………………………（23）
图一六　M5平、剖面图 …………………………………………………………………（25）
图一七　M5出土铁钩 ……………………………………………………………………（25）
图一八　M6平、剖面图 …………………………………………………………………（26）
图一九　M6出土器物 ……………………………………………………………………（28）
图二〇　M7平、剖面图 …………………………………………………………………（30）
图二一　墓砖花纹纹样拓片 ………………………………………………………………（31）
图二二　M7出土器物 ……………………………………………………………………（32）
图二三　M7出土釉陶器 …………………………………………………………………（34）
图二四　M7出土釉陶器 …………………………………………………………………（35）
图二五　M7出土陶器 ……………………………………………………………………（36）
图二六　M8平、剖面图 …………………………………………………………………（37）
图二七　M8出土器物 ……………………………………………………………………（39）
图二八　M8出土器物 ……………………………………………………………………（40）

图二九　M9平、剖面图……（42）
图三〇　M9出土器物……（43）
图三一　M10平、剖面图……（44）
图三二　M10出土陶器……（45）
图三三　M11平、剖面图……（46）
图三四　墓砖花纹纹样拓片……（47）
图三五　M11出土铜器……（48）
图三六　M11出土五铢钱拓片和铜泡……（49）
图三七　M11出土釉陶器……（50）
图三八　M11出土釉陶器……（52）
图三九　M11出土陶器……（53）
图四〇　M11出土器物……（55）
图四一　M12平、剖面图……（56）
图四二　M12出土器物……（57）
图四三　M13平、剖面图……（58）
图四四　M14平、剖面图……（59）
图四五　M15平、剖面图……（60）
图四六　M16平、剖面图……（61）
图四七　墓砖花纹纹样拓片……（62）
图四八　M16出土器物……（63）
图四九　M16出土釉陶器……（64）
图五〇　M16出土釉陶壶……（65）
图五一　M16出土器物……（67）
图五二　M16出土陶器……（68）
图五三　M17平、剖面图……（70）
图五四　M18平、剖面图……（71）
图五五　M18出土瓷器……（72）
图五六　M19平、剖面图……（73）
图五七　M19出土器物……（75）
图五八　M19出土瓷器……（76）
图五九　M20平、剖面图……（77）
图六〇　M21平、剖面图……（78）
图六一　墓砖花纹纹样拓片……（79）
图六二　M22平、剖面图……（80）
图六三　M22出土器物……（81）
图六四　M23平、剖面图……（82）
图六五　M23出土器物……（84）

图六六　M23出土釉陶器……（85）
图六七　M23出土釉陶壶……（87）
图六八　M23出土釉陶器……（89）
图六九　M23出土釉陶器……（91）
图七〇　M23出土器物……（93）
图七一　M23出土器物……（94）
图七二　M24平、剖面图……（95）
图七三　M24出土器物……（96）
图七四　M25平、剖面图……（97）
图七五　M25出土银镯（M25：1）……（98）
图七六　M26平、剖面图……（99）
图七七　M26出土陶器……（100）
图七八　M26出土陶器……（102）
图七九　M26出土陶器……（104）
图八〇　M27平、剖面图……（106）
图八一　M27出土器物……（108）
图八二　M27出土釉陶器……（110）
图八三　M27出土釉陶器……（111）
图八四　M27出土陶器……（113）
图八五　M27出土陶仓……（114）
图八六　M27出土陶小口圜底罐……（115）
图八七　M28平、剖面图……（116）
图八八　M28出土器物……（118）
图八九　M28出土釉陶器……（119）
图九〇　M28出土釉陶器……（121）
图九一　M28出土陶器……（123）
图九二　M28出土陶器……（124）
图九三　M28出土陶器……（125）
图九四　M29平、剖面图……（127）
图九五　M29出土陶器……（128）
图九六　M29出土陶器……（129）
图九七　M30平、剖面图……（131）
图九八　M30出土陶器……（133）
图九九　M30出土陶器……（134）
图一〇〇　M30出土器物……（135）
图一〇一　M30出土陶壶……（137）
图一〇二　M30出土陶壶……（138）

图一〇三　M30出土陶器……（140）
图一〇四　M31平、剖面图……（142）
图一〇五　M31出土器物……（142）
图一〇六　M31出土釉陶器……（144）
图一〇七　M31出土釉陶器……（145）
图一〇八　M31出土陶器……（147）
图一〇九　M32平、剖面图……（148）
图一一〇　M32出土铜器和煤精石串饰……（150）
图一一一　M32出土釉陶器……（152）
图一一二　M32出土釉陶器……（153）
图一一三　釉陶器盖（M32：58）……（154）
图一一四　M32出土陶器……（155）
图一一五　M32出土陶壶……（157）
图一一六　M32出土陶器……（158）
图一一七　M33平、剖面图……（160）
图一一八　M33出土器物……（161）
图一一九　M33出土釉陶器及其纹饰……（163）
图一二〇　M33出土釉陶器……（165）
图一二一　釉陶卮（M33：52）的纹饰……（166）
图一二二　M33出土釉陶器……（167）
图一二三　M33出土陶器……（168）
图一二四　M33出土陶仓……（169）
图一二五　M33出土陶仓……（170）
图一二六　M33出土陶罐……（172）
图一二七　M33出土陶器……（174）
图一二八　M34平、剖面图……（175）
图一二九　M34出土铜器和铁器……（176）
图一三〇　M34出土釉陶器……（178）
图一三一　M34出土陶器……（180）
图一三二　M34出土陶器……（181）
图一三三　M34出土陶器……（182）
图一三四　M34出土陶器……（184）
图一三五　M35平、剖面图……（185）
图一三六　M35出土铜器……（186）
图一三七　M35出土釉陶器……（187）
图一三八　M35出土陶器……（190）
图一三九　M36平、剖面图……（191）

图一四〇　M36出土器物……（192）
图一四一　M37平、剖面图……（194）
图一四二　M37填土内出土器物……（194）
图一四三　铺溪四组M2平、剖面图……（196）
图一四四　铺溪四组M2墓砖拓片……（197）
图一四五　铺溪四组M2出土器物……（197）
图一四六　铺溪四组M2出土铜泡……（198）
图一四七　铺溪四组M2出土铜钱……（199）
图一四八　铺溪四组M2出土釉陶器……（202）
图一四九　铺溪四组M2出土釉陶器……（203）
图一五〇　铺溪四组M2出土釉陶器……（204）
图一五一　铺溪四组M2出土釉陶器……（205）
图一五二　铺溪四组M2出土釉陶灯……（207）
图一五三　铺溪四组M2出土陶器……（208）
图一五四　铺溪四组M2出土陶仓……（209）
图一五五　铺溪四组M3平、剖面图……（211）
图一五六　铺溪四组M3花纹砖拓片……（212）
图一五七　铺溪四组M3出土器物……（213）
图一五八　铺溪四组M3出土釉陶器……（214）
图一五九　铺溪四组M3出土釉陶器……（215）
图一六〇　铺溪四组M3出土釉陶壶……（217）
图一六一　铺溪四组M3出土釉陶器……（219）
图一六二　铺溪四组M3出土釉陶灯……（220）
图一六三　铺溪四组M3出土陶器……（222）

图版目录

图版一　长塝墓地外景
图版二　长塝、铺溪四组墓地外景
图版三　M4及其出土器物
图版四　M4出土陶器、釉陶器
图版五　M4出土陶器、釉陶器
图版六　M6及其出土瓷器
图版七　M6出土陶、瓷器
图版八　M7及其出土陶器、釉陶器
图版九　M7出土釉陶器、琉璃器
图版一〇　M7、M8出土铜器、陶器
图版一一　M9及其出土瓷器
图版一二　M11及其出土陶器、釉陶器
图版一三　M11出土陶器、釉陶器
图版一四　M11出土器物
图版一五　M16墓室及局部
图版一六　M16出土陶器、釉陶器
图版一七　M16出土陶器、釉陶器
图版一八　M18、M25出土瓷器、银器
图版一九　M19及其出土器物
图版二〇　M21、M22及M22出土器物
图版二一　M23及其出土釉陶器
图版二二　M23出土陶器、釉陶器
图版二三　M23出土器物
图版二四　M24及其出土陶器、釉陶器
图版二五　M26及其出土陶器
图版二六　M26出土陶器
图版二七　M26出土陶器
图版二八　M27及其出土陶器、釉陶器

图版二九　M27出土陶器、釉陶器
图版三〇　M27出土器物
图版三一　M28及其出土陶器、釉陶器
图版三二　M28出土陶器、釉陶器
图版三三　M28出土器物
图版三四　M29及其出土陶器
图版三五　M29出土陶器
图版三六　M30及出土陶器
图版三七　M30出土陶器
图版三八　M30出土陶器
图版三九　M31及其出土釉陶器
图版四〇　M31出土陶器、釉陶器
图版四一　M31出土陶器、釉陶器
图版四二　M32及其出土陶器、釉陶器
图版四三　M32出土陶器、釉陶器
图版四四　M32出土陶器、釉陶器
图版四五　M33及其出土陶器、釉陶器
图版四六　M33出土陶器、釉陶器
图版四七　M33出土陶器、釉陶器
图版四八　M33出土器物
图版四九　M33出土器物
图版五〇　M34及其出土陶器、釉陶器
图版五一　M34出土陶器、釉陶器
图版五二　M34出土器物
图版五三　M35及其出土陶器、釉陶器
图版五四　M35出土陶器、釉陶器
图版五五　M35出土器物
图版五六　铺溪四组M2、M3
图版五七　铺溪四组M2出土陶器、釉陶器
图版五八　铺溪四组M2出土器物
图版五九　铺溪四组M3出土陶器、釉陶器
图版六〇　铺溪四组M3出土器物

第一章 概 述

一、地理位置和自然环境

开州区位于重庆市东北部的长江北侧，地处大巴山南坡和川东平行岭谷的结合地带，在北纬30°49′30″～31°41′30″和东经107°65′48″～108°54′之间。开州区之南为万州区，北有重庆市城口县和四川省宣汉县，东邻重庆市云阳县和巫溪县，西接四川省开江县，总面积3959平方千米（图一）。

位于四川盆地东部的开州区，幅员广阔，地形复杂，境内因纬度引起的差异甚小，而由海拔所产生的立体差异则十分明显。年平均气温10.8～18.5℃，高温期为7～8月，最高温度多年平均值为39.7℃，低温期为1月，最低温度平均值为-1.5℃。四季分明，夏季时间较长，其余三

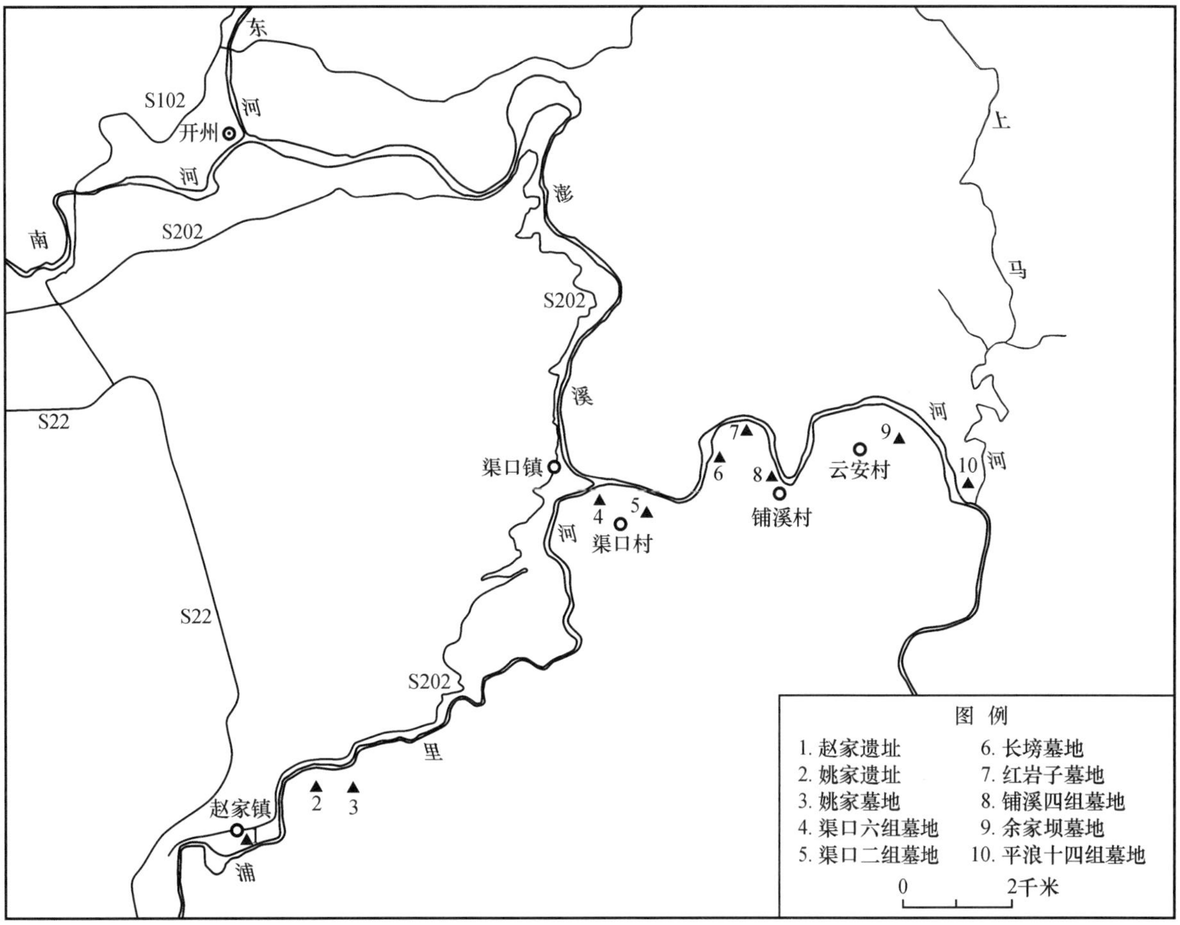

图一 开州发掘遗址和墓地平面分布图

季时间大体相当。主要农作物为水稻、玉米、小麦、甘薯、土豆、油菜等。

开州区的降水特点是雨季长，降水丰富，年降水量平均值为1224毫米，全年有7个月的降水量在100毫米之上。在季节降水的分布上，夏季最多，冬季较少，春秋相当。开州区的地势总体上呈北高南低的趋势，而降水量则随着地势的增高而增多，即北多南少，地势每增高100米，年降水量增加15～40毫米。

开州区气候湿度大，云雾多，属典型的日照低值区。多年平均日照时数为1463小时，较之长江流域同纬度偏少500～700小时。一年中的地表温度呈现中间高两头低的状态，最高的7月为33.5℃，最低的1月为7.4℃。

开州区境内的主干河流为长江支流——澎溪河，亦称小江，所以开州区境内的河流统称为小江水系。澎溪河主要有三条较大的支流，即东河、南河和浦里河。

东河亦曾称为巴渠、清江、叠江和东里河等，主要流经区域为开州区的东北境，全长106.4千米，流域面积达1469平方千米，在汉丰镇与南河汇合后称为澎溪河。

南河亦称为开江、临江和江里河等，主要流经区域分布在开州区的西部，桃溪河是其较大支流。南河全长91千米，流域面积1117平方千米。

浦里河又名垫江、浊水、北集渠、小河等，流经区域覆盖开州区南部，长121千米，境内流域面积704平方千米，于渠口镇驻地汇入澎溪河。澎溪河向东，在云安村东南入云阳县界，归终于云阳县双江镇注入长江。

澎溪河的主要支流均源自区境的北、西、西南部的群山之中，到地势略显平缓的区域之后，长期冲积和淤积，在河流两侧形成一个个交错相对、大小不一的平坝，像是被河流串联起来的珍珠。这些平坝经历代人们开垦成为优良的农田，是开展农业生产活动的重要依托，而绝大多数古遗址分布在这些大大小小的平坝之上。如浦里河在渠口镇驻地汇入澎溪河之后，到云阳县境之前不足10千米的澎溪河两岸，就交错分布着大小不一的6个平坝，自西而东依次为右岸的渠口坝、左岸的张家坝、右岸的大浪坝、左岸的小浪坝、右岸的余家坝和左岸的龙家坝，位于铺溪村的大浪坝是其中最大的一个。这些高低不一、形状各异的平坝，多数不甚平整，其上均分布着数量不一的古遗址和古墓葬（图二）。澎溪河经过龙家坝后进入云阳地界，由于地形的缘故，河床陡然变窄，河水在山谷中迂回前行，直到注入长江。也正是利用这一地势，20世纪70年代在云阳县李家坝建起了发电用的拦水大坝，俗称小江电站，其丰水季节淹没区可以上溯到渠口镇驻地。

开州区的现代植被整体上属于亚热带阔叶林区，但随着海拔的增高，超过1500米以上的山地区域，则为常绿、落叶阔叶混交林和针叶林分布区。开州区境内植物种类众多，各种植物资源十分丰富，仅木本植物，就多达76科302种。开州区境内动物资源的种类也比较多，但分区明显。已经被大规模开垦的河流两侧、平地和丘陵地区，野生动物资源基本消失，以家畜家禽的饲养为主；海拔较高的山地和人烟较少的区域，野生动物资源保存较多，目前尚有野生哺乳动物30余种，鸟类40余种，爬行类40余种，鱼类20余种①。

开州区当地的农业生产以种植水稻为主，经济作物则主要是柑橘和油菜。

---

① 四川省开县志编纂委员会：《开县志》，四川大学出版社，1990年。

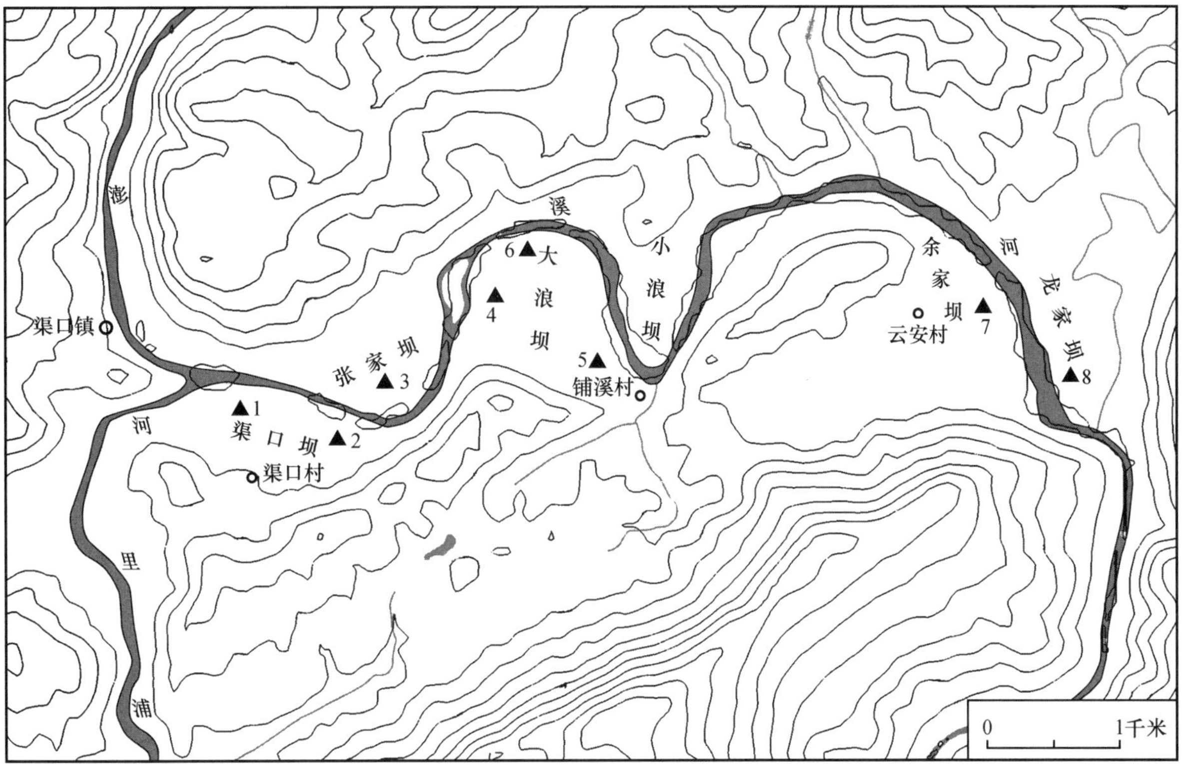

图二　澎溪河两岸平坝和墓地分布及长塝、铺溪四组墓地位置示意图

1. 渠口六组　2. 渠口二组　3. 张家坝　4. 长塝　5. 铺溪四组　6. 红岩子　7. 余家坝　8. 龙家坝

二、历史沿革

开州区（原为开县）曾是四川省东部地区的第一大县，20世纪90年代人口就达160余万。开州区历史悠久，据县志记载①，夏商时期属梁州，西周为庸国地，春秋时期和战国早期属巴国。公元前316年，秦国灭巴，置巴郡朐忍县，开州为其一部分。东汉建安二十一年（公元216年），在今开州区境内始设立汉丰县，县治在老县城南二里的驷马乡南郊村，属益州固陵郡（后改为巴东郡），蜀汉至两晋时期因之。南朝刘宋时期，开州区境内除了汉丰县之外，又增设了新浦、巴渠二县，县治分别在今开州西南的南门乡新浦村和大进镇榨井坝，均属荆州巴东郡。南朝齐梁因之。

西魏时期，开州区境入北朝，改汉丰县为永宁县，县境内分别属于开州开江郡和信州巴东郡。北周时期开州治所由开江迁至开州，境内有一州二郡四县，即开州辖万安郡永宁县、万世县和周安郡新浦县、西流县。隋初，以上四县直接隶属开州，大业二年废开州，后置万州。唐初，改万州为开州，五代因之。宋元均为开州，属夔州路。

明洪武六年，降开州为开县，隶属四川夔州府。至此，开州区的辖区四至和治所基本固定下来，没有再发生大的变化。清代属四川省川东道夔州府，民国时期属四川省东川道和第九行政督察区。1949年，中华人民共和国成立后属四川省。1997年，隶属新成立的重庆直辖市。2016年7月，撤开县设开州区，隶属重庆直辖市。

---

① 四川省开县志编纂委员会：《开县志》，四川大学出版社，1990年。

三、发现和发掘经过

长塝墓地所在的铺溪村隶属于重庆市开州区渠口镇，坐落在大浪坝东南角澎溪河拐弯处，西北距县城的直线距离约12千米。铺溪是一个年代久远的老街（古镇），因濒临澎溪河而水路交通发达，向下可以直通长江，是当地一个比较发达的商贸集散地。1958年人民公社成立时曾是铺溪公社的驻地，后来并入渠口镇。

位于铺溪村的大浪坝（图版一，1），是澎溪河渠口段一连串平坝中面积最大的一个，南北长1000米，东西最宽1000米，面积约0.83平方千米。大浪坝说是平坝，其实整个坝子并不平整，而是由若干个不同方向的大大小小的土岭组成，整体地形是西南部最高，向北、东两个方向倾斜。平坝上已全部开辟为梯田，以种植水稻为主，间或有一些柑橘树林。大浪坝的西北部、中部和东部穿插有数处村民的聚居点。铺溪村的地界西连渠口，东接云安，北部隔澎溪河与平浪村相望。铺溪村划分为十个村民小组，现在的组即人民公社时期的生产队，当地人习惯上称之为社，目前一般还是称之为一社、二社、三社等，组的负责人则称为社长。经详细调查，在大浪坝上至少存在三处古代墓地：铺溪四组墓地位于大浪坝的东北部（后改为东南部）；长塝在西部，坐落在与澎溪河平行的一条南北向土岭上；红岩子则坐落在大浪坝北部一条东西向土岭之上。

长塝（图版一，2；图版二，1）是大浪坝上若干个土岭中比较低矮的一个，其地属于铺溪三组。长塝位于大浪坝的西部边缘，澎溪河在长塝西侧自南向北流过，然后掉头向东再向南，绕着大浪坝转了大半圈后向东北流去。长塝为一南北向土岭，南部与大浪坝较高的位置相连接，北部则呈现出中间高两侧低的形态，海拔156～161米。长塝南北狭长，长300余米，东西较窄，宽不足100米。现地表除了北端最高部位原为民舍（即铺溪三组），其他均开辟为梯田。村舍于1989年被洪水冲毁之后没有重建，居民迁徙到南端的东西大路两侧。现在这一带的地表除了小片竹林之外，其余部分主要种植水稻等农作物。

1994年3月，为了编制开县三峡淹没区地下文物保护规划，山东大学开县考古队对大浪坝进行了系统调查。在当地干部和村民的引导下，首先从长塝西侧的中部梯田断崖上发现墓砖。经过反复勘察，仅从上下两级梯田断崖上就发现14座砖室墓葬，这在澎溪河沿岸是极为少见的。所以，当年4月在选择典型遗址进行试掘时，我们第一批就选中了铺溪三组的长塝墓地，在上下两级梯田断崖上随机挑选了已经暴露出来的2座砖室墓予以发掘。发掘结果显示，长塝墓地不仅墓葬形制比较清楚，而且出土了一批精美的六朝青瓷器。基于此，我们在做保护规划时将这一墓地确定为A类遗址。

2004年，受重庆市文化局三峡办委托，山东大学东方考古研究中心和南京航空航天大学一起承担了长塝墓地的年度发掘任务，对长塝墓地进行了第一次发掘。按协议规定，山东大学发掘面积为2000平方米，南京航空航天大学发掘面积为1000平方米，合计3000平方米。12月，山东大学和南京航空航天大学合组开县考古队进驻铺溪村。首先在调查发现的墓葬分布范围，对长塝墓地进行了全面钻探，共发现20余处墓葬的线索。依据这些线索，考古队对长塝墓地所分布的1万多平方米的范围进行了统一布方，并决定当年先对墓葬比较密集的北部进行全面揭露。发掘工作从2004年12月下旬开始，至2005年4月全部结束，除了中间因春节耽误的时间之外，前后历时近3个月。发掘面积3000平方米，清理墓葬13座，获得一批比较系统的汉代至六朝时期的墓葬资料。由栾丰实担任领队，参加工作的业务人员有王芬、刘善沂、张子晓、孔令利、苏昭秀、李鹏、徐克诚等。

2005年11月至2006年1月，山东大学东方考古研究中心第二次发掘长塝墓地。本次发掘面积3000平方米，发现和清理汉代至六朝时期墓葬16座。发掘队由10人组成，栾丰实担任领队，业务人员有王芬、刘善沂、刘志标、张子晓、闫启新、邓文山、张景卫、邓文敬和吕国琼等。

2006年11～12月，山东大学东方考古研究中心组队对长塝墓地进行了第三次发掘。发掘面积2000平方米，发现汉代至六朝时期墓葬6座。发掘队由9人组成，栾丰实担任领队，业务人员有王芬、刘志标、闫启新、邓文山、张景卫、邓文敬、王科兴和吕国琼。

三年累计发掘总面积共8000平方米，如期完成了计划的发掘任务。共发现墓葬37座（其中2座即M1和M2为1994年试掘时发现），出土各类文化遗物900余件（组）。

在长塝墓地发掘期间，考古队还小面积发掘了同为大浪坝上相距不远的另外一个文物点，即铺溪四组墓地。

铺溪四组位于大浪坝的东南部，西北距长塝约600米。这里原有一个小的居民点，因为居民均为蒋姓，故当地人称其为蒋家院子。1994年3月，山东大学开县考古队在大浪坝调查时，在铺溪四组蒋家院子村南的民房墙壁上发现花纹砖。调查村民后获悉，花纹砖出自附近。查看具体位置后将其定为一处墓地（图二；图版二，2）。虽然在这里发现了由农民早年挖出来的花纹墓砖，但调查中并未发现明确的墓葬。所以，制定规划时还是将这一处地点定为级别最低的一级，规划发掘面积只有试掘性质的100平方米。

2004年，重庆市文化局三峡办委托山东大学东方考古研究中心负责铺溪四组墓地的发掘工作。12月，经钻探找到墓葬分布的具体位置。铺溪四组墓地位于大浪坝东南部边缘，坐落在一个向东南方向凸出的不甚规则的三角形台地上。台地的后端与大浪坝连为一体，并以梯田的形式表现出渐次升高的趋势。其他三侧则为较矮的断崖。台地东北侧较为低平，不远处即为澎溪河，东南约200米处是铺溪老街。墓地海拔151.6～154.65米。

2005年3月中旬开始对这一墓地进行发掘，到4月中旬结束，前后历时一月有余。实际揭露面积300平方米，发现不同时期墓葬3座（图六，2）。

铺溪四组墓地的地层堆积较为简单，发现的3座墓葬均开口于近现代层之下，打破生土层。其中M1为近现代墓葬，也没有随葬品。在长塝墓地的墓葬之后，将依次介绍属于汉代的M2和M3。

长塝和铺溪四组墓地的考古发掘工作得到了重庆市文化局三峡办，开县（今重庆市开州区，后同）县委和县政府以及宣传部、文化广电局、文物管理所，渠口镇政府、铺溪村委及广大村民的大力支持。

长塝墓地发掘期间，开县政府办公室、文化广电局，渠口镇党委和政府等单位的负责人，多次到工地发掘现场看望和慰问考古队成员，参加工作的同志倍受鼓舞。开县文物管理所所长刘文渐、铺溪村委会主任喻时方等，为协调考古发掘工作尽心尽力，在自己的职责范围内提供了极大帮助，使长塝和铺溪四组墓地的发掘工作得以顺利进行。

特别感谢无私支援山东大学考古队工作的刘善沂（济南市文物处）、刘志标、张子晓、闫启新、邓文山、张景卫、邓文敬、王科兴、苏昭秀、孔令利、徐克诚、李鹏、吕国琼等，以及所有参加考古发掘工作的当地人员。

长塝和铺溪四组墓地发掘资料的整理和报告的编写，得到重庆市文化和旅游委员会、开州区文物管理所和山东大学校、院、系三级领导和师生的大力支持，特此致谢!

第二章　地层堆积和墓葬分布

一、地层堆积

长塝墓地的墓葬主要分布在上下两级梯田之上，地层堆积比较简单，一般只有两层，时代均为近现代的新老耕土，第2层以下即为生土。发现的早期墓葬均在生土层面上开口。下面分别选取中、北、南三段各一组东西向地层剖面予以说明。

1. T2055、T2155、T2255、T2355、T2455、T2555南壁

这六个探方位于墓地的中段，东西跨两级梯田，上下梯田的高差为1米左右，堆积相同（图三）。

第1层：耕土层。厚21～35厘米。灰褐色土，土质较软，结构疏松，质地粗糙，分选粗而不好。包含瓷片、塑料、未腐烂的植物根系、砖块等杂物。

第2层：近代层。距地表深21～35、厚9～20厘米。黄褐色土，结构紧密，质地坚硬粗糙，分选粗而不好。包含砂粒、碎砖块、烧土粒和草木灰等。此层应为早年的老耕土。由于长塝地处澎溪河畔，特大洪水来临可能淹没整个墓地，会在地表留下一层淤土堆积，从而导致耕土层上移。M34在此层之下开口。

第2层以下为生土。

2. T2275、T2375、T2475、T2575、T2675、T2775南壁

这六个探方位于墓地的北部，东西亦跨两级梯田，上下梯田的高差约为1米（图四）。

第1层：耕土层。厚20～36厘米。浅灰褐色土，土质较黏较软，结构较疏松，质地较粗，分选不好。包含大量的草根等，局部有薄的细淤沙。

第2层：近代层。距地表深20～36、厚16～46厘米。浅黄褐色土，土质较黏，结构紧密，质地粗而坚硬，呈大颗粒状，分选不好。堆积中包含红烧土粒、青花瓷片、绳纹瓦片、碎砖块等。M4在此层下开口。

第2层之下为生土，包含较多鹅卵石块。

3. T1845、T1945、T2045、T2145、T2245、T2345南壁

这六个探方位于墓地的南部，东西跨两级梯田，梯田的田坎已被破坏，高差在40～50厘米（图五）。

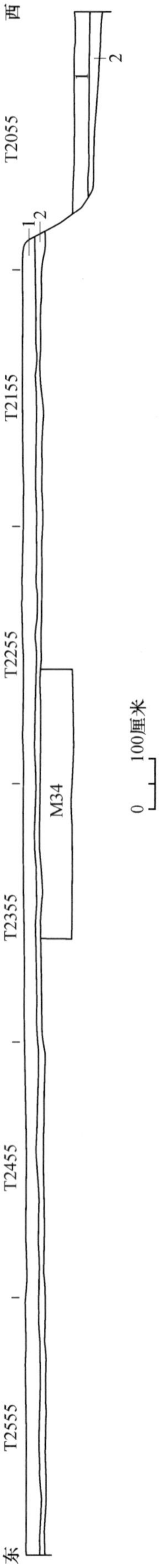

图三　T2055、T2155、T2255、T2355、T2455、T2555南壁剖面图

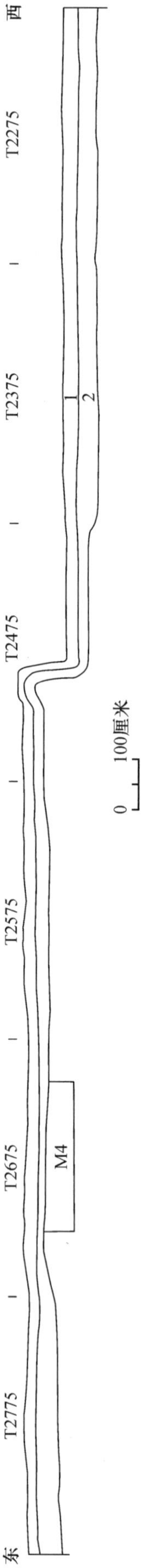

图四　T2275、T2375、T2475、T2575、T2675、T2775南壁剖面图

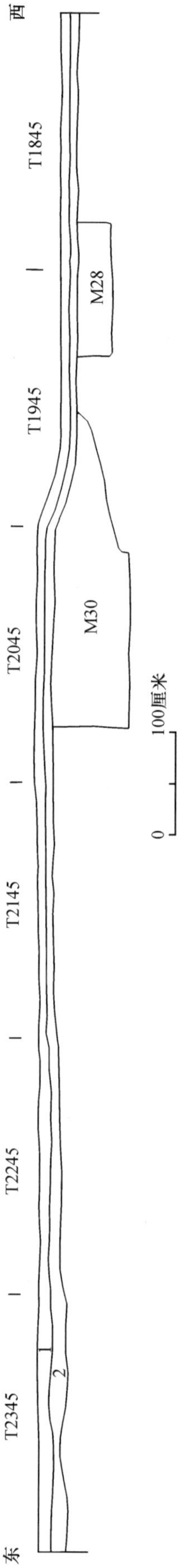

图五　T1845、T1945、T2045、T2145、T2245、T2345南壁剖面图

第1层：耕土层。厚18～25厘米。灰褐色土，土质黏软，结构较疏松，颗粒较粗，分选不好。包含瓷片、碎砖块和大量植被根系及蚌壳碎片等。

第2层：近代层。距地表深18～25、厚14～20厘米。黄褐色土，结构较紧密，质地黏硬，颗粒较粗，分选较差。内含少量砖块、瓦片、瓷片和砂粒等。M28和M30在此层下开口。

第2层之下为生土。

二、墓葬分布

从宏观上看，长塝墓地的墓葬主要分布在南北向的长塝中脊高处及朝向澎溪河的西侧。墓地的墓葬总数不多，特点是呈长条形分布，南北延续较长，长度超过200米，东西则较为狭窄，只有上下两排。长塝墓地的墓葬整体上可以分为南北两组（图六，1）。

1994年发掘的1座和2004年发掘的11座墓葬，属于北组。因为整修梯田等农业生产活动，北组可能有些墓葬已经被破坏。2004年、2005年第一、二次发掘时，据铺溪三组的村民讲，在北组的东、北部地势较低的位置，早年为农田改造而整修梯田时，也曾经挖出过花纹砖等遗物。这一次发掘长塝墓地过程中，为了证实村民的这一说法，特意在这一地段布方若干，但是没有发现墓葬的痕迹，可能已经被全部破坏不存。所以，北组本来的墓葬数量应超过12座。

南组位于长塝中部偏南略高一些的位置，与北组之间有一定的间隔。南组两个年度共发现墓葬24座，墓葬数量较北组为多。

2006年发掘的6座墓葬，均属于2005年发掘的南组，与2005年发掘的上一排可以衔接。墓葬的埋葬深度不一，浅的不足1米，深的超过2米，特别是M36，面积超过20平方米，深度在2米以上，是一座比较大的墓葬，但只有几件随葬品。

从墓葬形制和随葬品等方面分析，长塝墓地延续时间比较长。墓葬相互之间的层位关系表明，石室墓打破砖室墓，而砖室墓又打破土坑墓。所以，土坑墓的时代最早，砖室墓次之，石室墓最晚。

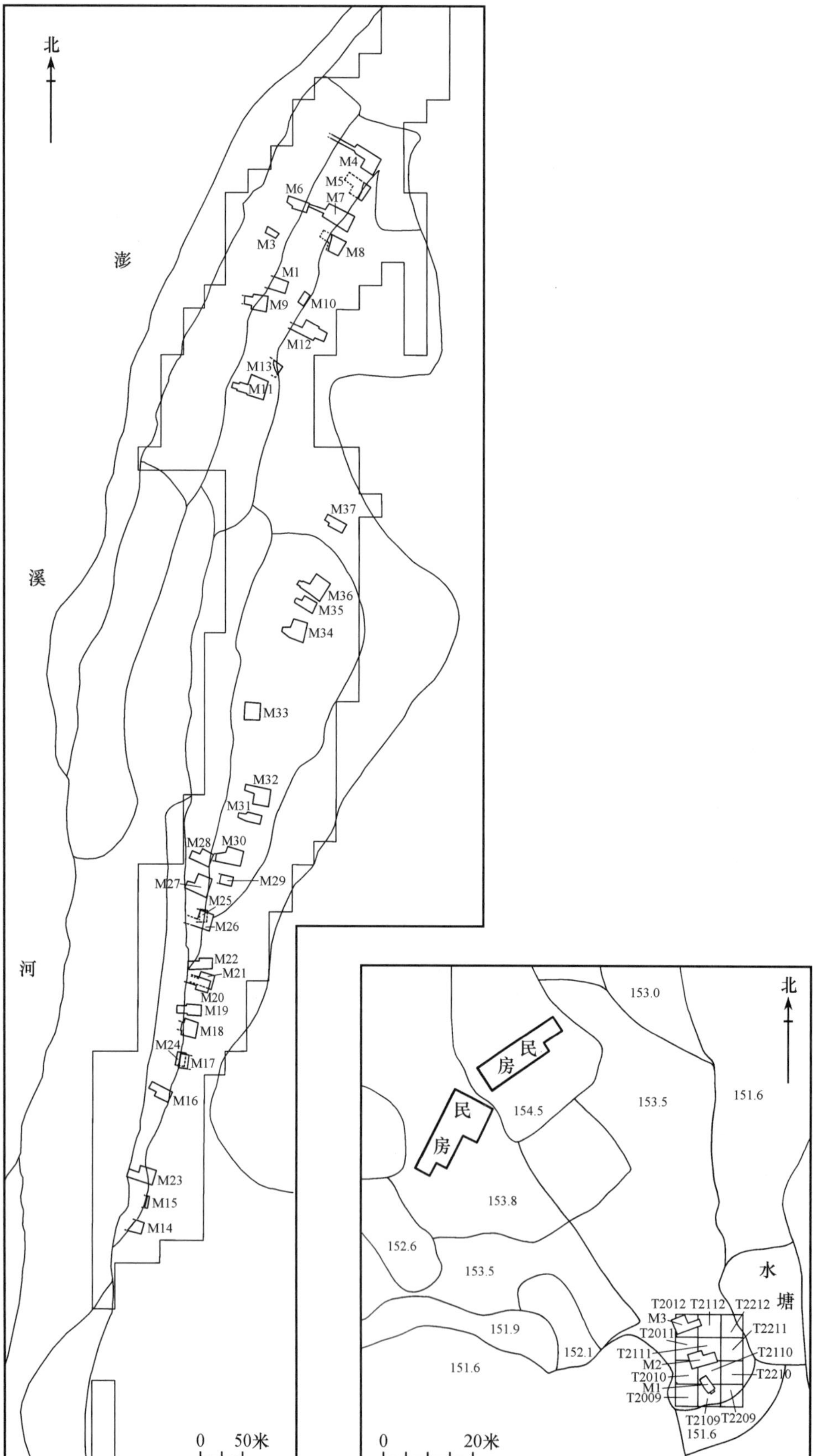

1. 长埌墓地　　2. 铺溪四组墓地

图六　长埌墓地和铺溪四组墓地墓葬分布图

第三章　墓葬形制和随葬品

以下先按顺序编号介绍长塝墓地的35座墓葬。

（一）M3

位于遗址北部的T2272西部，向西延伸至T2172东隔梁内。开口于第2层下，打破生土。墓葬上部和北侧墓壁已被破坏，其他三壁近墓底尚存1～4层墓砖。

墓葬形制为土坑竖穴砖室墓，方向298°，大致东南—西北方向，朝向澎溪河（图七）。墓口东端距地表42厘米，西端距地表80厘米，现存东端墓口的海拔157.62米。墓葬平面呈长方形，墓圹长280、宽140厘米，墓口到墓底存深44厘米。墓圹内为砖砌墓室，东西长262、南北宽133厘米。

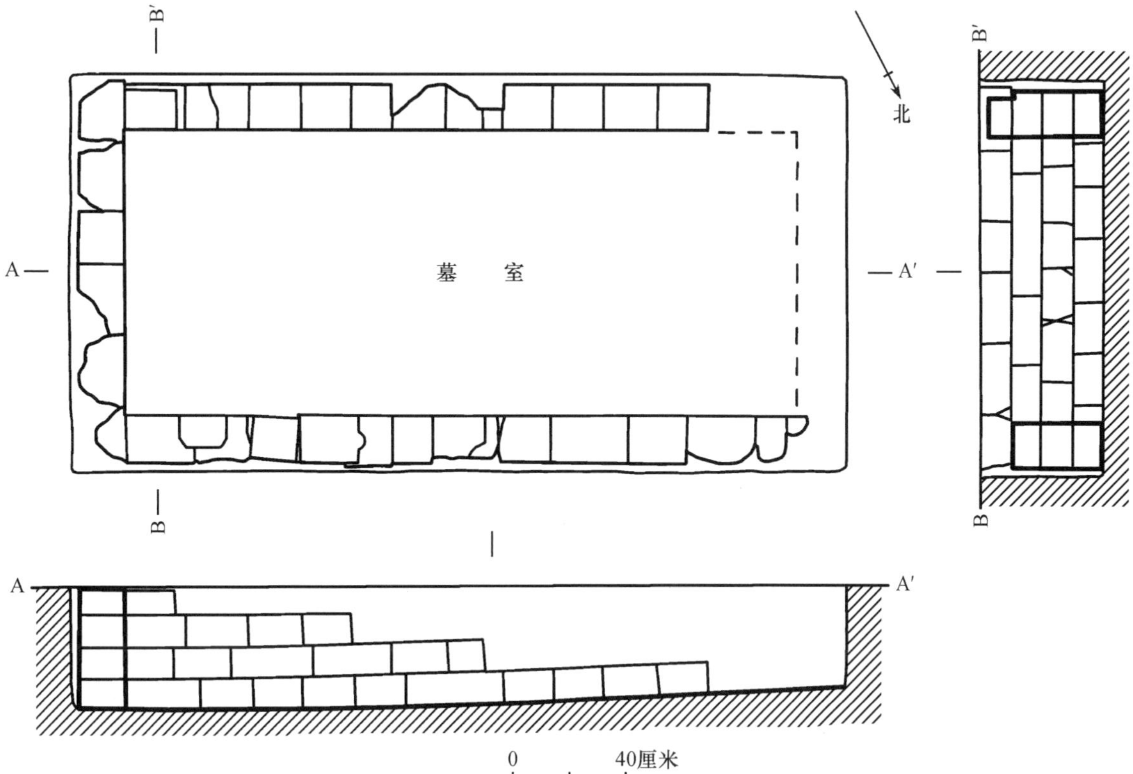

图七　M3平、剖面图

墓葬用砖规格不一，大多为残砖，极少有整砖，少量为榫卯砖。整砖长34、宽20、厚10.5厘米，残砖则长短不一。个别榫卯砖有施釉现象，但釉面较薄，质量不好。砖上有两种花纹：一为菱形格中心填圆形重环或半环（靠近边缘）；二为半环加矩形纹，矩形中有纵横棱线（图八，1、2）。砌法为错缝平铺，墓室东壁与南北两壁相接处为直缝，即先垒地势较高的东墙，后在东墙内侧砌南北两墙。西墙已被完全破坏，墓顶不存，其结构不详。

墓内填褐色土，土质黏且较硬，结构致密，颗粒大分选不好，含细沙、水锈斑及较多的碎砖块、黑皮陶绳纹瓦碎片等。

墓内未发现葬具及人骨痕迹，可能已全部腐朽。从墓室小、用砖多为残砖等情况分析，此墓应是用捡来的砖块砌成。

图八　墓砖花纹和砌石纹样、图案拓片

1、2. M3花纹砖　3、4. M4花纹砖　5. M6砌石　6. M5花纹砖

（二）M4

位于T2675西南部，跨T2674、T2676、T2575、T2576、T2476五个探方。开口于第2层下，打破生土。

墓葬形制为土坑竖穴砖室墓，方向300°，大致为东南—西北方向，朝向澎溪河（图九；图版三，1）。墓口距地表46～50厘米，墓口海拔158.5～158.56米。墓葬平面为有把刀形，由墓道、墓室、地下排水设施三部分组成。墓圹总长1190、宽40～390厘米。墓室和墓道的上部均受到较严重破坏，顶部完全不存，墙壁砖尚存5～6层。

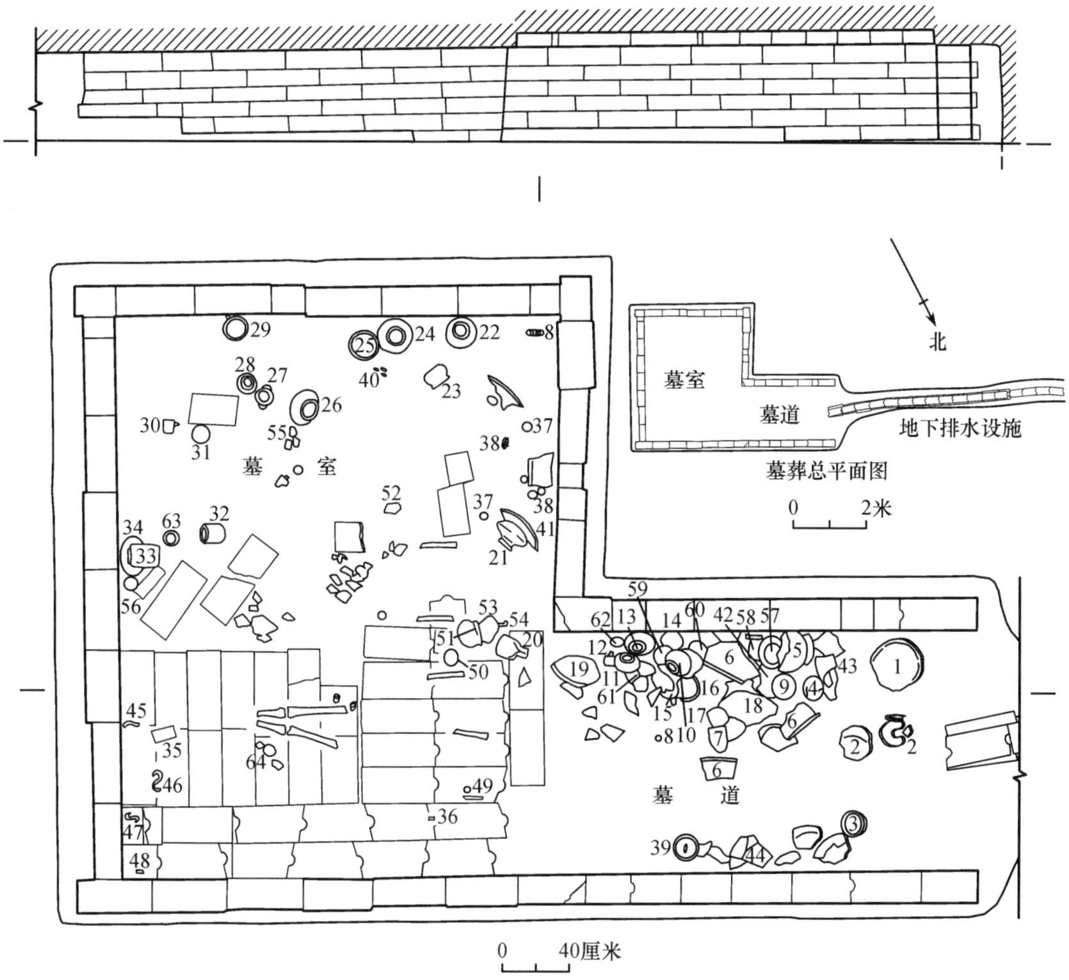

图九　M4总平面图及墓道、墓室平面、剖视图

1、11、13、18、19、21、22、24、26、43、58、64. 陶小口圜底罐　2、10、17、28. 陶小口平底罐　3、34. 釉陶盆　4、32、33. 陶仓　5、42. 釉陶壶　6、41、44、51. 陶甑　7. 石块　8. 铜钱　9、31、53、63. 釉陶灯　12、30、55. 釉陶卮　14、61. 釉陶罐　15. 釉陶鼎　16. 陶器盖　20. 铁铲　23、27. 釉陶釜　25、57、59. 釉陶钵　29、60. 釉陶魁　35. 石黛板　36. 琉璃耳珰　37、38. 铜泡　39、50. 釉陶器盖　40. 陶串饰　45～48、54. 铁钩　49. 铁削　52、62. 釉陶勺　56. 釉陶熏炉盖

墓室平面近似方形，砖砌墓室南北长375、东西宽313厘米，砖墙厚20厘米，墓口至墓底深67厘米；墓道为长方形，长240、宽200厘米；地下排水设施为不规则长条状，起点伸入墓道内20厘米，东高西低，便于向澎溪河方向排水，通长620、宽26～28、高36厘米。

墓室和墓道壁均用大青砖平铺错缝垒砌。墓室北部使用榫卯砖和普通砖铺地，墓室南半部及墓道的底部则未用砖铺地。墓砖的大小不同，厚薄不均，少量砖带有榫卯结构。墓砖一侧表面的花纹有两种：一种是较大的菱形纹，一种是小菱形纹（图八，3、4）。大砖长46、宽20、厚9厘米，小砖长36、宽20、厚7厘米。排水设施是用带榫卯的花纹大青砖砌成，结构为底部和顶部采用平铺法，两侧使用立砖砌成，中间形成一个封闭的排水空间，排水设施最西端的两侧立砖和盖砖已被破坏，只残存平铺的底砖。

墓内填五花土，包含少量细沙、水锈斑和红烧土颗粒。土质较黏且硬，结构致密。墓室底部散落一些整砖及残砖，可能是墓顶坍塌所致。

墓室内未发现葬具痕迹。但在东北部有铺地砖的棺床上发现两具人骨，腐朽较严重，只有北侧人骨下肢尚能看出形状，其他部分只能看出人骨轮廓。墓主的年龄、性别等均不详。

墓内共发现64件（组）随葬品，其中铜器3组，铁器7件，石器2件，琉璃器1件，釉陶器26件，陶器25件。

1. 铜器

3组，共15件。器形有铜泡和铜钱。

铜泡　2组9件。

M4：37，共3件。位于墓室西南部，保存较好。表面鎏金。圆弧形帽，锥状钉柱。

M4：37-1，帽径4.1、高1.61、钉柱长1.4、帽厚0.16厘米。

M4：37-2，帽径4.15、高1.73、钉柱长1.48、帽厚0.13厘米。

M4：37-3，帽径3.9、高1.63、钉柱长1.46、帽厚0.14厘米（图一〇，1～3）。

M4：38，共6件。位于墓室西南部，保存较好。表面鎏金。圆弧形帽，锥状钉柱，有的略残。

M4：38-1，帽径6.1、高2.1、钉柱长1.7、帽厚0.17厘米。

M4：38-2，帽径6.05、高2.1、钉柱长1.9、帽厚0.21厘米。

M4：38-3，帽径4.3、高1.7、钉柱长1.5、帽厚0.24厘米。

M4：38-4，帽径6、高2.22、钉柱长1.9、帽厚0.17厘米。

M4：38-5，帽径6、高2.23、钉柱长1.98、帽厚0.19厘米。

M4：38-6，帽径6.3、残高1.53、钉柱残长1.23、帽厚0.19厘米（图一〇，4～9；图版三，2）。

铜钱　1组6枚（M4：8）（图版三，5）。位于墓室及墓道东端，部分保存较差。其中5件为五铢钱，1件为（大）泉五（十）。

M4：8-1，钱文“五铢”，直径2.5厘米（图一〇，14）。

M4：8-2，钱文“五铢”，直径2.55厘米（图一〇，17）。

M4：8-3，钱文“（大）泉五（十）”，“大”和“十”已锈蚀不清。直径2.7厘米（图一〇，19）。

此外，在M4的填土中还出土一组5枚铜钱，钱文均为五铢（图一〇，20～24；图版三，5）。

2. 铁器

7件。器形有铲、钩和削。

铲　1件（M4：20）。位于墓室西部偏东处，表面锈蚀严重，但整体保存完整。铲身为薄体圆角长方形，弧刃，后端有卷筒形銎。通长17.2、銎长6.5、铲身长6、宽4.5厘米（图一一，7；图版三，3）。

钩　5件。

M4：45，位于墓室东北部，表面锈蚀严重，保存较差，断裂成3块。残长10.3、宽1.9、厚0.5厘米（图一一，1）。

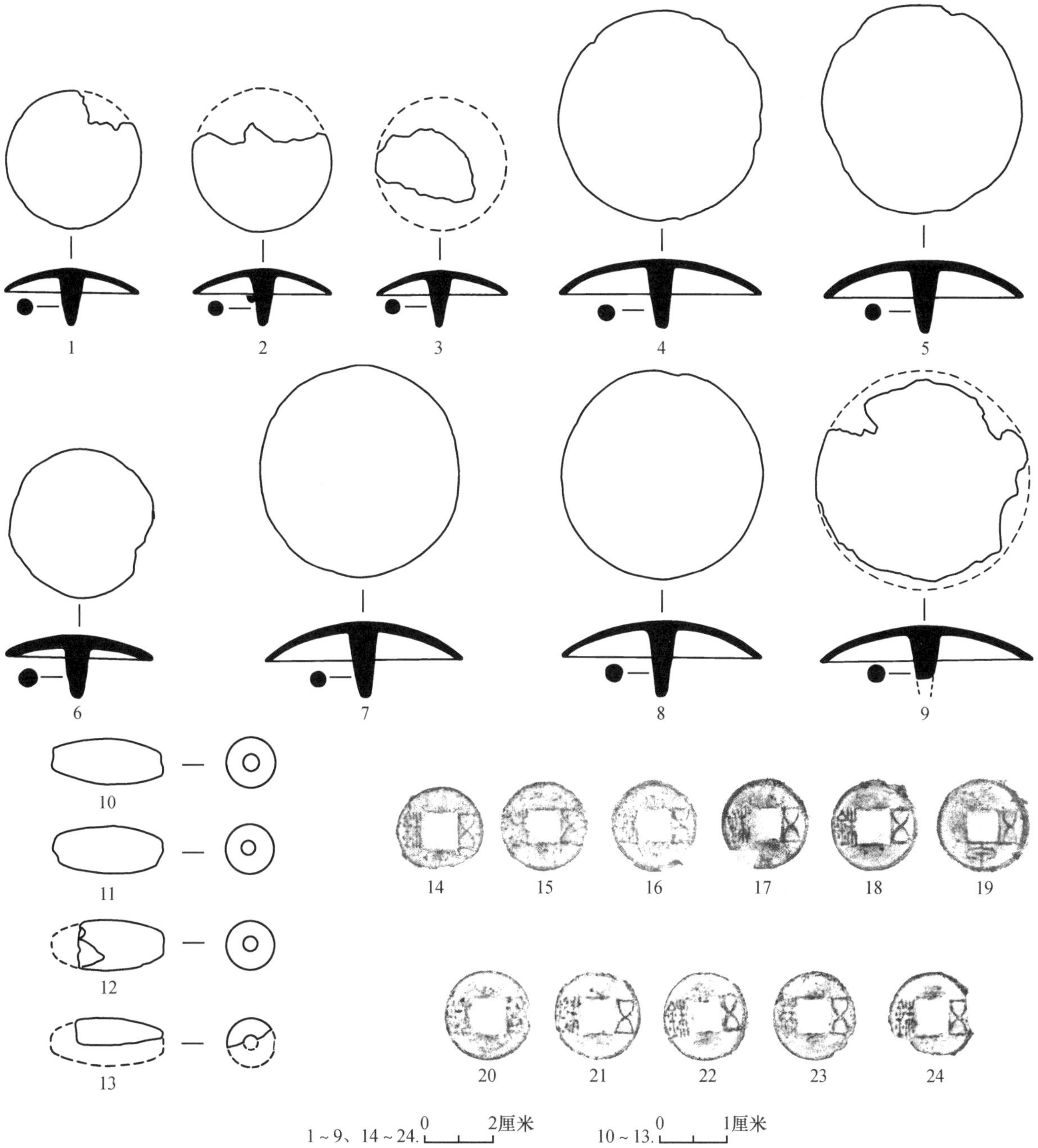

图一〇　M4出土器物

1～3. 铜泡（M4：37）　4～9. 铜泡（M4：38）　10～13. 陶串饰（M4：40）　14～19. 铜钱（M4：8）

20～24. 墓室填土所出铜钱

M4：46，位于墓室东北部，表面锈蚀严重，只剩下6块断裂的残片。复原长度10.5、宽1.8、厚0.4厘米（图一一，3）。

M4：47，位于墓室东北部，表面锈蚀严重，整体较为完整。复原长度10、宽1.9、厚0.42厘米（图一一，2）。

M4：48，位于墓室东北角，表面锈蚀严重，保存较差。残长11.1、宽2.2、厚0.6厘米（图一一，4）。

M4：54，位于墓室西部，表面锈蚀严重，保存较差，已经断裂成3块。复原长度10.5、宽

1.9、厚0.65厘米（图一一，5）。

削　1件（M4：49）。位于墓室西北部，保存较差，表面锈蚀严重，断裂成2块。直背直刃，首残。残长14.9、宽2、厚0.55厘米（图一一，6）。

3. 石器

2件。器形是石黛板和石块。

石黛板　1件（M4：35）。位于墓室东北部，保存完整。呈黑色，整体较薄，正面光滑，背面不甚平整，保留有页岩剥落的痕迹。长12.55、宽6.55、厚0.68厘米（图一一，9）。

石块　1件（M4：7）。位于墓道中部，一端残。平面近梯形，断面为不规则圆形。残长19、宽12、高12厘米（图一一，8）。

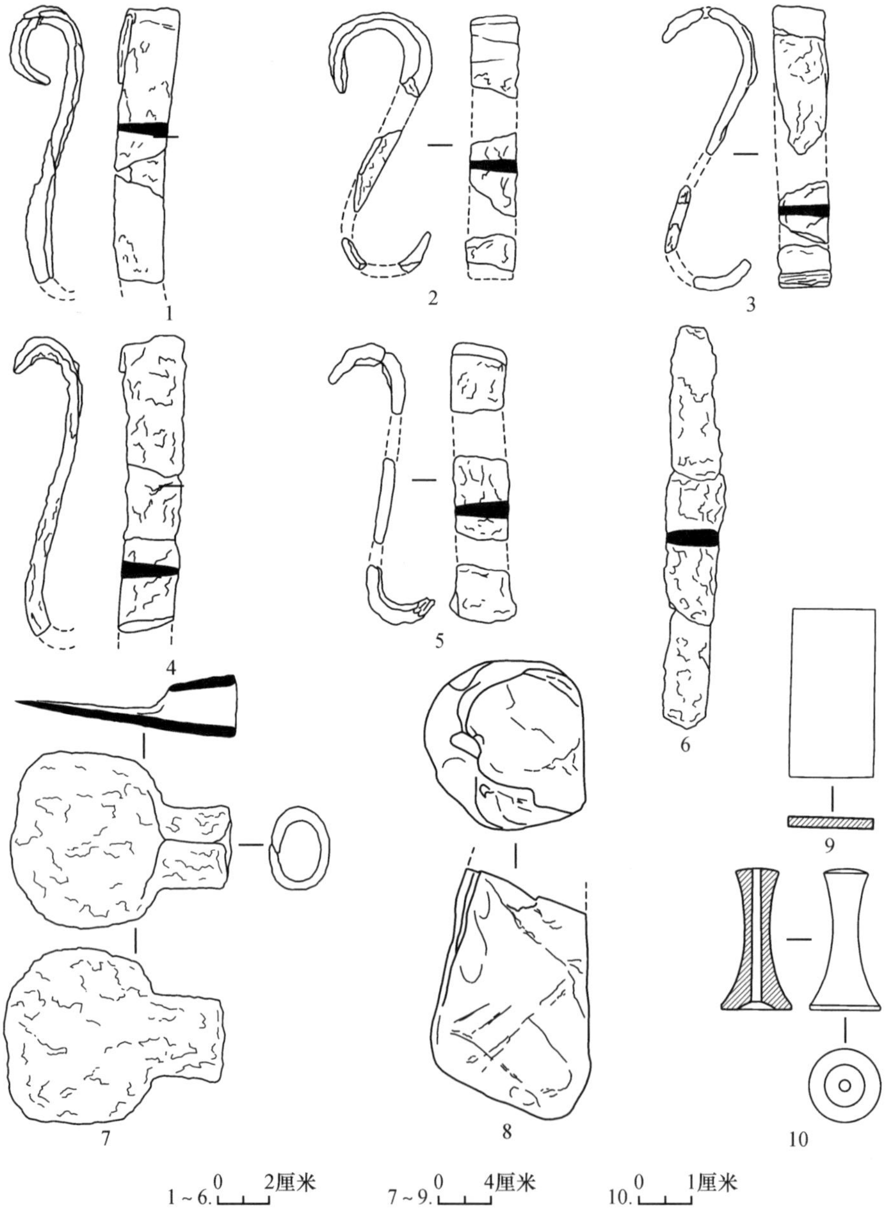

图一一　M4出土器物

1～5. 铁钩（M4：45、M4：47、M4：46、M4：48、M4：54）　6. 铁削（M4：49）　7. 铁铲（M4：20）　8. 石块（M4：7）　9. 石黛板（M4：35）　10. 琉璃耳珰（M4：36）

4. 琉璃器

1件。器形为耳珰。位于墓室西北部，保存完整。

M4：36，蓝色，束腰圆柱形，上端稍小外凸，下端略大内凹，中部束腰，纵向有一细孔。长2.56、上端径0.85、下端径1.35、腰径0.5、孔径上端为0.15、下端为0.18厘米（图一一，10）。

5. 釉陶器

26件。器形有鼎、釜、罐、壶、盆、钵、魁、勺、卮、灯、器盖和熏炉盖。

鼎　1件（M4：15）。位于墓道东端偏南处，保存较好。泥质红陶，内沿有酱黄绿色釉，内外壁的釉都已剥蚀。侈口，圆唇，折沿，圆腹，圜底，三棱形足。口沿上有两个对称的环形泥条立耳。腹部有三周凹槽。口径11.7、最大腹径12、高11.1、厚0.25～0.52厘米（图一二，1）。

釜　2件。

M4：23，位于墓室西南部，保存较好。泥质红陶，口沿内侧和整个器表施黄绿色釉。侈口，圆唇，折沿，溜肩，弧腹，圜底近平。肩部有一对对称的小耳，腹部有两周较深的凹槽。口径12.3、高7.6、厚0.4～0.5厘米（图一二，2；图版四，6左）。

M4：27，位于墓室东南部，保存较好。泥质红陶，内沿和内外壁局部留有酱黄绿色釉。侈口，圆唇，折沿，斜腹微弧，平底。口沿上有两个对称的环形泥条立耳，耳上有三排排列整齐的戳印纹，腹部有两周凹槽，底部有刀削痕迹。口径12.2、最大腹径12.7、底径6.7、通高8.8、器高6.6、厚0.6厘米（图一二，12；图版四，6右）。

罐　2件。

M4：14，位于墓道南壁东端，保存较好。泥质红陶，内外壁的釉已经剥蚀。侈口，有领，斜折肩，弧腹，平底，肩部两侧有椭圆形錾状纽。素面。口径10.4、肩径13.8、底径5.4、高7.7、厚0.4厘米（图一二，3）。

M4：61，位于墓道南壁东端，出土时破碎。泥质红陶，外壁釉全部脱落。小口内敛，斜折肩，圆腹，小平底微内凹。素面。口径8.5～8.7、最大腹径13.7～13.9、底径6、高6.8、厚0.5～0.6厘米（图一二，4）。

壶　2件。

M4：5，位于墓道南部偏西处，保存较好。泥质红陶，器表施黄绿釉。口微敞，窄平沿，近盘形口，粗长颈，圆肩，肩部有一对对称的兽面铺首衔环，圆腹，矮圈足。颈下部有三周阶状凸起，肩、腹部有七周凸棱。口径15.4、最大腹径26、底径13.6、高25.4、厚0.5～0.7厘米（图一三，2；图版五，6）。

M4：42，位于墓道中部，保存较差。泥质红陶，外表和盘口内侧施青绿色釉。敞口，窄平沿，盘形口较浅，束颈，长溜肩，圆腹，高圈足。肩腹之交部位有一对对称的铺首衔环。颈、肩和圈足部位各有一组凹凸弦纹。口径14.5～14.7、最大腹径23.2、足径16.8～17.5、高30.4、厚0.6～0.8厘米（图一三，1；图版五，5）。

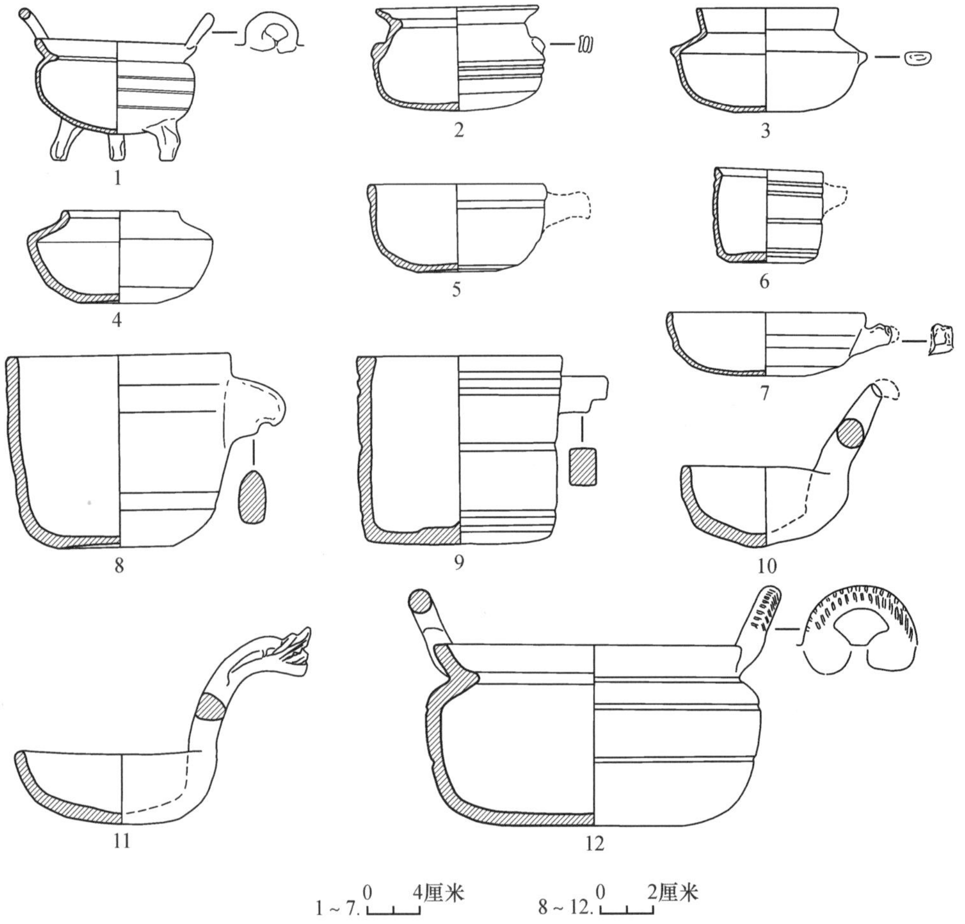

图一二　M4出土釉陶器

1. 鼎（M4：15）　2、12. 釜（M4：23、M4：27）　3、4. 罐（M4：14、M4：61）　5、7. 魁（M4：60、M4：29）　6、8、9. 卮（M4：55、M4：12、M4：30）　10、11. 勺（M4：62、M4：52）

盆　2件。

M4：3，位于墓道北壁偏西，保存较好。泥质红陶，内壁有酱黄色釉。敞口，方唇，卷沿，颈微束，圆腹，近底部折收，平底。素面。口径16.7、底径5、高5.2、厚0.35厘米（图一三，7；图版四，2）。

M4：34，位于墓室东壁中段，保存较好。泥质红陶，内外壁都有黄绿色釉。敞口，圆唇，卷沿，颈微束，圆腹，近底部有两周折痕，平底。腹部有三周凸棱。口径18.9、底径5.9、高6.5、厚0.25 ~ 0.4厘米（图一三，10）。

钵　3件。

M4：25，位于墓室南壁中段，保存较好。泥质灰陶，器内壁和外壁的口沿部分有绿色釉。直口微内敛，弧腹，平底。腹上部有两周较深的凹槽。口径17、底径6.5 ~ 6.8、高6、厚0.3 ~ 0.6厘米（图一三，9）。

M4：57，位于墓道南壁中段，出土时破碎。泥质红陶，内外壁均施黄绿色釉，大部脱落。圆唇，口微内敛，弧腹，小平底。腹部有凹弦纹一周。口径14.7、底径5.2、高4.6、厚0.38 ~ 0.58厘米（图一三，6）。

M4：59，位于墓道南壁东端，保存较好。泥质红陶，内壁有酱黄色釉。近直微内敛，弧腹，近底部微内收，平底。腹部有两周阶状凸起和凹槽的组合。口径15、底径6.2～6.4、高6～6.2、厚0.3厘米（图一三，8；图版三，4）。

魁　2件。

M4：29，位于墓室东南部，保存较好。泥质红陶，内壁有酱黄色釉。钵形，近直口，浅弧腹，近底部折收，平底微内凹，一侧有方块条状把手。腹中部有一周宽浅槽。口径15.1、底径5、高4.8、厚0.4厘米（图一二，7；图版五，3）。

M4：60，位于墓道南壁稍偏东处，出土时破碎。泥质红褐陶，黄绿色釉脱落。钵形，圆唇，直口，深腹微弧，小平底微内凹。把手残失，保留有黏接痕迹。腹上部有一周凹槽。口径

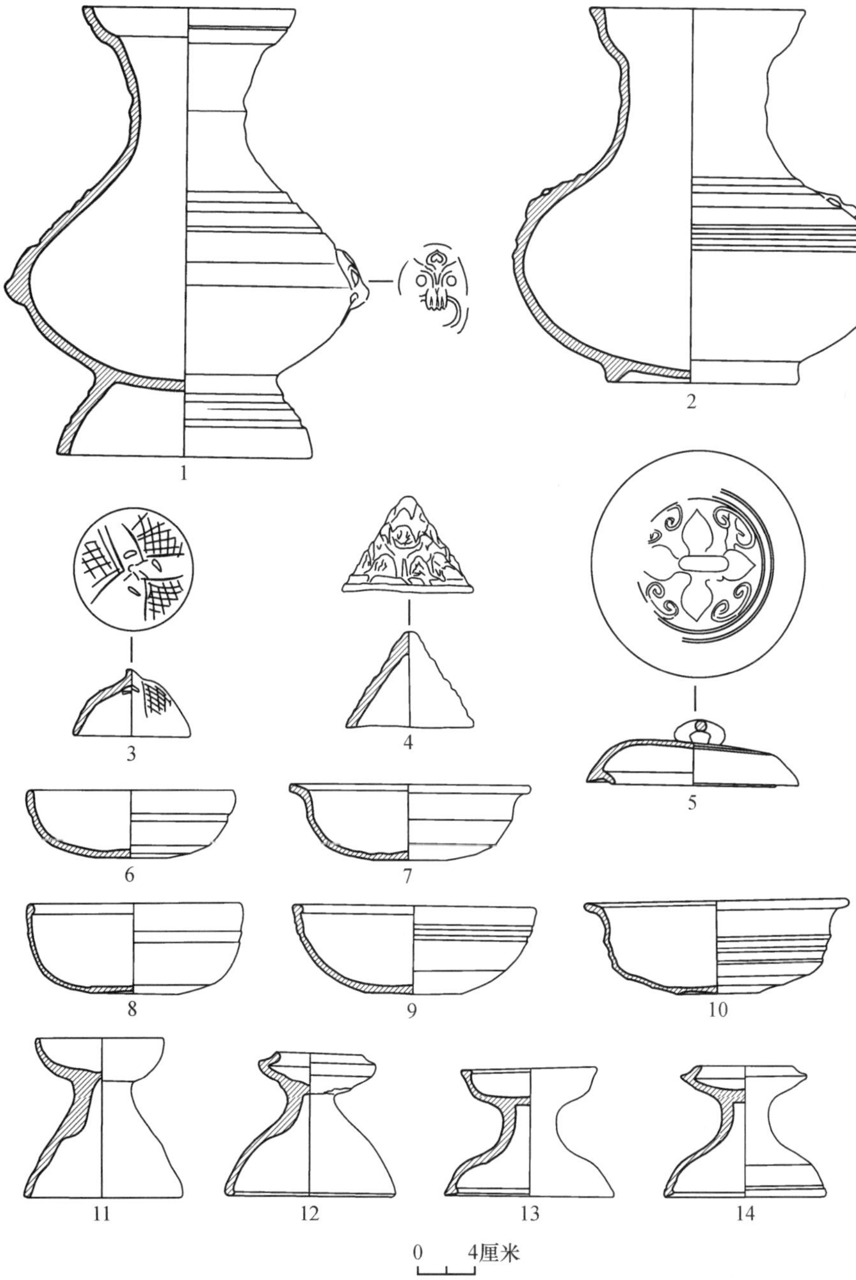

图一三　M4出土釉陶器

1、2. 壶（M4：42、M4：5）　3、5. 器盖（M4：50、M4：39）　4. 熏炉盖（M4：56）　6、8、9. 钵（M4：57、M4：59、M4：25）　7、10. 盆（M4：3、M4：34）　11～14. 灯（M4：9、M4：53、M4：31、M4：63）

13.6、底径6、高6.3 ~ 6.5、厚0.3 ~ 0.63厘米（图一二，5 ）。

勺　2件。

M4：52，位于墓室中部偏南，出土时破碎。泥质红陶，黄绿色釉，大部脱落。浅钵形勺体，敞口，弧腹，平底，曲柄，柄端为龙首形。口径6.2、通高7.3厘米（图一二，11 ）。

M4：62，位于墓道南壁东端，出土时破碎。夹细砂红胎灰褐陶，内外均施绿色釉。器体较小，钵形勺体，口微敞，弧腹，圜底，近锥状柄，顶端残失。口径4.9、残通高6厘米（图一二，10 ）。

卮　3件。

M4：12，位于墓道东端偏南处，保存较好。泥质红陶，外壁和内壁的口沿部分施黄绿釉，器表底部釉不整齐。直口，直腹微斜收，平底微内凹，口下一侧有短角状把手。腹上下各有两周阶状凸起。口径8.3、底径4.3、高7.15、厚0.51厘米（图一二，8；图版五，4右 ）。

M4：30，位于墓室东南部，保存较好。泥质红陶，内外壁都有酱黄色釉。近直口，直壁，平底，内底中部显著凸起，口下一侧有短直条形把手。腹部有五周宽凹槽。口径7.7、底径6.8、高6.9、厚0.5厘米（图一二，9；图版五，4左 ）。

M4：55，位于墓室中部偏南处，残破。泥质红陶，釉脱落。直口微侈，窄斜沿，直壁，平底内凹，一侧把手残失。腹部有五周凹弦纹。口径8.4、底径5.5、高6.8 ~ 7、厚0.3 ~ 0.5厘米（图一二，6 ）。

灯　4件。豆形灯。分为深盘形和子母口浅盘形两类。

M4：9，位于墓道中部偏南处，保存较好。泥质红陶，灯盘和器壁施酱黄色釉。深盘，敞口，弧腹，喇叭形粗高圈足。口径8.8、底径11、高10.9、厚0.42 ~ 0.84厘米（图一三，11 ）。

M4：31，位于墓室东南部，保存较好。泥质红陶，灯盘内壁和器表有黄绿色釉。深盘，口微内敛，窄平沿，斜腹，覆碗式高圈足。口径9.2、底径11.7、高8.5 ~ 8.75、厚0.3 ~ 0.5厘米（图一三，13 ）。

M4：53，位于墓室西壁中部偏北处，破损。泥质红褐陶，外表涂满黄绿色釉。子母口浅盘，矮子口内敛，浅腹，覆碗形高圈足。口径6.3、底径12.1、高9.6 ~ 9.8、厚0.3 ~ 0.5厘米（图一三，12；图版四，5 ）。

M4：63，位于墓室东壁中段，出土时破碎。泥质红陶，黄绿色釉。子母口浅盘，矮子口内敛，浅腹，覆碗形高圈足。口径7、底径11.6、高8.9、厚0.3 ~ 0.5厘米（图一三，14 ）。

器盖　2件。

M4：39，位于墓道北壁中段偏东，保存较好。泥质红陶，器表有黄绿色釉。覆盘形，矮子母口内敛，矮弧壁，平顶，中部有环形纽。盖顶以纽为中心有四个等距分布的叶状图案，之间位置饰卷云纹，顶面周缘有两周凸棱。盖径15 ~ 15.2、通高4.5、器身高3 ~ 2.5、厚0.42厘米（图一三，5 ）。

M4：50，位于墓室中部偏西，保存较好。泥质红陶，器表有酱色釉。覆碗形，敞口，窄平沿，弧壁中部隆起，尖顶。盖顶部有三个等距分布的窄条形镂孔，之间向外有三组网状刻划纹。口径8.2 ~ 8.4、高4.5、厚0.48厘米（图一三，3 ）。

熏炉盖　1件（M4：56，应为M4：63的盖）。位于墓室东壁中部。泥质红陶，黄绿色釉。圆锥形，敞口，斜壁，尖顶。外表有山形（或火焰形）纹饰，分上中下三层。底径9.1、高6.8、厚0.63厘米（图一三，4）。

6. 陶器

25件（组）。器形有甑、仓、罐、器盖和串饰。

甑　4件。盆形甑，多残破。大口，腹外弧，平底内凹，有数量不一的小孔。

M4：6，位于墓道中部，保存较差。泥质灰褐陶。口微内敛，圆唇，平折沿，斜弧腹，平底内凹较甚，底大部残，底部残留14个小孔。腹部有凸弦纹和凹弦纹各一周。口径44.6、底径25、复原高度20.4、厚0.28～0.71厘米（图一四，1）。

M4：41，位于墓室西壁中段，出土时破碎，保存较差。泥质灰陶。敛口，圆唇，斜折沿，斜腹微弧，腹下部和底残，底部残存60余个小孔。沿下饰凹弦纹两周。口径50、底径22.5、残高17、厚0.51～0.71厘米（图一四，2）。

M4：44，位于墓道北壁中段，出土时破碎，保存较差。泥质灰陶。敛口，圆唇，窄折沿，斜腹外弧，平底内凹较甚，底部残，现存6个小孔。上腹部饰四周瓦棱纹。口径33.3～33.6、底径16.6、高17.9、厚0.3～0.6厘米（图一四，3；图版五，1）。

M4：51，位于墓室中部偏西，破碎。泥质红陶。明器，敞口，圆唇，卷沿，弧腹，平底，有5孔。素面。口径16、底径5、高5.2、厚0.4～0.6厘米（图一四，4）。

仓　3件。整体为粗筒形，子母口内敛，直壁外弧，平底。

M4：4，位于墓道南壁西段，保存较好。泥质灰陶。腹部有一周凹槽，下腹有一排轻微的刀削痕迹，内壁呈瓦棱状起伏。口径10.4、底径10.6、高15.6、厚0.8厘米（图一四，10；图版四，1左）。

M4：32，位于墓室东壁中部，保存较好。泥质灰陶，外表有一层很薄的黑色陶衣，已剥蚀。整体较粗矮，腹部有两周凹槽，近底部有一排刀削痕迹。口径10.4～10.8、底径9.5、高12.7～13.2、厚0.3～0.5厘米（图一四，11；图版四，1右）。

M4：33，位于墓室东壁中段，保存较好。泥质灰黑陶，外有一层很薄的黑色陶衣，局部剥蚀。腹部有三周浅凹槽。口径10.2～10.5、底径9、高14.8～15.1、厚0.4～0.7厘米（图一四，12）。

小口平底罐　4件。小口，短直颈，圆折肩，深腹，平底内凹。

M4：2，位于墓道西侧中部，保存较好。泥质灰陶。口微侈，圆唇，窄卷沿，斜腹较深。颈下部有一周凸棱，肩部有一周凹槽。口径12、最大肩径22.2、底径14.3、高15、厚0.31～0.8厘米（图一四，7）。

M4：10，位于墓道东端偏南处，保存较好。泥质灰陶。口微侈，圆唇，窄沿外伸，斜腹较深。颈肩交界处和肩部有两周凹槽，下腹部有一周凹弦纹。口径13、最大肩径21.7、底径14、高14.8、厚0.63厘米（图一四，8；图版四，3）。

M4：17，位于墓道中部，保存较差。泥质灰陶。口残，斜腹较深，底残。颈肩交界处有三周凹槽，肩下部有一周凹槽。颈部直径9.4、最大肩径20.6、残高13.4、厚0.3～0.9厘米（图一四，9）。

M4：28，位于墓室东南部，保存较好。泥质褐胎黑皮陶。口微残，斜折肩，圆腹急

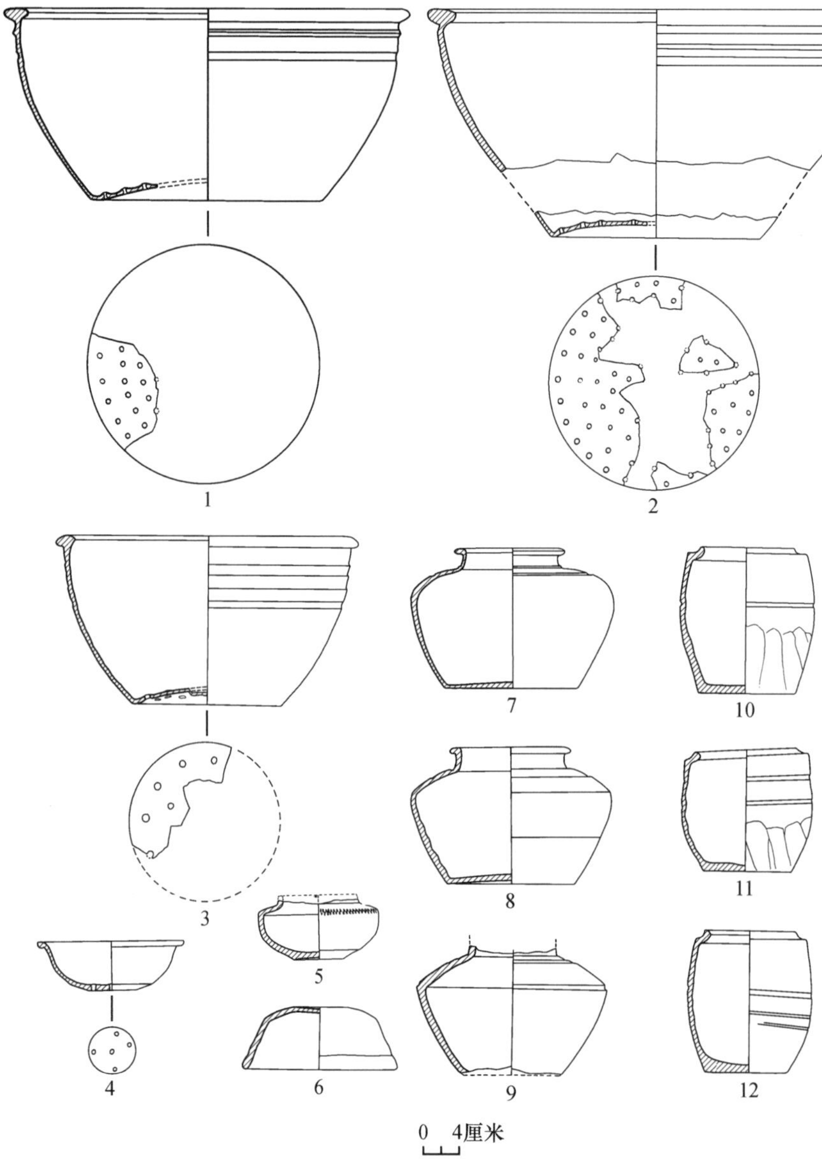

图一四　M4出土陶器

1～4. 甑（M4：6、M4：41、M4：44、M4：51）　5、7～9. 罐（M4：28、M4：2、M4：10、M4：17）
6. 器盖（M4：16）　10～12. 仓（M4：4、M4：32、M4：33）

收，腹略浅。折肩处饰两排戳印纹。残口径8.7、最大腹径13.3、残高6.4、底径5.5～5.7、厚0.5～0.8厘米（图一四，5）。

小口圜底罐　12件。形制为小口，短直颈，广斜肩，扁圆腹，圜底。器表饰竖绳纹。

M4：1，位于墓道南壁西段。出土时破碎，可修复。泥质灰褐陶。器体较大，直口，圆唇，窄沿。肩上部刻划细密的网状纹，其下直至底部饰中细绳纹，肩腹交界部有宽窄不一的抹弦纹五周。口径12.3、最大腹径33.6、高20.9、厚0.4～0.8厘米（图一五，1）。

M4：11，位于墓道东端偏南处，保存较好。夹细砂灰陶。器体较小，直口，尖圆唇，窄沿。腹部及以下有细绳纹。口径11.5、最大腹径20、高11.8、厚0.5厘米（图一五，9）。

M4：13，位于墓道东段偏南处，保存较好。夹细砂灰陶。器体较小，直口，圆唇，窄沿。腹到底部饰细绳纹。口径11.4、最大腹径18、高11.6、厚0.4厘米（图一五，10）。

M4：18，位于墓道中部偏南。破损严重，无法修复。

M4：19，位于墓道南壁偏东，破碎较甚，无法修复。

M4：21，位于墓室西壁中段，保存较好。泥质灰陶。整体扁宽，直口，尖圆唇，窄沿。颈下有一周凹槽，肩及以下饰细绳纹，折肩上下位置以三周宽窄不一的抹弦纹将绳纹分割成若干组。口径11.4、最大腹径25.3、高15.4、厚0.43～0.6厘米（图一五，5）。

M4：22，位于墓室西南部，保存较好。夹细砂灰陶。器体较小，侈口，尖圆唇，卷沿，圆腹中部外凸。上腹部有一周很浅的凹槽，腹部以下饰细绳纹。口径12.2、最大腹径20.4、高13.2、厚0.4～0.6厘米（图一五，6；图版五，2）。

M4：24，位于墓室西南部，保存较好。夹细砂浅灰褐陶，偏灰色。器体较小，侈口，尖圆唇，窄沿。腹及以下部位饰细绳纹。口径11.6、最大腹径20.2、高12.8、厚0.3～0.5厘米（图一五，8）。

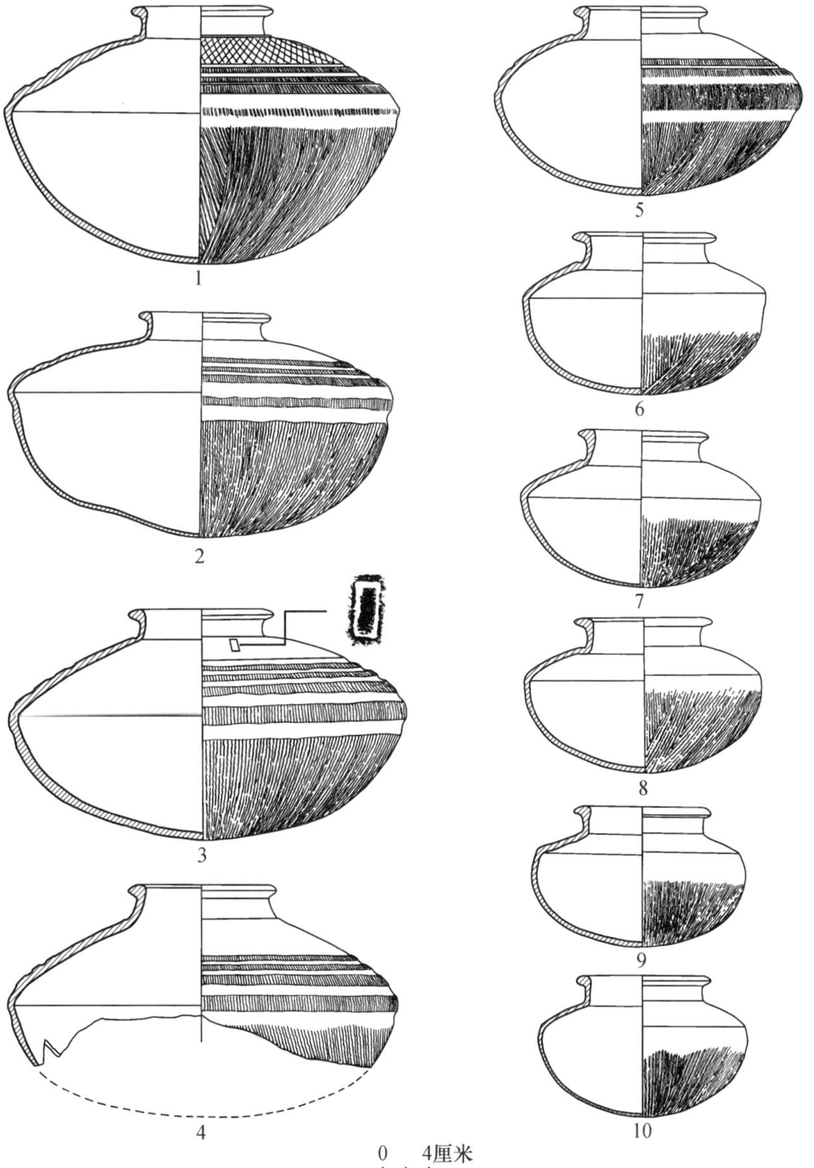

图一五　M4出土陶小口圜底罐

1. M4：1　2. M4：43　3. M4：58　4. M4：64　5. M4：21　6. M4：22　7. M4：26　8. M4：24　9. M4：11　10. M4：13

M4：26，位于墓室南壁中段，保存较好。泥质灰陶。器体较小，口微内敛，圆唇，窄沿。腹至底部饰细绳纹。口径11.1、最大腹径20.6、高12.9、厚0.2～0.7厘米（图一五，7）。

M4：43，位于墓道南壁西侧，保存较差。泥质灰陶。器体较大，直口微侈，圆唇，窄沿，最大径偏上，器壁有不规整起伏。肩下半部至器底饰细绳纹，肩及上腹部有四周抹弦纹，将绳纹分为若干组。口径11.1、最大腹径32.5、高18.6、厚0.4～0.65厘米（图一五，2）。

M4：58，位于墓道南壁中段偏南，保存较差。泥质灰褐陶。口微侈，圆唇，窄沿。肩中部以下至底部饰细绳纹，肩到上腹有四周抹平绳纹后形成的宽带状弦纹。颈下有一长方形印痕，字迹模糊不清。口径12.1、最大腹径33.5、高19.1、厚0.5～0.8厘米（图一五，3）。

M4：64，位于墓室东北部，发现时破碎。泥质褐胎灰皮陶。器体较大，敛口，尖圆唇，窄沿，短颈上细下粗，底残。肩下半部至腹部饰细绳纹，并由四周较宽的抹弦纹分割成若干组。口径12.5～12.7、最大腹径33、残高14.8、厚0.45～0.84厘米（图一五，4）。

器盖　1件（M4：16）。位于墓道东端偏南处，保存较好。泥质灰陶。覆碗形，敞口，叠唇，斜壁，近顶部折收，平顶微内凹。口径16.7、底径5.7、高6.7、厚0.3～0.5厘米（图一四，6；图版四，4）。

陶串饰　1组4件（M4：40）。位于墓室南壁中段，保存较好。平面呈梭形，横切面呈圆形，纵切面呈椭圆形，纵向穿有长圆孔（图一〇，10～13）。

M4：40-1，长1.6、腹径0.64、孔径0.2厘米。

M4：40-2，长1.62、腹径0.67、孔径0.15厘米。

M4：40-3，残长1.3、腹径0.67、孔径0.15厘米。

M4：40-4，残长1.31厘米，腹径与孔径不详。

（三）M5

位于遗址北部T2674南部，向南延伸至T2673和T2573内。开口于第2层下，打破生土（图一六）。该墓受到严重破坏，只保存有墓室后端一小部分，其砖墙直接暴露于梯田田坎的断崖上。

墓葬形制为土坑竖穴砖室墓，方向297°，大致呈东南—西北方向，朝向澎溪河。现存墓口距地表深0.3米，东南角海拔159.66米。只残存墓葬的东壁及极少部分南、北壁。墓室东壁长347、南壁残长115、北壁残长76厘米，砖墙厚20、高94厘米。墓东壁及部分南、北壁用有榫卯的青砖垒砌，东壁中部向内倾斜。砖长44、宽20、厚9厘米，砖内侧面为模印菱形花纹（图八，6）。未发现铺地砖。

墓内填黄褐色土，包含有红烧土颗粒、木炭颗粒及水锈斑点等。未发现葬具。也未见人骨痕迹。

墓室内只发现1组随葬品，均为铁钩。位于墓室东南角。保存较差，表面锈蚀严重。平面呈长方形，侧视为S形。

M5：1-1，一端残失。残长7.3、宽2.2、厚0.2～0.6厘米（图一七，1）。

M5：1-2，两端皆残。残长8.8、宽1.9、厚0.15～0.5厘米（图一七，2）。

M5：1-3，残存中部一段。残长4.7、宽2.3、厚0.15～0.6厘米（图一七，3）。

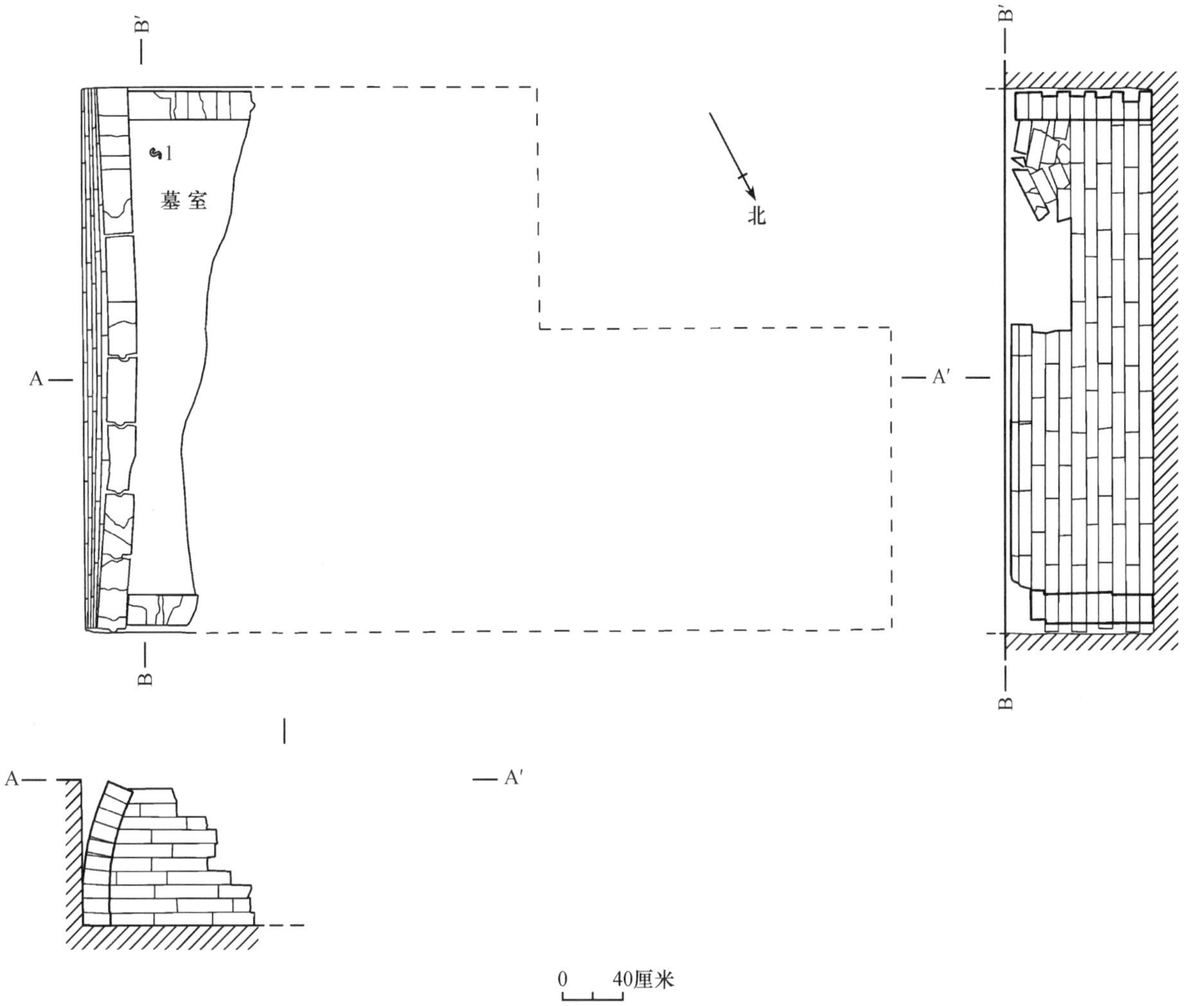

图一六　M5平、剖面图

1. 铁钩

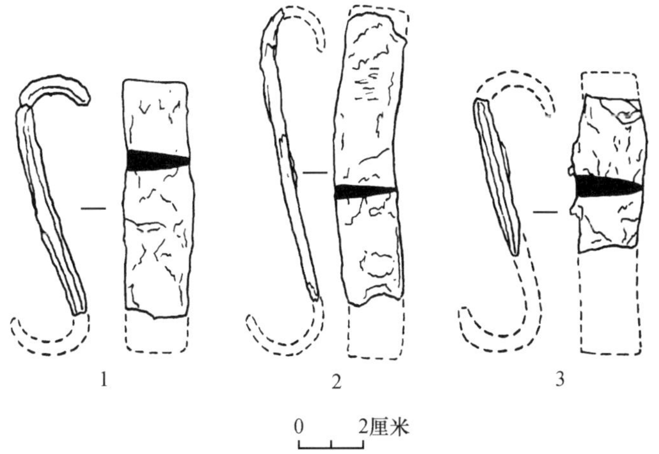

图一七　M5出土铁钩

1. M5∶1-1　2. M5∶1-2　3. M5∶1-3

（四）M6

位于遗址北部T2373的中部，向西延伸至T2273内。开口于第2层下，打破生土。墓葬受到较严重破坏，墓室东端在墙体之上尚保留部分券石，墓室西端和墓道仅残存1～3层近底部砌石。

墓葬形制为土坑竖穴石室墓，方向285°，大致呈东南—西北方向，朝向澎溪河（图一八；图版六，1）。墓口距地表深45厘米，现存墓口海拔157.45～158.55米。墓葬平面呈有把刀形，总长684、宽176～240厘米，现存墓口至墓底深48～146厘米，由墓室和墓道两个部分组成。墓室平面为长方形，东西长504、南北宽240厘米。石室东西长484、南北宽225厘米。相对于墓室，墓道较宽较短，为一端略宽而另一端稍窄的长方形，长180、宽176～188厘米。墓道和墓室为一体砌成，均采用长方形条石错缝垒砌。条石厚薄不均，长短不一，条石内面有人为加工的痕迹。墓上端东北角条石上刻一鸟形图案（图八，5）。墓底用青砖和石板混合铺砌，石板的形状不规则，有三角形、长方形、不规则形等，大小差别也较为悬殊。

墓内填花土，土质较软，包含有较多砖、石块等。未发现葬具痕迹。

墓内发现四个头骨和部分肢骨，表明至少有四个个体。人骨腐朽严重，陈放位置也比较乱，可能是二次葬。因骨骼保存极差，难以确定性别、年龄。

墓内共发现12件（组）随葬品，其中铜钱1组，陶器3件，瓷器8件。

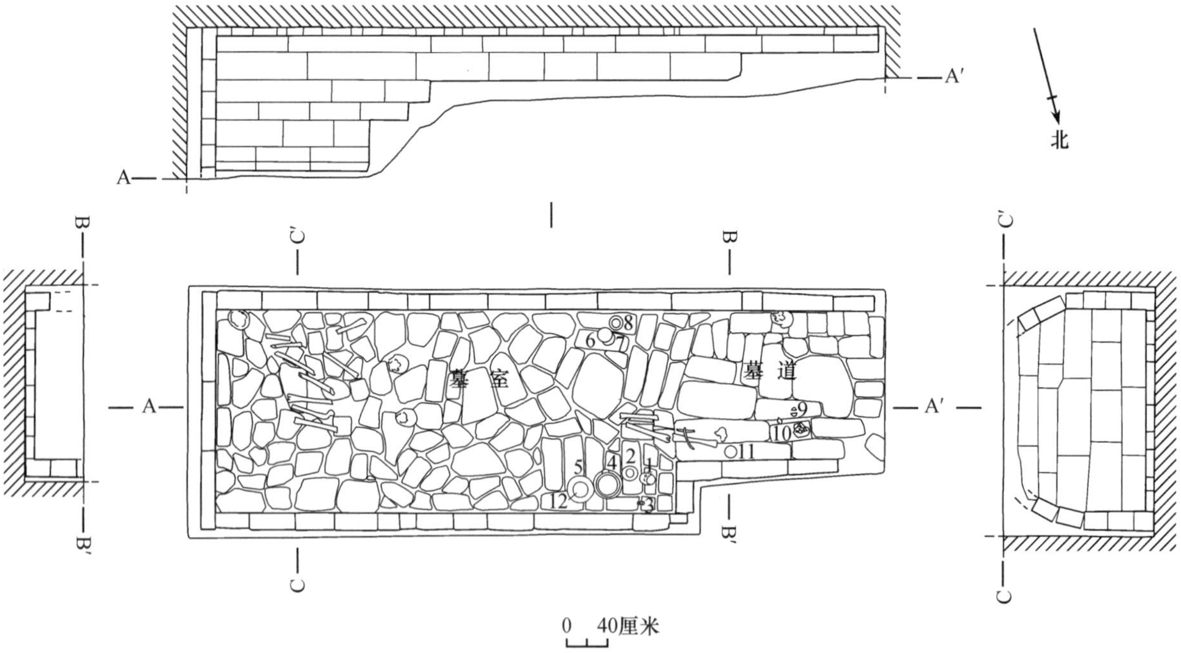

图一八　M6平、剖面图

1. 瓷四系罐　2、6、7、9、12. 瓷碗　3. 铜钱　4. 陶罐　5. 陶釜　8. 瓷盘口壶　10. 陶甑　11. 瓷盘

1. 铜器

1组21枚（M6：3）。器形为铜钱，位于墓室西北部。

M6：3-1，圆形，方穿。钱文为“大泉五十”。直径2.7厘米（图一九，12）。

M6：3-2，圆形，方穿。钱文为“五铢”。直径2.6厘米（图一九，13）。

2. 陶器

3件。器形有罐、釜、甑。

罐　1件（M6：4）。位于墓室西北部，保存较完整。泥质灰陶。器体较大，大口，圆唇，窄卷沿，溜肩，圆腹，平底。肩部有一对对称的大板形竖耳。素面。口径26.3、最大腹径29.7、底径15.5、高24.8～25.6、厚0.6～1.2厘米（图一九，11；图版七，5）。

釜　1件（M6：5）。位于墓室西北部，保存较完整。夹粗砂灰陶，器表有一层灰褐色泥锈。侈口，尖圆唇，宽折沿，溜肩，圆腹下垂，圜底。器表通体饰竖绳纹。口径24.9、最大腹径26.35、高18.6、厚0.5～0.6厘米（图一九，10；图版七，6）。

甑　1件（M6：10）。位于墓道西端。泥质灰陶，偏浅灰褐色。深腹盆形，器体较高，口微内收，宽叠唇，弧腹，平底，底部有5个箅孔。素面。口径20.5、底径13、高13.6、厚0.5～1厘米（图一九，6；图版七，4）。

3. 瓷器

8件。器形有四系罐、盘口壶、盘、碗。

四系罐　1件（M6：1）。位于墓室西北部，保存较差。青绿釉，釉施到罐体的中下腹，有垂釉现象。器体较高，敛口，圆唇，窄卷沿，斜长肩，斜腹，平底内凹，内壁有波浪状起伏。肩部有两两相对的桥形小纽。肩部有三周凹弦纹。口径11.4、最大腹径17.3、底径12.3、高21.7、厚0.6～1厘米（图一九，8；图版六，2）。

盘口壶　1件（M6：8）。位于墓室西南端，保存较好。灰白胎，青釉施到中腹部，有垂釉现象。瘦高体，浅盘口微外敞，细长颈，斜圆肩，斜腹，平底。颈肩交界处有一周凹槽，肩部有两两对称的四个桥形系耳，下腹部有四周浅凹槽。口径11.7、最大腹径15.5、底径9.4、高24.9、厚0.3～1.3厘米（图一九，7；图版六，3）。

盘　1件（M6：11）。位于墓道东端偏北处，保存较好，局部有破损。灰白胎，素烧，无釉。敞口，斜直壁，腹甚浅，平底内凹。底部有两周凹槽，盘内壁留有5个支钉垫烧痕迹。口径13.6、底径12.7、高2.3、厚0.43～0.64厘米（图一九，9；图版七，3）。

碗　5件。敞口，弧腹，假圈足。灰白胎，内外壁多施青釉，外壁施釉未及底。

M6：2，位于墓室西北部，保存完整。底部边缘有两周凹槽，内壁底部有13处支钉痕迹，其中周边12处、中间1处。口径16.4～16.7、底径10.1、高6.2～6.6、厚0.5～0.8厘米（图一九，4；图版七，2）。

M6：6，位于墓室西南端，保存较差。灰白色，素烧，无釉。底微内凹，上腹部有两周轮制的折线，下腹部有一周浅凹弦纹。口径15.3～15.5、底径7、高7.3～7.5、厚0.32～0.8厘米

图一九　M6出土器物

1～5. 瓷碗（M6：12、M6：7、M6：6、M6：2、M6：9）　6. 陶甑（M6：10）　7. 瓷盘口壶（M6：8）　8. 瓷四系罐（M6：1）　9. 瓷盘（M6：11）　10. 陶釜（M6：5）　11. 陶罐（M6：4）　12、13. 铜钱（M6：3-1、M6：3-2）

（图一九，3）。

M6：7，位于墓室西南端，保存较好。底微内凹。口径15.2、底径6.1、高7.4、厚0.51～0.7厘米（图一九，2；图版七，1）。

M6：9，位于墓道中部，保存较差，底残。口沿部位有6个釉点。口径18.6、残高5.8、厚0.6～0.94厘米（图一九，5）。

M6：12，位于M6：5陶釜中。外壁有垂釉现象。底微内凹，内壁底部有15处支钉痕迹。口径15.7～16、底径9.5、高5.9～6.4、厚0.5～0.7厘米（图一九，1）。

（五）M7

位于遗址北部T2572的西北部，伸入T2573、T2473、T2472、T2373探方内。开口于第2层下，打破生土。

墓葬形制为土坑竖穴砖室墓，方向295°，大致为东南—西北方向，朝向澎溪河（图二〇；图版八，1）。墓口东端距地表30厘米，西端距地表50厘米。墓葬平面近“凸”字形，墓室上部东端残存部分券壁，西端破坏严重，仅存下部，墓圹总长1010、宽60～357厘米。墓葬由墓道、前室、后室和排水设施四个部分组成：墓道甚短，长76、宽159、残高30～50厘米；前室近方形，南北长296、东西宽290厘米；后室亦近方形，南北长345、东西宽310厘米。较之后室，前室两侧仅向内收窄一砖之宽，并且前后室之间位置受到破坏，相互界隔的结构不清楚。

M7的墓底排水设施较为复杂。主排水道纵向贯通墓底中部，东部起始于后室的东端，自东向西穿过前后室和墓道，然后向澎溪河方向延伸，西端被M6打破。前、后墓室底部的四周亦用砖砌出一条较窄的水道，并与纵向的主排水道相连接，形成一个完整的排水系统。主排水道现存长约10、宽约40、高20厘米，整体呈东高西低的趋势，便于向西侧坡下排水。排水道的砌筑方法与M4有所不同，底部没有铺砖，两侧各纵向平铺一层青砖，两列砖之间留出约半砖的宽度，上部再用花纹砖盖住，从而形成一个封闭的排水空间（图版八，2）。

墓葬前后室及墓道的边壁用较规整的近方形砖错缝垒砌而成。后室东端南北壁上部残存部分券砖，头尾两端有榫卯，亦错缝垒砌而成。前室和墓道受到严重破坏，前室只残存北壁底部，南壁完全不存。墓道只有部分南北壁，清理过程中发现部分封门砖。墓砖的花纹不甚复杂，主体是交叉多重半菱形纹，部分在中部的矩形内置双线和圆圈（图二一，1～4）。

墓内填五花土，含有烧土颗粒及水锈斑点等杂质，质地较软，结构较疏松。未发现葬具。由于墓葬受到严重破坏，只在后室内发现一部分人骨，腐朽严重。根据肢骨的保存位置推测，墓主头向西北，即朝澎溪河的方向。其他如墓主性别、年龄等则不详。

墓内共发现40件（组）随葬品，其中铜器7件，铁器3件，石器1件，琉璃器2件，釉陶器23件，陶器4件。

1. 铜器

7件（组）。器形有盆、镜、环、指环、铜泡和铜钱。

盆　1件（M7：5）。位于后室西端中部，薄胎，破损锈蚀严重，无法修复。

镜　2件。保存完整。

M7：2，位于后室中偏西部。四乳四虺纹镜，从中心向外有四圈纹饰：正中心为一圆形凸起，内圈饰柿蒂纹；第二和四圈为短斜线纹；第三圈主体为四乳四虺纹，两者交替分布。直径12.6厘米（图二二，1；图版一〇，1左）。

M7：20，位于前室中部。多乳禽鸟纹镜，从中心向外由6圈纹饰组成，分别是短竖线纹、铭文、鸟和乳钉纹、短竖线纹、三角齿形纹、双线波折纹。其中鸟和乳钉纹为七只鸟和七个乳钉间隔排列，铭文为“尚方作竟（镜）真大好，上有［仙］人不知老，渴……”，直径11.2厘

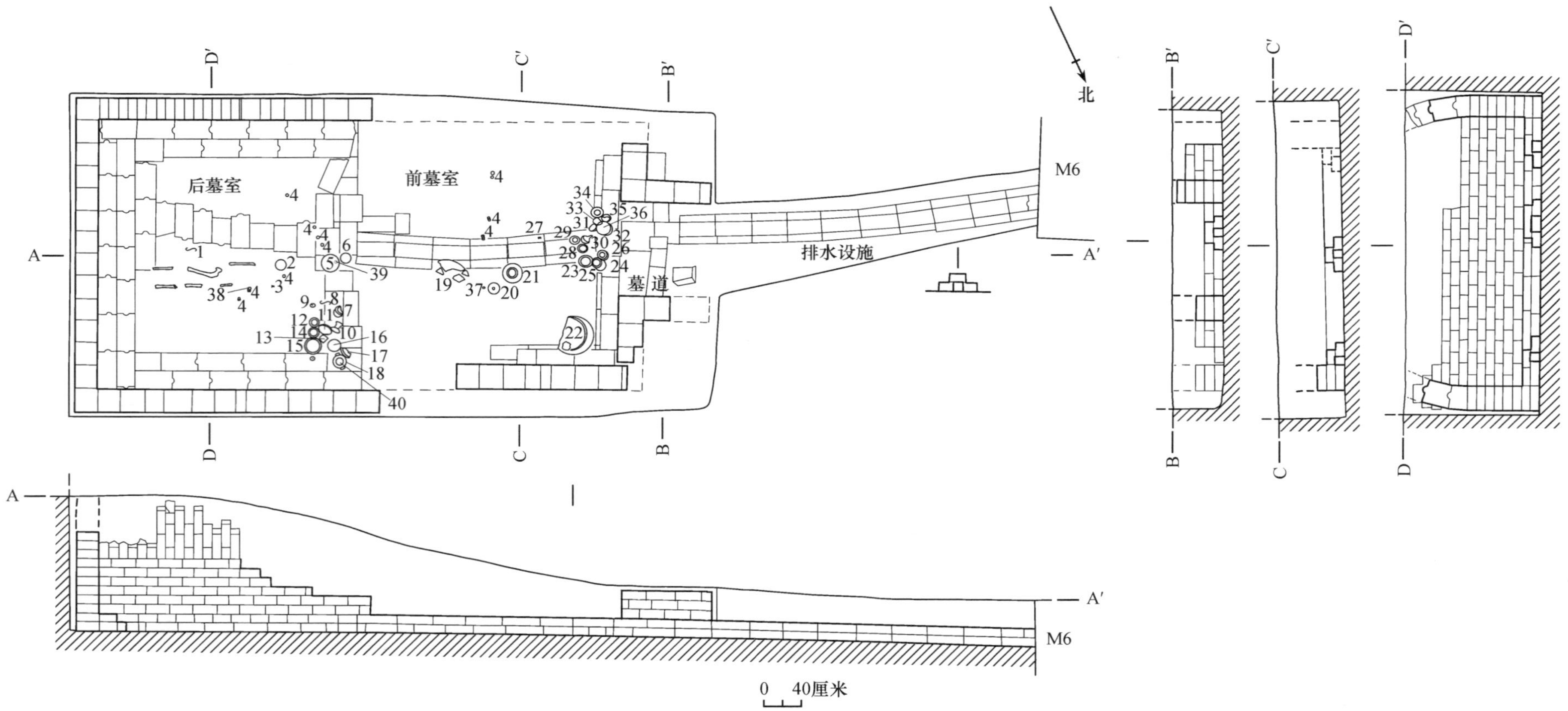

图二〇 M7平、剖面图

1、8. 铁钩 2、20. 铜镜 3、27. 琉璃耳珰 4. 铜钱 5. 铜盆 6. 陶仓盖 7. 陶仓 9. 铜泡 10、14、26、35. 釉陶灯 11、16、36. 釉陶钵 12. 釉陶釜 13、33. 釉陶卮 15、17、23. 釉陶盆 18、34. 釉陶双耳釜 19、21. 陶罐 22. 铁釜 24. 釉陶甑 25、28. 釉陶罐 29. 釉陶盂 30、40. 釉陶勺 31. 釉陶器盖 32. 釉陶碗 37. 煤精石 38. 铜指环 39. 铜环

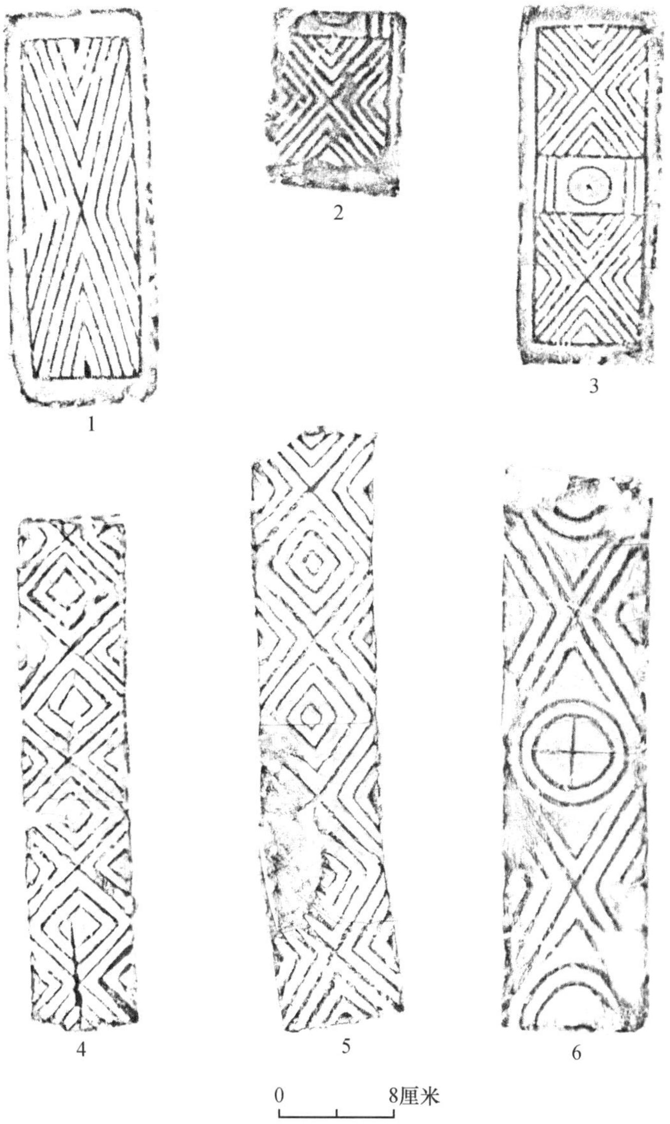

图二一　墓砖花纹纹样拓片

1～4. M7　5. M8　6. M9

米（图二二，2；图版一〇，1右）。

环　1件（M7：39）。位于后室西端中部，压在M7：5铜盆之下，出土时断为十余段。为漆器上的附件，形制为圆形，扁体。直径20、环体宽0.68厘米（图版一〇，3外）。

指环　1组2件。M7：38，从M7：4锈蚀的铜钱堆中清理出来。形制为圆形，断面亦为圆形。直径2、断面直径0.08厘米（图版一〇，3内）。

铜泡　1组4件。M7：9，位于后室西北角，保存较好。圆弧形帽，表面鎏金。锥状钉（图版一〇，2）。

M7：9-1，直径4.2、钉长1.4、厚0.15厘米（图二二，8）。

M7：9-2，直径4、钉长1.35、厚0.15厘米（图二二，9）。

铜钱　1组90余枚（M7：4）。置于前后室多处地点，保存尚可，多数锈蚀粘连在一起。圆形，方穿。钱文较清楚者均为“五铢”。直径约2.6厘米（图二二，3）。

2. 铁器

3件。器形有釜和钩。

釜　1件（M7：22）。位于前室西北角，锈蚀残损严重，无法修复。

钩　2件。

M7：1，位于后室最东端中部。表面锈蚀严重，但器形完整。平面为长方形，侧视呈S形。长10.1、宽2.1、厚0.6厘米。（图二二，4）。

M7：8，位于后室西北角，锈蚀残损严重，保存较差，已断裂成2块。

3. 石器

1件。煤精石。位于前室中部，残碎。

M7：37，扁体近长方形。残长1.7、残宽1.05、厚0.4厘米（图二二，5）。

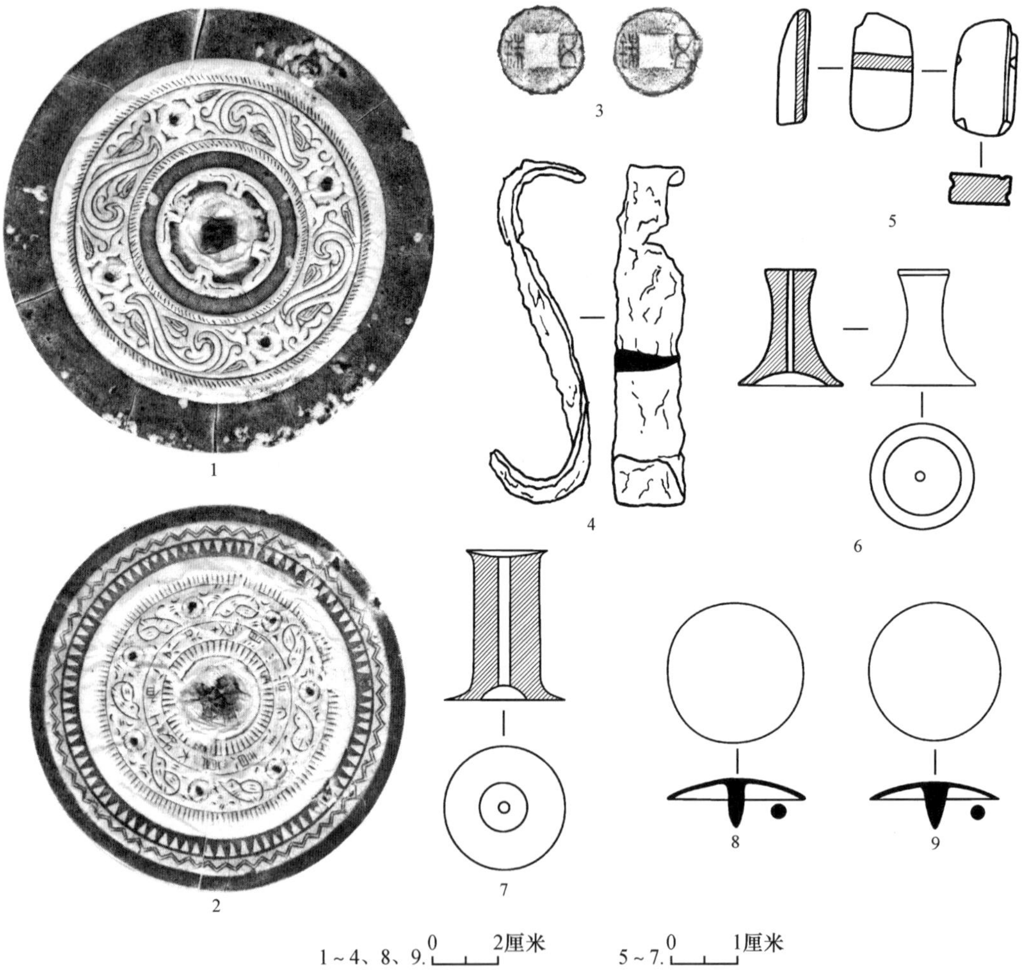

图二二　M7出土器物

1、2. 铜镜（M7：2、M7：20）　3. 铜钱（M7：4）　4. 铁钩（M7：1）　5. 煤精石（M7：37）　6、7. 琉璃耳珰（M7：27、M7：3）　8、9. 铜泡（M7：9-1、M7：9-2）

4. 琉璃器

2件。器形为耳珰。

M7：3，位于后室中偏西部，保存完整。器作圆柱状，上端稍小，下端略大，中有穿孔。长2.2、顶径1.2、底径1.8、孔径0.2厘米（图二二，7；图版九，6左）。

M7：27，位于前室中部西端，残。整体为束腰圆柱状，上端较小，平顶，下端较大，中部显著内凹，有纵向穿孔。长1.75、上端径0.8、下端径1.6、孔径0.1厘米（图二二，6；图版九，6右）。

5. 釉陶器

23件。器形有釜、甑、罐、盂、盆、钵、碗、勺、卮、灯和器盖。

釜　1件（M7：12）。位于后室西北角，可修复。泥质红陶，口沿内侧和整个外壁施黄绿色釉。侈口，圆唇，斜折沿下部外伸出台，溜肩，肩两侧有对称的小耳，浅腹，圜底近平。肩、腹部有三周阶状凸起，其中两周凸起上戳印成排纹饰。口径12.3、高6.7～6.4、厚0.1～0.5厘米（图二三，1）。

双耳釜　2件。

M7：18，位于后室西北角，可修复。泥质红陶，内壁和外壁的中上部施黄绿色釉。侈口，圆唇，折沿，窄圆肩，圆腹，平底内凹。口沿上有一对对称的环形立耳，耳上有三列排列整齐的戳印纹。肩部有一周戳印纹，其下有一周凹槽。口径12.8～13、腹径13.3～13.6、底径6.6～6.9、通高10、器身高7.5、厚0.4～0.5厘米（图二三，3）。

M7：34，位于前室西部中段，可修复。泥质红陶。内沿和内、外壁残留绿色釉。侈口，圆唇，折沿，窄折肩，折腹，圜底。口沿上有一对对称的泥条环形高立耳。近底部有一排刀削痕迹。口径10.8、通高8.4～8.9、器身高5.6、厚0.15～0.52厘米（图二三，2；图版九，2右）。

甑　1件（M7：24）。位于前室西端中部，可修复。泥质红陶，含有极细砂，釉已经剥蚀殆尽。敞口，弧腹，近底部折收，小平底，底部有6个排列规则的箅孔。腹部有一周凹槽，近底部有刀削痕迹。口径10.5～11.2、高4.5、厚0.15～0.39厘米（图二三，4）。

罐　2件。泥质红陶，内外壁的釉已经剥蚀。

M7：25，位于前室西端中部，可修复。侈口，方唇，斜折沿，窄圆肩，圆腹，近平底，近底部有一排刀削痕迹。口径9～9.7、最大腹径10.25～10.7、底径3.5、高6.1～6.4、厚0.15～0.49厘米（图二三，5）。

M7：28，位于前室西端中部，可修复。口微侈，圆唇，折沿，窄折肩，圆腹，近底部折收，小平底为刀削而成。近底部有刀削痕迹。口径9、最大腹径10.8、底径3、高5.7～6、厚0.6～0.72厘米（图二三，6）。

盂　1件（M7：29）。位于前室西端中部，可修复。泥质红陶，内外壁都有黄绿色釉。侈口，圆唇，宽卷沿，束颈，窄折肩，弧腹下部折收，小平底。近底部有明显的刀削痕迹。口径8.8～9、腹径9～9.15、底径2.3、高6.1～6.5、厚0.38～0.5厘米（图二三，7；图版九，2左）。

盆　3件。

M7：15，位于后室西北角，可修复。泥质红陶，内壁有黄绿色釉。敞口，圆唇，折沿，

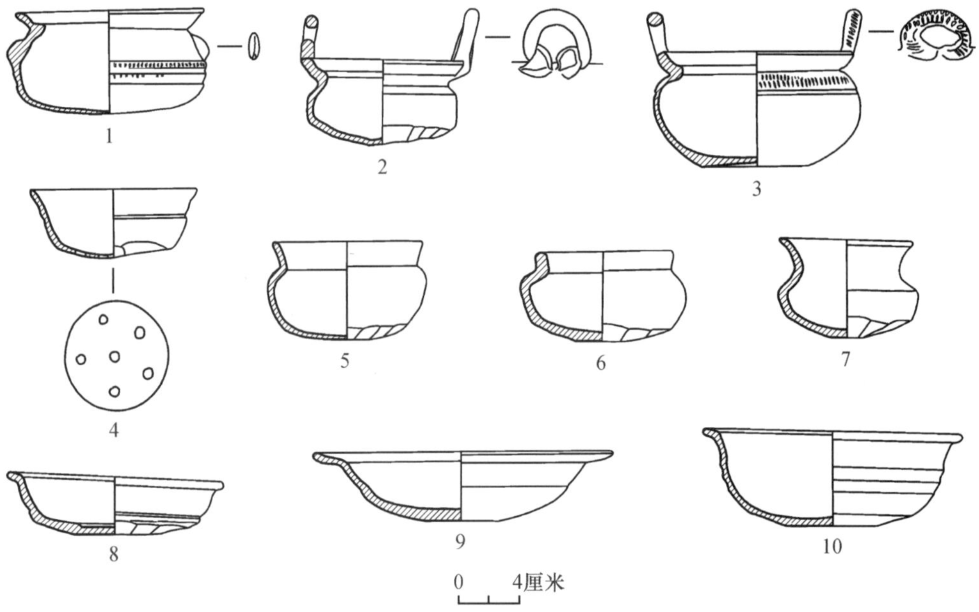

图二三　M7出土釉陶器

1. 釜（M7：12）　2、3. 双耳釜（M7：34、M7：18）　4. 甑（M7：24）　5、6. 罐（M7：25、M7：28）　7. 盂（M7：29）　8～10. 盆（M7：23、M7：17、M7：15）

圆腹，近底部折收，平底。腹部有三周凸棱。口径17、底径6、高6.3～5.9、厚0.3厘米（图二三，10）。

M7：17，位于后室西北角，可修复。泥质黄褐陶，内外壁均施黄绿色釉，大部分脱落。大敞口，圆唇，宽沿斜折，浅腹，小平底。腹中部有一周阶状凸起。口径19.4、底径4.75、高4.5、厚0.33～0.5厘米（图二三，9）。

M7：23，位于前室西部，可修复。泥质红陶，内壁有黄绿色釉。敞口，圆唇，折沿，浅腹，下部折收，平底，内底中部下凹。下腹部有一周凹槽，近底部有明显的刀削痕迹。口径14.2、底径5.2～5.5、高3.4～4、厚0.4～0.7厘米（图二三，8；图版九，1）。

钵　3件。

M7：11，位于后室西北角，可修复。泥质灰陶，内壁和外壁的口沿部分残留绿色釉。近直口，方唇，圆折腹，近底部有两周微折，平底微内凹。腹部有两周较深的凹槽。口径15.8～16、底径5.8、高4.4～4.6、厚0.32～0.6厘米（图二四，1）。

M7：16，位于后室西北角，可修复。泥质红陶，整个内壁和外壁的中上部施黄绿色釉。口微敛，圆唇，弧腹，近底部有两周折收，平底微内凹。腹部有一周凹槽。口径14.1～14.7、底径5、高4.5～4.8、厚0.3～0.4厘米（图二四，2；图版九，5）。

M7：36，位于前室西端中部，可修复。泥质红陶，内壁和外壁的上部残余零星的黄绿色釉。敞口，弧腹，近底部微折收，平底。腹部有两周凹槽，近底部有刀削痕迹。口径13.1～13.4、底径5～5.3、高4.5～4.8、厚0.32～0.48厘米（图二四，3）。

碗　1件（M7：32）。位于前室西端中部，可修复。泥质红陶，内壁和外壁的上部残留零星的酱黄釉痕迹。敞口，卷沿，弧腹，近底部折收，平底。腹部有两周细凸棱。口径12.6～12.9、底径4.2、高4.5～5.1、厚0.3～0.4厘米（图二四，4）。

勺　2件。泥质红陶，勺内外壁有酱色釉。勺体为钵形，一侧有角状把手。

M7：30，位于前室西端中部，可修复。敞口，斜弧腹，底部不平整。通高3.9、器身高2.5、通长9.4、勺头长6.8、宽7.8、厚0.46～0.98厘米（图二四，12；图版九，3）。

M7：40，位于M7：18号陶釜内，保存较好。口微敛，斜弧腹，平底。把手尾端残。长7.3、宽7.5、残高4.9、残长8.8、器身高2.5、厚0.2～0.4厘米（图二四，13）。

卮　2件。形制为筒形，平底，制作不甚规整。

M7：13，位于后室西北角，可修复。泥质红陶，外表施黄绿色釉，大部脱落。直筒形，口微敛，圆唇，窄折沿，近底部折收。一侧沿下有把手痕迹。外壁上、中、下部各饰一组凹弦纹。口径8.2～8.5、底径6、高7.5、厚0.35～0.45厘米（图二四，9；图版九，4）。

M7：33，位于前室西端中部，可修复。泥质红陶，器表残留黄绿色釉。敞口，尖唇，斜壁，近底部折收。口下一侧有角状短把手。器壁上、下各有一周凹槽。口径7.2、底径4.6、高5～5.4、厚0.33～0.6厘米（图二四，10）。

灯　4件。形制为豆形，覆碗形粗大圈足。制作较为粗糙。

M7：10，位于后室西北角。泥质红陶，外施浅青黄色釉。灯盘残失，只余盘底及以下圈足座部分。足径11.6、残高7.4、厚0.3～0.61厘米（图二四，8）。

M7：14，位于后室西北角，可修复。泥质红陶，外壁的黄绿色釉保存较好，内壁釉料基本脱落，座内壁未施釉。子母口，矮子口内敛，浅盘，束柄较长。口径8.85、足径11.5、高8.6～8.7、厚0.43～1.5厘米（图二四，6；图版八，3）。

M7：26，位于前室西端中部，可修复。泥质红陶，灯盘内壁和外壁有黄绿色釉。子母口，子口内敛，盘略深，盘口变形较甚，斜腹。口径7.7、足径11、高8.8、厚0.42～0.9厘米（图二四，5）。

M7：35，位于前室西端中部，可修复。泥质红陶，内外壁施黄绿色釉，大部分脱落。碗

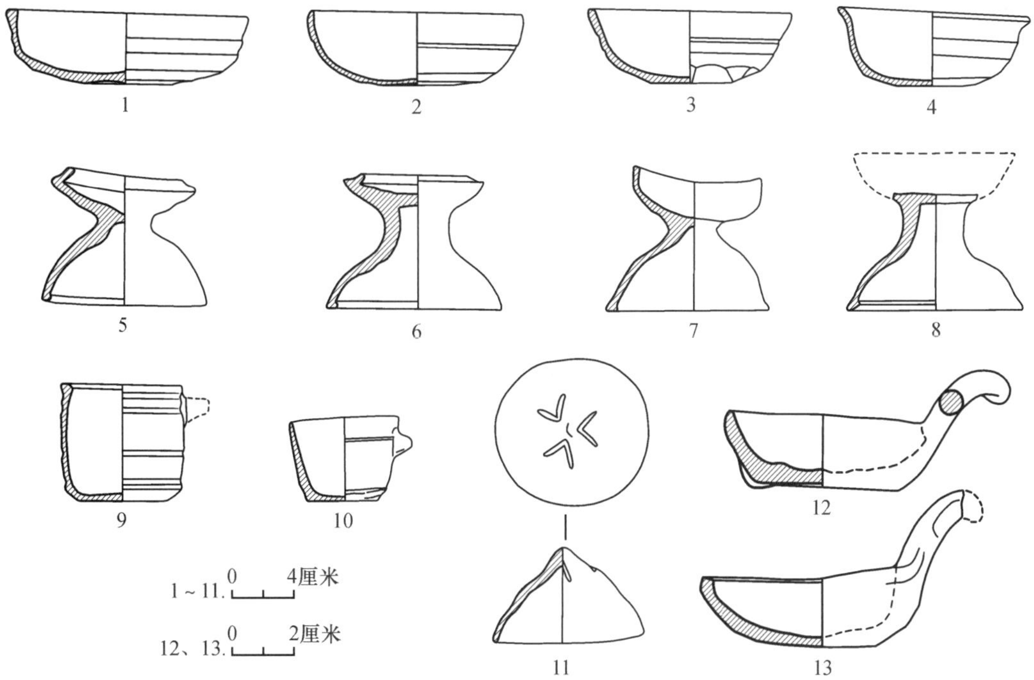

图二四　M7出土釉陶器

1～3. 钵（M7：11、M7：16、M7：36）　4. 碗（M7：32）　5～8. 灯（M7：26、M7：14、M7：35、M7：10）
9、10. 卮（M7：13、M7：33）　11. 器盖（M7：31）　12、13. 勺（M7：30、M7：40）

形盘，盘口变形较甚，显得极不规整。口径8.3～9、足径10.7～10.8、高8.5～9.2、厚0.37～0.5厘米（图二四，7）。

器盖　1件（M7：31）。位于前室西端中部，可修复。泥质红陶，器表有黄绿色釉。敞口，壁微弧，尖顶。盖壁中部有一周浅下凹，顶部有三组折线镂孔。口径10、高6、厚0.4～0.7厘米（图二四，11）。

6. 陶器

4件。器形有仓、仓盖和罐。

仓　1件（M7：7）。位于后室西北角。夹极细砂灰陶。子母口，矮子口内敛，筒形腹微弧，平底。内壁呈波浪状起伏，腹中部有一周凹槽，腹下部有刀削痕迹。口径9.4、高14.7、厚0.66～0.84厘米（图二五，3）。

仓盖　1件（M7：6）。为M7：7的器盖。位于后室西段中部。夹极细砂灰陶。敞口，圆唇，弧腹，近顶部折收，平顶。盖壁有轮制时形成的轻微波浪状起伏，近口部有一周凹弦纹。口径12.5、高4.9、厚0.35厘米（图二五，3）。

罐　2件。

M7：19，位于前室中部。夹细砂灰陶。小口圜底罐，直口，圆唇，宽折沿，短直颈，广圆肩，圆腹，圜底。肩中部至上腹部有四周抹弦纹，将绳纹断开，腹至底部饰中细竖绳纹。口径12、最大腹径34.4、高20.2、厚0.6～0.8厘米（图二五，2）。

M7：21，位于前室中部。泥质灰陶。小口平底罐，直口，尖唇，窄沿，矮直颈，圆肩，圆腹下部内收，平底微内凹。肩部有两周凹弦纹，并饰一周相互勾连的多细线横S形纹，近底有三排刀削痕迹。口径11.2、最大腹径24.3、底径12.1、高18～18.3、厚0.3～0.8厘米（图二五，1；图版八，4）。

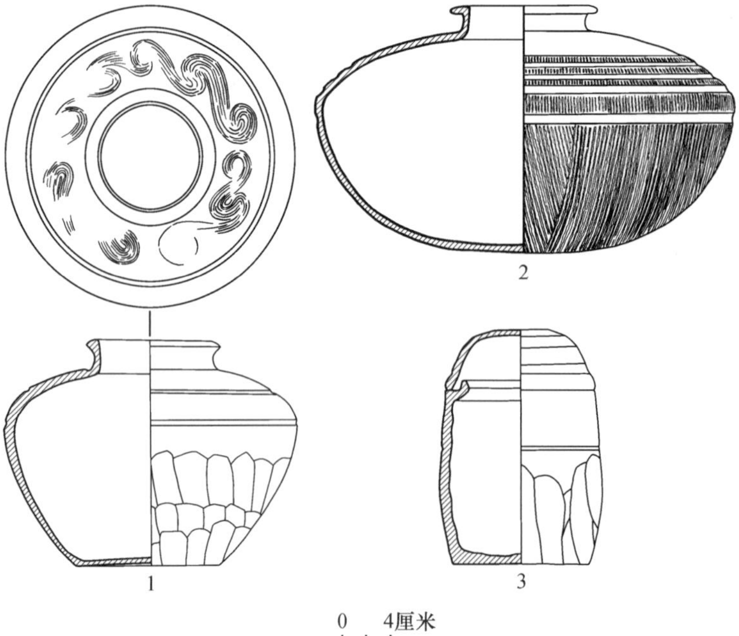

图二五　M7出土陶器

1、2. 罐（M7：21、M7：19）　3. 仓及仓盖（上M7：6、下M7：7）

（六）M8

位于T2571西北角，延伸到T2471、T2472、T2572三个探方。开口于第2层下，打破生土（图二六）。

墓葬形制为土坑竖穴砖室墓，方向285°，大致为东—西方向，朝向澎溪河。墓室上部和墓道部分被近代平整土地活动完全破坏，墓室东壁及东南部被现代扰坑破坏不存，目前仅残存部分墓室和南北两侧的墓壁下部。墓口东南角距地表深46厘米，现存墓口东壁南端海拔159.61米。砖砌墓室平面近方形，东西残长250～316、南北宽336、残深90厘米。墓室用青砖错缝垒砌而成，并用砖铺墓底，砖的一侧有模印的菱形花纹（图二一，5）。

墓内填五花土，土质较松软，含有红烧土粒及水锈斑。葬具的棺木因腐朽较甚，难以辨认，但局部发现有漆皮，原应有棺。

墓内只发现了一具人骨，头向东，骨骼腐朽严重。

共发现16件（组）随葬品，其中铜器2组，铁器5件，釉陶器4件，陶器5件。

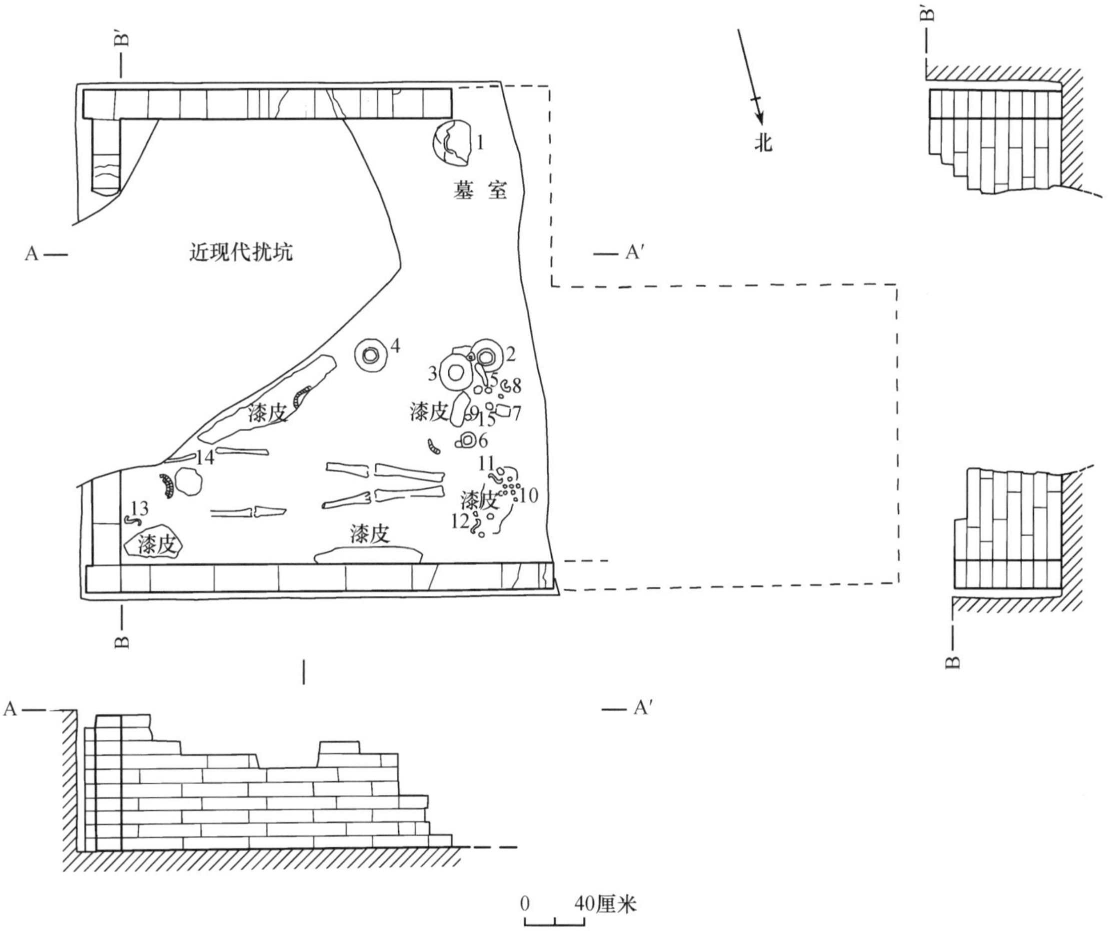

图二六　M8平、剖面图

1～3、7. 陶罐　4. 陶壶　5. 铁削　6. 釉陶器盖　8. 釉陶釜　9. 铜泡　10. 铜钱　11～13. 铁钩　14. 铁剑　15. 釉陶碗　16. 釉陶灯（整理时发现）

1. 铜器

2组。器形有铜泡和铜钱。

铜泡　1组16件。统一编为M8：9（图版一〇，4），位于墓室西北部。圆弧形帽，正面可见鎏金痕迹，锥状尖。其中15枚保存较完整，另外1枚残破较甚。

M8：9-1，帽径6、高2.33、钉柱长2、帽厚0.2厘米（图二七，1）。

M8：9-2，帽径5.9、高2.33、钉柱长2.16、帽厚0.19厘米（图二七，2）。

M8：9-3，帽径5.9、高2.51、钉柱长2.4、帽厚0.17～0.7厘米（图二七，3）。

M8：9-4，帽径5.9、高2.48、钉柱长2.28、帽厚0.07～0.2厘米（图二七，4）。

M8：9-5，帽径6.1、高2.2、钉柱长2.06、帽厚0.1～0.15厘米（图二七，5）。

M8：9-6，帽径6、高2.1、钉柱长1.98、帽厚0.12厘米（图二七，6）。

M8：9-7，帽径5.9、高2.5、钉柱长2.42、帽厚0.08～0.15厘米（图二七，13）。

M8：9-8，帽径6、高2.03、钉柱长1.9、帽厚0.07～0.17厘米（图二七，14）。

M8：9-9，帽径4.5、高1.92、钉柱长1.77、帽厚0.15厘米（图二七，7）。

M8：9-10，帽径4.6、高1.9、钉柱长1.73、帽厚0.17厘米（图二七，12）。

M8：9-11，帽径4.5、高1.68、钉柱长1.56、帽厚0.12厘米（图二七，15）。

M8：9-12，帽径4.5、高1.94、钉柱长1.81、帽厚0.13厘米（图二七，9）。

M8：9-13，帽径4.5、高2.26、钉柱长2.13、帽厚0.13厘米（图二七，11）。

M8：9-14，帽径4.5、高1.84、钉柱长1.67、帽厚0.06～0.17厘米（图二七，10）。

M8：9-15，帽径4.5、高1.83、钉柱长1.74、帽厚0.09～0.15厘米（图二七，8）。

铜钱　1组5枚。M8：10，位于墓室西北部。保存完整。圆形方穿。钱文均为“五铢”。直径2.5～2.6厘米（图二七，21）。

2. 铁器

5件。器形有剑、削和钩。

剑　1件（M8：14）。位于墓室东北部。保存极差，表面锈蚀严重。长条形，横断面呈扁菱形，边锋残，柄部残失。残长24.7、宽3、厚0.64厘米（图二七，20）。

削　1件（M8：5）。位于墓室西北部。保存较差。表面锈蚀严重，断裂成4块，尖部和环首残。残长24.2、宽2.38～2.56、柄厚0.5、刃背厚0.35厘米（图二七，19）。

钩　3件。表面锈蚀严重，但器形完整。平面为长方形，侧视为S形。

M8：11，位于墓室西北部。保存较好。长10.2、宽3、厚0.35～0.75厘米（图二七，16）。

M8：12，位于墓室西北部。保存较好。长10.2、宽3、厚0.21～0.61厘米（图二七，18）。

M8：13，位于墓室东北角。保存较好。长9.9、宽2.8、厚0.44厘米（图二七，17）。

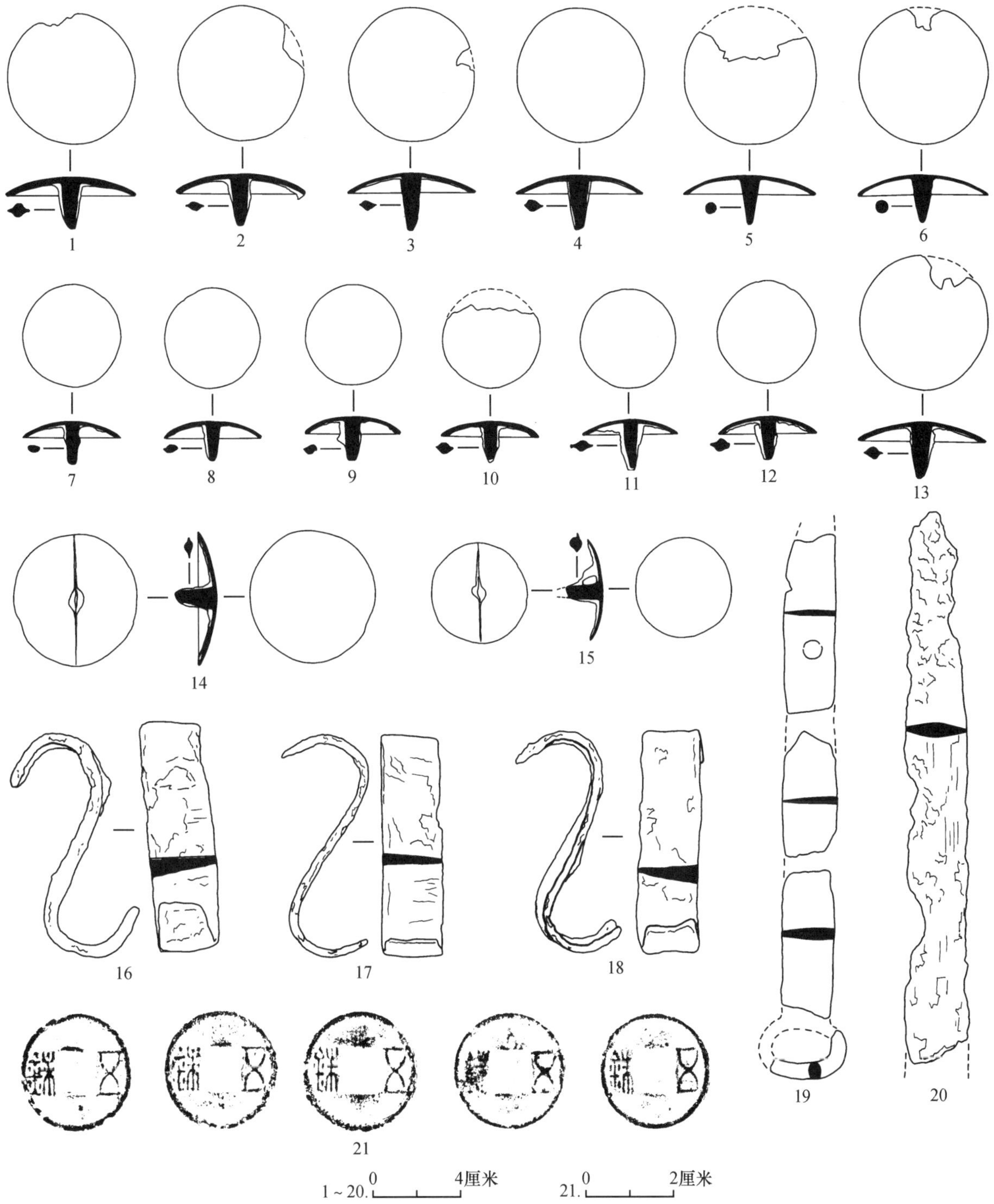

图二七　M8出土器物

1～15. 铜泡（M8：9-1、M8：9-2、M8：9-3、M8：9-4、M8：9-5、M8：9-6、M8：9-9、M8：9-15、M8：9-12、M8：9-14、M8：9-13、M8：9-10、M8：9-7、M8：9-8、M8：9-11）　16～18. 铁钩（M8：11、M8：13、M8：12）　19. 铁削（M8：5）　20. 铁剑（M8：14）　21. 铜钱（M8：10）

3. 釉陶器

4件。器形有釜、碗、灯和器盖。

釜　1件（M8：8）。位于墓室西北部。保存较差。泥质红陶，外壁有青绿色釉，多已脱落。侈口，尖圆唇，折沿，沿面内凹明显，溜肩，弧腹折收，平底。口径8.4、底径3.2、高5、厚0.39～0.74厘米（图二八，5）。

碗　1件（M8：15）。位于墓室西北部。保存较完整。泥质红陶，内外壁均施黄绿色釉，但基本脱落，局部可见黄白色陶衣。近直口，窄平沿，弧腹，小平底。口径8.8、底径4.5、高3.5、厚0.4～0.6厘米（图二八，6）。

灯　1件（M8：16）。保存极差，仅存盘底和灯座部分。泥质红陶，釉已脱落。覆碗形粗大圈足，口部微内敛，斜弧壁。底径8.7、残高7.6、厚0.4～0.9厘米（图二八，7）。

器盖　1件（M8：6）。位于墓室西北部。保存较好。泥质红陶，外表有酱黄色釉，大部分脱落。覆盘形子母口盖，矮子口内敛，弧壁，小平顶。盖壁上部有三个呈鼎立状分布的锥状凸起，顶部正中有一泥条环形纽。口径14～14.1、器高4.2、通高6.4、厚0.6～0.74厘米（图二八，8）。

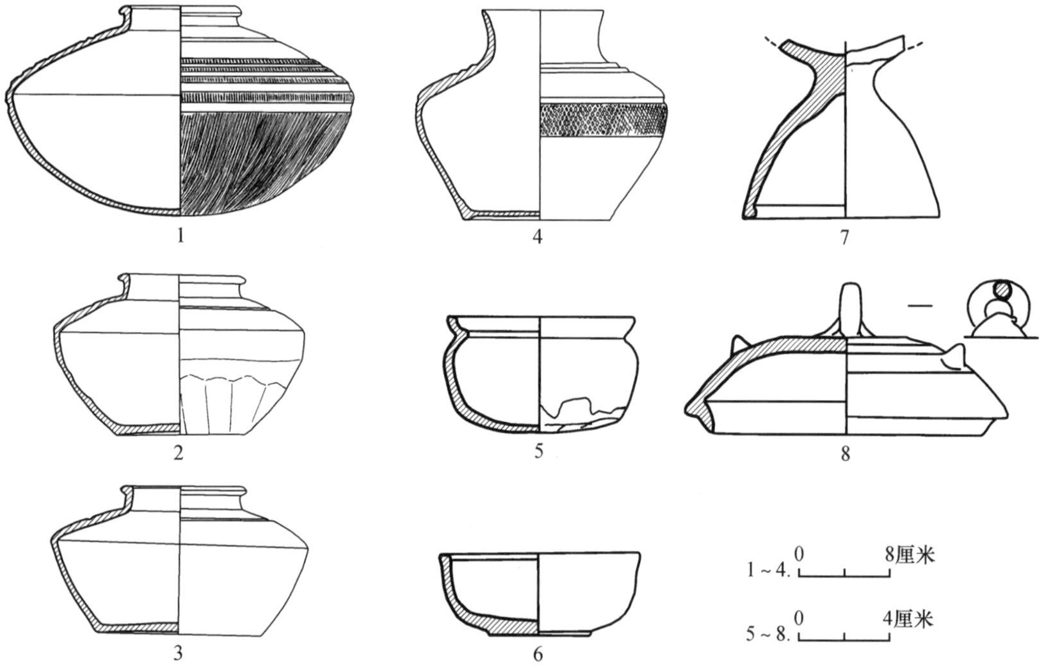

图二八　M8出土器物

1～3. 陶罐（M8：1、M8：2、M8：3）　4. 陶壶（M8：4）　5. 釉陶釜（M8：8）　6. 釉陶碗（M8：15）　7. 釉陶灯（M8：16）　8. 釉陶器盖（M8：6）

4. 陶器

5件。器形有罐和壶。

罐　4件。形制有小口圜底罐和小口平底罐两类。

M8：1，位于墓室西南部。保存较差。夹极细砂灰陶。直口，圆唇，短颈，广斜肩，圆腹，圜底。肩上部有一周凹弦纹，肩中部至上腹部饰四周弦断绳纹，腹至底部饰竖向中细绳纹。口径10.8、最大腹径30.8、高17.9、厚0.4～0.6厘米（图二八，1）。

M8：2，位于墓室西部中段。保存完整。泥质灰陶。小口，圆唇，短颈，宽折肩，圆腹，平底内凹。肩部有一周凹槽，近底部周壁有一排刀刮痕迹。口径11～11.5、最大腹径22.1～22.4、底径11.4、高13.5～13.9、厚0.3～0.7厘米（图二八，2）。

M8：3，位于墓室西部中段。保存较好。泥质灰陶。小口，圆唇，短颈，宽折肩，斜腹，平底微内凹。肩部有一周凹弦纹。口径11～11.2、最大腹径22.5、底径15、高12.8、厚0.5～0.7厘米（图二八，3；图版一〇，5）。

M8：7，位于墓室西部，保存极差，不能修复。泥质红陶。

壶　1件（M8：4）。位于墓室中部偏西。保存一般。泥质灰褐陶。侈口，粗束颈，宽折肩，斜腹，平底内凹。肩部有三周凹槽，上腹部饰一周凹弦纹和菱形纹。口径10.7、最大腹径22、底径13、高18、厚0.5～0.81厘米（图二八，4；图版一〇，6）。

（七）M9

位于遗址西部T2169南部，延伸至T2168和T2069（图二九；图版一一，1）。开口于第2层下，打破生土。墓葬受到较为严重的破坏，部分墓砖壁直接暴露在田埂上。

墓葬形制为土坑竖穴砖室墓，方向283°，大致为东—西方向，大方向朝向澎溪河。墓口距地表深50厘米，现存墓口海拔158.55米，位于下一级梯田的墓道西端海拔157.45米。墓葬平面呈“凸”字形，残长500、宽186～340、残深10～120厘米。墓葬由墓道和墓室两部分组成。墓道平面为长方形，西端被破坏不存，顶部亦残缺，墓道残长170、宽186、残深10～38厘米。墓室平面近方形，顶部已不存，砖室南北长218～329、东西宽314～322、残深10～110厘米。

墓的砖壁均采用平铺错缝垒砌法砌成，最多保存有10层砖，砖长38、宽18、厚10厘米。内侧面为模印菱形加圆环纹（图二一，6）。墓底不平整，东端比西端高10厘米。墓室和墓道内均以砖铺地，南北成排，未见错缝，内外一体铺成，地砖的形制与墙壁所用砖相同，仅在墓道外侧发现一块榫卯砖。

墓内填黄褐色粉沙土，近底部有淤积现象，填土内包含少量炭粒、红色颗粒、碎砖块及瓷片等。土质较硬，结构致密。人骨之下发现褐色堆积物。

墓内未见棺椁痕迹。在墓道内左侧发现一具人骨，较为凌乱，从骨盆及右侧股骨的保存情况看，似不是二次葬。头向朝西，面部缺损。

共发现6件（组）随葬品，其中铜钱1组，瓷器5件。

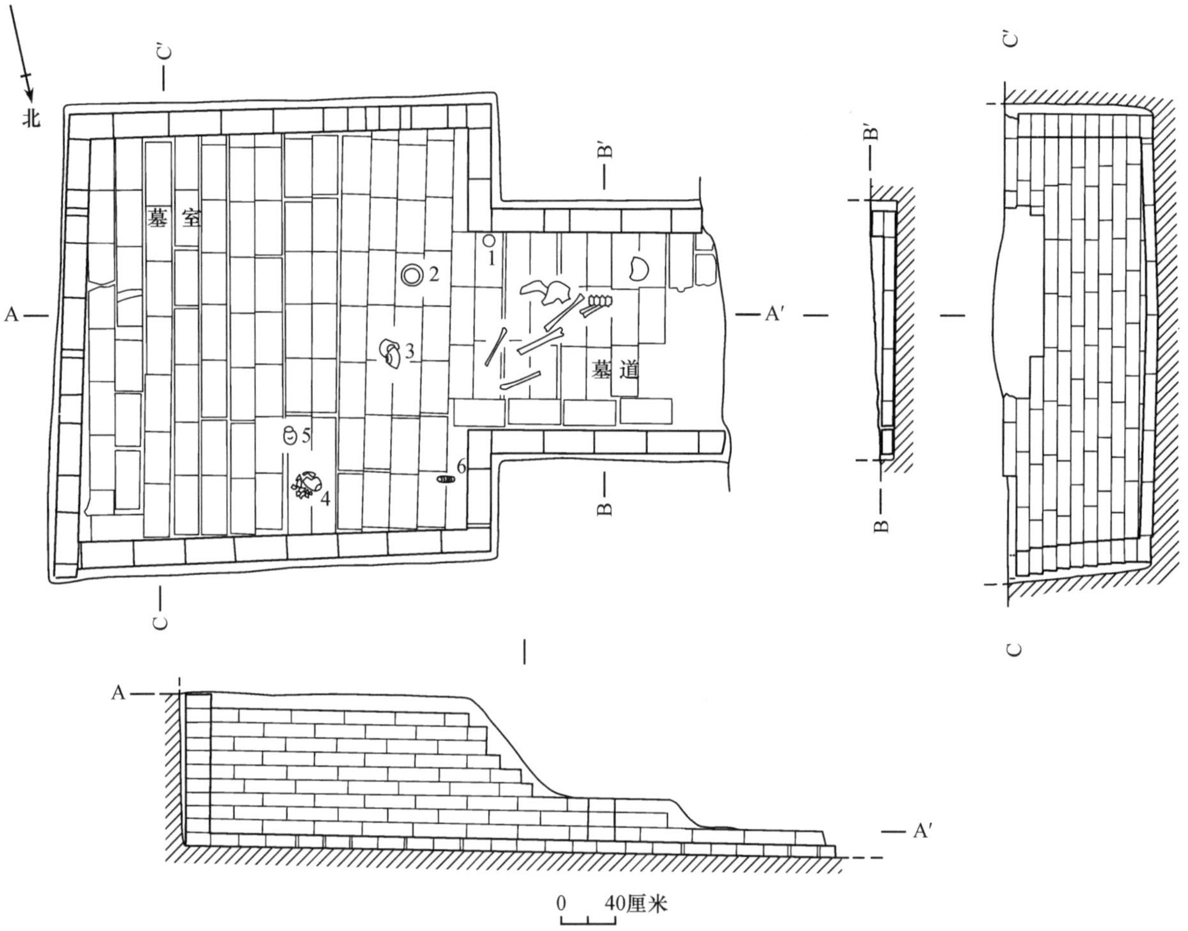

图二九　M9平、剖面图
1～3. 瓷碗　4、5. 瓷盘口壶　6. 铜钱

1. 铜器

1组19枚（M9：6）。器形为铜钱。位于墓室西北角，保存完整。圆形，方穿，钱文可辨者均为“五铢”。

M9：6-1，直径2.6厘米（图三〇，6）。

M9：6-2，直径2.7厘米（图三〇，7）。

M9：6-3，直径2.4厘米（图三〇，8）。

2. 瓷器

5件。器形有盘口壶和碗。

盘口壶　2件。青釉灰白胎。形制为浅盘口，束颈，圆腹，平底内凹。肩部有四个两两对称的桥形小耳。

M9：4，位于墓室北部中段。外壁下腹以上及内壁颈以上部分施青釉，釉基本脱落，未施釉部位有垂釉痕迹。盘口残，粗长颈内束，溜肩，深腹，近底部一侧有烧前挤压变形痕迹。最大腹径15.2、底径7.8、残高21.5、厚0.5～1厘米（图三〇，5）。

M9：5，位于墓室北部中段。外壁大部分施釉，近底部1厘米左右宽度无釉，盘口内部亦

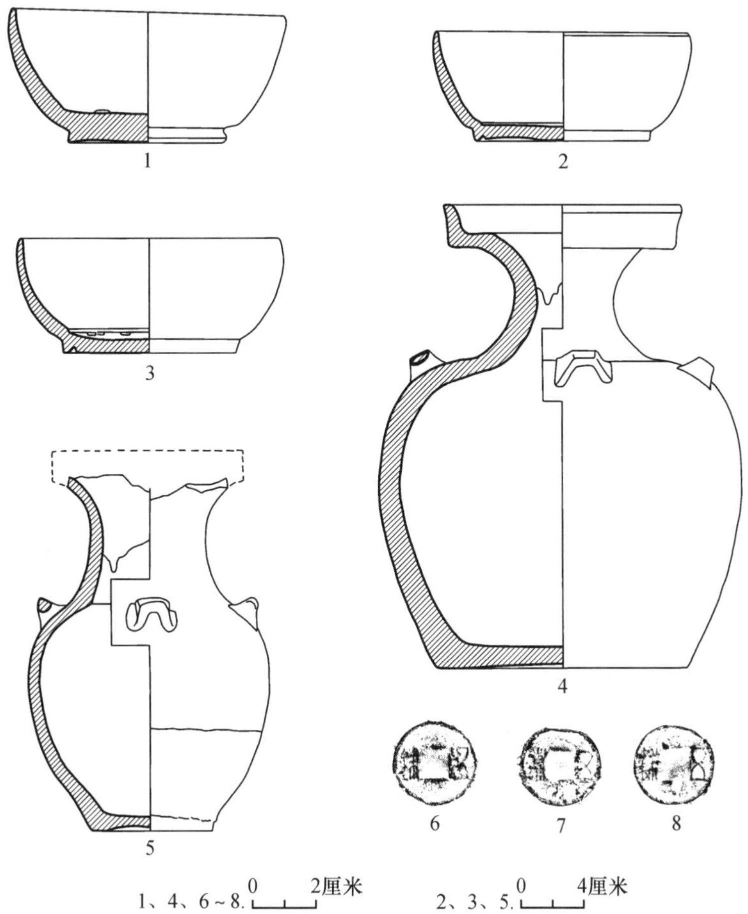

图三〇　M9出土器物

1～3. 瓷碗（M9：1、M9：3、M9：2）　4、5. 瓷盘口壶（M9：5、M9：4）　6～8. 铜钱（M9：6-1、M9：6-2、M9：6-3）

施青釉，釉脱落较甚。形体较小，细颈，圆肩，腹部较宽略浅。口径7.6、最大腹径11.5、底径7.5、高14.3、厚0.3～0.85厘米（图三〇，4；图版一一，5）。

碗　3件。青釉灰胎。形制为近直口，弧腹，假圈足状平底。

M9：1，位于墓道东南角，基本完整。腹略深，底略内凹。内底有四个支烧的钉痕，呈方形排列。口径8.56～8.68、底径4.63～4.83、高4～4.2、厚0.3～0.6厘米（图三〇，1；图版一一，2）。

M9：2，位于墓室西部中段，釉已全部脱落。腹较浅，底略内凹。内底周缘有17个支钉痕迹，外底部周缘有15个支钉痕迹。口径15.9～16.2、底径10.9、高6.7、厚0.78厘米（图三〇，3；图版一一，3）。

M9：3，位于墓室西部中段，口略残失。腹较浅。内底周缘有12个支钉痕迹。口径16.5～16.7、底径10.8、高7.1、厚0.5～0.95厘米（图三〇，2；图版一一，4）。

（八）M10

位于遗址北部T2369东部。开口于第1层下，打破生土。墓葬上部受到严重破坏，故保存甚浅。

墓葬形制为土坑竖穴墓，方向23°，大致为西南—东北向。墓口距地表深15厘米，海拔158.85米。墓葬平面呈较宽的长方形，长220、宽140厘米，墓口到墓底残深20厘米（图三一）。

墓内填黄褐色五花土，包含红褐色土块及砂粒等，土质较软，结构疏松。未发现葬具痕迹和人体骨架的痕迹。

墓内共发现5件随葬品，其中铜器1件，陶器4件。

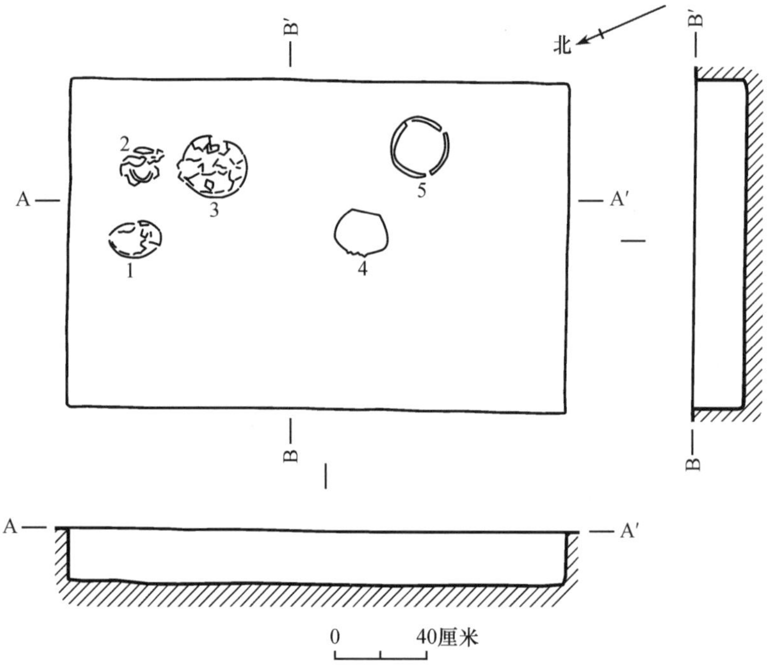

图三一　M10平、剖面图

1～3. 陶罐　4. 陶壶　5. 铜器

1. 铜器

1件（M10：5）。位于墓室东南部，保存极差，器形不详。

2. 陶器

4件。器形有罐和壶。

罐　3件。

M10：1，位于墓室北端，保存极差，颈以上部分残失。泥质灰陶。小口残，斜折肩，圆腹，平底内凹。肩以下饰竖向细绳纹。最大腹径23.5、残高11.3、厚0.4～0.98厘米（图三二，3）。

M10：2，位于墓室北端，保存较好。泥质陶，灰色略偏褐色。小口，方唇，卷沿，沿面有一周凹槽，束颈，斜折肩，圆腹，圜底。折肩位置以下饰竖向细绳纹。口径11.7、最大腹径22.9、高14.4、厚0.4～1.1厘米（图三二，4）。

M10：3，位于墓室北端。保存较差。小口内敛，圆唇，窄卷沿，斜折肩，深直腹，下部内收，底残失。肩、肩腹之交和腹部各有两周凹弦纹。口径13、最大腹径28.3、残高17.8、厚

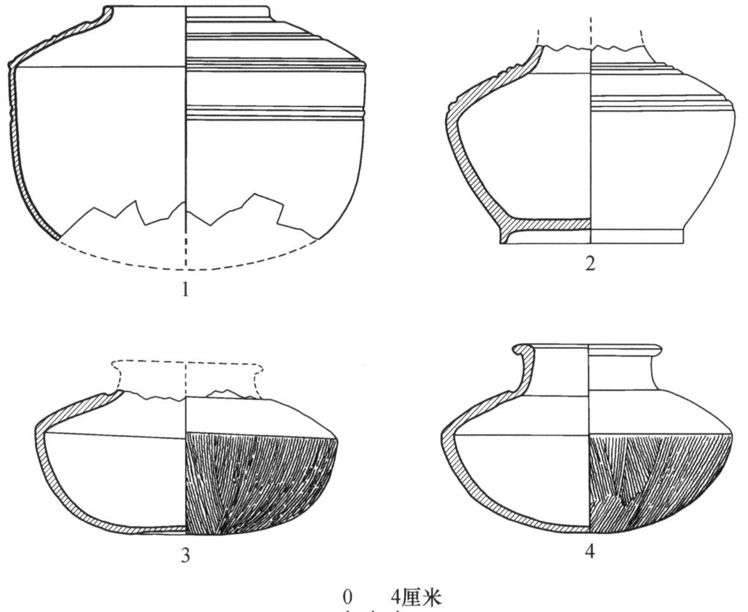

图三二　M10出土陶器

1、3、4. 罐（M10：3、M10：1、M10：2）　2. 壶（M10：4）

0.4～0.8厘米（图三二，1）。

壶　1件（M10：4）。位于墓室中部偏南，保存较差，颈部以上残失，有颈，广肩圆折，斜腹内收，平底内凹。最大腹径23、残高15.2、厚0.6～1.1厘米（图三二，2）。

（九）M11

位于遗址北部T2165中部，向东延伸至T2166西南部及T2065中部，开口于第2层下，打破生土。墓葬上部已被完全破坏不存，只存有近墓底的部分。

墓葬形制为砖室墓，方向285°，大致为东西方向，朝向澎溪河（图三三；图版一二，1）。墓口距地表50厘米，海拔158.5～158.57米。墓葬平面呈有把刀形。总长720、宽94～424厘米，墓口至墓底深60～77厘米。墓葬由墓道和墓室两部分组成。墓道整体偏于墓室的南侧，平面略呈“凸”字形，近墓室的东半部较宽，用砖砌两侧墓道壁，西半部略窄，为土坑，墓道长270、东端宽178、西端宽94厘米。墓室呈南北较长的长方形，南北长424、东西宽384、现存深度77厘米。

墓道东半部两侧壁各有长170厘米的砖墙，南墙残存9层砖，北墙残存5层砖。砖为长方形，多数长42、宽18、厚8厘米，侧面有模印的菱形花纹，纹样有细密和粗疏之分（图三四，1、2）。墓道的西半部为生土壁，未用砌砖，近长方形，南壁略弧。墓室没有砖壁，底部用榫卯砖铺成，大体以东北角和西南角的对角线为界，东南侧一半采用横向铺砖，而西北侧一半则为纵向铺砖（图三三 ）。

椁室和墓圹壁之间及墓道内填黄褐色砂土，土质较硬，结构紧密，含有水锈斑点等。椁室内填土为浅黄褐色花土，土质较硬，结构略松，包含砂粒等。

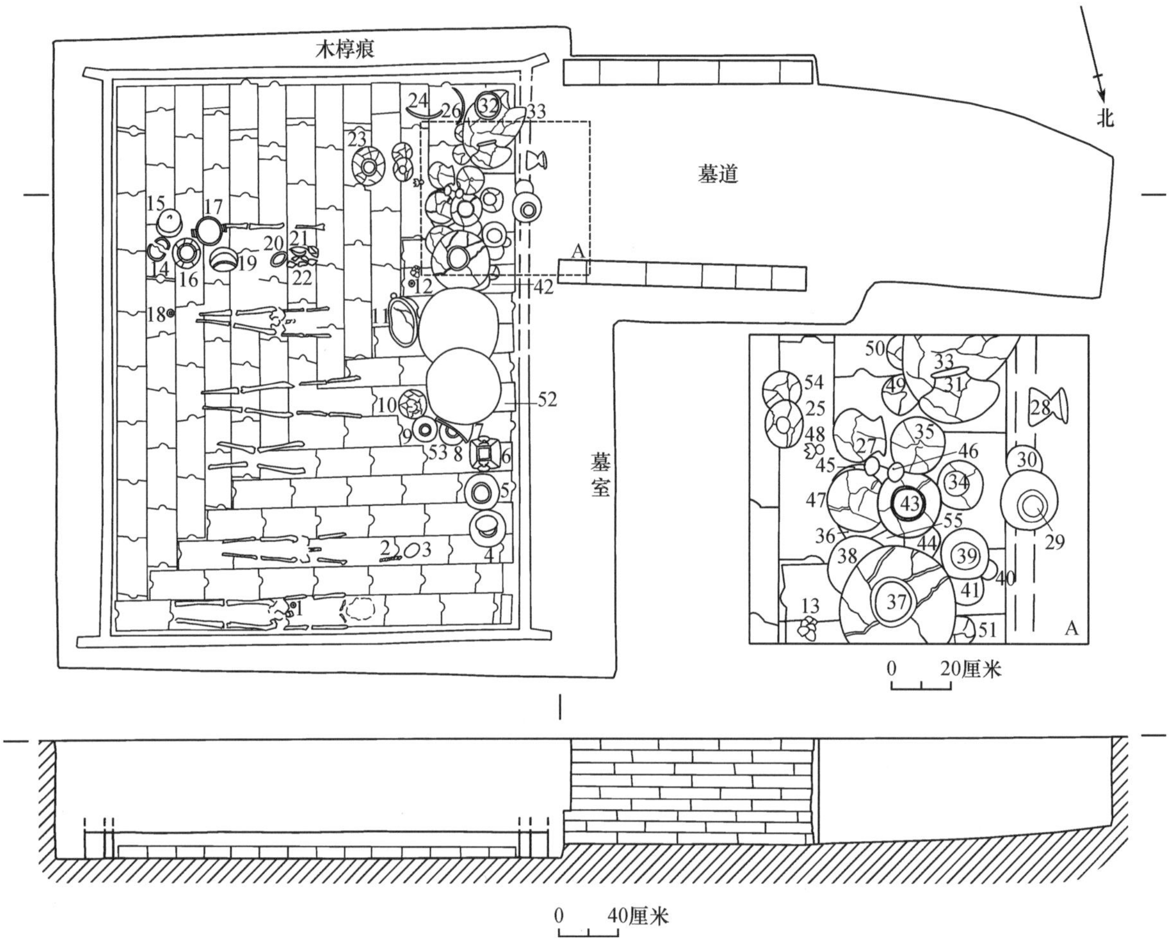

图三三　M11平、剖面图

1、2、12、18. 铜钱　3. 漆杯　4、5、10. 釉陶壶　6. 铜钫　7、33. 陶甑　8、9、23、29、43、44、47. 陶小口圜底罐　27、31、37. 陶小口平底罐　11. 铜釜　13. 铜泡　14. 釉陶碗　15、42. 陶有盖罐　16. 釉陶盂　17. 釉陶鼎　19、50、54. 釉陶器盖　20、21. 陶器盖　22、30. 釉陶魁　24、26、49. 漆器　25、53. 釉陶勺　28、35、51. 釉陶灯　32. 釉陶圈足盘　34. 釉陶罐　36、39、41、55. 陶仓　38. 釉陶盆　40. 陶杯　45. 釉陶卮　46. 陶盆　48. 铜铺首（二件）　52. 铁釜

墓内有一椁，已朽，椁内未发现棺。椁室平面为宽大的“Ⅱ”字形，长377、宽291、残存高度14厘米。椁的两端分别向外侧伸出，长10～16厘米。椁内的地面用榫卯砖铺成，地面整齐平整。铺地砖的面上局部发现有红色漆皮，可能是椁板或棺板腐朽后的残留。

椁内共发现6具人骨痕迹，保存极差，依据肢骨的排列可大体确定为仰身直肢，头向朝西，即澎溪河方向。性别和年龄等则不明。

墓内共发现55件（组）随葬品，其中铜器8组，铁器1件，釉陶器20件，陶器22件，漆器4件。

1. 铜器

8组50件。器形有釜、钫、铺首、铜泡和铜钱。

釜　1件（M11：11）。位于墓室西部中段，保存较差。侈口，圆方唇，卷沿，粗颈内束，折肩，圆腹，圜底。颈、肩部有一对对称的环形竖耳，耳的断面为圆形。口径28、最大腹径33.6、高24、厚0.17厘米，环耳径5.38、粗1.05～1.1厘米（图三五，2）。

图三四　墓砖花纹纹样拓片

1、2. M11　3. M12　4. M13　5. M14　6. M17

钫　1件（M11：6）。位于墓室西壁偏北，保存较差，颈、肩之交部分残损。敛口，窄平沿，颈上部内折，似盘口，颈中下部及肩的大部残，溜肩，深圆腹，高圈足，底部内伸。肩之两侧有对称的兽面铺首衔环，环上尚保存捆缚的麻绳残段。口径11.7～12、最大腹径19～19.5、足径14.2、复原高度约35.8、厚0.22厘米（图三五，1）。

铺首　1组2件（M11：48）（图版一四，5）。位于墓室西南部，保存一般，可能为漆木器上的附件。铺首为有角的兽面，眉、眼、嘴、牙齿等线条纤细清晰，栩栩如生。

M11：48-1，环径3.5、粗0.55厘米（图三五，3）。

M11：48-2，环径3.4、粗0.6厘米（图三五，4）。

铜泡　1组7件（M11：13）。位于墓室西部偏南，保存较差。表面鎏金。圆弧形帽，表面局部尚保存鎏金，锥形钉。

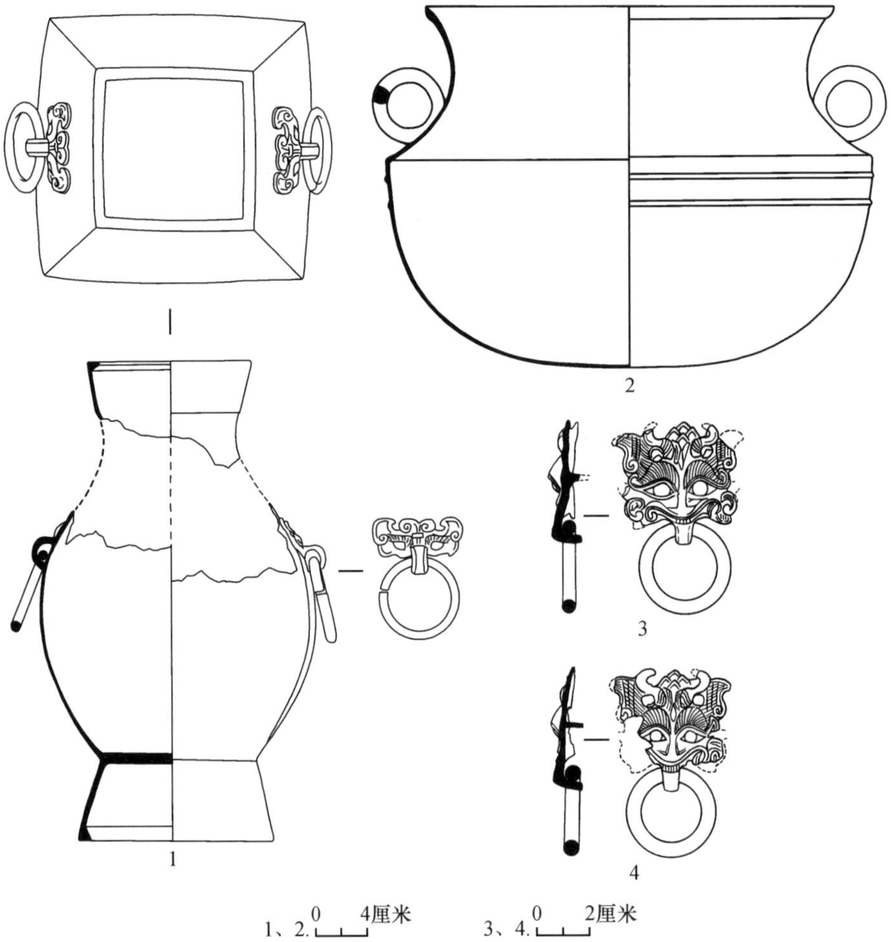

图三五　M11出土铜器

1. 钫（M11：6）　2. 釜（M11：11）　3、4. 铺首（M11：48-1、M11：48-2）

M11：13-1，直径4.6、钉长1.4、厚0.1厘米（图三六，9）。

M11：13-2，直径4.4、钉长1.4、厚0.1厘米（图三六，10）。

M11：13-3，直径6.2、钉长1.8、厚0.15厘米（图三六，11）。

铜钱　4组39枚。圆形，方穿。钱文可识别者均为“五铢”。

M11：1，1组8枚。位于墓室北壁中段，保存一般。

M11：1-1，直径2.6厘米（图三六，1）。

M11：1-2，直径2.6厘米（图三六，2）。

M11：2，1组6枚。位于墓室西北部，保存一般。

M11：2-1，直径2.6厘米（图三六，3）。

M11：12，1组19枚。位于墓室西部中段，保存一般。

M11：12-1，直径2.6厘米（图三六，4）。

M11：12-2，直径2.6厘米（图三六，5）。

M11：12-3，个体较小的剪轮五铢。直径2.2厘米（图三六，6）。

M11：18，1组6枚。位于墓室东壁中段，保存一般。

M11：18-1，直径2.6厘米（图三六，7）。

M11：18-2，边缘略残。残径2.5厘米（图三六，8）。

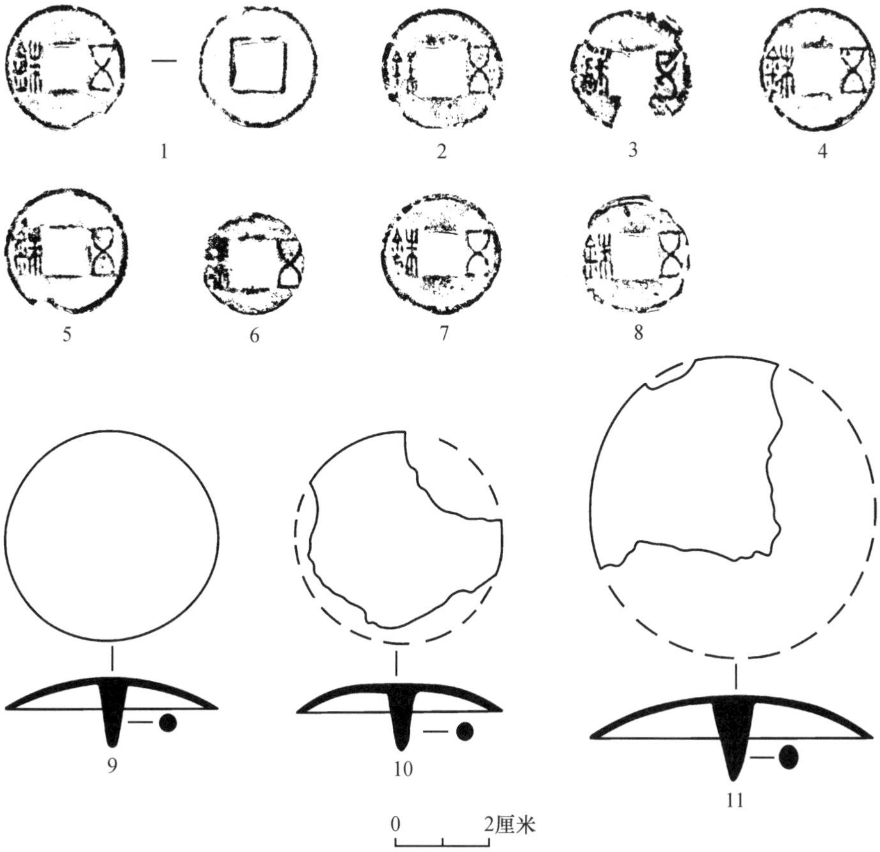

图三六　M11出土五铢钱拓片和铜泡
1～8. 五铢钱（M11：1-1、M11：1-2、M11：2-1、M11：12-1、M11：12-2、M11：12-3、M11：18-1、M11：18-2）
9～11. 铜泡（M11：13-1、M11：13-2、M11：13-3）

2. 铁器

1件。器形为釜（M11：52）。位于墓室西壁中部。锈蚀严重，保存极差，已无法修复。

3. 釉陶器

20件。器形有鼎、罐、壶、盂、盆、魁、圈足盘、碗、勺、卮、灯、器盖。

鼎　1件（M11：17）。位于墓室东部偏南。保存一般。泥质红褐陶，有黄绿色釉，基本脱落。矮子母口内敛，斜腹较浅，圜底，三足外撇，足正面为兽形，具体形象模糊不清。口下有一对对称的斜立耳，腹部有两周凹槽。口径18.5、通高12.4、厚0.4～0.6厘米（图三七，6；图版一二，4）。

罐　1件（M11：34）。位于墓室西壁偏南，保存较好。泥质红陶。敛口，圆唇，斜腹，平底内凹。近底部外壁有一排刀削痕迹。口径9.7、最大腹径16.8、底径7.3、高10～10.3、厚0.37～0.53厘米（图四〇，8）。

壶　3件。侈口，粗高束颈，圆肩，圆腹，圈足。肩部有一对对称的兽面铺首衔环，铺首的兽面纹样较为简洁。

M11：4，位于墓室西北角，保存一般。泥质红陶，釉已脱落。盘口略显，窄平沿，圈足略高。颈肩和肩腹之交部位各有一组（每组两周）凹槽，圈足有一周凹槽。口径15.8、最大腹径25.4、足径17、高30、厚0.55～1厘米（图三七，1）。

M11：5，位于墓室西壁北段，保存较好。泥质红陶，外表及盘口内部施黄绿色釉，局部保存尚好。盘口略显，窄斜沿，沿面有凹槽，圈足较高。颈肩、肩腹之交和圈足部位各有一组（每组两周）凹槽。腹部有两排刀削痕迹。口径14.4～14.7、最大腹径26.2、足径12.1～12.6、高28.8～29.2、厚0.4～0.8厘米（图三七，2；图版一四，3）。

M11：10，位于墓室西部靠北，保存一般。泥质红陶，外表通体施黄绿色釉，脱落较为严重。口略残，圈足略矮。肩部的铺首已脱落。颈、肩、腹部有六周凹槽，腹足之交有一周宽凹槽。口径12.8、最大腹径23.4、足径14、高26.8～27、厚0.48～0.93厘米（图三七，3）。

盂　1件（M11：16）。位于墓室东部偏南，保存一般。泥质红陶，外表及口沿部分施黄绿色釉，大部分脱落。侈口较大，方唇，宽折沿，外斜腹，近底部折收，平底内凹，底部不规整并有刮削痕迹。腹部有两周凹槽，其上饰一对对称的盲鼻。口径17、底径13.3、高11.4、厚0.3～0.55厘米（图三七，4；图版一二，3）。

盆　1件（M11：38）。位于墓室西南部，保存一般。泥质红陶，黄绿色釉，全部脱落。直口，圆方唇，平折沿，直腹，中部折收，平底内凹。腹部有三周凸棱和两周凹槽。口径21、底径8.1、高8.5、厚0.48～0.7厘米（图三七，5；图版一三，6）。

魁　2件。

M11：22，位于墓室中部偏南，保存一般，可复原。泥质红陶，黄绿色釉。钵形，直口微

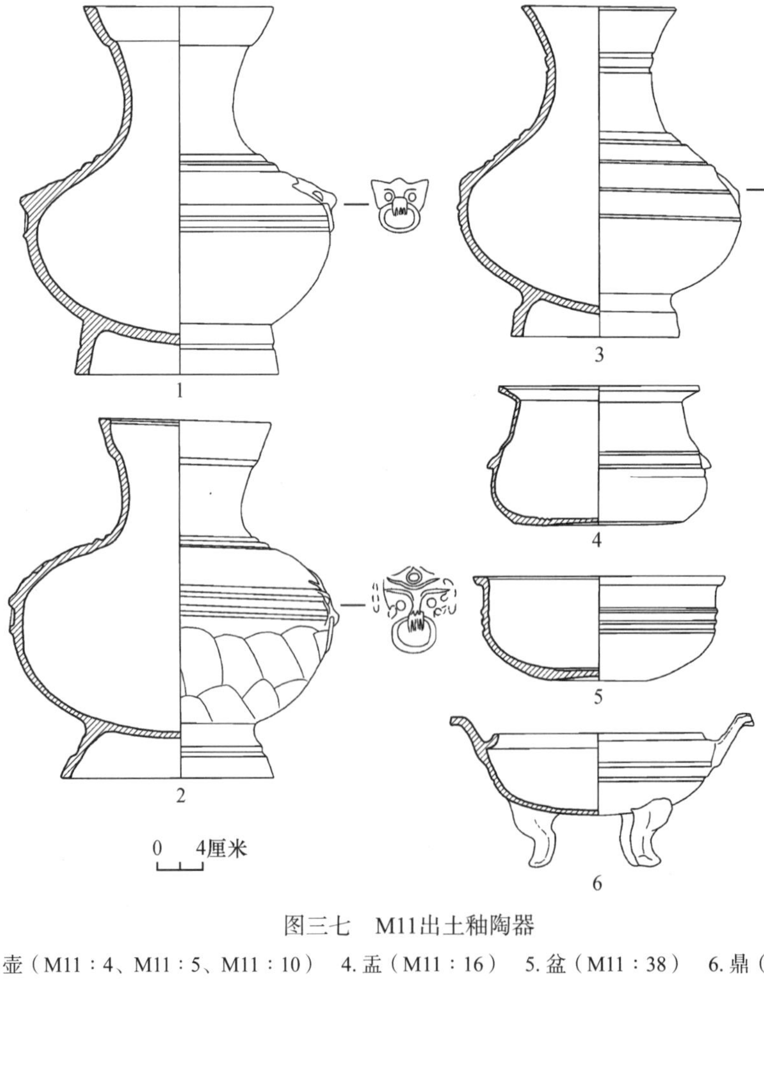

图三七　M11出土釉陶器

1～3. 壶（M11：4、M11：5、M11：10）　4. 盂（M11：16）　5. 盆（M11：38）　6. 鼎（M11：17）

敞，近直腹，下部内收，平底内凹。一侧有把手。腹上部有一周宽凹槽。口径15.6、底径6、全长19.4、高7、厚0.35～0.6厘米（图三八，7；图版一三，1）。

M11：30，位于墓室西壁南端近墓道处，保存较好。泥质红陶，外表和内壁均施黄绿色釉，釉基本脱落，局部有黄白色衣状物。钵形，敛口，圆腹，平底。一侧有角状把手。腹部有二周凹弦纹。口径13.9、通长17、底径4.5、高6、厚0.32～0.5厘米（图三八，8）。

圈足盘 1件（M11：32）。位于墓室西南角，保存较好。泥质红陶，通体施黄绿色釉，外壁保存尚可，内壁脱落较甚。口微敞，尖唇，窄折沿，弧腹，矮圈足。腹部有三周凹弦纹。口径19.8、足径8.4、高6、厚0.36～0.7厘米（图三八，9）。

碗 1件（M11：14）。位于墓室东部偏南，保存较好。泥质红褐陶，外表和内壁均施黄绿色釉，釉脱落后有一层黄白色衣状物。直口微敞，窄斜沿，弧腹，平底。腹部有两周凹弦纹。口径13.8～14、底径5.1～5.5、高5.6、厚0.3～0.5厘米（图三八，10）。

勺 2件。浅钵形勺体，一侧有角状把手。

M11：25，位于墓室西南部，保存完整。夹细砂红陶，施青釉，外表基本脱落，内里保存较好。近直口，腹微弧，平底内凹。勺体口径7～7.3、通高4.1、厚0.05～0.5厘米（图三八，5）。

M11：53，位于墓室西部偏北，保存较差。泥质褐陶，青绿偏黑釉。勺体部分残，平底甚厚，弯曲角状把手。复原通长8.6、高5.5、厚0.3厘米（图三八，4）。

卮 1件（M11：45）。位于墓室西南部，保存较好。泥质红褐陶，外壁因釉脱落呈现浅白色。整体呈筒形，直口微外张，直腹，近底部内收，平底。一侧上端有短把手。腹部上中下各有一周凹槽。口径9.1～9.5、底径4.5、高8.9、厚0.5～0.53厘米（图三八，6）。

灯 3件。泥质红陶。豆形。

M11：28，位于墓室西南角，保存较好，有盖。外壁均有青绿色釉，大部分脱落。子母口，子口内敛，斜腹较浅，覆碗形粗大圈足。灯盖为覆钵形，整体近半球形。盖壁有刻划“之”字形纹。灯身口径7.2、足径11、高8.6、厚0.42～1厘米，盖口径9、高4、厚0.41厘米，通高11.9厘米（图三八，1；图版一三，3）。

M11：35，位于墓室西南角，保存一般。盘内和外表通体有黄绿色釉，表面有釉脱落后形成的黄白色。钵形盘，窄斜沿，弧腹，实心细柄，覆盘形矮圈足。口径10.8、足径9、高10.5、厚0.22～0.52厘米（图三八，3）。

M11：51，位于墓室西壁中段，保存一般。盘内和外壁通体施黄绿色釉，局部脱落。钵形盘，窄平沿，浅弧腹，覆碗形粗大圈足。口径9.85～10、足径12.2、高9.1、厚0.42～0.75厘米（图三八，2）。

器盖 3件。覆钵形，弧壁，平顶，顶部有三个等距排列的泥突。

M11：19，位于墓室东部偏南，保存较好。泥质红陶，外表有黄绿色釉脱落后遗留下来的黄白色衣。壶盖，子母口，子口较矮内敛。口径14.4、高5.3、厚0.3～0.5厘米（图三八，11）。

M11：50，位于墓室西南角，保存较好。泥质红陶，外表局部有黄绿色釉，并有釉脱落后留下的浅黄色，类陶衣。盖体较大，子母口，矮子口内敛。盖壁有两周凹弦纹。口径19.6～19.9、底径7.5、高7.2、厚0.4～0.5厘米（图三八，13；图版一四，1）。

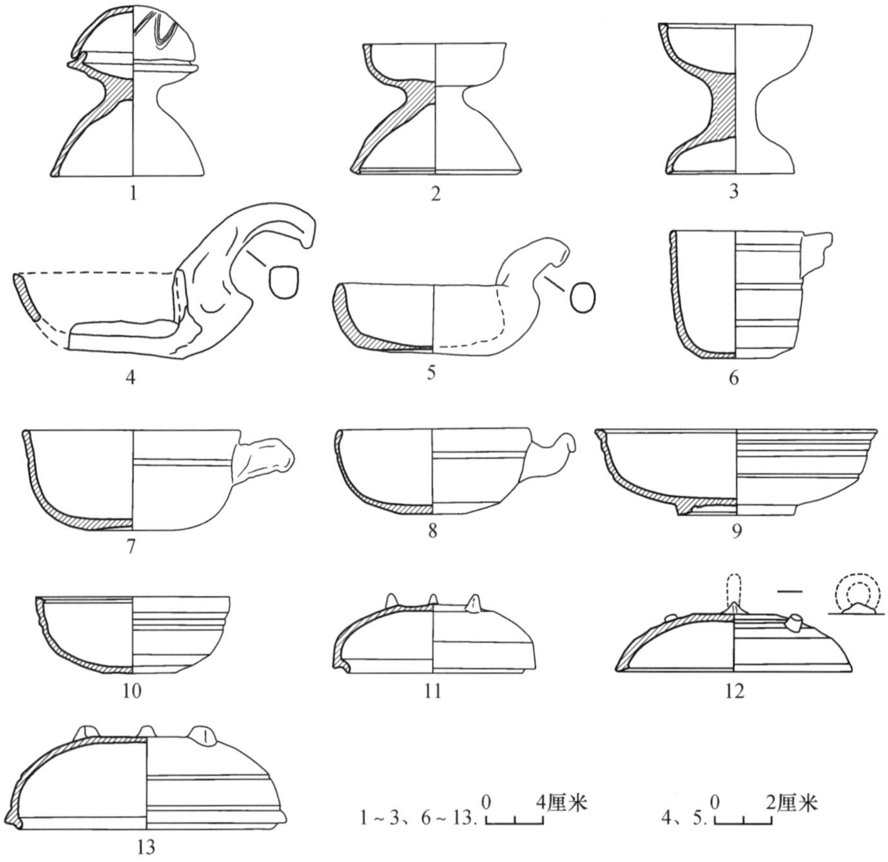

图三八　M11出土釉陶器

1. 有盖灯（M11：28）　2、3. 灯（M11：51、M11：35）　4、5. 勺（M11：53、M11：25）　6. 卮（M11：45）　7、8. 魁（M11：22、M11：30）　9. 圈足盘（M11：32）　10. 碗（M11：14）　11～13. 器盖（M11：19、M11：54、M11：50）

M11：54，位于墓室西南部，保存较差。泥质红陶，赭色釉。斜沿，沿面内凹，顶部中心有一环形把手，残损。盖壁有五周凸弦纹。口径16.7、残高4.7、厚0.5厘米（图三八，12）。

4. 陶器

22件。器形有甑、仓、罐、盆、杯和器盖。

甑　2件。

M11：7，位于墓室西壁偏北。残损严重，无法修复。

M11：33，位于墓室西南角，保存较差。盆形，大口微敛，圆唇，斜折沿，斜腹微外弧，平底显著内凹，底部残留53个小孔。口径50、底径18～19、高27.2、厚0.4～0.6厘米（图三九，3；图版一三，5）。

仓　4件。泥质灰陶。筒形，子母口，矮子口内敛，近直壁微弧。腹下部有一或两排刀削痕迹。

M11：36，位于墓室西南部，保存完整。子口甚矮，平底内凹。腹部有三周凹弦纹。口径9.5、底径11.5～11.7、高14.4、厚0.4～0.5厘米（图三九，1）。

M11：39，位于墓室西壁偏南，保存较好。子口甚矮，平底。腹部有一周凹弦纹。口径9.4、底径11～15.2、高16、厚0.62～0.75厘米（图三九，2）。

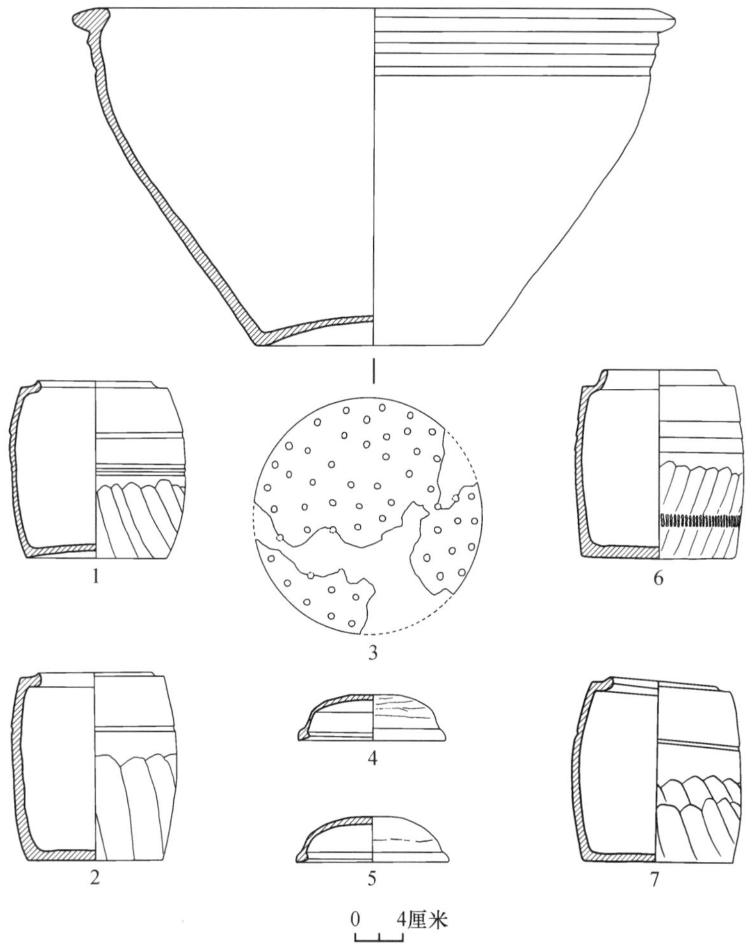

图三九　M11出土陶器

1、2、6、7. 仓（M11：36、M11：39、M11：41、M11：55）　3. 甑（M11：33）　4、5. 器盖（M11：20、M11：21）

M11：41，位于墓室西壁偏南，保存较好。子口略高，平底。腹部有不明显的凹弦纹三周，下腹部有一排较短的粗绳纹。口径9.8、底径12.8～13、高15.4、厚0.6～1厘米（图三九，6；图版一四，4）。

M11：55，位于墓室西南部，保存较差，整理时拼出。器形不规整，子口甚矮，平底。腹部有一周凹弦纹。口径9、底径12.5、高14.5～15.1、厚0.7厘米（图三九，7）。

小口圜底罐　7件。形制较为一致，小口，短颈，广折肩，圆腹，圜底。腹中部以下饰中细绳纹。

M11：8，位于墓室西部偏北，保存一般。泥质灰陶。圆唇，窄沿，弧肩。口径12.2、最大腹径21.8、高12.9、厚0.4～0.9厘米（图四〇，1）。

M11：9，位于墓室西部偏北，保存较好。泥质灰陶。尖唇，窄平沿，斜肩。口径11.7、最大腹径19.9、高13.1、厚0.4～0.6厘米（图四〇，2；图版一二，2）。

M11：23，位于墓室西南部，保存较好。泥质灰陶。尖唇，沿较宽，弧肩。口径12～12.2、最大腹径22.2、高13、厚0.5～0.7厘米（图四〇，3）。

M11：29，位于墓室西壁靠南，保存完整。泥质灰陶，制作不规整。尖圆唇，斜长肩。折肩上下有较宽的弦断绳纹。口径11.6、最大腹径25.4、高14.9、厚0.5～0.7厘米（图四〇，4；

图版一三，4）。

M11：43，位于墓室西南部，保存一般。泥质灰陶。尖唇，弧肩。口径12.1、最大腹径21.4、高13.6、厚0.4～1厘米（图四〇，5）。

M11：44，位于墓室西南部，泥质灰陶。圆唇，沿较宽，弧肩。口径11.4～12.3、最大腹径21.1、高13.3、厚0.55～0.8厘米（图四〇，6）。

M11：47，位于墓室西南部，保存较好。泥质黑皮褐胎陶。尖唇，平弧沿，斜肩。口径12.3～12.8、最大腹径21.3～22.1、高13.8、厚0.5～0.9厘米（图四〇，7）。

小口平底罐　3件。小口，广折肩，深腹，平底较大。

M11：27，位于墓室西南部，保存较好。泥质黑皮灰胎陶。口微敛，尖唇，矮颈，斜腹，平底。肩上半部有细密的刻划网格纹，肩和腹部各有一周凹弦纹，腹部有刀削痕迹。口径10.8、腹径24、底径12～12.7、高17.2～17.6、厚0.3～0.6厘米（图四〇，9；图版一三，2）。

M11：31，位于墓室西南角，保存较差。泥质灰陶。敛口，尖圆唇，窄沿，短颈，斜弧腹，平底。肩、腹部有两周凹弦纹，腹部有两排刀削痕迹。口径11.6、最大腹径24.6、底径11.9、高18.4～18.8、厚0.5～0.7厘米（图四〇，10）。

M11：37，位于墓室西壁偏南，残破较甚，无法修复。

盖罐　2件。泥质灰陶。大口，窄斜肩，弧腹较深，大平底。器表饰满纹饰。

M11：15，位于墓室东南部，保存完整。近直口，圆唇。腹中部有一对对称的梭形横耳。腹上部和中部各有一组两周凹弦纹；两组弦纹之间为一周四线波浪纹；腹下部通体刻划网格-菱形纹。盖为覆钵形，敞口，弧壁，圆顶中部有鸟喙形纽。近口沿部位有一周凹弦纹和一周凹槽。罐口径11.6、最大腹径16.15～16.3、底径10～10.4、高12.8～13、厚0.6～0.8厘米，盖口径15.4、高8.8、厚0.6厘米，通高19.5厘米（图四〇，11；图版一四，2左）。

M11：42，位于墓室西壁偏南，保存较好。直口微侈，圆唇，直腹微外弧，平底略凸。腹上部和中部各有一组两周凹弦纹；两组弦纹之间有刻划四线索状纹；下部有成组的刻划细斜线纹。盖为覆钵形，口微敞，圆折腹，圆顶，顶部纽已残失。近口部有两周凹弦纹。罐口径10.8～11.3、最大腹径25.4、底径10～10.5、厚0.6～0.8厘米，盖口径13.5、残高5.8、厚0.6～1.1厘米；通高17.2厘米（图四〇，12；图版一四，2右）。

盆　1件（M11：46）。位于墓室西南部，保存较差。泥质灰陶。敞口，宽叠唇，斜腹微弧，平底。下腹有一周较宽的凹槽。口径19.2、底径6、高6.9、厚0.3～0.52厘米（图四〇，14）。

杯　1件（M11：40）。位于墓室西南部，基本完整。细砂灰陶。整体呈筒形，直口，直壁，平底，一侧偏上部有环形竖耳。腹上、中部各有一组两周凹弦纹。口径9.1、底径8.8、高8.5、厚0.56厘米（图四〇，13）。

器盖　2件。位于墓室中部偏南。泥质灰陶，覆钵形，口微敛，圆唇，窄斜沿，沿面有一周凹槽，圆腹，圜底近平。素面。

M11：20，口径12.6、高3.8、厚0.4～0.6厘米（图三九，4）。

M11：21，口径12.6、高3.7、厚0.37～0.65厘米（图三九，5）。清理时发现内装2枚五铢钱。

图四〇　M11出土器物

1～7. 陶小口圜底罐（M11：8、M11：9、M11：23、M11：29、M11：43、M11：44、M11：47）　8. 釉陶罐（M11：34）　9、10. 陶小口平底罐（M11：27、M11：31）　11、12. 陶盖罐（M11：15、M11：42）　13. 陶杯（M11：40）　14. 陶盆（M11：46）

5. 漆器

4件。可辨器形有杯，其他几件个体较大，圆形，具体器形不详。

漆杯　1件（M11：3）。位于墓室西北部。保存甚差。平面形状近椭圆形。

M11：24，位于墓室西南角。仅存漆皮痕迹。

M11：26，位于墓室西南角。仅存漆皮痕迹。

M11：49，位于墓室西南角。仅存漆皮痕迹和鎏金铜构件（图版一四，6）。

（十）M12

位于T2368的东南部，部分延伸到T2268、T2367、T2467、T2468等探方之内。开口于第2层下，打破生土。墓葬已受到严重破坏，大部分被破坏到近底部，墓道外端已经完全破坏。

墓葬形制为土坑竖穴砖室墓，方向295°，大致呈东西方向，朝向澎溪河。墓葬平面呈带把刀形，墓道偏于南侧（图四一）。墓圹残长429、宽178～335厘米。墓室的墓口距地表为0.8米，墓室墓口海拔160.3～160.36米。墓室平面近方形，东西长320、南北宽320～330、现存深度60厘米，最高处尚保存6层壁砖；墓道平面为长方形，残长108、宽178、现存深度110厘米，最高处尚存12层砖。墓砖的内侧面模印有粗疏的菱形花纹（图三四，3）。

墓内填灰褐色土，夹杂许多砖块、石块、陶片、瓷片等，也有灰渣、石粒等杂物。没有发现葬具及人骨的痕迹。因墓葬被破坏严重，墓主的情况不详。

墓室的底部未发现随葬品，只在扰乱的墓葬填土中发现7件（组）器物。其中铜器2件（组），釉陶器1件，陶器1件，瓷器3件。陶器和瓷器的时代相差较大，显然有墓内扰出和后期混入两类。

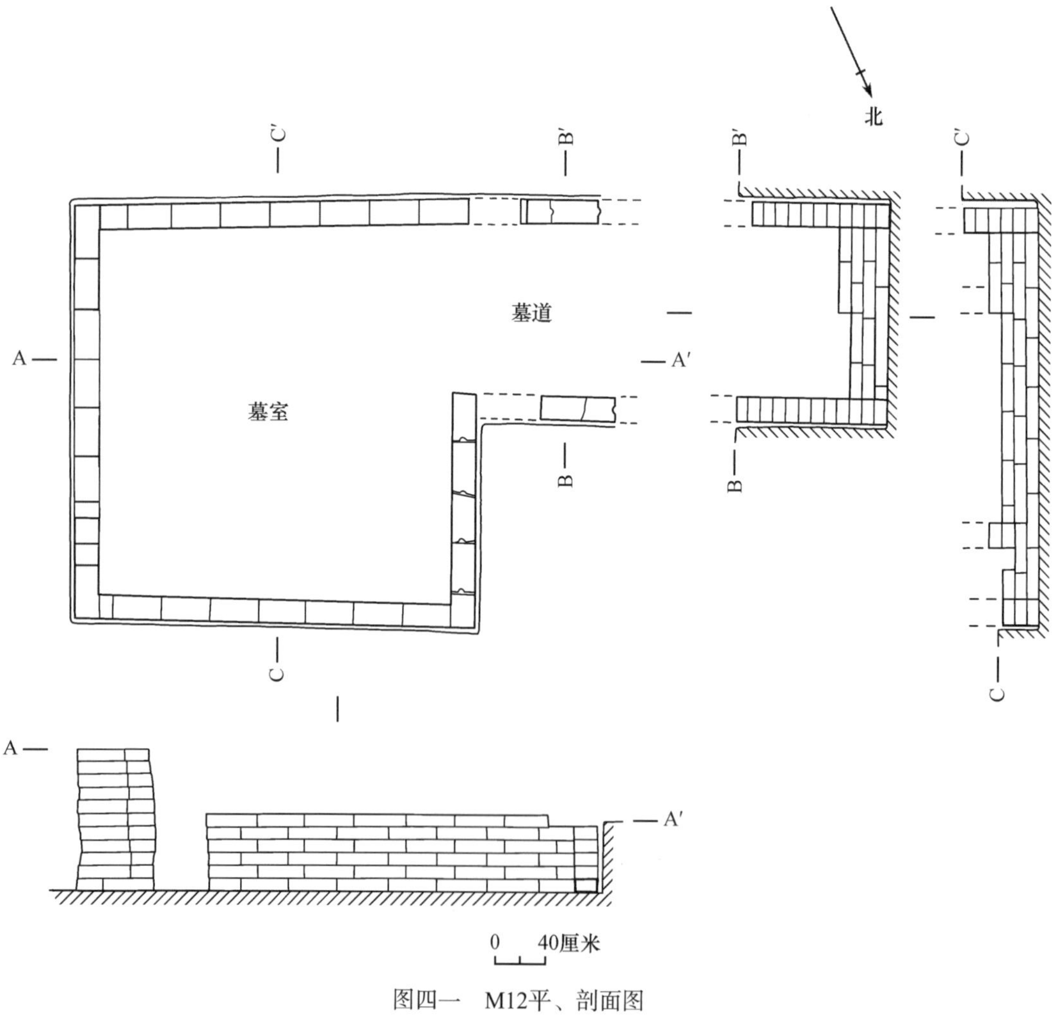

图四一　M12平、剖面图

1. 铜器

2件（组）。器形有铜泡和铜钱。

泡　1件（M12：06）。表面可见鎏金痕迹。圆弧形帽，一侧边缘略残，锥状尖。帽径2、残高0.95、钉柱长0.75、帽壁厚0.1厘米（图四二，7）。

铜钱　1组8枚（M12：05）。保存一般。圆形，方穿，钱文均为五铢。直径2.6厘米（图四二，6）。

2. 釉陶器

1件。器形为卮。

M12：03，夹细砂红陶，青绿色釉，已脱落。直口微外张，腹壁微内斜，近底部折收，平底。一侧有残失的把手痕迹。外壁中部和近底部各有一周凹弦纹。口径7.4、底径4.1、高6.25、厚0.3～0.48厘米（图四二，4）。

3. 陶器

1件。器形为器座。

M12：04，夹细砂灰褐硬陶，底为褐色，壁及内胎为灰黑色，仅存一角。厚胎，敛口，宽平沿，沿面有多周凹凸弦纹，直壁，平底。沿下有细孔。口径18.4、底径16.6、高7.1、厚1.15厘米（图四二，5）。

4. 瓷器

3件。器形均为碗。形制为敞口，弧腹，圈足。

M12：01，保存一般。青花瓷，灰白色胎。圈足略高。外表上下各有一组纹饰，中间以弦带间隔，纹样以S形线间隔，似为花状纹。圈足外表有一组弦纹。内壁近底部有一粗一细的两周弦纹，中部有植物形图案。圈足中部有一四方形图案，重边，内填斜线。口径13.6、底径6.7、高6.75、厚0.32～0.77厘米（图四二，2）。

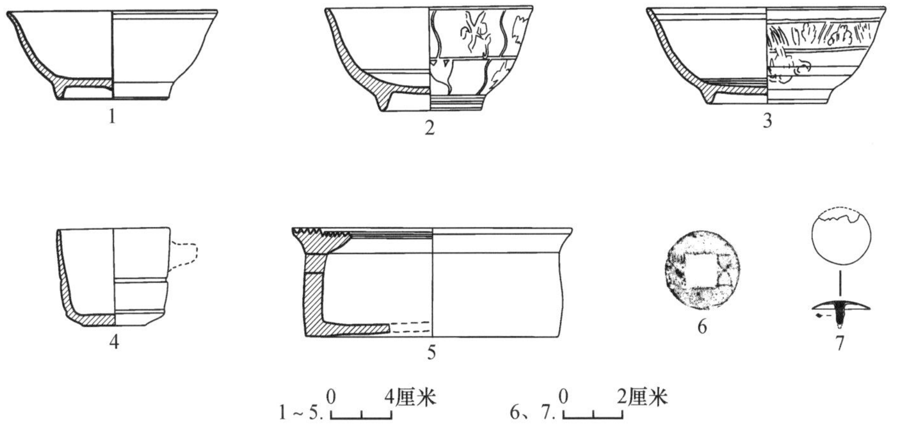

图四二　M12出土器物

1～3. 瓷碗（M12：07、M12：01、M12：02）　4. 釉陶卮（M12：03）　5. 陶器座（M12：04）　6. 铜钱（M12：05）　7. 铜泡（M12：06）

M12∶02，保存较差，残失较多。青花瓷，浅灰白胎。圈足较矮。外壁上部饰一周模糊不清的花纹，下部局部亦有纹饰，上、中、下腹部均有弦纹；内壁口部和底部转折处各有一周弦纹，底部有刮圈。口径16、足径8、高6.3、厚0.3～0.58厘米（图四二，3）。

M12∶07，青瓷。圈足较矮。素面。口径13.8、底径7.2、高5.9、厚0.2～0.6厘米（图四二，1）。

（十一）M13

位于T2266西部。开口于第2层下，打破生土。墓葬暴露于断崖处，墓室大部及墓道因破坏而不存，只残存墓室后部（东部）一角（图四三）。

墓葬形制为土坑竖穴砖室墓，方向300°，大致为西北—东南方向，朝向澎溪河。墓口距地表深60厘米，墓口海拔160.5米。墓葬平面应为长方形（或方形），残长290、残宽256、现存深度126厘米（图四三）。墓室南北长253、东西宽188厘米。墓室的砖壁最高处尚存14层。墓砖侧面模印有细密的菱形花纹（图三四，4），最上4层为起券顶的榫卯砖。墓砖呈长方形，长44、宽21、厚9厘米。

墓内填褐色五花土，土质较硬且黏，结构致密，含有砖块、石块等。因破坏严重，未发现葬具和人骨的遗留，也没有发现随葬品。

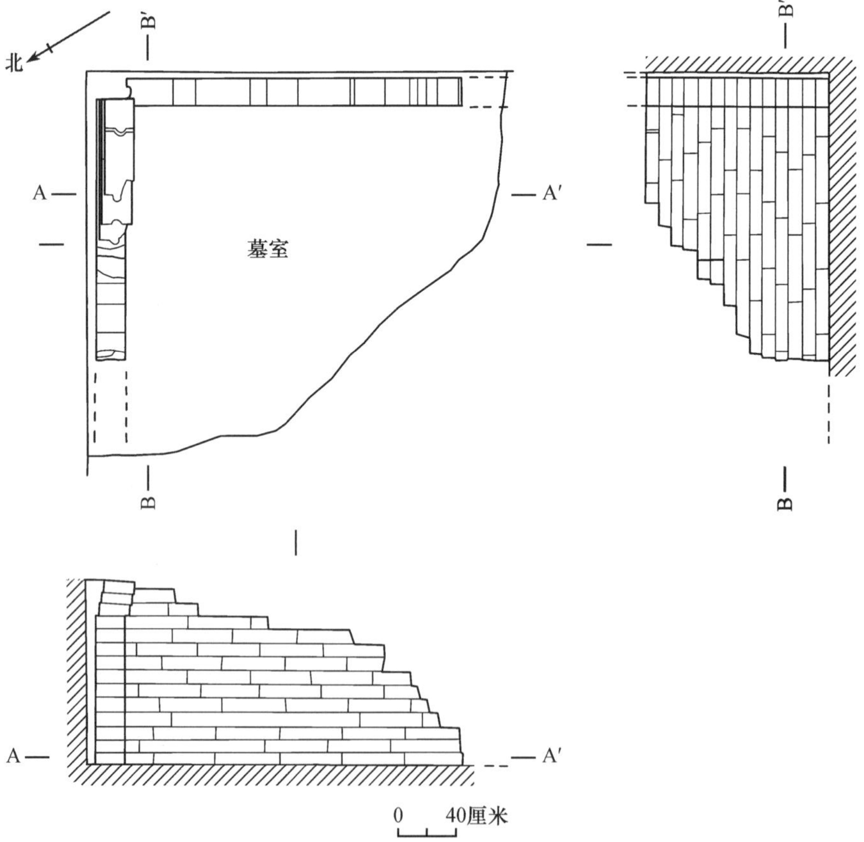

图四三　M13平、剖面图

（十二）M14

位于T1629西部，向西延伸至T1529之内。开口于第2层下，打破生土，墓葬西半部及墓道已被破坏不存（图四四）。

形制为土坑竖穴券顶砖室墓，方向282°，大致呈东西方向，朝向澎溪河。现存墓口距地表深40厘米，海拔159.06米。墓室平面应为长方形，目前仅存有东端部分墓室，墓室券顶已经完全不存，墓室砖壁尚存6～8层，使用平铺错缝垒砌法砌成。墓圹残长190～310、宽259、墓口到墓底深68厘米；砖室东西长180～296、南北宽250厘米（图四四）。墓砖长43、宽18～20、厚8～10厘米，内侧面模印有连续勾边的雷纹（图三四，5）。

墓内填褐色花土，土质较黏，颗粒粗大，结构疏松，分选较差，夹杂大量坍塌于墓室内的砖块等。

墓室内葬具已完全腐朽不存，情况不详；也没有发现人骨的痕迹。

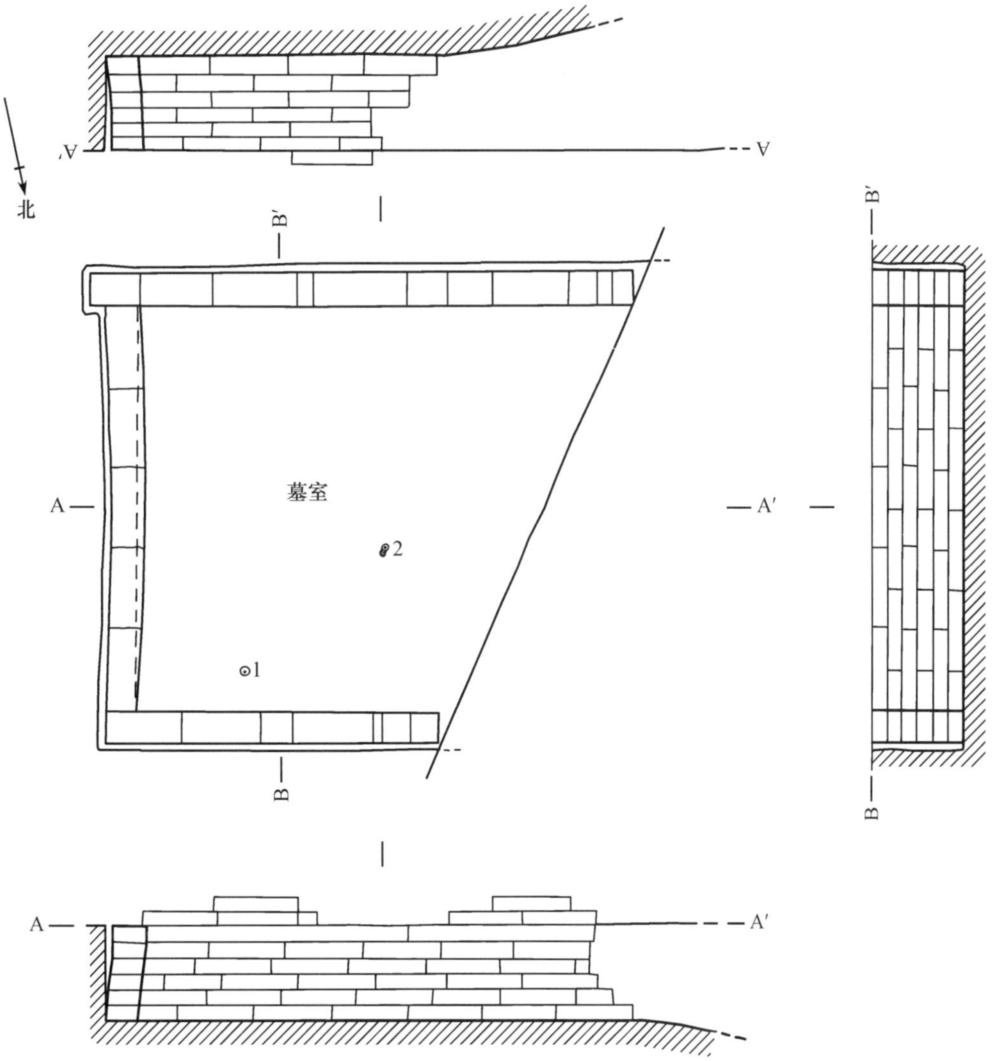

图四四　M14平、剖面图

1. 玉玦　2. 铜钱

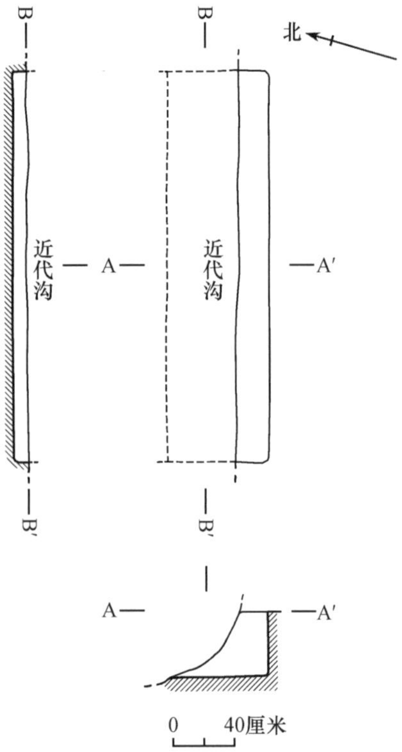

图四五　M15平、剖面图

墓内残存2件随葬品，其中铜钱1枚，玉器1件。

铜钱　1枚（M14∶2）。位于墓室中部，已破碎，钱文漫漶不清。

玉玦　1件（M14∶1）。位于墓室北部，破损较甚。

（十三）M15

位于T1630中部。开口于第2层下，打破生土。墓室绝大部分被一条近代沟破坏，只保存着东西两侧墓室的局部（图四五）。

墓葬形制为土坑竖穴墓，墓内填土中出有一定数量的杂乱碎砖，据此判断可能存在砖砌墓室，但四壁及底部皆未发现墓砖，方向279°，大致呈东西方向。现存墓口海拔159.15米。墓室平面呈长方形，墓圹残长258、宽160、深2～42厘米。

墓内填土为黄褐色花土，土质微黏，结构较疏松，含一些灰褐色硬土块等。从填土有不少残碎墓砖分析，其可能曾存在砖砌墓室，晚期被人为破坏。

未发现葬具和人骨痕迹，也没有随葬品。

（十四）M16

位于T1735西南部，墓室一角延伸至T1734内，墓室西南角与整个墓道延伸至T1635内。墓葬开口于第2层下，打破生土（图四六；图版一五，1）。

墓葬形制为土坑竖穴砖室墓，墓向290°，大致呈西北—东南方向，朝向澎溪河。墓口距地表40厘米，墓口海拔159.15米。墓葬早年受到一定程度破坏，墓道破坏较为严重，仅残存有5～9层壁砖。墓室保存较好，两侧除了平铺的壁砖之外，其上还保存着一层竖立的榫卯券顶砖。据此可知，墓葬顶部的结构应为弧壁券顶。墓葬的砖壁均采用平铺错缝垒砌法砌成，结构稳固。墓葬总长487厘米；砖室长310、宽240厘米；墓道长178、宽156～173厘米（图四六；图版一五，1、2）。墓室的砖壁采用四种不同规格和不同花纹的青砖垒砌，均为长方形宽砖，长宽比例约为2.5∶1。墓砖内侧面模印的花纹有折线纹、菱形纹、折线几何形纹等（图四七，1～4）。

墓内填土可分为两大层。上层是券顶坍塌层，整个墓室上部混杂着起券砖碎块和黄褐色锈斑土，结构疏松，颗粒较粗，土质韧而黏。下层为墓内淤积土，内有零星的几块整砖与碎砖块，以黄褐色沙质黏土为主，结构致密，土质黏性较大，颗粒较细。

在墓葬清理过程中未发现棺木痕迹，仅在下层淤土中发现零星漆片，表明墓内应有木质葬具。没有发现人骨的痕迹。

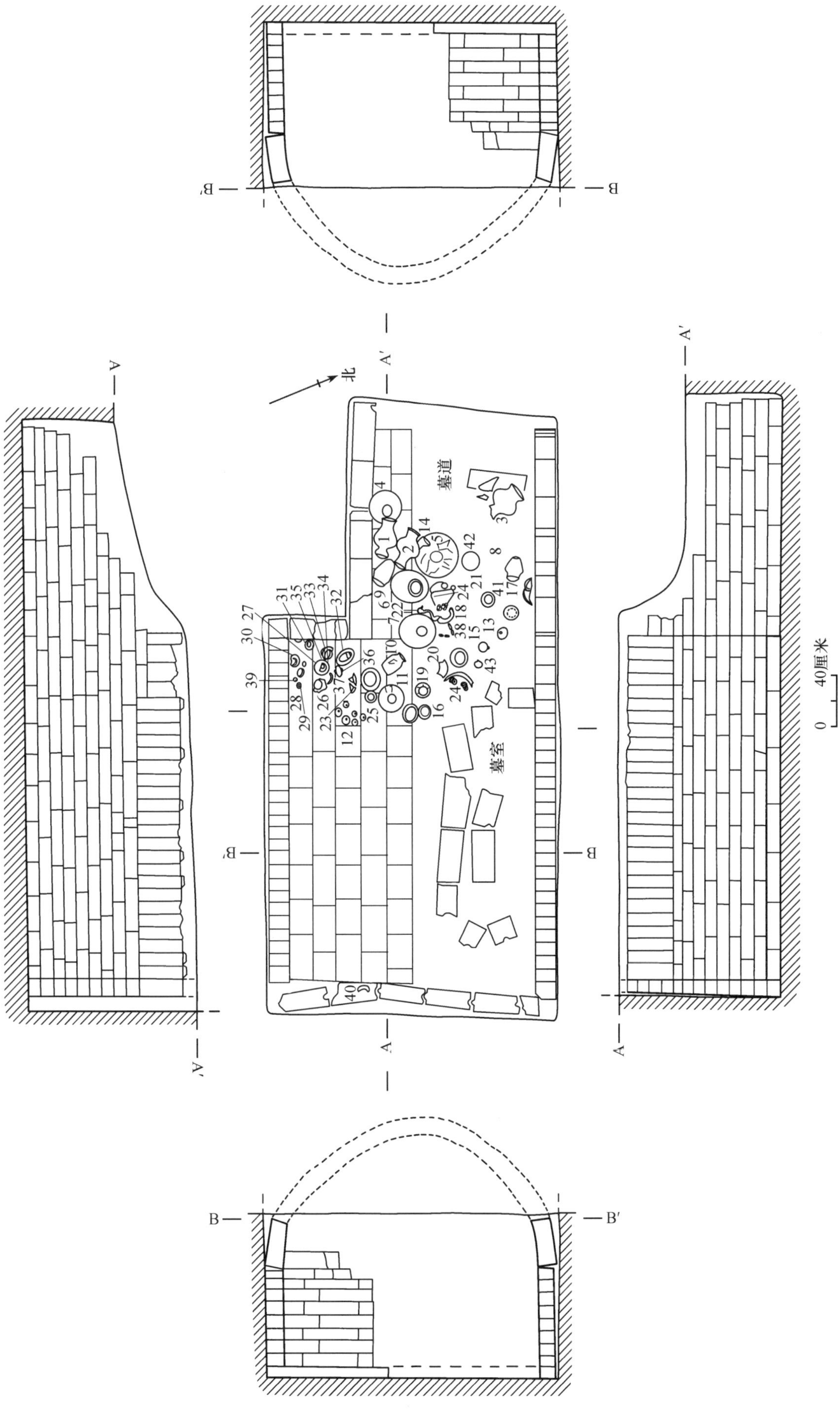

图四六　M16平、剖面图

1～3、14. 釉陶壶　4～7. 陶小口圜底罐　8～11. 陶仓　12、39. 铜泡　13、20、25. 陶器盖　15. 釉陶卮　16、31. 釉陶灯　17. 陶甑　18. 釉陶碗　19、26、27、30. 釉陶罐　21、33. 釉陶钵　22、28、40. 铁钩　23. 釉陶甑　24. 铜钱　29. 釉陶盂　32、34、35、42. 釉陶盆　36、37. 漆器　38. 煤精石串饰　41. 釉陶双耳釜　43. 釉陶勺

图四七　墓砖花纹纹样拓片

1～4. M16　5. M28　6. M18

墓内共发现43件（组）随葬品，其中铜器3组，铁器3件，煤精石串饰1组，釉陶器22件，陶器12件，漆器2件。

1. 铜器

3组。器形有铜泡和铜钱。

铜泡　2组13件。

M16：12，1组9件。位于墓室西南部。圆弧形帽，圆锥形钉。

M16：12-1，帽直径6、钉长2、厚0.15厘米（图四八，1）。

M16：12-2，钉残。帽直径3.7、钉残长1.3、厚0.15厘米（图四八，2）。

M16：39，1组4件。位于墓室西南角，保存较差。圆弧形帽，近凿形或四棱形钉。

M16：39-1，近凿形钉。直径4.8、钉长1.8、厚0.1厘米（图四八，3）。

M16：39-2，近凿形钉，残。直径4.9、钉残长1.3、厚0.15厘米（图四八，4）。

M16：39-3，四棱锥形钉。直径4、钉长1.7、厚0.1厘米（图四八，5）。

铜钱　1组20余枚（M16：24）。位于墓道东部中段和墓室近墓道处。保存一般，个别较好。圆形，方穿，钱文为“五铢”。标本直径2.6厘米（图四八，6）。

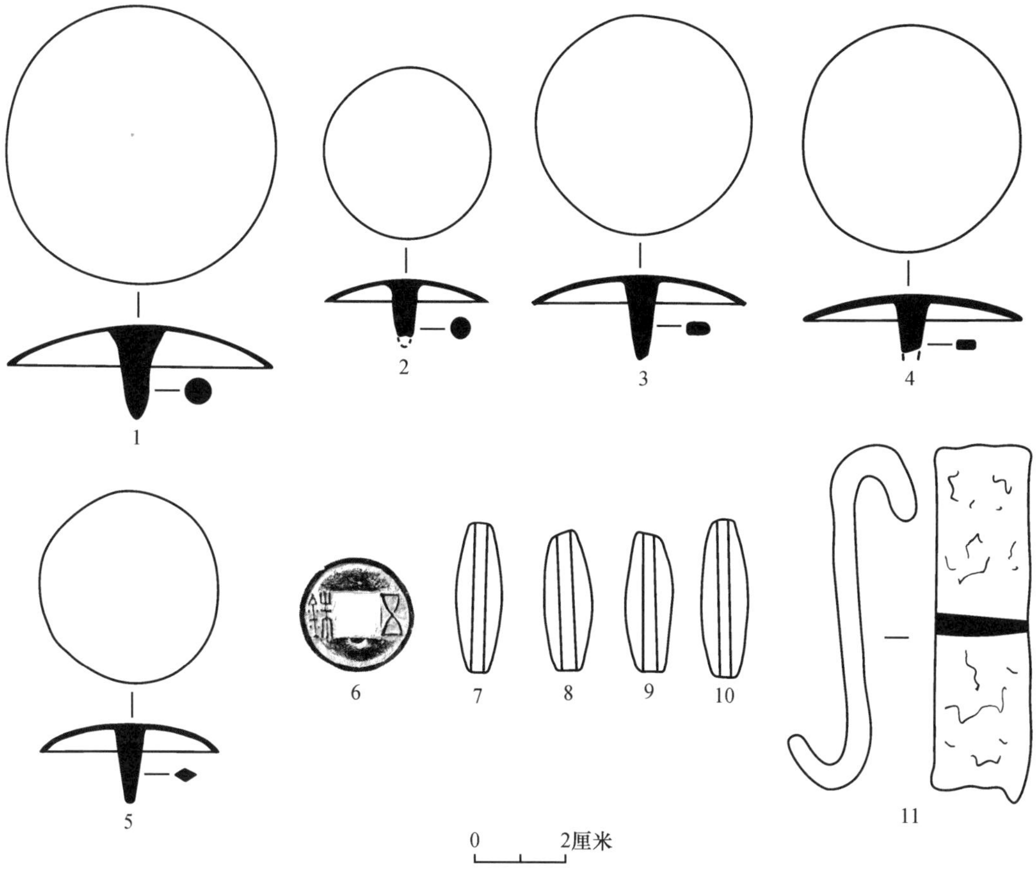

图四八　M16出土器物

1～5. 铜泡（M16：12-1、M16：12-2、M16：39-1、M16：39-2、M16：39-3）　6. 五铢钱（M16：24）　7～10. 煤精石串饰（M16：38-1、M16：38-2、M16：38-3、M16：38-4）　11. 铁钩（M16：22）

2. 铁器

3件。均为铁钩。

M16：22，位于墓道东部偏南，锈蚀较甚。平面为长条形，侧视呈“S”形。长7.5、宽2～2.1、厚0.25～0.4厘米（图四八，11）。

M16：28，位于墓室西南角，保存极差。

M16：40，位于墓室东壁偏南，保存极差。

3. 煤精石器

1组7件（M16：38）。为串饰。位于墓道东部中段。黑色，细长腰鼓形，横断面近圆形，有纵向细孔。

M16：38-1，长3.3、最粗处直径1、孔径0.3厘米（图四八，7）。

M16：38-2，长3、最粗处直径1.1、孔径0.3厘米（图四八，8）。

M16：38-3，长3、最粗处直径1、孔径0.25厘米（图四八，9）。

M16：38-4，长3.4、最粗处直径1.05、孔径0.25厘米（图四八，10）。

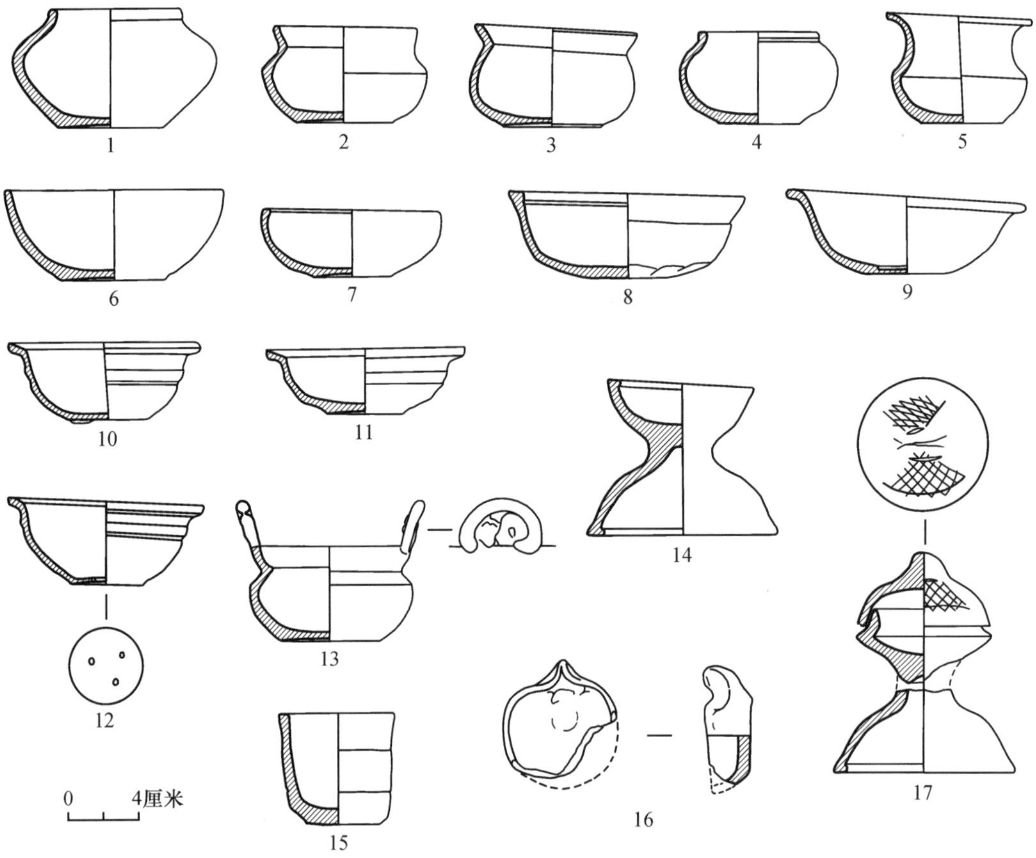

图四九　M16出土釉陶器

1～4. 罐（M16：26、M16：30、M16：27、M16：19）　5. 盂（M16：29）　6、7. 钵（M16：33、M16：21）　8. 碗（M16：18）　9～11. 盆（M16：34、M16：32、M16：35）　12. 甑（M16：23）　13. 双耳釜（M16：41）　14、17. 灯（M16：16、M16：31）　15. 卮（M16：15）　16. 勺（M16：43）

4. 釉陶器

22件。器形有双耳釜、甑、罐、壶、盂、盆、钵、碗、勺、卮、灯。

双耳釜　1件（M16：41）。位于墓道东北部，残损可修复。泥质红陶，内外表釉已脱落。侈口，斜折沿，沿面内凹，窄折肩，圆腹，平底微内凹。口沿上有一对对称的环形立耳，中部未穿透。口径9.3、底径5.6、通高7.9、厚0.4～0.8厘米（图四九，13）。

甑　1件（M16：23）。位于墓室西南部，保存完整。泥质红褐陶，釉已脱落。敞口，圆唇，宽折沿，圆腹，平底，底部有三孔。腹部有一周凹弦纹。口径11.2、底径4.8、高4.4～5、厚0.25～5厘米（图四九，12；图版一七，4）。

罐　4件。器形较小，应为明器，釉色已经脱落。

M16：19，位于墓室西部中段，残损可修复。泥质红褐陶。敛口，圆唇，窄卷沿，圆肩，圆腹，平底。口径7、底径4.7、高5.1、厚0.35～0.7厘米（图四九，4）。

M16：26，位于墓室西南角，残损可修复。泥质红陶。敛口，圆唇，圆折肩，弧腹，平底内凹。口径7.2、最大腹径11.6、底径5.9、高6.6、厚0.6～0.8厘米（图四九，1）。

M16：27，位于墓室西南角，残损可修复。夹细砂红褐陶。侈口，圆唇，折沿，溜肩，圆腹，平底内凹。口径8.9、底径5.3、高5.1～5.75、厚0.45～0.6厘米（图四九，3；图版一七，

6左）。

M16：30，位于墓室西南角，残损可修复。泥质红褐陶。侈口，折沿，窄折肩，弧腹，平底内凹。口径8.2、底径5.4、高5.3～5.5、厚0.37～0.65厘米（图四九，2；图版一七，6右）。

壶　4件。夹细砂红陶，器表施青釉，局部脱落。形制为或有盘口，粗长颈，斜圆肩，圆腹，圈足较高。肩部有一对对称的铺首衔环。

M16：1，位于墓道南壁中段，保存完整，有盖。浅盘口内敛，斜平沿内凹。盘口下沿有一周凸棱，肩、腹和圈足有五周凹弦纹。覆钵形盖，敞口，斜平沿微内敛，斜壁外弧，小平顶上有环形纽。盖表面有多道轮制的棱线。壶口径14.8～15、最大腹径18.7、底径15.2、高24.85、厚0.5～0.7厘米，盖口径15.8～16.4、高7.5、厚0.4～1厘米，通高32.3厘米（图五〇，1）。

M16：2，位于墓道南壁中段，保存较好，有盖。极浅盘口微内敛，斜平沿，腹较扁，高圈足。盘口下部有一周凸棱，颈下部到圈足有七周凹弦纹。覆钵形盖，敞口内敛，弧壁，小平顶上有环形纽。盖面有多道轮制的棱线。壶口径15.5、最大腹径21.7、底径16.8、高27.3、厚0.7厘米，盖口径15.5、高6.5、厚0.4～0.6厘米，通高33.8厘米（图五〇，2；图版一六，2）。

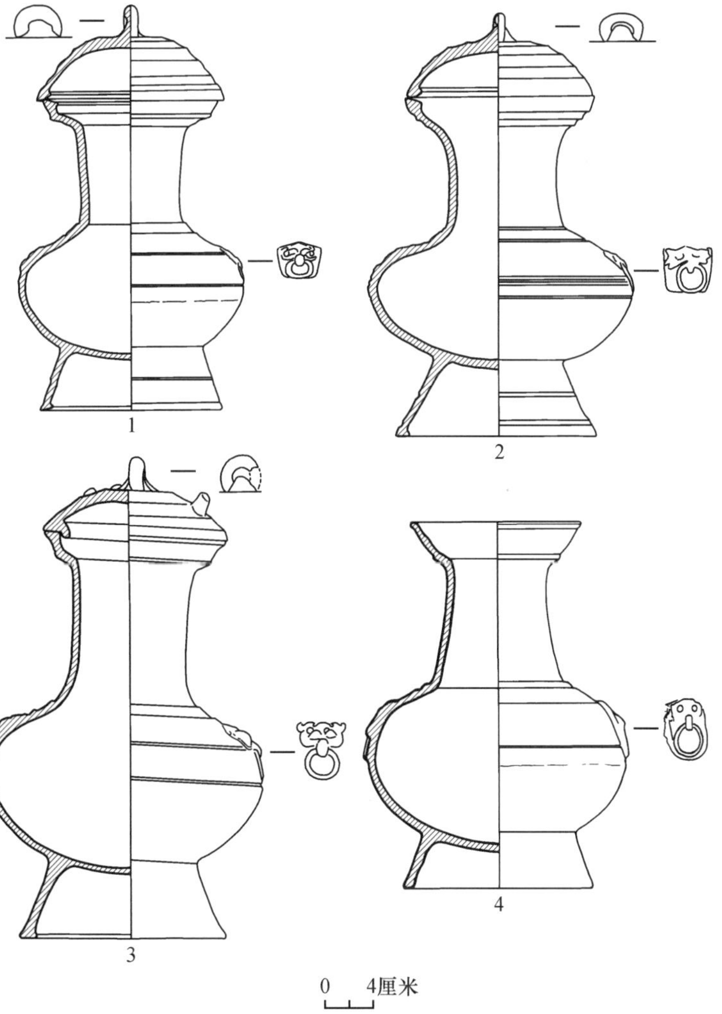

图五〇　M16出土釉陶壶

1. M16：1　2. M16：2　3. M16：14　4. M16：3

M16∶3，位于墓道北壁西段，保存较好。盘口微敛，高圈足。盘口下部有一周凸棱，颈肩之交至腹部有四周凹弦纹。口径14.4、最大腹径21.3、底径15.9、高29.6、厚0.54～0.7厘米（图五〇，4；图版一六，3）。

M16∶14，保存较好，有盖。盘口不显，敞口，圈足略矮。沿下有一周凸棱，颈肩之交到腹部有四周凹弦纹。覆盘形子母口盖，浅盘，子口内敛，斜壁微弧，小平顶上有一环形纽。近顶部有三个乳头状泥突，外表有三道刮棱痕迹。壶口径15.2、最大腹径22.5、底径17.2、高32.6、厚0.6～0.9厘米，盖口径15.4、高6.9、厚0.7～1 厘米，通高38.7厘米（图五〇，3）。

盂　1件（M16∶29）。位于墓室西南角，保存较好。泥质红褐陶，釉已脱落。侈口，方唇，卷沿，束颈，浅弧腹，平底。素面。口径8.3、底径5.1、高0.57～0.64、厚0.44～0.8厘米（图四九，5）。

盆　4件。泥质红褐陶，釉已脱落。

M16∶32，位于墓室西南部，残损可修复。圆唇，斜折沿。腹部两周凹弦纹。口径10.7、底径4.7、高4.1～4.7、厚0.3～0.5厘米（图四九，10）。

M16∶34，位于墓室西南部，残损可修复。圆唇，卷沿，内底下凹。素面。口径13.5、底径4.7、高3.8～4.6、厚0.4～0.6厘米（图四九，9）。

M16∶35，位于墓室西南部，保存较好。圆唇，折沿，浅腹，平底内凹。腹部有一周凹弦纹。口径11.3～11.6、底径4.6～5、高3.5～3.7、厚0.3～0.5厘米（图四九，11）。

M16∶42，残损可修复。泥质红褐陶。敞口，方唇，宽折沿，深弧腹，平底内凹。腹部有两周凹弦纹。口径11、底径4.8、高4.6、厚0.3～0.52厘米（图五一，6）。

钵　2件。

M16∶21，位于墓道东北部，残损可修复。泥质红陶，釉已脱落。敛口，圆腹，平底微内凹。素面。口径10.3、底径4.5、高3.5～3.9、厚0.3～0.5厘米（图四九，7）。

M16∶33，位于墓室西南部，残损可修复。泥质红褐陶，釉已脱落。口微敞，弧腹，平底微内凹。素面。口径12.4、底径5.8、高5、厚0.4～0.6厘米（图四九，6）。

碗　1件（M16∶18）。位于墓道东部，保存较好。泥质红褐陶，釉已脱落。口微敞，尖圆唇，平沿，斜腹下部内收，平底。近底部有刀削痕迹。口径13.2、底径4～4.5、高4.5～4.85、厚0.4～0.6厘米（图四九，8）。

勺　1件（M16∶43）。残损可修复。夹细砂红陶，釉已脱落。钵形浅盘，口一侧有捏流，斜腹微弧，平底较大。素面。口径6.6、底径3.8、高2.7、厚0.8厘米（图四九，16）。

卮　1件（M16∶15）。位于墓道东部偏北，保存较好。泥质红陶，釉已脱落。直口，直壁微内斜，近底部内收，平底，一侧把手残失。器表有两周凹弦纹。口径6.7、底径4.5、高6.1～6.2、厚0.35～0.7厘米（图四九，15；图版一六，6）。

灯　2件。泥质红褐陶，釉已脱落。豆形，覆碗形粗大圈足。

M16∶16，位于墓室西部中段，残损可修复。口微敛，平沿，弧腹，盘较深。素面。口径8.1、底径10.7、高8.3～8.7、厚0.47～0.71厘米（图四九，14）。

M16∶31，位于墓室西南角，保存较好，有盖。子母口内敛，斜腹较浅；覆钵形盖，敞口，圆腹，圆顶有扁梭形捉手。盖面两侧各有一组刻划网状纹。灯口径6.35、底径10.2、高9、厚0.4～0.7厘米；盖口径9.1、高4.3、厚0.6厘米（图四九，17；图版一六，1）。

5. 陶器

12件。器形有甑、仓、罐和器盖。

甑　1件（M16：17）。位于墓道东北部，保存较好。夹细砂灰黑皮灰胎陶。敛口，尖圆唇，宽平沿，斜腹微外弧，平底内凹较甚，底部有41个小孔，排列不甚规整。腹上部有三周较宽的凹弦纹。口径34、底径15.5、高17、厚0.5～0.7厘米（图五一，5；图版一七，3）。

仓　4件。

M16：8，位于墓道北壁中段，保存完整。夹细砂灰黑皮灰胎陶。矮直口，极窄斜折肩，直腹外弧，平底内凹。腹上部有三周刻划的凹弦纹，腹下半部有刀削痕迹。口径13.2～13.9、底径12.2、高18.25、厚0.65～0.8厘米（图五二，3；图版一六，4）。

M16：9，位于墓道南壁中段，保存完整。夹细砂灰褐陶。器体粗矮，口微内敛，窄折肩，直腹微鼓，平底略内凹。腹上部有两周抹弦纹，上下有三周密集的细竖条形刻纹，腹中部以下有刀削痕迹。口径13.8、腹径18.75、底径13.2、高18.5，厚0.6～0.75厘米（图五二，6；图版一七，5左）。

M16：10，位于墓室西壁中段，保存较好。夹细砂灰黑皮灰褐胎陶。矮直口，窄折肩，直

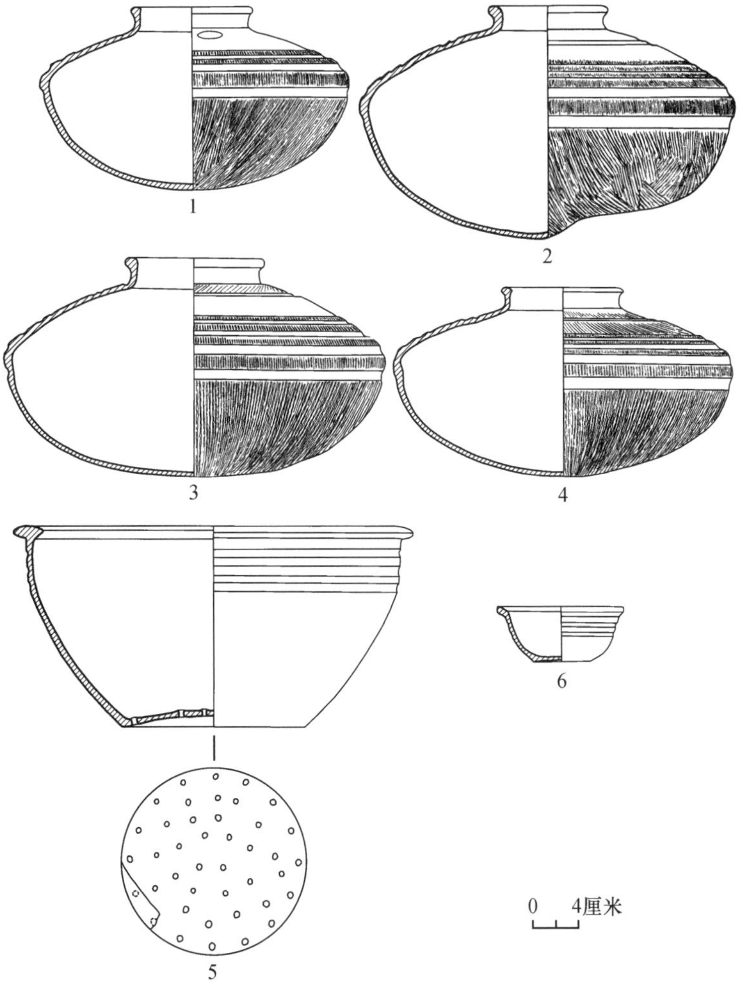

图五一　M16出土器物

1～4. 陶罐（M16：7、M16：4、M16：5、M16：6）　5. 陶甑（M16：17）　6. 釉陶盆（M16：42）

腹微弧，平底。肩下有一对对称的弧形小贯耳，孔眼较细；腹上半部有三周凹弦纹，下半部有刀削痕迹。口径9.2、腹径14.5、底径12.2、高20、厚0.6厘米（图五二，4；图版一六，5下）。

M16：11，位于墓室西壁中段，保存较好。夹细砂灰黑皮灰胎陶。矮直口外侈，斜折肩，直腹外弧，平底内凹。腹上半部有三周凹弦纹，腹下半部有刀削痕迹。口径14.4、底径12.5、高22.45、厚0.65厘米（图五二，7；图版一七，5右）。

小口圜底罐　4件。形制为小口，矮直颈，广斜肩，扁圆腹，圜底。肩及以下饰竖向细绳纹。

M16：4，位于墓道南壁中段，保存较好。夹细砂灰陶。尖圆唇，口微侈，底部一侧变形。颈下肩部有两周凹弦纹，折肩上下部位有五周自上而下渐次加宽的抹弦纹。口径10.6、最大腹径32.5、高 19.6、厚0.5 ~ 0.7厘米（图五一，2）。

M16：5，位于墓道中部偏南，保存较好。夹细砂灰陶。圆唇，直口。肩上部有一周斜线

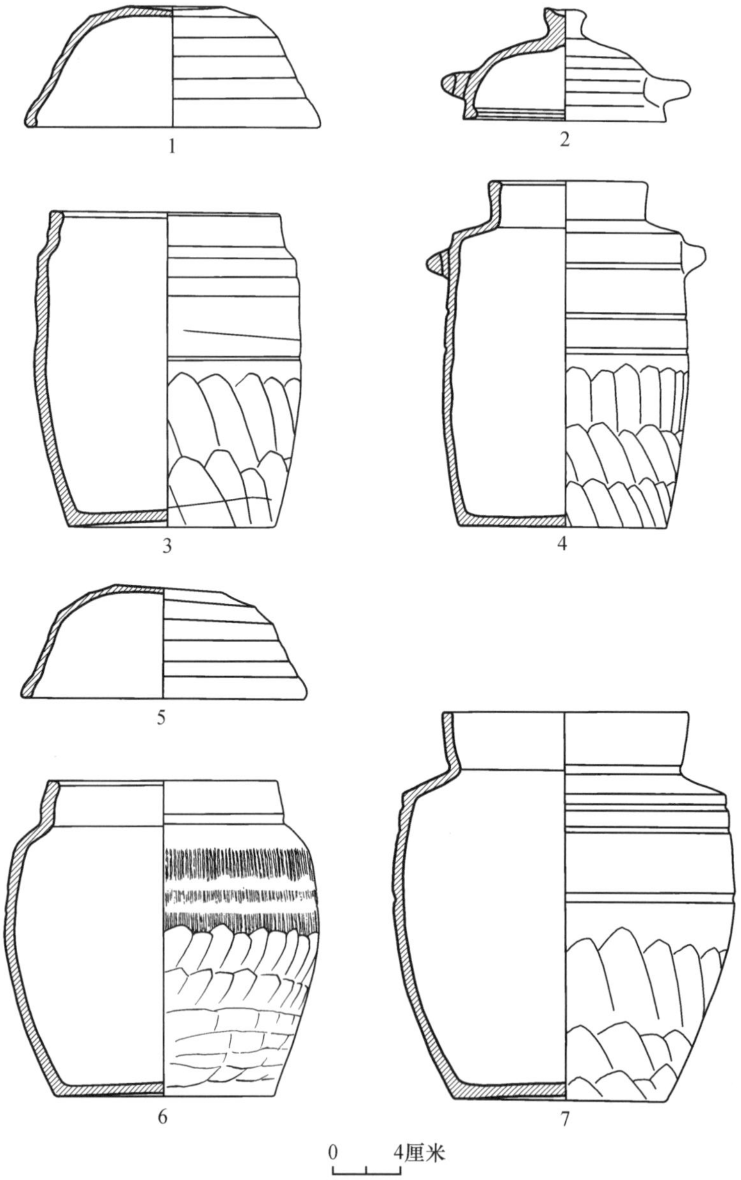

图五二　M16出土陶器

1、2、5. 器盖（M16：25、M16：13、M16：20）　3、4、6、7. 仓（M16：8、M16：10、M16：9、M16：11）

压划纹带，其下有两周凹弦纹，折肩上下有五周自上而下渐宽的抹弦纹。口径12、最大腹径32.7、高18.3、厚0.5～0.7厘米（图五一，3）。

M16：6，位于墓道南部偏东，保存完整。夹细砂黑灰陶。尖圆唇，口微内敛，制作规整。肩上部有较宽的斜线压划纹带，其下有两周凹弦纹，折肩上下部位有五周自上而下渐次加宽的抹弦纹。口径10.7、最大腹径29.2、高16、厚0.4～0.6厘米（图五一，4）。

M16：7，位于墓道南部偏东，保存完整。夹细砂浅灰陶。圆唇，口微内敛。肩下有一直径2.3厘米的戳印圆圈，折肩上下部位有四周自上而下渐次加宽的抹弦纹。口径10.4、最大腹径26.3、高15.1、厚0.4～0.6厘米（图五一，1；图版一七，1）。

器盖　3件。

M16：13，位于墓道东北部，保存完整。夹细砂黑皮灰胎陶。覆钵形盖，口微内敛，圆腹，弧形盖顶，中部有一内凹捉手。腹下部有一对对称的贯耳，孔眼较细，盖壁有多周轮制的棱线。口径12.3、纽径2.5、高6.6、厚0.4～1厘米（图五二，2；图版一六，5上）。

M16：20，位于墓室西部中段，保存较好。夹细砂灰陶。覆钵形盖，口微内敛，斜壁，平顶下凹。外表有多道轮制的棱线。口径17、顶径6.5、高6.7、厚0.4～0.5厘米（图五二，5；图版一七，2）。

M16：25，位于墓室西南部，保存较好。泥质灰陶。覆钵形盖，敞口，斜壁偏上部外鼓，平顶微下凹。外表有多道轮制的棱线。顶径5.6、口径17.5、高7、厚0.5厘米（图五二，1）。

6. 漆器

2件。

M16：36，位于墓室西南部。腐朽严重，器形不详。

M16：37，位于墓室西南部。腐朽严重，器形不详。

（十五）M17

位于T1836西部，向西延伸至T1736东部。开口于第2层下，东部被一条近代沟完全破坏，残存的墓室仅保存2～4层墓砖，又打破M24和生土（图五三）。

墓葬形制为土坑竖穴砖室墓，方向为280°，大致为东—西方向，朝向澎溪河。墓口距地表深28厘米，墓口海拔159.18米。因其上部被破坏，前部又被近代沟打破到墓底以下，故该墓的顶部及墓道情况皆不详。从残存部分推测，墓室为长方形。南壁有两堵墙砖，两墙之间的空间宽约30厘米，两墙底部处于同一平面，之间有一横砖相连，并且两墙墙砖的纹饰图案相同。南侧附加外墙的做法比较特殊，其用途不明。墓圹残长221、宽317厘米，砖室残长219、宽315厘米。现存墓口到墓底深50厘米。墓室的砖壁用长方形青砖平铺错缝垒砌而成，青砖的规格为长40、宽16、厚10厘米，砖的内侧面模印有密集的三角—斜线纹饰（图三四，6）。墓底未铺砖。

墓内填灰褐色花土，土质较黏软，呈砂性，结构较疏松，分选较好。包含较多碎砖块和少量碎陶片等。

由于墓葬受到严重破坏，残存的墓室内没有发现葬具痕迹，也未见人骨的痕迹和随葬品。

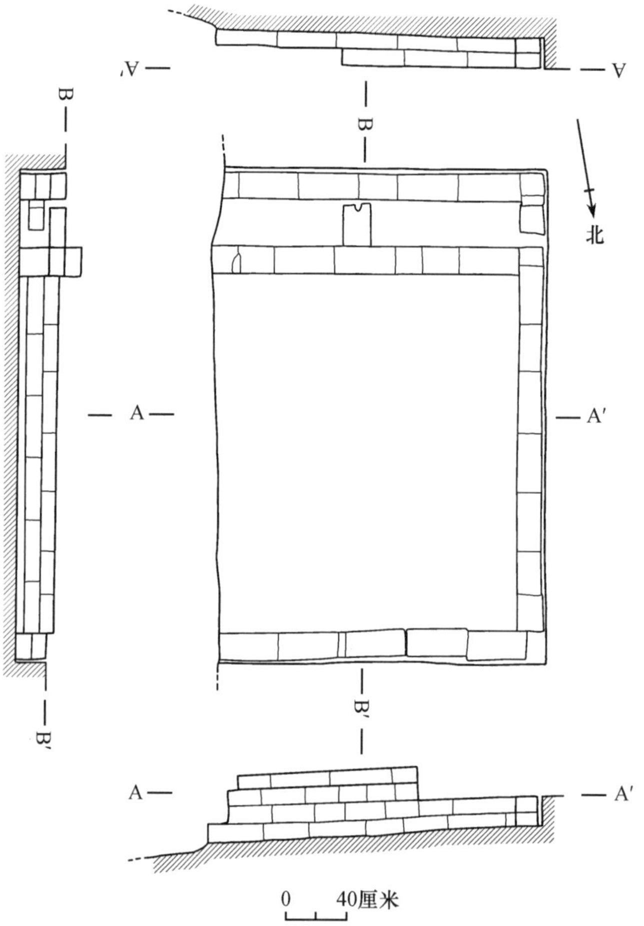

图五三　M17平、剖面图

（十六）M18

位于T1838南部，其南部伸入T1837内，西南部伸入T1737内，东北部伸入T1738内。开口于第2层下，打破生土（图五四）。

墓葬形制为土坑竖穴砖砌单室墓，方向286°，大致呈东—西方向，朝向澎溪河。现存墓口海拔159.06米。墓葬平面呈“凸”字形，由墓室、墓道两部分组成，墓圹残存总长约348、宽190～336厘米。墓室顶部原有券顶，已经被破坏不存；墓道基本被破坏殆尽。墓室平面呈方形，东西长330、南北宽336、墓口到墓底现存深度为80厘米；砖室东西长325、南北宽325厘米（图五四）。墓室四壁用花纹砖平铺错缝垒砌，砖的内侧面均模印有较为精致的菱形纹饰（图四七，6）。墓砖规格较为一致，长39、宽20、厚10厘米。墓室底部横向铺一层整齐的青砖，砖的形状、大小与墓室壁砖相同。墓道所存范围极短，大部已被破坏，残长18、宽190、残存深度30厘米。

墓内填褐色花土，结构疏松，土质较黏，颗粒粗糙，分选差，填土内夹杂着大量坍塌于墓内的碎砖块等。

墓葬的葬具已经完全腐朽，具体情况不详。墓内没有发现人骨痕迹。

墓内共发现5件器物。其中位于墓室底部的随葬品4件，分别为瓷四系罐1件，瓷碗3件；填土中发现的1件瓷碗，形制与墓葬内所出的瓷碗形制、釉色相似，故有可能为墓内扰出。

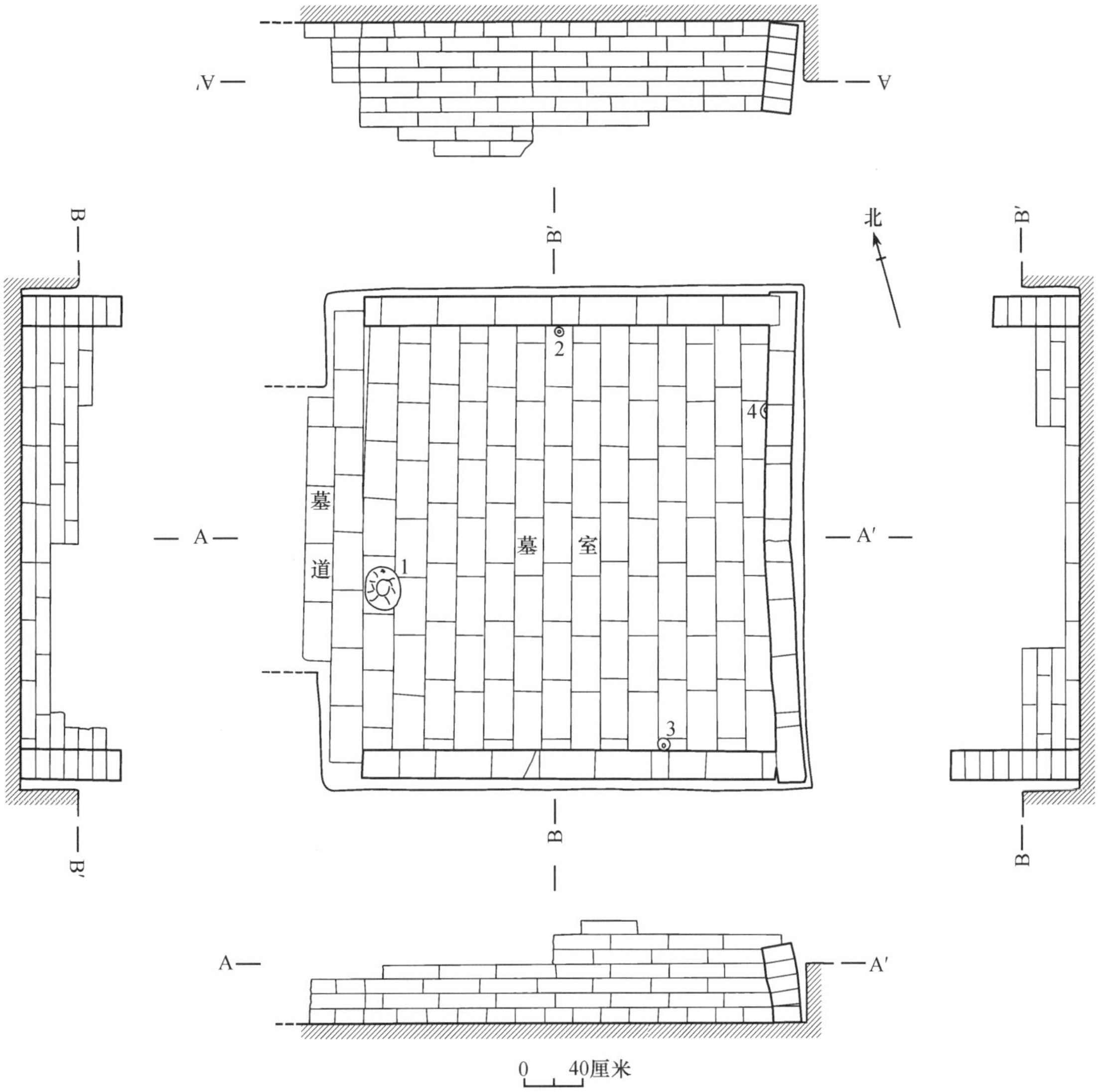

图五四　M18平、剖面图
1. 瓷四系罐　2～4. 瓷碗

瓷器

5件。均为青瓷，器形有四系罐和碗两类。

四系罐　1件（M18∶1）。位于墓室西部，保存较好。敛口，窄斜沿，矮领，圆肩，斜弧腹，平底内凹。肩部两侧有对称的双小竖耳，双小竖耳并列分布。腹中部以上施青釉；肩部有两周细凸棱。口径21.8、底径14～14.5、高19.5、厚0.49～1厘米（图五五，5；图版一八，1）。

碗　4件。

M18∶2，位于墓室北壁中部，保存完整。青白色。口微敞，弧腹，假圈足状平底，微内凹。外壁大部和内壁施青釉。沿下和腹部饰三周凹弦纹。口径8.7、底径5.4、高3.7、厚0.25～0.5厘米（图五五，3；图版一八，2）。

M18∶3，位于墓室南壁偏东，保存完整。青白色。敞口，斜壁微弧，假圈足状平底，微内凹。外壁大部和内壁施青釉。沿下饰一周凹弦纹。口径8.5、底径4.6、高3.65、厚0.24～0.46

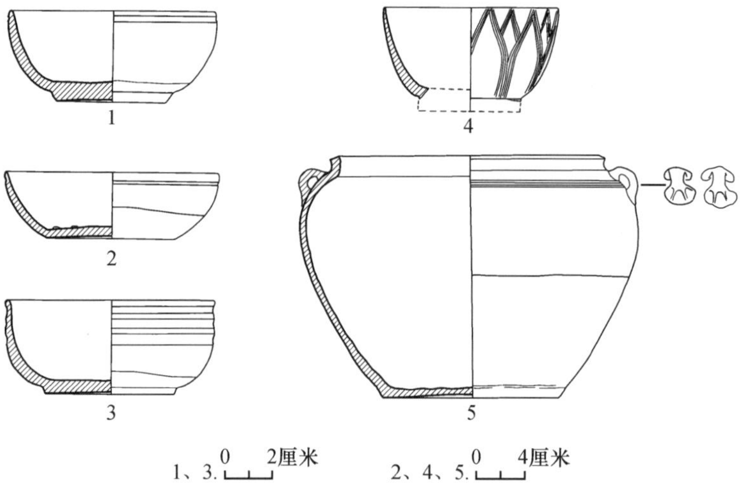

图五五　M18出土瓷器

1～4. 碗（M18：3、M18：5、M18：2、M18：4）　5. 四系罐（M18：1）

厘米（图五五，1；图版一八，3）。

M18：4，位于墓室东壁偏北。浅白色，器壁的青釉大部脱落。口微敞，斜壁微弧，深腹，底残。器表有叶状纹，叶片的外轮廓为成组的刻划细线。口径14.2、残高7.4、厚0.34～0.83厘米（图五五，4；图版一八，4）。

M18：5，填土中出土，局部残损。青白色。敞口，浅腹，斜壁微弧，平底微内凹，内底部有支钉痕迹。外壁施青色半釉，内壁全釉；沿下外侧有一周凹弦纹。口径17.8、底径10.4、高5.35、厚0.54～0.75厘米（图五五，2）。

（十七）M19

位于T1838北部，墓道向西伸入T1738东北部。开口于第2层下，打破生土。

墓葬形制为竖穴土坑石砌单室墓，方向273°，大致呈东—西方向，朝向澎溪河。墓口距地表深约45厘米，海拔159.03米。墓葬平面呈“凸”字形，由墓室和墓道两部分组成，总长541厘米。墓室及墓道原应为券顶，但已全部坍塌。墓室平面呈长方形，石室长321～326、宽226～245厘米，现存墓口距墓底深124厘米（图五六；图版一九，1）。墓室的后壁呈弧形向内倾斜，可能为外部泥土长期挤压所致。墓葬的建筑材料为经过特意加工的块石，块石的大小、厚薄不一，不同层次的厚度差别较大，但每一层的厚度一致，墓室边墙采用错缝平铺垒砌方法砌成，左、右两侧和后侧边墙尚保存10～12层砌石。墓室底部东西纵向平铺一层榫卯砖，前后衔接，排列紧密而整齐，墓底砖的长短不等，长20～34、宽20、厚约8厘米。墓道较墓室略窄，平面呈长方形，长208、宽185～205厘米，北壁存深56、南壁存深69厘米；墓道外口有封门墙，采用砖石混砌，已被破坏，墙残高56厘米。

墓内填褐色花土，多为墓顶的坍塌堆积，土质较粗，结构致密，分选差，夹杂大量坍塌的石块等。

墓室内未发现葬具，也未发现人骨的痕迹。

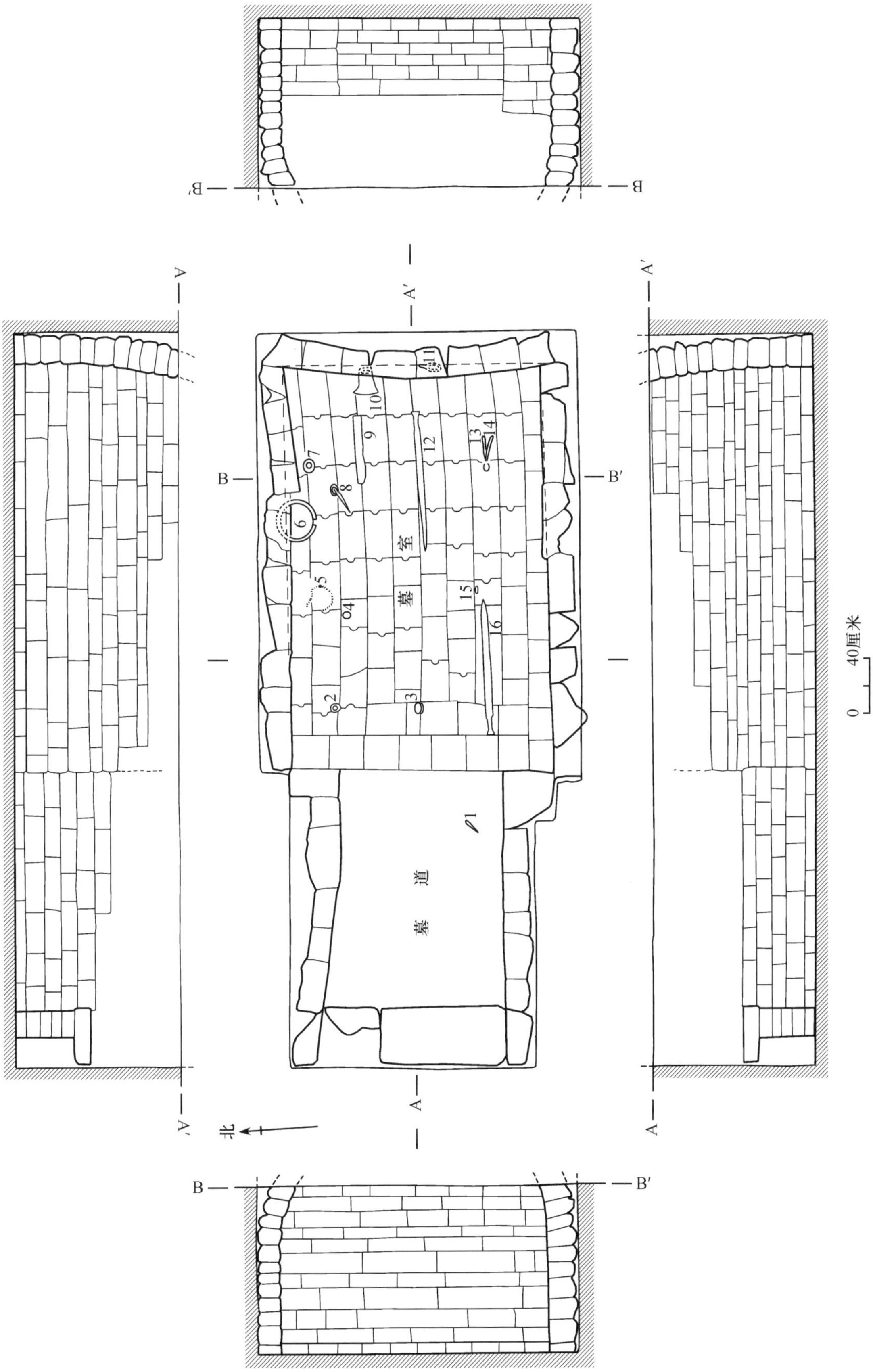

图五六 M19平、剖面图

1. 铜钗 2. 瓷器盖 3、7、01、02. 瓷碗 4. 银镯 5. 玉串饰（92件） 6. 铜洗 8、13、14. 铁削 9、16. 铁剑 10. 铁铲 11. 铁钩（二件） 12. 铁刀 15. 煤精石管 03. 瓷四系罐（该墓遭破坏，01、02、03出土位置不明）

墓内共发现20件（组）随葬品，其中铜器2件，铁器9件，银器1件，煤精石管1件，玉串饰1组，瓷器6件。

1. 铜器

2件。器形有洗和钗。

洗　1件（M19：6）。位于墓室北壁偏东，保存完整。敞口，尖圆唇，宽沿斜沿，浅弧腹，大平底。上腹部外侧有一对椭圆形实心鋬手。口径28、底径14.6、高6.3、厚0.2厘米（图五七，13）。

钗　1件（M19：1）。位于墓道东南部，锈蚀严重，无法修复。

2. 铁器

9件。器形有铲、剑、刀、削和钩。

铲　1件。M19：10，位于墓室东壁偏北，锈蚀严重，无法修复。

剑　2件。锈蚀严重。

M19：9，位于墓室内东北部。长条形，一端残。残长33.2、宽3.5、厚0.1～0.6厘米（图五七，2）。

M19：16，位于墓室内西南部。长条形，残断为多段。残长39.1、残宽1.9～3.2、厚0.01～0.9厘米（图五七，1）。

刀　1件（M19：12）。位于墓室东部中段，锈蚀严重。环首，把以下残。残长11.5、宽2.9～4、环径7、粗1.1～1.3厘米（图五七，5）。

削　3件。锈蚀严重。

M19：8，位于墓室北部偏东。前端残，削体为长条形，把为细长的圆柱形。残长16.7、宽1.1～1.8、厚0.5厘米（图五七，4）。

M19：13，位于墓室东南部，锈蚀严重，不可复原。

M19：14，位于墓室内东南部。长条形削体，把残不存。残长16、宽1～2.3、厚0.2～0.4厘米（图五七，3）。

钩　2件。M19：11，位于墓室东壁中部。

M19：11-1，残长9.2、宽2.4、厚0.2～0.4厘米（图五七，12）。

M19：11-2，残长7.1、宽2.4、厚0.25～0.45厘米（图五七，15）。

3. 银器

1件。器形为镯。

M19：4，位于墓室西北部。保存较好。平面呈绞丝状，断面近圆形。直径5.2～5.5、粗0.2～0.3厘米（图五七，14；图版一九，6）。

4. 玉器

1组92件（M19：5）（图版一九，7）。为串饰，位于墓室北壁偏西。串饰，为大小不一的有孔扁珠，颜色有墨绿、白色、棕红色、绿色、蓝色、黄色及水晶和彩绘珠等。其中墨绿色

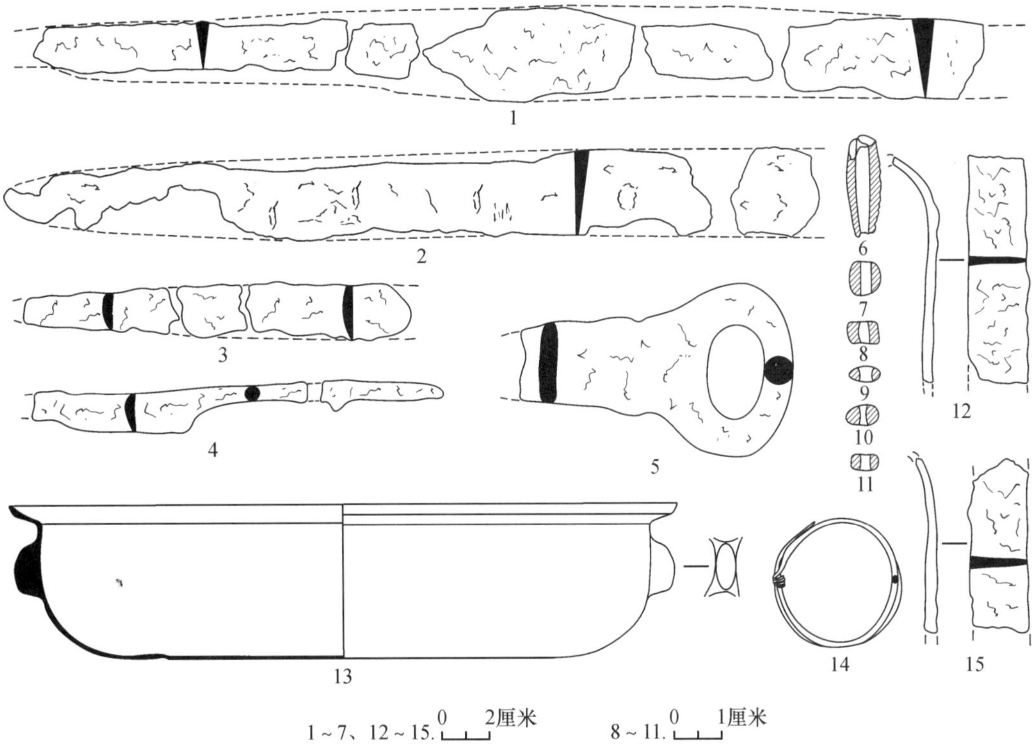

图五七　M19出土器物

1、2. 铁剑（M19：16、M19：9）　3、4. 铁削（M19：14、M19：8）　5. 铁刀（M19：12）　6. 煤精石管（M19：15）
7～11. 玉串饰（M19：5-1、M19：5-2、M19：5-3、M19：5-4、M19：5-5）　12、15. 铁钩（M19：11-1、M19：11-2）
13. 铜洗（M19：6）　14. 银镯（M19：4）

5件，白色透明者5件，棕红色28件，绿色42件，蓝色9件，黄色1件，大水晶珠1件，彩绘珠1件。大小差别较大，直径在0.15～1.4、孔径在0.05～0.15厘米。

M19：5-1，大水晶珠，近球形。直径1.4、高1.5、孔径0.5厘米（图五七，7）。

M19：5-2，彩绘珠，圆柱形。黑底、涂红白两种竖条纹。直径0.7、高0.45、孔径0.2厘米（图五七，8）。

M19：5-3，绿色，算珠形。直径0.7、高0.3、孔径0.3厘米（图五七，9）。

M19：5-4，棕红色，算珠形。直径0.7、高0.4、孔径0.15厘米（图五七，10）。

M19：5-5，蓝色，圆柱形。直径0.6、高0.3、孔径0.25厘米（图五七，11）。

5. 煤精石器

1件。器形为管。

M19：15，位于墓室西南部。煤精石，略残。长条形管状饰，纵向穿孔。残长4.2、最粗径1.55、孔径0.6厘米（图五七，6）。

6. 瓷器

6件。均为青瓷，器形有四系罐、碗和器盖。

四系罐　1件（M19：03）。保存一般。灰白色胎，腹中部以上及内壁到颈部可见青釉痕迹。敛口，圆唇，溜肩，圆腹，平底。肩部有四个两两对称的小横耳。沿下至肩部有四周浅凸棱。口径11.2～11.7、底径11.4、最大腹径20.2、高19.7、厚0.5～0.7厘米（图五八，6；图版一九，2）。

碗　4件。大小相差较大，青釉。

M19：3，位于墓室西部中段。保存完整。青灰色胎，除底部和近底部的极小部分外，内外壁均施青釉。口微敛，圆腹，假圈足状平底。口径7.6、底径4.4、高3.7、厚0.35～1厘米（图五八，1）。

M19：7，位于墓室北壁东段。保存完整。灰白色胎，内壁局部可见青釉痕迹外，外表釉已全部脱落。近直口，圆腹内收，假圈足状平底略内凹。口径8.2、底径4.8、高4.6～4.8、厚0.35～0.8厘米（图五八，2；图版一九，3）。

M19：01，保存较差，可修复。灰白色胎，外表施青釉，仅中上部、内壁可见，其他部分脱落。敞口，斜壁微弧，平底。沿外侧有一周凹弦纹，腹部四周细凸棱。口径17.2、底径11.6、高6.3、厚0.5～1.2厘米（图五八，3）。

M19：02，保存较差，可修复。灰白色胎，外表施青釉，部分脱落，仅中上部和内壁可见。敞口，斜壁微弧，平底。沿外侧和内壁近底部各有一周凹弦纹。口径17.8、底径10.2、高6～6.3、厚0.3～1.2厘米（图五八，4；图版一九，4）。

器盖　1件（M19：2）。位于墓室西北角。灰白色胎，除内壁局部有青釉痕迹外，余者全部脱落。覆盘形子母口器盖，矮子口较直，宽沿有深凹槽，斜壁，小平顶中部下凹，其上有环形纽痕迹。口径6.2、最大径8.6、顶径3.2、残高2.1、厚0.35～0.9厘米（图五八，5；图版一九，5）。

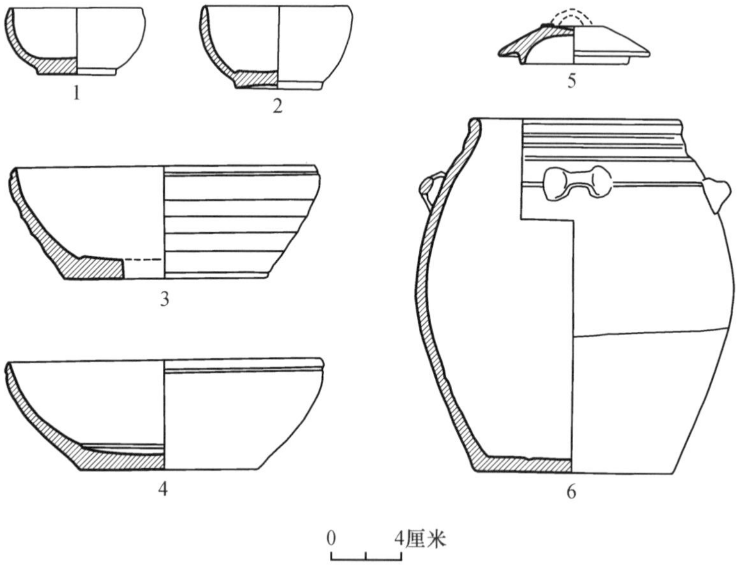

图五八　M19出土瓷器

1～4. 碗（M19：3、M19：7、M19：01、M19：02）　5. 器盖（M19：2）　6. 四系罐（M19：03）

（十八）M20

位于T1939西北部，部分延伸到T1839、T1840和T1940三个探方之中。开口于第2层下，打破M21和生土（图五九）。

墓葬形制为土坑竖穴石室墓，方向285°，大致呈东—西方向，朝向澎溪河。现存墓口距地表约40厘米，海拔159.05米。墓葬平面呈有把刀形，由墓室和墓道两个部分组成，残存总长410、宽247厘米。墓室平面呈长方形，后端石墙中部向内倾斜，墓室东西长280、宽241厘米，墓口至墓底深58厘米。墓道亦为长方形，前端已被破坏不存，残长106、宽166、现存深度50厘米。墓室和墓道的石墙内壁比较整齐，使用经过加工的块石分层错缝平铺砌成，内壁面的块石为较整齐的长方形，外侧则参差不齐。

墓内填褐色花土，结构比较疏松，土质较黏，颗粒粗大，分选较差，夹杂较多的石块等。

墓室内未发现葬具痕迹。也未发现人骨痕迹和随葬品。

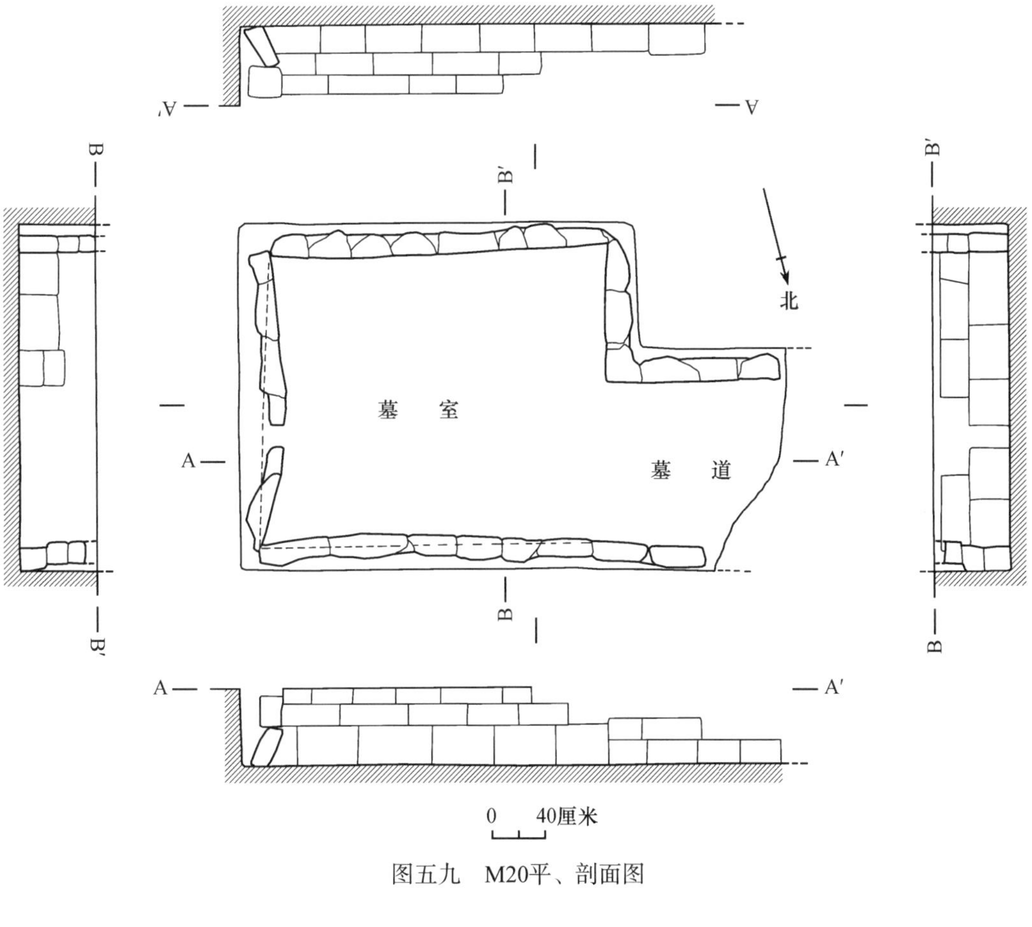

图五九　M20平、剖面图

（十九）M21

位于T1940西南部，向西延伸到T1840，南部则伸入T1839，西南部延伸到T1939。开口于第2层下，被M20打破，打破生土（图六〇；图版二〇，1）。

墓葬形制为土坑竖穴砖室墓，方向282°，大致呈东西方向，朝向澎溪河。现存墓口距地表40厘米，墓口海拔159.05米。墓葬受到严重破坏，墓室上半部已被完全破坏不存，墓室和墓道的底部也没有任何遗存。墓葬平面为有把刀形，由墓室和墓道两个部分组成，总长447厘米。墓室平面呈长方形，东西长317、南北宽311厘米；砖室长313、宽306厘米，墓口至墓底深72厘米（图六〇）。墓室的边墙用砖砌而成，有普通砖和榫卯砖两种，采用平铺错缝垒砌法砌成。墓砖的大小略有差别，长40～46、宽20、厚7～11厘米。砖内侧面的花纹主要有粗大菱形纹和三角斜线纹两种（图六一，1、2）。墓道位于墓室西侧南部，平面呈长方形，外端已经被破坏，残长130、宽177、现存深度仅20厘米。墓室和墓道的底部均为生土面，没有铺砖。

墓内填褐色花土，土质较黏，颗粒较大，分选差，结构较为疏松，夹杂大量砖块、石块等。

墓室内未发现葬具及人骨的痕迹。也没有发现任何随葬品。

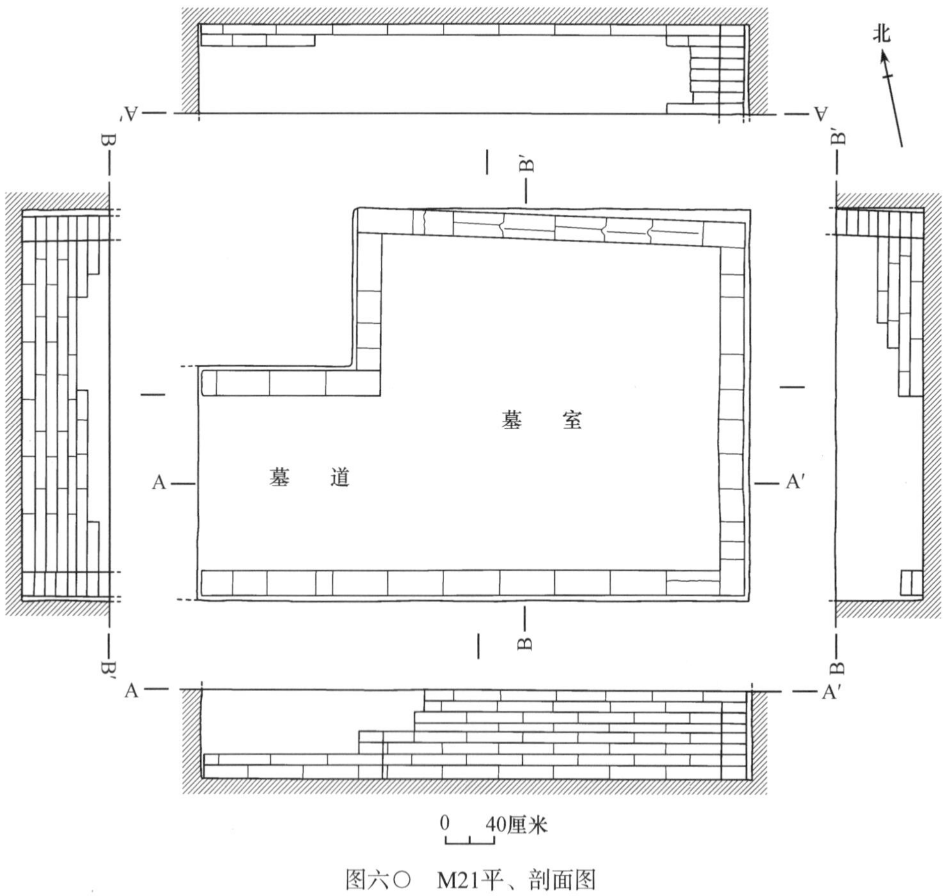

图六〇　M21平、剖面图

图六一　墓砖花纹纹样拓片
1、2. M21　3、4. M23　5、6. M3

（二十）M22

位于T1840东北部，向东延伸至T1940之内。开口于第2层下，打破生土（图六二；图版二〇，2）。

墓葬形制为土坑竖穴石室墓，方向269°，呈东—西方向，朝向澎溪河。现存墓口距地表深35厘米，墓口海拔159.11米。墓葬平面呈有把刀形，由墓室、墓道两个部分组成，总长593厘米。墓室平面呈长方形，石室长313、宽245厘米，现存墓口到墓底深80厘米。墓室边墙使用经过加工的块石错缝平铺垒砌而成，两侧及后壁均明显向内倾斜，可能为外部泥土长期挤压所致。墓室顶部应为券顶，但是已经完全坍塌毁坏，墓室及墓道底部铺一层形状不规则的石板，厚度约10厘米。因为石块的大小不一，整体显得比较凌乱，但因为经过精心拼合，整个墓底显得比较平整。墓道位于墓室西侧南部，长273、宽180、残存深度30厘米。墓道外端原有完整的封门墙，用榫卯砖块砌成，现已被破坏，只剩下一部分，残存高度为23厘米（图六二）。

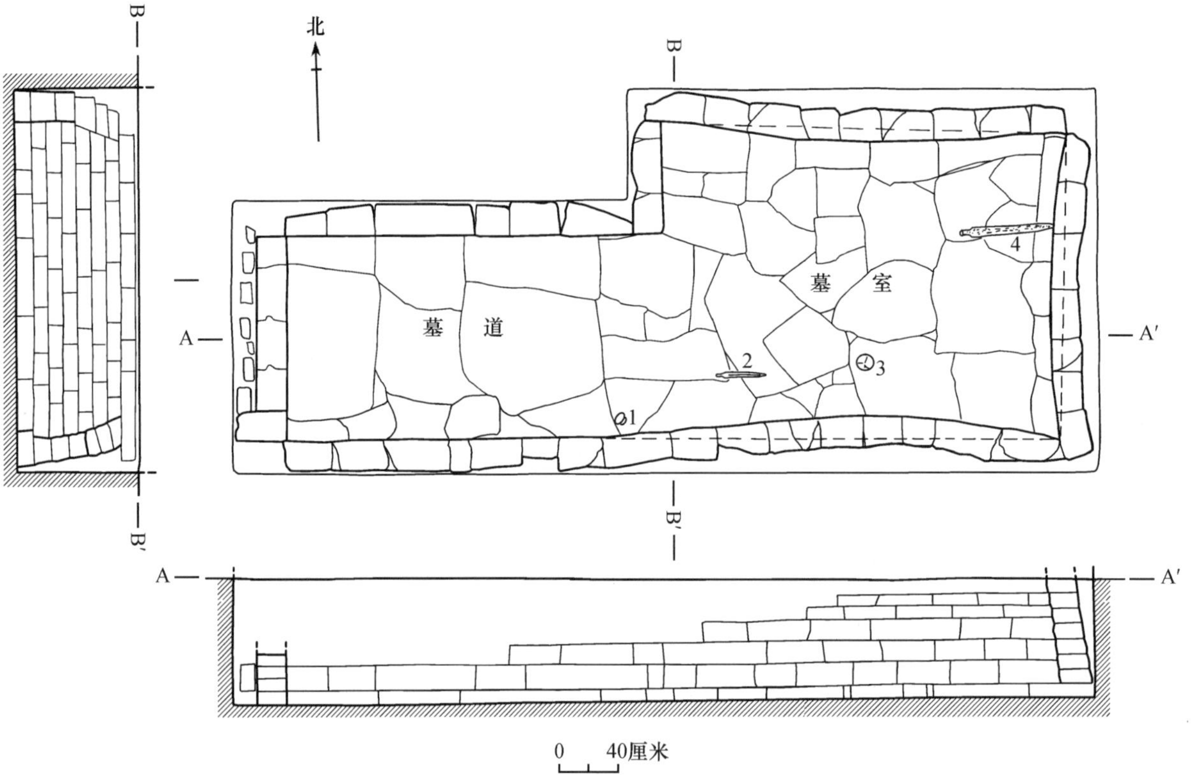

图六二　M22平、剖面图

1. 瓷碗　2. 铜剑　3. 铜镜　4. 铁剑

墓内填褐色花土，多为墓顶坍塌堆积，土质较粗，结构较致密，含有大量杂乱的石块等。墓室和墓道均没有发现葬具和人骨的痕迹。

墓内共发现4件随葬品，其中铜器2件，铁器1件，瓷器1件。

1. 铜器

2件。器形有剑和镜。

剑　1件（M22：2）。位于墓室西南部近墓道处。巴式青铜剑，保存完整，青绿色。长条形，中间起脊，横截面呈菱形，无格，柄部前端一侧和后端各有一孔。剑体后端正反面均有巴蜀图形文字，但已漫漶不清。长32.1、宽3.2、剑身厚0.62、剑柄厚0.7厘米（图六三，1；图版二〇，4）。

镜　1件（M22：3）。位于墓室中部偏南，保存完整，青黑色。正圆形，镜面微外弧，背面中部下凹，中间有一半球形纽，周围为八角星形连弧，其内等距分布四个圆弧柿蒂纹，间隔位置有“位至三公”四字。器表采用黑漆古技术。直径9.61、纽径1.7、高0.9、缘厚0.25、中部厚0.14厘米（图六三，2；图版二〇，3）。

2. 铁器

1件。器形为剑。

M22：4，位于墓室东部偏北。保存甚差，锈蚀严重。

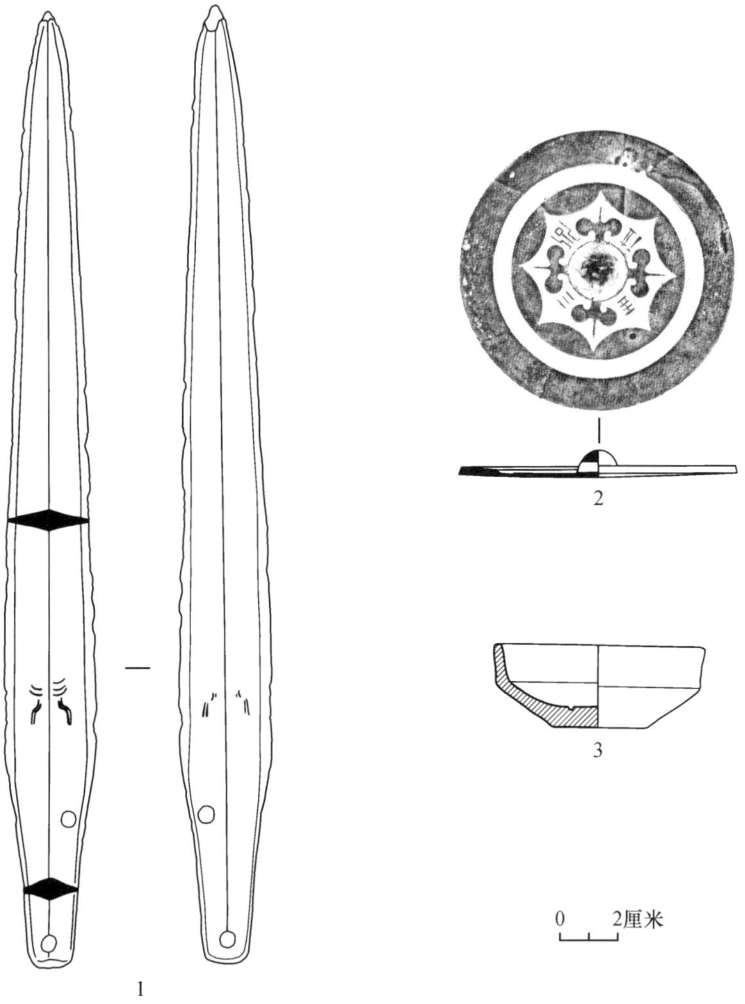

图六三　M22出土器物
1. 铜剑（M22：2）　2. 铜镜（M22：3）　3. 瓷碗（M22：1）

3. 瓷器

1件。器形为碗。

M22：1，位于墓道南壁靠近墓室处。保存完整。白胎较厚，外施青釉，几近全部脱落。直口微外张，折腹，平底，内底有一周凹弦纹。口径7.2、底径3.3、高2.8、厚0.4～1.5厘米（图六三，3；图版二〇，5）。

（二十一）M23

位于T1631北部，墓室一角延伸至T1632中，墓道部分则延伸至T1531、T1532内。开口于第2层下，打破生土（图六四；图版二一，1）。

墓葬形制为土坑竖穴砖室墓，方向284°，大致呈东—西方向，朝向澎溪河。墓口距地表深约35厘米，海拔159.04米。墓葬平面呈有把刀形，由墓室和墓道两个部分组成，全长592厘米。墓室平面近方形，砖室长327、宽323厘米，墓口至墓底深164厘米。墓室底部纵横平铺一

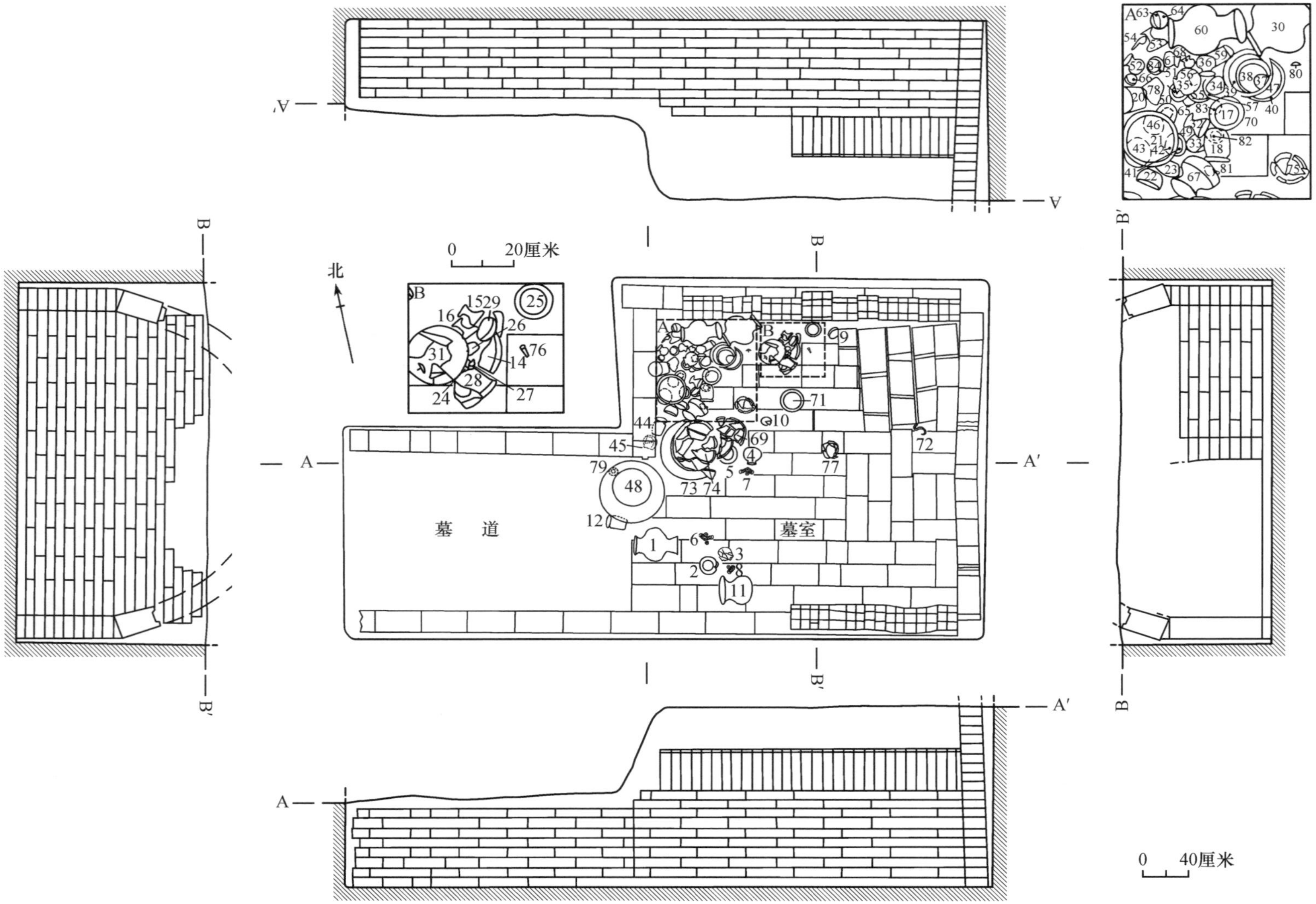

图六四　M23平、剖面图

1、30、38、60、78. 釉陶壶　2、3、24、63、79. 陶器盖　4、5、35. 陶小口圜底罐　6～8. 铜钱　9. 釉陶博山炉　10、16、41、57. 釉陶直口浅盘灯　11. 铜釜　12、17、42～44、46、47、59、70、77. 陶仓　14. 陶盆　15、32. 釉陶子母口浅盘灯　18、20. 釉陶仓　21、22、25、34、39、40. 釉陶盆　23、28、49. 釉陶魁　26、58、64. 釉陶卮　27、65、71. 釉陶钵　29、50、67、68. 釉陶罐　31. 铜洗　33. 釉陶釜　36、52、56、61、82. 釉陶盂　37、54、66、81. 釉陶勺　45、51. 釉陶鼎　48、73. 铁釜　53、83. 釉陶豆　55、69. 釉陶甑　72. 铁钩　74. 陶甑　75. 釉陶器盖　76. 琉璃耳珰　80. 铜泡　84. 釉陶盘（13、19、62销号）

层砖，排列不甚规整，大体是近墓道一侧纵向平铺，靠后墙一侧横向铺设。墓道为长方形，长244、宽194厘米，墓道砖壁内长240、宽142厘米，墓道底部未用砖铺地（图六四）。虽然墓葬早年被破坏过，但墓道两侧墙壁各残存8层砖；墓室的三面砖墙相对保存较好，墓室后墙尚存近20层砖，两侧砖墙除了10层平铺砌砖外，还有一层竖立的券砖，据此推测是券顶结构。墓葬的墙壁采用同一种规格的菱形花纹砖（图六一，3、4），花纹朝内侧，采用平铺错缝垒砌法砌成。

墓内填土大致可以分为两大层。上层为起券砖、碎砖块、黄褐色淤土等堆积层，应是墓顶塌陷所形成；下层为浅黄色淤土层，厚达50厘米，土质黏硬，结构紧密，比较纯净，系长期淤积的结果。

墓内未发现葬具，仅在墓室的后端发现零星漆皮，表明原来应该存在葬具，只是已经完全腐朽。也未发现人骨的痕迹。

墓内共发现81件（组）随葬品，主要位于墓室的前半部，尤以墓室西北部较为集中。其中铜器6件（组），铁器3件，琉璃器1件，釉陶器51件，陶器20件。

1. 铜器

6件（组）。器形有釜、洗、铜泡和铜钱。

釜　1件（M23：11）。位于墓室西南部。残损，青绿色。侈口，圆唇，宽卷沿，粗束颈，折肩，圆腹，圜底。颈部有一对对称的环形竖耳。素面。口径28.5、最大腹径27.8、耳径5.5、耳粗1.3、高24.2、釜沿厚0.55、厚0.17厘米（图六五，2；图版二三，6）。

洗　1件（M23：31）。位于墓室西北部，保存甚差，青绿色。敞口，方唇，斜折沿，弧腹，下部内收，矮假圈足状平底。素面。口径20.6、底径8.8、高8.1、厚0.17厘米（图六五，3）。

铜泡　1组3枚。1枚位于墓室西北部；2枚在M23：31铜洗内。保存较差。圆弧形帽，表面鎏金，四棱形锥状钉。M23：80，钉帽残，复原直径3.8、钉长1.7、厚0.1～0.15厘米（图六五，5）。

铜钱　3组151枚。分3组叠压放置，锈蚀粘连在一起。

M23：6，12枚。位于墓室西南部靠近墓道的位置，锈蚀较严重。可辨识者为“五铢”。

M23：7，41枚。位于墓室中部偏西处。可辨识者均为“五铢”钱，圆形，方穿。M23：7-1，直径2.6厘米（图六五，6）。M23：7-2，直径2.6厘米（图六五，7）。

M23：8，98枚。位于墓室西南部靠近南壁处。可辨识者均为“五铢”钱，圆形，方穿。直径2.5厘米（图六五，8）。

2. 铁器

3件。器形有釜和钩。

釜　2件。

M23：48，位于墓道北壁近墓室处，锈蚀严重。敛口，圆肩，圆腹，小平底略下凸。腹部有一周凸棱，可能为合范痕迹。口径29.6、最大腹径56、底径10.5、高35.2、厚0.28～0.62厘米

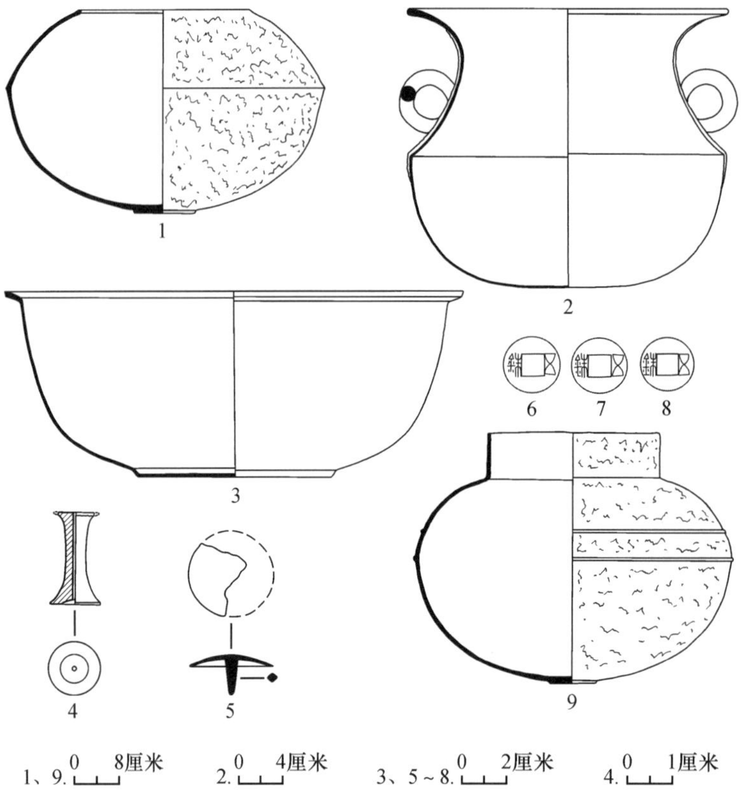

图六五　M23出土器物

1、9. 铁釜（M23：48、M23：73）　2. 铜釜（M23：11）　3. 铜洗（M23：31）　4. 琉璃耳珰（M23：76）　5. 铜泡（M23：80）　6～8. 五铢钱（M23：7-1、M23：7-2、M23：8）

（图六五，1）。

M23：73，位于墓室西壁中段，锈蚀严重。直口，直颈，圆肩，圆腹，小平底。腹部有两周凸棱。口径31、最大腹径56、底径8.5、高45、厚0.5厘米（图六五，9）。

钩　1件（M23：72）。位于墓室东北部，残损较甚，无法修复。

3. 琉璃器

1件。器形为耳珰。

M23：76，位于墓室北部中段。深蓝色，半透明。束腰长柱形，上端略残，较小，下端略大，中部有凹窝，中间有一纵向细孔贯通。高2.01、上端径0.81、下端径1.11、束腰径0.48、下端凹窝径0.65、凹窝深0.11、孔径0.1厘米（图六五，4）。

4. 釉陶器

51件（组）。器形有鼎、釜、甑、仓、罐、壶、盂、盆、钵、盘、魁、豆、勺、卮、博山炉、灯和器盖。

鼎　2件。

M23：45，位于墓室西壁近墓道处，一耳及两足残。泥质红陶，青釉，大部分脱落，釉未完全脱落处为黄白色。侈口，方唇，折沿，窄折肩，扁圆腹，缓圜底，近柱状足。两侧口沿上有一对对称的环形斜立耳。素面。口径10.6、通高10.4、厚0.4厘米（图六六，1）。

M23：51，位于墓室西北部，一足残。泥质红陶，青釉，沿面以外位置大部分脱落，釉未完全脱落处为黄白色。侈口，尖圆唇，折沿，圆肩，圆腹，下部有折棱，平底下接三矮足。近底部有一排刀削痕迹。口径9.8、底径4、通高6.6、厚0.3～0.5厘米（图六六，2）。

釜　1件（M23：33）。位于墓室西北部，一耳残。泥质红陶，带釉部分为黄白色。侈口，方唇，折沿，圆肩，圆腹，平底内凹。两侧口沿上有对称的环形斜立耳。腹部有两周凹弦纹，近底部有一排刀削痕迹。口径12.6、最大腹径13.6、底径6～6.4、高8.6、厚0.4～0.6厘米（图六六，3；图版二三，2）。

甑　2件。泥质红陶，原应施釉，已全部脱落。钵形，底部有孔。

M23：55，位于墓室西北部，口部残，圆腹，下部折收，平底，底面有6个排列规则的小孔。底径3.8、残高4.8、厚0.25～0.45厘米（图六六，4）。

M23：69，位于墓室西北部，敞口，斜折腹，平底，底面残留5个小孔（按位置推算原来应为6个）。口径14、底径5.2、高3.6、厚0.25～0.4厘米（图六六，8）。

图六六　M23出土釉陶器

1、2. 鼎（M23：45、M23：51）　3. 釜（M23：33）　4、8. 甑（M23：55、M23：69）　5～7、9. 罐（M23：29、M23：50、M23：68、M23：67）

仓　2件。

M23：18，位于墓室西北部，保存完整。夹细砂红陶。矮子口。中腹及以上有三周凹弦纹。口径9.8、底径11.4、高17.4、厚0.4～1厘米（图七一，3）。

M23：20，位于墓室西壁偏北，保存较好。夹细砂褐红胎陶，表面有黄白色物质，似有脱釉痕迹。矮子口，底部内凹。腹中部以上有三周凹弦纹，下部有两排刀削痕迹。口径10.4、底径10.8、高15.4～16、厚0.4～0.9厘米（图七一，4）。

罐　4件。个体均较小。

M23：29，位于墓室北部偏西，保存较差。泥质红褐陶，釉几乎全部脱落，釉脱落处呈灰白色。敛口，沿极窄，溜肩，圆腹，小平底外凸，内底面有旋坯痕迹。近底部外表有刀削痕迹。口径7.8～8.6、最大腹径11、底径2.2～2.8、高6.4、厚0.4厘米（图六六，5）。

M23：50，位于墓室西北部，保存较好。夹细砂褐红陶，釉大部分已脱落，釉脱落处为黄白色。侈口，高领，斜折肩，斜腹微弧，平底略内凹。口径7.8、最大腹径10.3、底径6.3、高6.4、厚0.5～0.6厘米（图六六，6）。

M23：67，位于墓室西北部，保存极差。泥质红陶，通体施釉，大部分已脱落，釉脱落处为黄白色。肩部及以上残，折肩，圆腹斜内收，平底，底内部有旋坯痕迹。近底部外表有刀削痕迹。底径5.6～6、最大腹径14.4、残高5.1、厚0.3～0.7厘米（图六六，9）。

M23：68，位于墓室西北角，保存较好。夹细砂红陶，釉大部已脱落，带釉部分为黄白色。口微侈，圆唇，卷沿，斜折肩，圆腹，平底。口径6.4、最大腹径10、底径5、高5.6、厚0.4～0.8厘米（图六六，7）。

壶　5件。形制为侈口，粗长颈，圆肩，鼓腹，矮圈足。肩部有一对对称的兽面铺首衔环。

M23：1，位于墓室西南部，保存完整。夹细砂红陶，通体施青釉，部分脱落。盘口略显，方唇，窄平沿，束颈。口下至腹部有五组十周凹弦纹。口径15.8、最大腹径24.8、底径16.8、高28.2、厚0.7～0.9厘米（图六七，1）。

M23：30，位于墓室西北部，保存较好，有盖。夹细砂红陶，通体施青釉，大部分脱落。壶为斜方唇，卷沿，长颈。肩、腹和圈足部位各有一组凹弦纹。浅盘形子母口壶盖，敛口，斜壁，平顶微下凹，顶壁之交有等距分布的三个乳钉。壶口径15.4、最大腹径25.7、底径16.2、高31、厚0.85～1.1厘米；M23：13，盖口径10.8、外径15.1、高3.2、厚0.36～1.4厘米（图六七，4；图版二一，2）。

M23：38，位于墓室西北部，保存较好，有盖。泥质红陶，通体施青黄釉，部分脱落，釉未完全脱落处为黄白色。壶为近盘形口，窄沿，束颈。颈、肩、腹部各有两周凹弦纹。覆钵形子母口壶盖，泥质红陶，原施釉，带釉部分为黑色，大部分脱落。敛口，斜壁微外弧，平顶，环形纽残。盖壁等距分布三个柱状凸起。壶口径14.5、最大腹径21.4、底径14.4、高25.1、厚0.6～0.8厘米；M23：19，盖口径12、残高5、厚0.6～0.7厘米（图六七，2）。

M23：60，位于墓室西北角。保存完整。泥质红陶，原有青釉，大部脱落。平沿，束颈，斜肩。肩腹之交的铺首衔环系在壶体上刻成；沿下和颈肩之交各有一周凹弦纹，颈部有两周凸棱，腹部有三周凹弦纹，下腹部有一排刀削痕迹。口径14.3、最大腹径21.7、底径13.4、高25.8～26、厚0.6～1.2厘米（图六七，5；图版二一，3）。

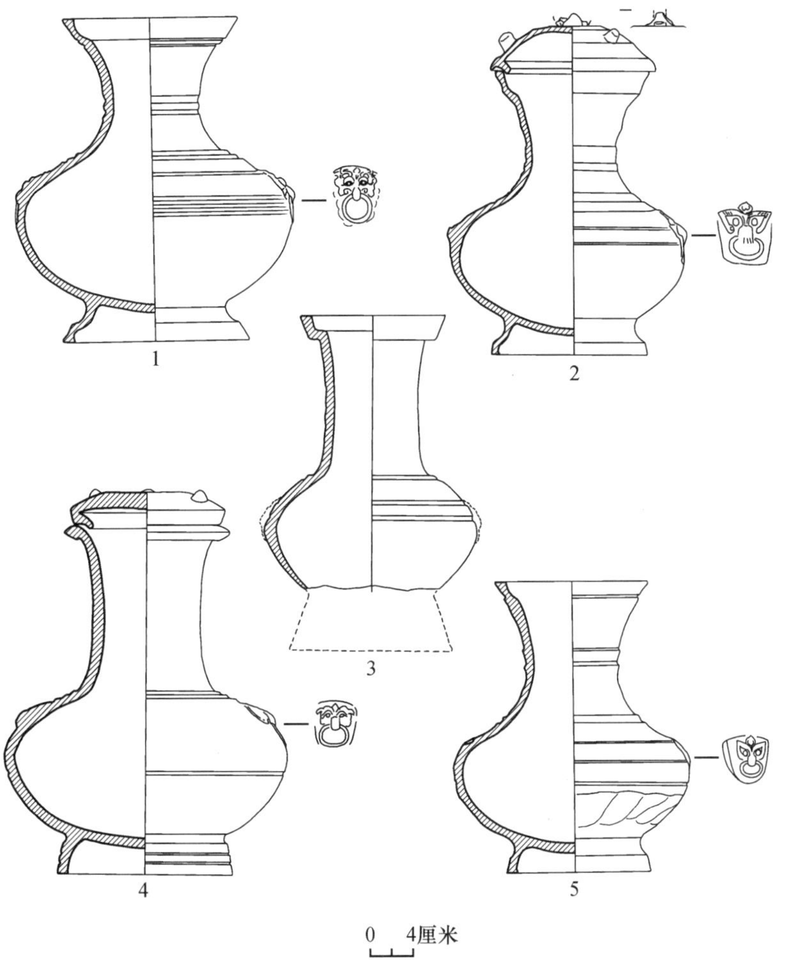

图六七　M23出土釉陶壶

1. M23：1　2. M23：38　3. M23：78　4. M23：30　5. M23：60

M23：78，位于墓室西北部。保存甚差。泥质红陶，外施青釉，部分脱落。浅盘口，窄平沿，长颈，圈足残失。颈肩之交和肩下部各有两周凹弦纹。口径13.4、残高24、厚0.4～1.2厘米（图六七，3）。

盂　5件。多为泥质红陶，施青釉，大部已脱落，有釉部分呈黄白色。形制为侈口，圆唇，卷沿，粗束颈，平底。

M23：36，位于墓室西北部，保存完整。器体较小，窄折肩，斜腹，底微内凹。口径8、底径4.6、高6.6～7、厚0.4～0.8厘米（图六八，3；图版二二，2）。

M23：61，位于墓室西北角，保存较好。器表保存较完整的青釉。斜折肩，折腹，小平底。近底部有刀削痕迹。口径7.8、底径2.4～3.2、高7.1、厚0.3～0.5厘米（图六八，4）。

M23：82，位于墓室西北部。保存完整。夹细砂红褐陶。器体较小，窄折肩，浅腹，底微内凹。口径7.8、底径4.4～4.6、高4.9～5.1、厚0.3～0.65厘米（图六八，5）。

M23：52，位于墓室西北角，口残。器体略大，溜肩，扁鼓腹折收，底略内凹。肩部有一对对称的乳钉和一周凹弦纹，近底部有刀削痕迹。口径11.6、最大腹径13、底径6、高10.4、厚0.4～0.7厘米（图六八，1）。

M23：56，位于墓室西北角，口残。器体略大，整体较扁。宽卷沿，窄肩，扁鼓腹，底部略外凸。肩部有一对对称的乳钉和两周凹弦纹。口径14.6、最大腹径14.8、高8.9、厚0.4～0.9厘米（图六八，2）。

盆　6件。

M23：21，位于墓室西北角，保存完整。泥质黄白色皮红胎陶，青釉，大部分脱落。侈口，方唇，斜折沿，短颈，窄圆肩，鼓腹斜收，小平底，内侧底部下凹。腹部有三周凹弦纹。口径26.2～26.6、最大腹径24.4、底径9.2、高9.55～10、厚0.55～0.8厘米（图六八，6；图版二三，3）。

M23：22，位于墓室西壁偏北，保存完整。泥质红陶，釉已大部分脱落，脱落处呈黄白色。直口微敛，窄斜沿，折腹，下腹斜长内收，小平底内凹。腹部有二周凹弦纹。口径17.6、底径6、高5.2～5.6、厚0.6～0.8厘米（图六八，11）。

M23：25，位于墓室北壁偏西，保存较好。泥质红陶，釉大部分脱落，脱落处呈黄白色。敞口，圆唇，宽沿斜折，圆腹，小平底。腹中部有两周凹弦纹，下部有刀削痕迹。口径14.3～14.8、底径3.8～4.5、高5.3～5.4、厚0.35～0.45厘米（图六八，7）。

M23：34，位于墓室西北角，保存较好。泥质红陶，外施青釉，大部分脱落，脱落处呈黄白色。敞口，斜方唇，宽沿面，浅斜腹外弧，上有两道折棱，平底内凹。素面。口径18.4、底径6.4、高4.2、厚0.4～0.6厘米（图六八，9）。

M23：39，位于墓室西北角，保存较好。泥质红陶，外施青釉，大部分脱落，脱落处呈黄白色。敞口，方唇，宽沿平折，折腹，小平底，内侧底部下凹。上腹部有制作时产生的凹凸痕迹。口径20.6、底径6～6.4、高4.6～5、厚0.4～0.6厘米（图六八，10）。

M23：40，位于墓室西北部，保存完整。泥质红陶，外施青釉，大部分脱落，脱落处呈黄白色。敞口，尖圆唇，平沿较宽，弧腹，小平底。腹中部有三周凸棱纹。口径19、底径7.2、高6.7～7、厚0.4～0.6厘米（图六八，8）。

钵　3件。

M23：27，位于墓室北部偏西，残损。泥质红陶，大部分釉已脱落，未完全脱落处为黄白色。大口微内敛，窄斜沿，浅弧腹，平底。素面。口径17.6、底径5.6、高4.6、厚0.2～0.5厘米（图六八，13）。

M23：65，位于墓室西北部，局部残损。泥质红陶。口微敛，窄斜沿，斜弧腹，下部有刀削的折线，平底中部残。腹中部有一周凹槽，内壁相应位置有一周凸棱，外表近底部有刀削痕迹。口径14.4、底径6.2、高4.2～4.5、厚0.25～0.65厘米（图七〇，5）。

M23：71，位于墓室西北部，保存完整。泥质红陶，外施青釉，大部分脱落，脱落处呈黄白色。直口微敛，窄斜沿，折腹斜收，小平底微内凹。上部有两周凹弦纹。口径17.2～17.4、底径6.4、高5.4、厚0.45～0.6厘米（图六八，12；图版二三，4）。

盘　1件（M23：84）。位于墓室西北部，局部残损。夹细砂及云母红陶。大敞口，折腹，平底内凹。素面。口径11.4、底径3.8、高2.4、厚0.3～0.5厘米（图七〇，6）。

魁　3件。泥质红陶。通体施青釉，大部分脱落，有釉部分为黄白色。钵形，一侧有柱状把手。

M23：23，位于墓室西壁偏北，保存较好。大口，圆腹，下部内收出两周折线，平底内

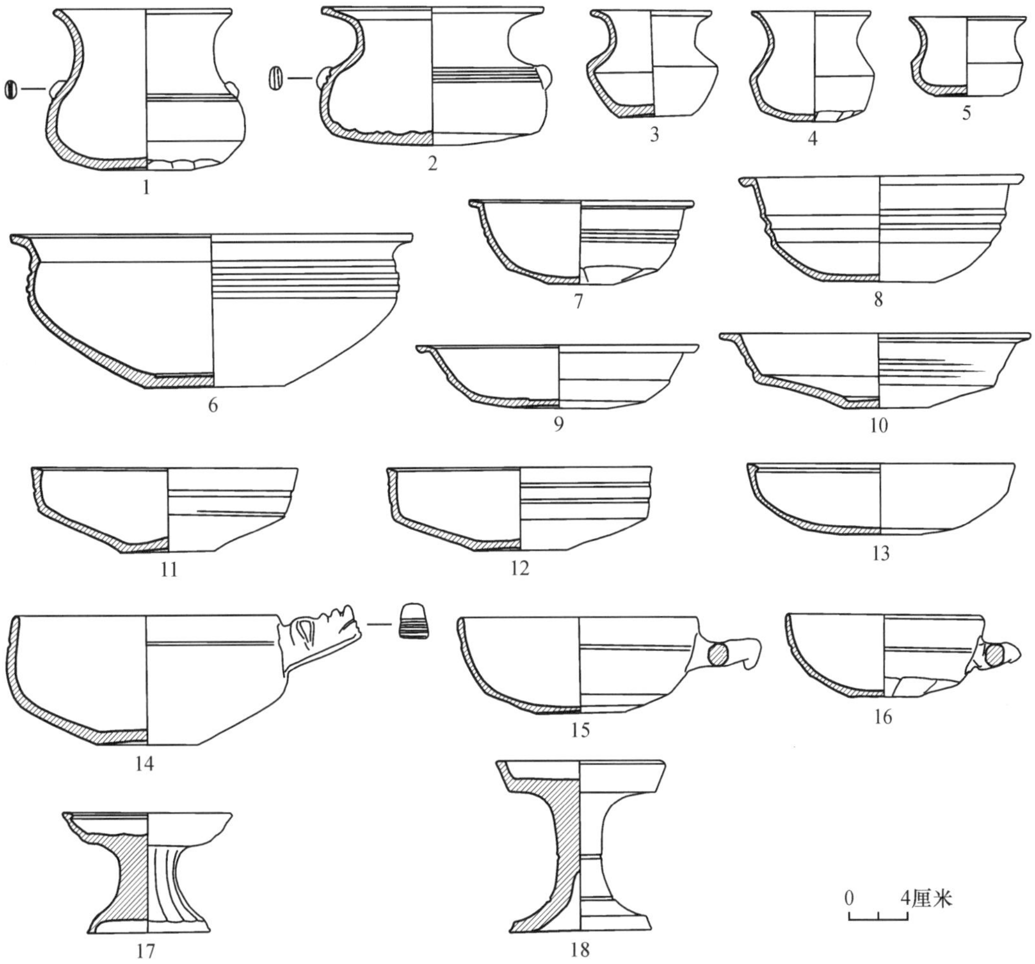

图六八　M23出土釉陶器

1～5. 盂（M23：52、M23：56、M23：36、M23：61、M23：82）　6～11. 盆（M23：21、M23：25、M23：40、M23：34、M23：39、M23：22）　12、13. 钵（M23：71、M23：27）　14～16. 魁（M23：49、M23：23、M23：28）　17、18. 豆（M23：83、M23：53）

凹。把手末端下卷。腹部有一周凹弦纹。口径14.8～15.4、底径6、高6.4、厚0.38～0.45厘米（图六八，15）。

M23：28，位于墓室中部偏北，保存较好。大口，圆腹，小平底。腹部有一周凹弦纹，近底部有刀削痕迹。口径12.6～13、底径4.5～5.2、高4.7、厚0.4～0.55厘米（图六八，16）。

M23：49，位于墓室西北部，保存完整。大口微内敛，鼓腹，下部斜内收，平底内凹。把手呈龙首形，腹部有一周凹弦纹。口径17.2、底径6.6、高8.2、厚0.45～0.8厘米（图六八，14；图版二三，1）。

豆　2件。泥质红陶，施青釉，釉大部分剥落。

M23：53，位于墓室西北角，保存完整。浅盘，敞口，斜壁，平底，实心柄，喇叭状圈足。柄和圈足外表各有一周凹槽。口径11.2、足径9.2、高10.9、厚0.6～1.3厘米（图六八，18）。

M23：83，位于墓室西北部。保存完整。浅盘，口微内敛，窄平沿，粗实心柄，浅盘形圈足，上下可两面使用。柄部有纵向刀刮痕迹。口径11、足径8.2、高7.4～7.8、厚0.35～0.6厘米（图六八，17）。

勺　4件。

M23：37，位于墓室西北部，夹细砂红陶。钵形，敛口，口部不平，鼓腹，平底内凹，一侧有把手，残失。素面。残长7.2、口径5.2～5.6、底径2.8、残高3.2、厚0.25～0.7厘米（图七○，13）。

M23：54，位于墓室西北角，保存完整。泥质红色，部分釉已脱落，带釉部分为白色。个体较小，近椭圆形口外敞，斜壁，圜底，一侧有斜长柄，断面为半圆形。勺体长15.8、宽6、通高10.2、厚0.3～1.2厘米（图六九，3；图版二三，5上）。

M23：66，位于墓室西北角。夹细砂红陶，通体施青黑釉，外表大部分脱落。碗形，近直口微敛，弧腹，平底内凹。因烧制原因口部倾斜严重，一侧有柄，残失。残长7.5、口径5.3～6、底径4～4.2、残高3.2、厚0.4厘米（图六九，1）。

M23：81，位于墓室西北部，残损。泥质红陶，原施青釉，大部分脱落，带釉部分为青黑色。碗形，口微敞，弧腹，矮假圈足，一侧有柱状短柄，末端下钩。通长9、口径约6.3、高3.8、厚0.15～0.5厘米（图六九，2；图版二三，5下）。

卮　3件。泥质红陶。整体呈筒形，一侧有短把手。

M23：26，位于墓室北部中段，保存较好。施青黄釉，大部分脱落，釉未完全脱落处为黄白色。器体粗矮，直口微外张，腹微弧，平底内凹。腹部有两周凹弦纹。口径7.9～8.6、底径4.8、高6.4～6.6、厚0.3～0.4厘米（图六九，4）。

M23：58，位于墓室西北部，保存较好。厚胎，外表施青釉，大部分脱落。器体粗矮，直口，直腹，下部弧收，平底微内凹。把手残。腹部有一周凹弦纹。口径9.4、底径6、高7.2、厚0.55～1.4厘米（图六九，10）。

M23：64，位于墓室西北部，保存完整。施青釉，略有脱落。器体瘦高，直口，直腹，平底。一侧有角状把手，腹部上中下有三组五周凹弦纹。口径7.4～7.8、底径7.2、高8、厚0.3～0.55厘米（图六九，5）。

博山炉　1件（M23：9）。位于墓室北壁中段，保存完整，有盖。夹细砂红陶，器与盖外表均施釉，脱落后呈黄白色。豆形，矮子母口内敛，浅盘，斜腹，细柄，喇叭状圈足。柄部有两周凹弦纹。圆锥形盖，内空，敞口，斜壁，尖顶。近口部外侧有一周凸起的重叠三角纹，腹部有三周成组的条形凸起，每组三个，下中两周各有九组，上周有五组，与上周平行位置有五个短条形穿孔。器身口径7.9、底径8.7、高10.1～10.4、厚1～1.9厘米，器盖口径11～11.5、高6.65、厚0.6厘米，通高15.9厘米（图六九，6；图版二二，5）。

灯　6件。泥质红陶。整体为豆形，盘部有直口浅盘和子母口浅盘两类，覆碗形大圈足。素面。

M23：10，位于墓室西北部。大部分青釉已脱落，带釉部分为青黑色，釉脱落处为黄白色。敞口，盘部为平底。口径7.5、残高6.6、厚0.3～0.8厘米（图六九，13）。

M23：15，位于墓室北壁偏西，保存完整。施青釉，釉脱落处为黄白色。矮子口内敛，斜腹。口径7、底径10.4、高8.5、厚0.4～1.7厘米（图六九，7；图版二二，6）。

M23：16，位于墓室北壁偏西处，保存较好。施青釉，大部分脱落，釉脱落处为黄白色。敞口，斜折腹，盘较深，盘下有捏合时产生的凹凸痕迹。口径9.2、底径10.6、高9.2、厚0.4～1.0厘米（图六九，11）。

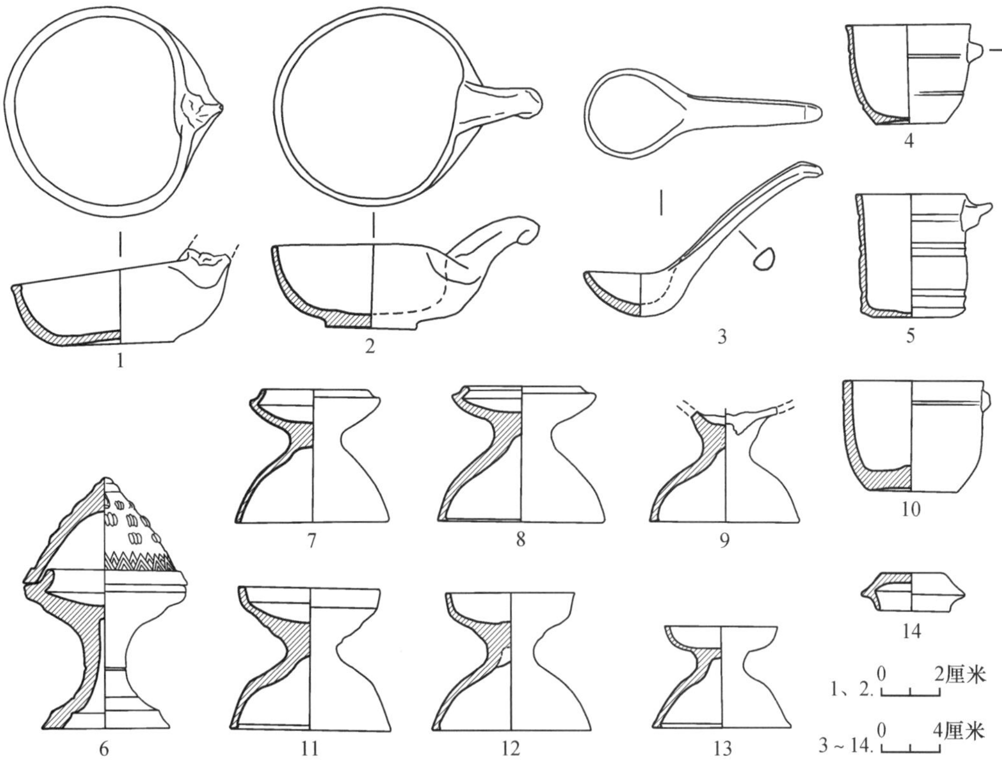

图六九　M23出土釉陶器

1～3. 勺（M23∶66、M23∶81、M23∶54）　4、5、10. 卮（M23∶26、M23∶64、M23∶58）　6. 博山炉（M23∶9）
7、8. 子母口浅盘灯（M23∶15、M23∶32）　9、11～13. 直口浅盘灯（M23∶41、M23∶16、M23∶57、M23∶10）
14. 器盖（M23∶75）

M23∶32，位于墓室西北部，保存完整。陶胎含云母碎屑，施青釉，大部分脱落，釉脱落处为黄白色。矮子母口内敛，斜腹。口径7.6、底径11.2、高8.4、厚0.48～1.0厘米（图六九，8）。

M23∶41，位于墓室西北部。上部灯盘大部残失，仅存盘底及圈足。施青釉，大部分脱落，脱落处为黄白色。底径10、残高7.6、厚0.4～0.8厘米（图六九，9）。

M23∶57，位于墓室西北角，圈足略残。青釉大部分脱落，脱落处呈黄白色。直口微敞，斜腹，盘与圈足对接处有凹凸痕迹。口径8.4、底径10.4、高9、厚0.3～0.8厘米（图六九，12）。

器盖　1件（M23∶75）。位于墓室西北部，保存完整。泥质红陶，施青釉，脱落后局部有黄白色痕迹。覆盘形子母口器盖，子口略高内敛，斜腹内凹，平顶。顶径4.2、口径4.9、高2.5、厚0.4～0.7厘米（图六九，14）。

5. 陶器

20件。器形有甑、仓、罐、盆和器盖。

甑　1件（M23∶74）。位于墓室西壁中部，保存较好。泥质浅灰陶。器体较大，盆形，敛口，尖圆唇，宽折沿，斜腹外弧，底部内凹较甚，底部有16个排列不甚规整的小孔。腹上部有两周凹槽。口径38.9、底径16.6、高22.7～23.3、厚0.7～0.8厘米（图七〇，1；图版二二，4）。

仓　10件。整体呈粗筒形，子母口内敛，直腹微外弧，平底。

M23：12，位于墓道东部靠近墓室处，保存完整。夹细砂白皮灰胎陶。子口略高。腹部有三周凸弦纹，整个上腹部有零星的中细绳纹，下腹部约有四排刀削痕迹。口径11.2、底径13、高18～18.2、厚0.4～0.5厘米（图七一，1）。

M23：17，位于墓室西北部，保存完整。夹细砂灰陶。矮子口。腹中部有一周凹弦纹，以下有两排刀削痕迹。口径11.8、底径11.6、高15.2、厚0.5～1厘米（图七一，2）。

M23：42，位于墓室西北部，保存完整。夹细砂灰陶。矮子口，底中部内凹。腹中部有两周凹弦纹，以下有两排刀削痕迹。口径10.4～10.7、底径10.4、高16～16.3、厚0.53～1.01厘米（图七一，5）。

M23：43，位于墓室西壁偏北，保存完整。夹细砂灰陶。矮子口。腹中部有一周凹弦纹，其下有三排刀削痕迹。口径9.2～9.4、底径10.6、高13.4～13.6、厚0.4～0.9厘米（图七一，6）。

M23：44，位于墓室西壁近墓道处，口部残。夹细砂黑皮红褐胎陶。矮子口，直腹下部微鼓。腹部有两周凹弦纹和两周刻划线，下腹及底部有不甚规则的刀削痕迹。口径8.8、底径10.4、高13.6、厚0.4～1厘米（图七一，7）。

M23：46，位于墓室西壁中段，保存完整。夹细砂灰黑皮灰胎陶。矮子口，腹部自上而下加粗，最大径偏下。腹部有三周凹弦纹，近底部有两排刀削痕迹。口径7.8～8、底径9.8～10.4、高13.2～13.5、厚0.4～0.9厘米（图七一，8；图版二二，3左）。

M23：47，位于墓室西北部，保存完整。夹细砂灰陶。子口甚矮。腹部有一周凹弦纹，以下有两排刀削痕迹。口径8.8～9、底径10.6、高14、厚0.6～1厘米（图七一，9）。

M23：59，位于墓室西北部，保存完整。夹细砂灰黑皮灰胎陶。矮子口。腹部有一周凹弦纹，其下有不规则的刀削痕迹。口径9.2、底径10.2～10.5、高12.4、厚0.4～0.9厘米（图七一，10）。

M23：70，位于墓室西北部，保存完整。夹细砂灰陶。矮子口。腹部有一周凹弦纹，其下有两排刀削痕迹。口径9.6、底径10.6、高13.5～13.9、厚0.4～1厘米（图七一，11；图版二二，3右）。

M23：77，位于墓室中部，保存极差，口部及上腹部残失。夹细砂黑皮灰褐胎陶。腹部有两周凹弦纹，下部（两排）及底部有刀削痕迹，底部有三条刻划线。底径10、残高11.2、厚0.6～1.2厘米（图七一，12）。

小口圜底罐　3件。保存完整。形制为小口，尖圆唇，窄折沿，短颈，斜折肩，半球形腹，大圜底。下腹部饰竖向中绳纹。

M23：4，位于墓室西部中段。夹细砂灰白陶。口径11.6、最大腹径20、高10.9、厚0.4～0.5厘米（图七〇，2）。

M23：5，位于墓室西部中段。夹细砂灰陶。口径12.6、最大腹径21.8、高14、厚0.2～0.6厘米（图七〇，3）。

M23：35，位于墓室西北部。夹细砂灰陶。口径11.8、最大腹径20.4、高13、厚0.4～0.8厘米（图七〇，4；图版二二，1）。

盆　1件（M23：14）。位于墓室北部偏西，局部残损。夹细砂灰胎黑皮陶。器体较大，

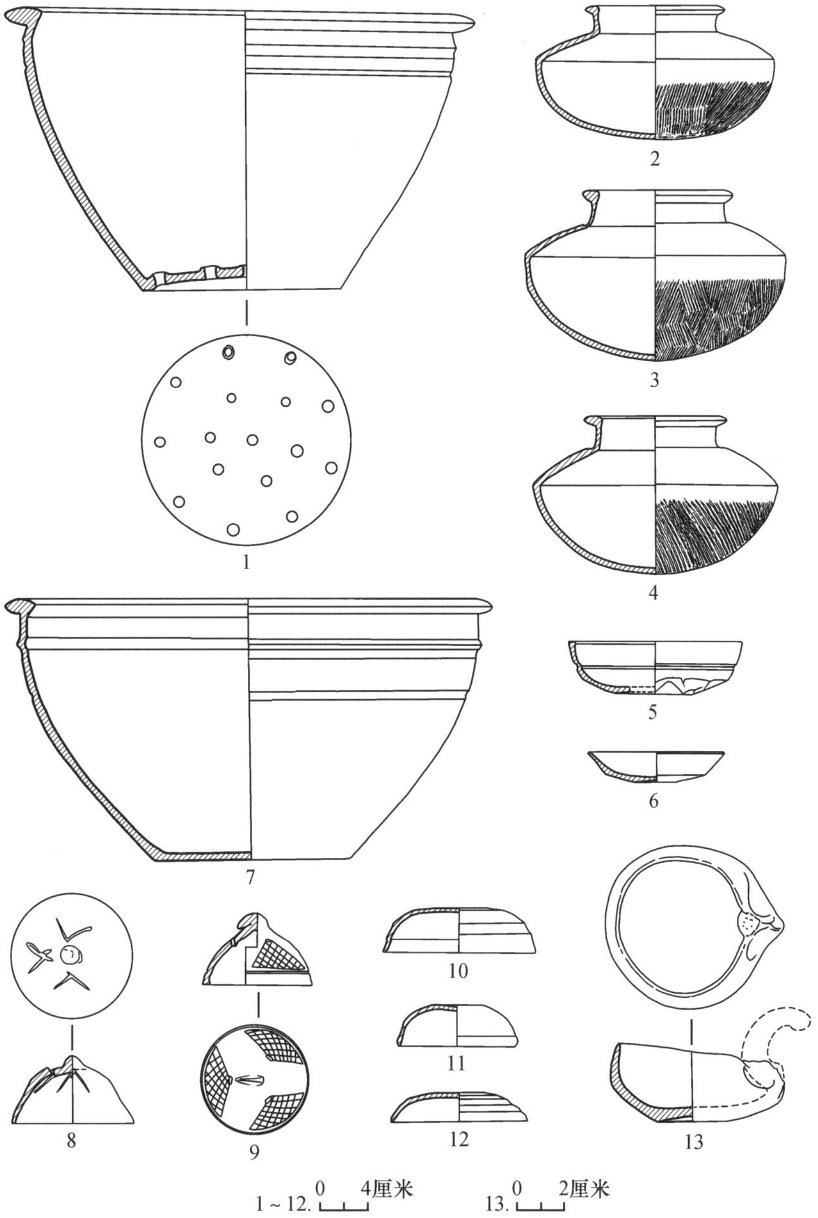

图七〇　M23出土器物

1. 陶甑（M23：74）　2～4. 陶小口圜底罐（M23：4、M23：5、M23：35）　5. 釉陶钵（M23：65）　6. 釉陶盘（M23：84）　7. 陶盆（M23：14）　8～12. 陶器盖（M23：24、M23：79、M23：2、M23：3、M23：63）　13. 釉陶勺（M23：37）

敛口，尖圆唇，宽凸沿，斜腹外弧，平底。上腹部有一周凸棱，相应位置的内壁有一周凹槽，腹中部有一周凹弦纹。口径40.8、底径16.2、高21.2～21.6、厚0.6～0.7厘米（图七〇，7）。

器盖　5件。形制为覆钵形。

M23：2，位于墓室西南部，保存完整。泥质浅灰胎黑皮陶，黑皮似陶衣。大口外敞，斜壁外弧，平顶。外表有轮刮的棱线。顶径4.3、口径12.8、高3.7、厚0.35～0.5厘米（图七〇，10）。

M23：3，位于墓室西南部，局部残损。泥质灰白胎黑皮陶。大口外敞，弧壁，小平顶略下凹。素面。口径9.6、顶径4、高3.4、厚0.3～0.4厘米（图七〇，11）。

M23：24，位于墓室北部中段，局部残损。夹细砂褐红陶。敞口，斜壁中间略内凹，顶部有矮圆柱形纽。顶部有三组排列不规则的折角镂空条纹。口径10.2、高5.6、厚0.3～0.65厘米

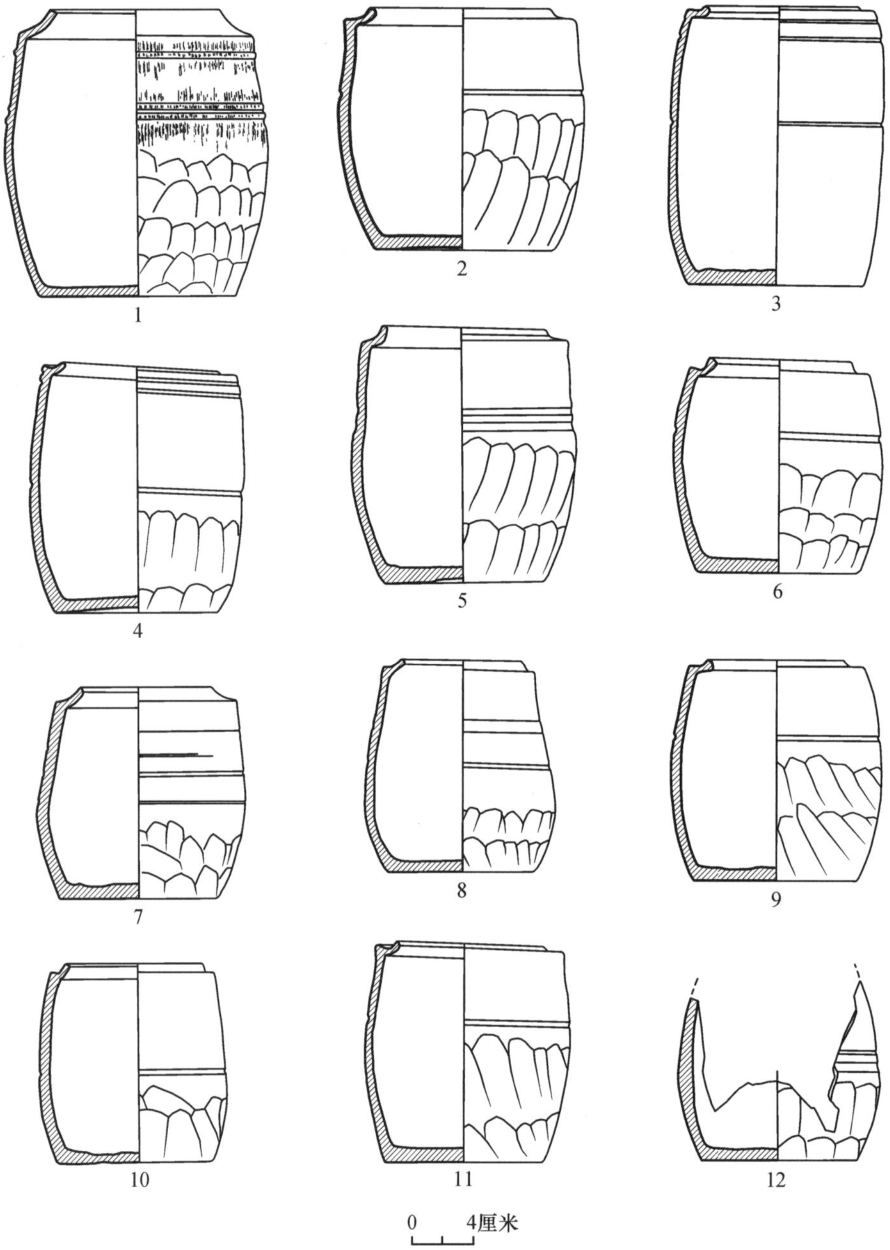

图七一　M23出土器物

1、2、5～12. 陶仓（M23：12、M23：17、M23：42、M23：43、M23：44、M23：46、M23：47、M23：59、M23：70、M23：77）　3、4. 釉陶仓（M23：18、M23：20）

（图七○，8）。

M23：63，位于墓室西北部，局部残损。泥质红陶。器体较矮，大敞口，浅腹，平顶，斜壁有折线。素面。口径11.4、高2.5、厚0.3～0.4厘米（图七○，12）。

M23：79，位于墓道北壁近墓室处，保存完整。泥质红褐陶。敞口，腹壁外弧，尖顶，顶部有手捏的鸟首形捉手。腹部有三组刻划三角网纹，三角的顶端各有一个扁镂孔，近口部有一周凹弦纹。口径9、高5.8、厚0.4～0.7厘米（图七○，9）。

（二十二）M24

位于T1736东部和T1836西部。开口于第2层下，被一条晚期沟和M17打破，打破生土（图七二；图版二四，1）。

墓葬形制为土坑竖穴墓，方向15°，大致呈南—北方向。现存墓口距地表深42厘米，墓口海拔158.8～159.12米。墓室平面呈长方形，南北长298、东西宽190厘米，墓口到墓底深度头端为116、脚端为76厘米。墓室四周有熟土二层台，宽30～38、清理高度12厘米。

墓内填灰褐色花土，土质较黏硬，结构较致密，颗粒较粗，分选不好，夹杂黄土块、褐土块等。棺内填黄褐色花土，土质较黏，结构较疏松，分选较好，包含灰土块、淤沙土等。

墓内葬具为一棺，腐朽严重，但痕迹可辨。木棺位于墓室中部，平面呈长方形，南北长252、东西宽116、清理高度12厘米，棺板灰厚6～8厘米。棺底头脚两端各横置一根垫木，两根

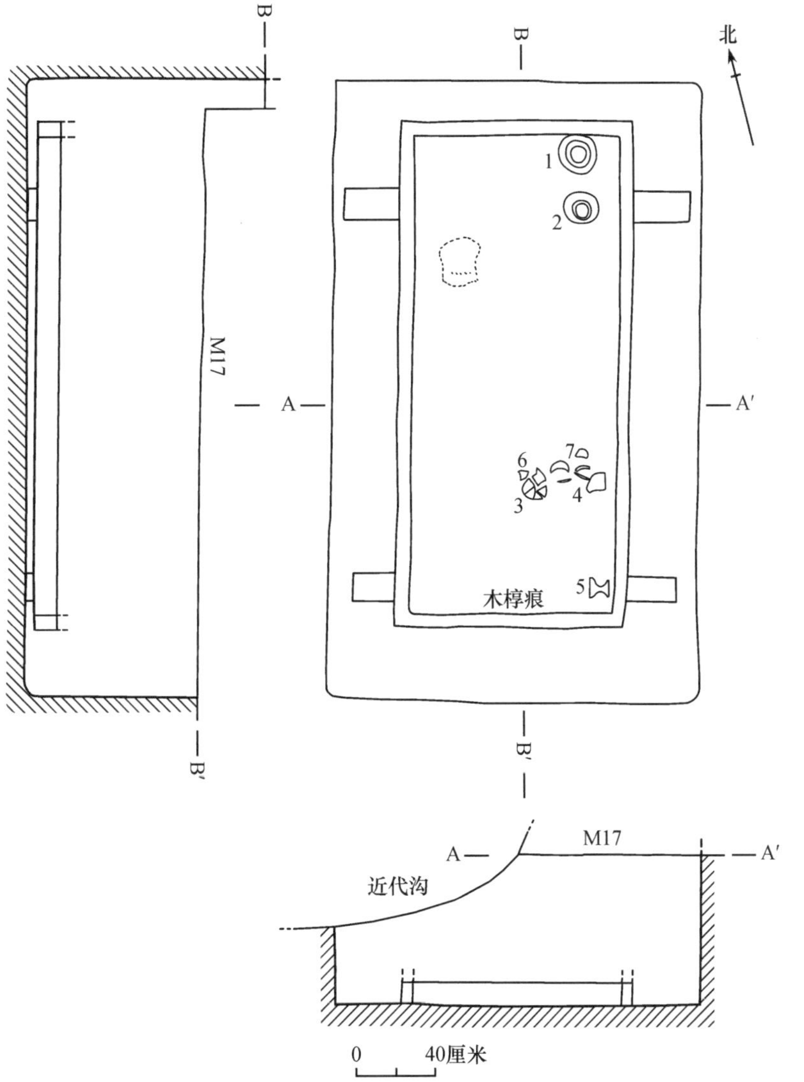

图七二　M24平、剖面图

1、2. 陶罐　3、4. 釉陶盒　5. 陶豆　6. 陶器盖　7. 釉陶勺

垫木均放置于预先挖好的生土槽内。推测垫木一部分埋于槽内，一部分凸出于地面以上以支撑棺木，使棺底不直接与地面接触。头端垫木长178、宽16、现存垫木槽深约6厘米，脚端垫木长168、宽14、现存垫木槽深约4厘米。

墓室内的人骨腐朽严重，只在棺内西北部发现几枚已腐朽的牙齿，据此判断墓主头向北方。其他如年龄、性别、葬式等基本情况已无从知晓。

墓内共发现7件随葬品，均置于棺内东侧。其中釉陶器3件，陶器4件。

1. 釉陶器

3件。器形有盒和勺。

盒　2件。均位于棺内东部偏南，保存一般。夹极细砂红陶，釉已经剥落。

M24：3，子母口，矮子口内敛，圆腹，矮圈足。口下有两周凹弦纹。口径15.1～15.8、底径9.5～9.7、高7.8、厚0.4～0.7厘米（图七三，2；图版二四，4）。

M24：4，直口，窄斜沿，圆腹，圈足甚矮。腹部上下有三周凹弦纹。口径16.7～17.8、底径7.4～7.7、高7.1、厚0.4～0.5厘米（图七三，1；图版二四，5）。

勺　1件（M24：7）。位于棺内南部。泥质红陶，浅黄色釉，脱落后为偏白色。边缘略残。浅盘形，后端有捏的矮把。残高2.5、最大径6、厚0.1～0.5厘米（图七三，3）。

2. 陶器

4件。器形有罐、豆和器盖。

罐　2件。

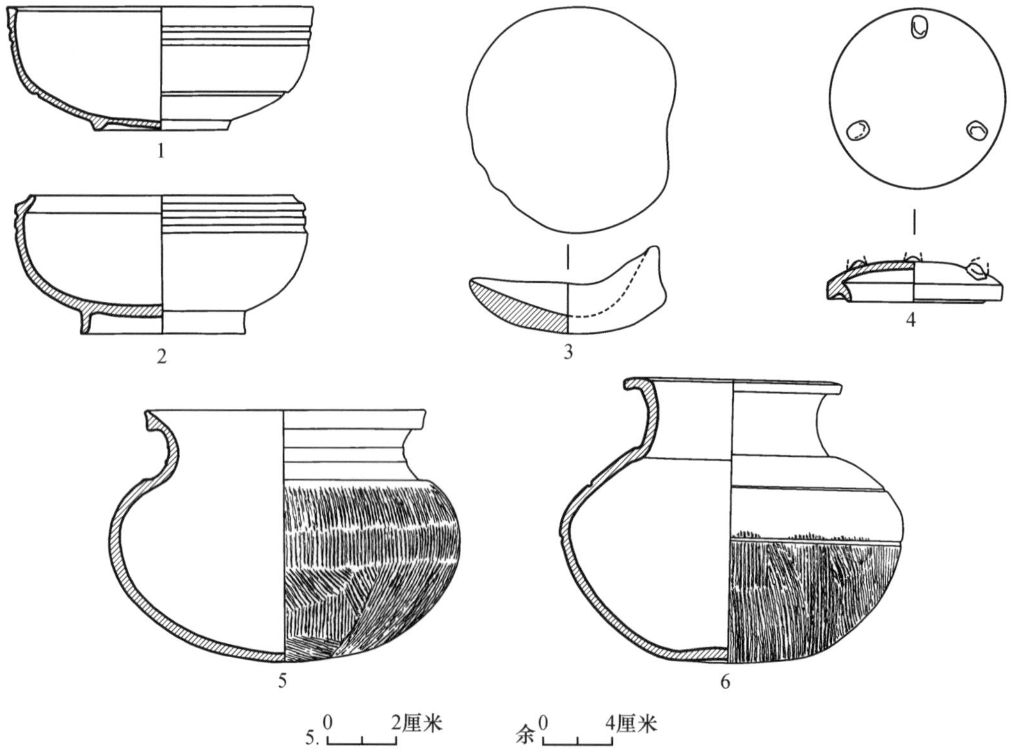

图七三　M24出土器物

1、2. 釉陶盒（M24：4、M24：3）　3. 釉陶勺（M24：7）　4. 陶器盖（M24：6）　5、6. 陶罐（M24：1、M24：2）

M24：1，位于棺内东部北端，保存较好。泥质灰陶。侈口略大，方唇，卷沿，矮束颈，圆肩，圆腹，圜底。颈部有两周细凸棱，颈、肩之交有一周凹弦纹，肩及以下饰中绳纹。口径16.2、最大腹径20.4、高14.1、厚0.4～0.7厘米（图七三，5；图版二四，2）。

M24：2，位于棺内东部北侧，保存完整。夹细砂灰陶。侈口，圆方唇，卷沿，沿面较宽，束颈较高，斜长肩，鼓腹，圜底内凹。肩部和腹上部各有一周凹弦纹，腹至底部饰纵向中细绳纹。口径12.4、最大腹径19.8、高15.9、厚0.4～0.65厘米（图七三，6；图版二四，3）。

豆　1件（M24：5）。位于棺内东部南端。陶质极差，只能识别出其器形，无法修复。

器盖　1件（M24：6）。保存较差。覆盘形子母口盖，矮子口内敛，弧形盖面，其上有三个等距分布的残纽。素面。口径7.8、残高2.5、厚0.35～1厘米（图七三，4）。

（二十三）M25

位于T1842东北部，向东延伸至T1942、向北延伸至T1843和T1943。开口于第2层，打破M26和生土（图七四）。

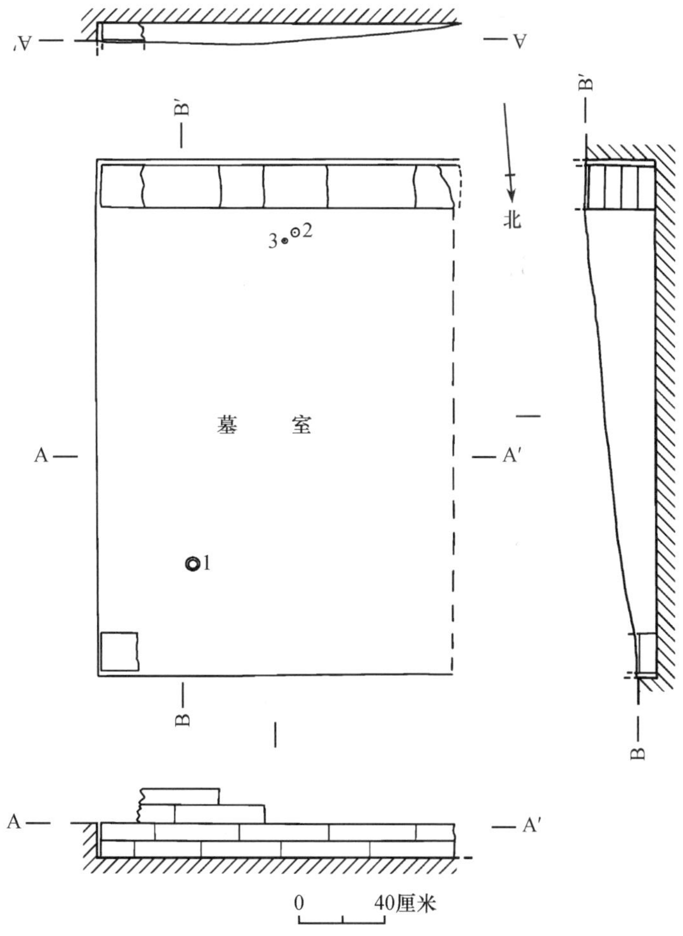

图七四　M25平、剖面图

1. 银镯　2. 铜泡　3. 铜钱

墓葬形制为土坑竖穴砖室墓，方向为275°，大致呈东—西方向，朝向澎溪河。现存墓口距地表约40厘米，墓口海拔159.16米。墓葬被破坏得极其严重，仅残存部分墓室底部的轮廓，墓砖所存极少。从残存部分看，墓室应为长方形，东西残长167、南北宽237厘米，墓口距墓底最深处为32厘米；砖室亦为长方形，东西残长164、南北宽234厘米。墓室南壁的东部尚存4层墓砖，为错缝平铺垒砌，其他壁砖已不存。墓砖长42、宽20、厚8厘米。

墓内填土多为扰土，近墓底有少量淤土，以黄褐色沙土为主，土质稍软，结构较疏松，颗粒均匀，分选较好，堆积中包含部分碎砖块和碎陶片等。墓室内未发现葬具和人骨。从随葬银镯装饰品的情况分析，墓主为女性的可能性较大。

墓室底部共发现3件（组）随葬品，其中铜器2件（组），银器1件。

1. 铜器

2件（组）。器形有铜泡和铜钱。

铜泡　1件（M25∶2）。位于墓室南壁。锈蚀严重，保存较差。

铜钱　1组2枚（M25∶3）。位于墓室南壁。锈蚀严重，钱文不详。

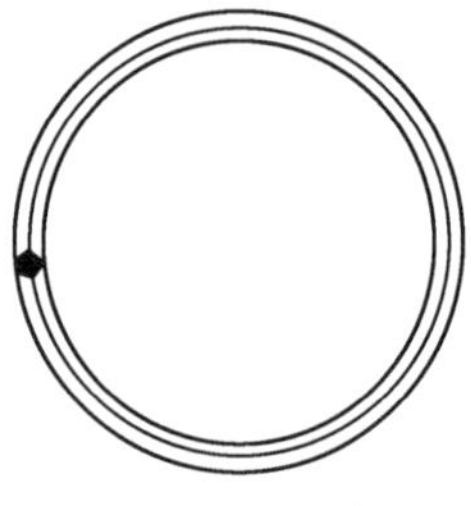

图七五　M25出土银镯（M25∶1）

2. 银器

1件。器形为镯。

M25∶1，位于墓室东北部，保存完整。灰白色，圆形，截面呈短菱形。素面。外径6.07～6.1、粗0.34厘米（图七五；图版一八，5）。

（二十四）M26

位于T1842中部，延伸至T1942、T1843。开口于第2层下，打破生土（图七六；图版二五，1）。

墓葬形制为土坑竖穴墓，方向为287°，大致呈东—西方向，朝向澎溪河。现存墓口距地表深40厘米，墓口海拔159.16米。墓葬平面呈有把刀形，由墓室和墓道两个部分构成，残存总长456厘米。墓室平面近似方形，南北长360、东西宽342厘米，墓口到墓底深32～50厘米。墓道平面呈长方形，外端已经被破坏不存，底部呈斜坡状，残长114、宽160厘米，墓道两侧墙壁基本垂直，现存最高位置为32厘米（图七六）。

墓葬上部和椁室内的填土基本一致，均为浅褐色花土，土质较黏，结构较紧密，夹杂红土块及灰土块等，分选较差，不分层，椁室内的结构更疏松一些，颜色较暗。

墓室内的葬具已经完全腐朽，仅发现椁室的板灰痕迹，椁内是否有棺则不详。木椁大体位于墓室中部，平面近方形，南北长262、东西宽249厘米，现存高度为20厘米，椁板灰痕厚5～6厘米。

椁室内未发现人骨痕迹。

椁内共发现44件随葬品，其中铜器1件，陶器43件。

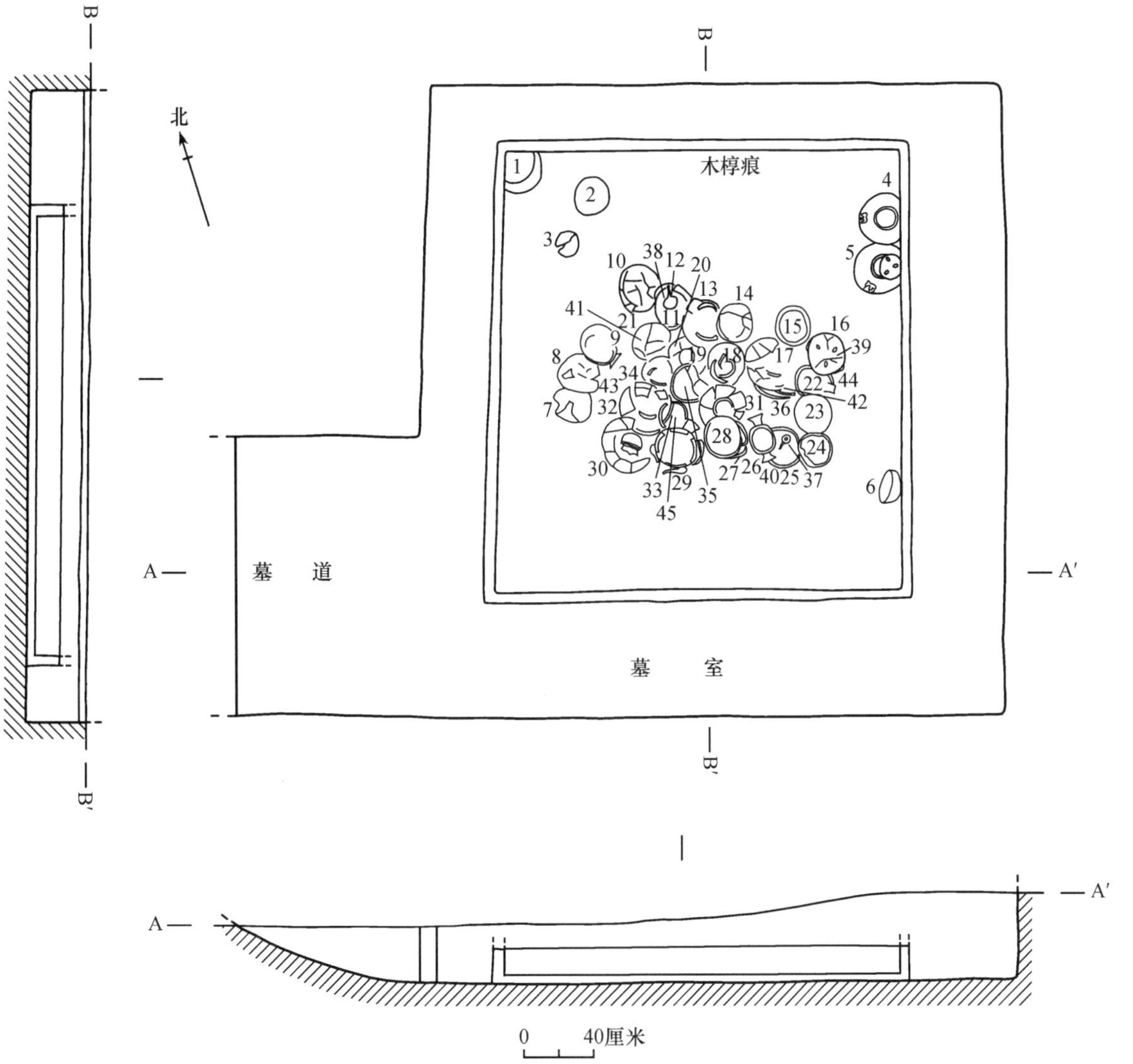

图七六　M26平、剖面图

1. 铜釜　2、3、6、14、23、33、40、41、45. 陶碗　4、5、17、18、21、30、31、36. 陶壶　7、9、26. 陶豆　8、15、28. 陶盆　10、42～44. 陶器盖　11、16、29. 陶鼎　12、37～39. 陶勺　13、22、27. 陶甑　19、20、24. 陶盒　25. 陶敦　32、34、35. 陶罐

1. 铜器

1件。器形为釜。

M26：1，位于墓室西北角，器体较薄，锈蚀严重，保存极差，已无法修复。

2. 陶器

43件。器形有鼎、甑、敦、罐、壶、盆、豆、碗、勺、盒和器盖。

鼎　3件。保存较好，均有盖。子母口，子口内敛，半球形腹，圜底，下接三足形足。

M26：11，位于墓室中部偏西北。泥质黑皮灰胎陶。深腹，口下有一对长方形附耳，腹部有三周凹弦纹。覆钵形盖（M26：10），方唇，盖面圆弧，近顶部有三个半球形小纽。素面。鼎口径15.8、高15.5、厚0.4～0.7厘米，盖口径18.4、高7.2、厚0.4～0.5厘米，通高17.9厘米（图七七，1；图版二六，6）。

M26：16，位于墓室东部中段。泥质黑皮灰胎陶。口下有一对长方形附耳，腹部有一周凹弦纹。覆钵形盖，口微敛，窄平沿，圆弧形盖面，近顶部有三个半球形小纽。素面。鼎口径15.4、最大腹径17.6、器高9.5、厚0.5～0.8厘米，盖口径17.6、高7.1、厚0.6～0.8厘米，通高15.6～17.2厘米（图七七，2）。

M26：29，位于墓室南部中段。夹细砂灰陶。浅腹，口下两侧有长方形附耳，三足较高。腹部有一周凹弦纹。覆碗形盖，口微敞，窄沿，圆腹，甚矮圈足纽。腹部有一周凸棱。鼎口径14～14.4、最大腹径19、高18.4、厚0.6厘米，盖口径16～16.7、顶径7.3、高8、厚0.4～0.5厘

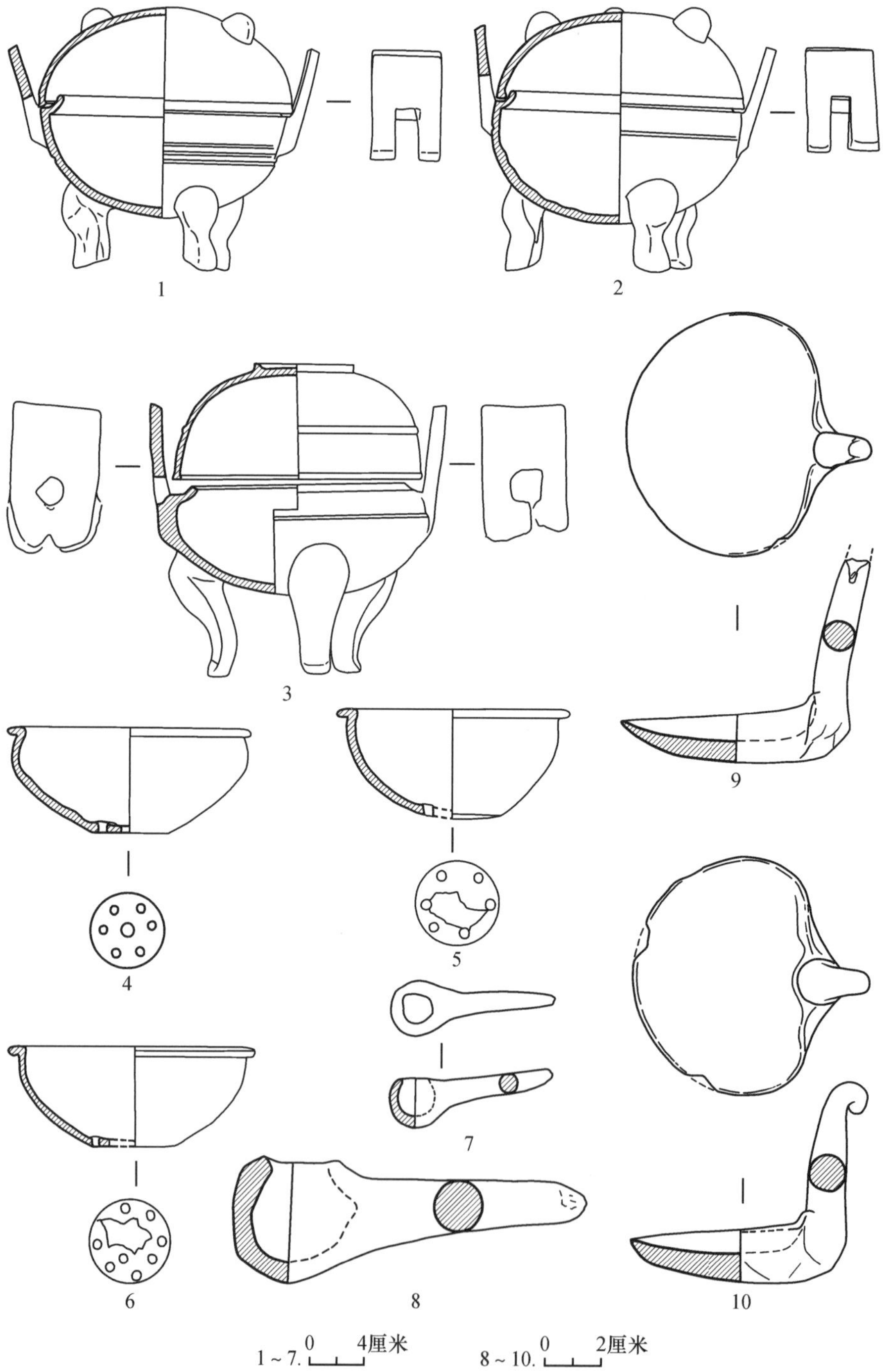

图七七　M26出土陶器

1. 鼎及鼎盖（上M26：10、下M26：11）　2、3. 鼎（M26：16、M26：29）　4～6. 甑（M26：27、M26：13、M26：22）　7～10. 勺（M26：12、M26：37、M26：39、M26：38）

米，通高21.5厘米（图七七，3；图版二七，7）。

甑　3件。形制为深腹盆形。

M26：13，位于墓室偏北部中段，保存较好。夹细砂近黑皮浅灰胎陶。敛口，圆唇，卷沿，圆腹，小底微下鼓，底部残余6个小圆孔。素面。口径16.4～17.4、底径6～6.6、高7.6、厚0.5～0.6厘米（图七七，5）。

M26：22，位于墓室东部中段，保存较好。夹细砂近黑皮浅灰褐胎陶。敛口，方唇，窄沿，弧腹，小平底，底部残留8个小圆孔。素面。口径15.4～15.8、底径5.4、高7.2、厚0.5厘米（图七七，6）。

M26：27，位于墓室偏南部中段，保存一般。夹细砂深灰皮浅灰褐胎陶。敛口，圆唇，卷沿，弧腹，小平底，底部有7个小圆孔。素面。口径17～17.4、底径5～5.2、高7.4、厚0.5～0.7厘米（图七七，4）。

敦　1件（M26：25）。位于墓室东南部，保存较好。夹细砂灰陶。整体呈半球形，大口，圜底，底部有三个半球状实心足。素面。口径19.4、通高7.4、厚0.4～0.7厘米（图七九，18）。

罐　3件。形制为侈口，斜折肩，直腹下部折收，平底。

M26：32，位于墓室西南部，保存较好。夹极细砂灰陶。尖圆唇，窄卷沿，平底微内凹。腹中部偏下饰有一周竖向细绳纹，其下有两排刀削痕迹。口径13.1～13.4、底径13.4～13.9、高16.2、厚0.6～0.8厘米（图七九，19；图版二七，1）。

M26：34，位于墓室中部偏西，保存较好。夹细砂灰褐胎黑皮陶。圆唇，窄折沿。折肩处有一周斜向刻划纹，下腹部有一周竖向细绳纹，其下有一排刀削痕迹。口径12.7～12.9、底径13～13.2、高16.1、厚0.7～0.8厘米（图七九，20）。

M26：35，位于墓室中部，保存较好。夹细砂灰陶。圆唇，窄卷沿。近底部有两排刀削痕迹。口径14.2、底径13.4、高16.6、厚0.6厘米（图七九，21）。

壶　8件，分盘口和直口。

盘口壶　5件。

M26：4，位于墓室东壁北端，保存较好。泥质灰胎黑皮陶。近盘形口，窄平沿，粗颈，圆肩，圆腹，圈足较高。肩部有一对对称的铺首衔环，环残。肩上部有两周阶状凸起，肩腹之交有四周凹弦纹，腹部饰中细绳纹，圈足底部有一周凹弦纹。口径13、底径14.6、最大腹径26.6、高30.2～30.7、厚0.6～0.9厘米（图七八，1；图版二七，5）。

M26：5，位于墓室东壁北段，保存较好，有盖。夹细砂灰白胎黑皮陶。近盘形口，窄平沿，粗颈，圆肩，圆腹，圜底，圈足略高。肩部有一对对称的铺首衔环，环残失。颈肩相交处有两周阶状凸起，腹部有三周凹弦纹，圈足有两周凹弦纹。覆钵形子母口盖，矮子口内敛，弧形盖面，顶部有三个小纽，残。壶口径12.8、底径14.4、高28.7、厚0.5～0.9厘米，盖口径10.4、残高4、厚0.4～0.7厘米，通高32厘米（图七八，2；图版二七，6）。

M26：17，位于墓室中部偏东，保存一般。泥质灰白胎黑皮陶。近盘形口，窄斜沿，粗颈，宽折肩，斜弧腹较浅，平底内凹。肩部粘贴一对对称的环形耳。下腹部有两排刀削痕迹。口径11.6～12.2、底径12.6、高14.4～14.6、厚0.5～0.8厘米（图七八，8；图版二六，3）。

M26：21，位于墓室中部偏西北，保存一般。夹极细砂灰胎黑皮陶。近盘形口，窄沿，粗颈，斜折肩，弧腹直而浅，大平底。肩部两侧有对称的衔环，残。颈肩交界处有一周阶状凸

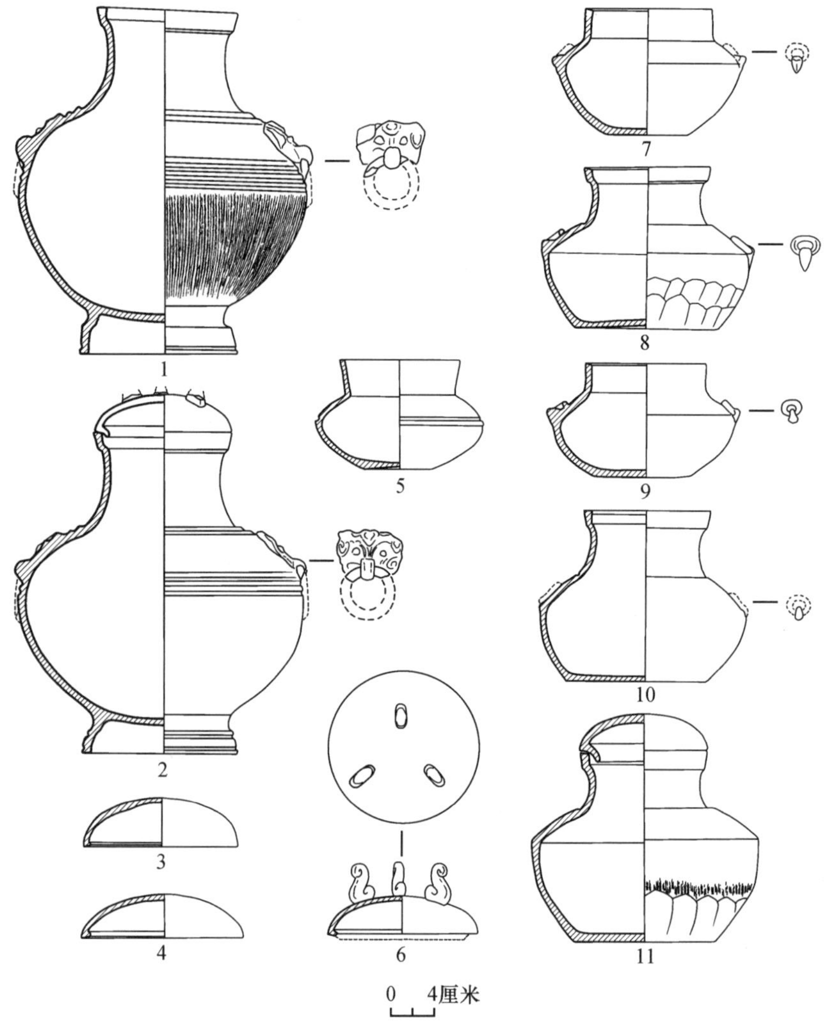

图七八　M26出土陶器

1、2、5、7～11. 壶（M26：4、M26：5、M26：31、M26：36、M26：17、M26：18、M26：21、M26：30）
3、4、6. 器盖（M26：43、M26：42、M26：44）

起。口径11.4、底径12.4～12.8、高15、厚0.4～0.5厘米（图七八，10；图版二六，4）。

M26：30，位于墓室中部偏西南，保存较好，有盖。夹极细砂灰胎黑皮陶。近盘形口，窄斜沿，粗颈略短，斜折肩，弧腹，平底较大。腹部饰较窄的一周竖向细绳纹，以下有一排刀削痕迹。覆钵形子母口盖，子口内敛，弧形盖面。素面。壶口径11.6～11.8、最大腹径20.3～20.6、底径12.5～12.8、厚0.6～0.8厘米，盖口径11.6、高4.2、厚0.6～0.8厘米，通高20.2厘米（图七八，11）。

直口壶　3件。

M26：18，位于墓室中部，保存较好。泥质灰胎黑皮陶。高直口，窄斜沿，直颈，斜折肩，鼓腹，平底。肩腹之交有一对对称的衔环。素面。口径10.8、最大腹径16.4、底径8.4、高10.1、厚0.5～0.6厘米（图七八，9；图版二六，2）。

M26：31，位于墓室中部偏东，保存较好。夹极细砂灰陶。高直口微外侈，圆肩，扁鼓腹，平底微内凹。鼓腹处有两周较深的凹槽。口径10.9～11.1、最大腹径15～15.4、底径5.8～6.1、高9.8、厚0.5～0.6厘米（图七八，5）。

M26：36，位于墓室中部偏东南，保存较好。泥质灰胎黑皮陶。高直口，窄斜沿，直颈，折肩，弧腹，平底。肩部两侧有一对对称的衔环，残。素面。口径11.3、底径6.8～7、高11.2、厚0.5～0.7厘米（图七八，7；图版二六，1）。

盆　3件。

M26：8，位于墓室西部中段，保存较好。泥质灰皮褐胎陶。口微敞，圆唇，窄卷沿，折腹，平底。素面。口径16.5～16.6、底径6.6～6.8、高6.9、厚0.5～0.7厘米（图七九，4）。

M26：15，位于墓室中部偏东，保存较好。泥质黑皮灰白胎陶。口微敛，方唇，唇面有一周凹槽，窄沿，折腹，平底。腹部有一周凹槽，近底部有一排刀削痕迹。口径15.6、底径5.6、高6～6.3、厚0.5～0.7厘米（图七九，6）。

M26：28，位于墓室中部偏南，保存较好。夹细砂灰陶。口微敞，圆唇，窄沿，折腹，平底。素面。口径16.1～16.4、底径5.8～5.9、高约6.9、厚0.5～0.7厘米（图七九，3；图版二五，5）。

豆　3件。钵形豆盘，喇叭形圈足。

M26：7，位于墓室西部中段，保存较好。泥质灰陶。盘较深，敛口，窄斜沿，弧腹，细柄，底部呈阶状。口下有两周凹弦纹。口径14.6、底径9.8、高10.9、厚0.4～1.3厘米（图七九，9）。

M26：9，位于墓室西部中段，保存一般。夹极细砂灰陶。口微敛，窄斜沿，浅弧腹，短柄。豆盘外壁有两周凹弦纹。口径12.4～12.7、底径9、高9.9、厚0.4～1厘米（图七九，17；图版二六，5）。

M26：26，位于墓室中部偏南，保存较好。泥质灰陶。盘较深，口微敛，弧腹，细长柄，底部呈阶状。盘壁和圈足部有多周棱线。口径14.4、底径11.4、高11.6～11.8、厚0.4～1.2厘米（图七九，22）。

碗　9件。

M26：2，位于墓室西北部，保存完整。夹细砂灰陶。大敞口，厚唇，曲腹折收，底略外凸。腹中部有一周凹槽，近底部有一排粗疏的刀削痕迹。口径17.6～18.4、底径7.6～8、高7.4、厚0.4～0.6厘米（图七九，7；图版二五，4）。

M26：3，位于墓室西北部，保存较好。泥质黄褐陶。大敞口，厚唇，曲腹折收，平底。腹部有一周凹弦纹。口径13.4、底径4.4、高5、厚0.35～1.2厘米（图七九，2）。

M26：6，位于墓室东壁偏南，保存完整。夹砂灰陶。大敞口，厚唇，曲腹折收，小平底。腹部有一周凹弦纹，近底部有凌乱的刀削痕迹。口径18.4～18.8、底径6.4、高7～7.5、厚0.35～0.6厘米（图七九，8；图版二五，3）。

M26：14，位于墓室中部偏北，保存一般。夹细砂灰陶。口微敞，厚唇，弧腹，中部有明显折线，平底。口径17～17.4、底径7.8、高7.6、厚0.3～0.5厘米（图七九，5）。

M26：23，位于墓室中部偏西，保存完整。夹砂灰陶。敞口，圆腹，矮圈足。口下有一周凹弦纹，近底部有一排刀削痕迹。口径15.6、底径7.2、高6.6、厚0.4～0.5厘米（图七九，11；图版二五，2）。

M26：33，位于墓室中部，保存较差。夹极细砂灰陶。侈口，窄卷沿，圆腹，矮圈足。素面。口径16.6～16.8、底径6.8～6.9、高9.4、厚0.3～0.4厘米（图七九，10）。

M26：40，保存一般。夹极细砂灰陶。口微敛，窄斜沿，弧腹，矮圈足。素面。口径

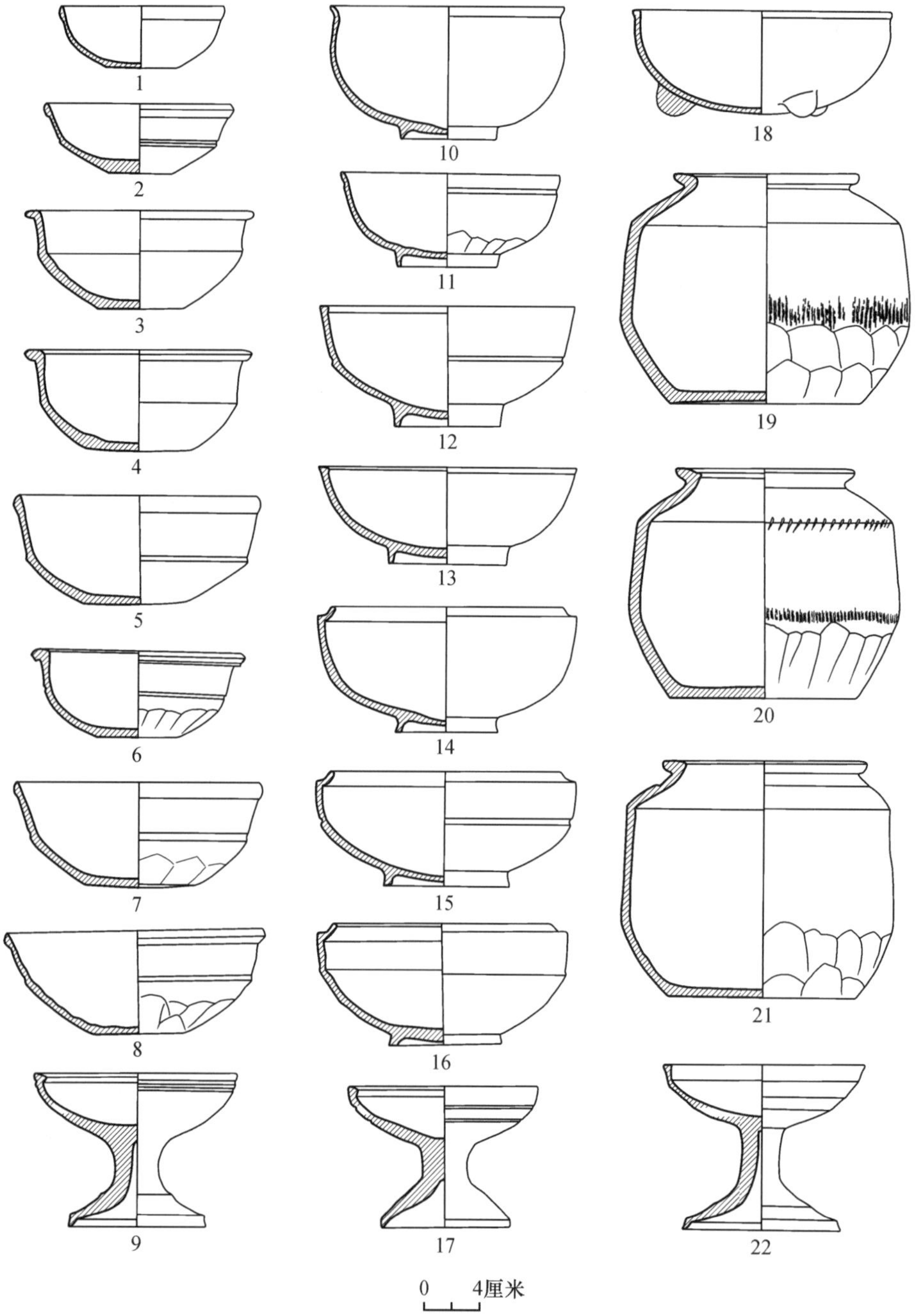

图七九　M26出土陶器

1、2、5、7、8、10～13. 碗（M26：41、M26：3、M26：14、M26：2、M26：6、M26：33、M26：23、M26：45、M26：40）　3、4、6. 盆（M26：28、M26：8、M26：15）　9、17、22. 豆（M26：7、M26：9、M26：26）　14～16. 盒（M26：19、M26：20、M26：24）　18. 敦（M26：25）　19～21. 罐（M26：32、M26：34、M26：35）

18.2、底径8.2、高6.8、厚0.4～0.5厘米（图七九，13）。

M26：41，保存一般。夹细砂浅灰褐胎陶。口微敞，厚唇，圆腹，平底。素面。口径11.6～11.7、底径4.7～4.9、高4.4、厚0.3～0.4厘米（图七九，1）。

M26：45，保存较好。泥质黑皮浅灰褐胎陶。近直口，窄平沿，圆腹，矮圈足。腹部有一周凹弦纹。口径18.4～18.6、底径7.9～8、高7.5、厚0.4～0.5厘米（图七九，12）。

勺　4件。有斗形勺和箕形勺两类。

斗形勺　2件。

M26：12，位于墓室中部偏西北，保存较好。泥质灰陶。斗形勺，近球形勺体，长锥形柄。素面。通高4.2、通长11.6、最大柄粗1.6、厚0.8～0.9厘米（图七七，7；图版二七，4）。

M26：37，位于墓室东南部，保存完整。夹细砂及云母灰陶。斗形勺，不规则球形勺体，长锥形柄。整体器形不规整。素面。口径2.1～2.8、高4.4、长12.7、厚0.7～1厘米（图七七，8；图版二七，3）。

箕形勺　2件。

M26：38，位于墓室中部偏西北，保存完整。泥质灰胎黑皮陶。箕形勺体，平面近椭圆形，较浅，一侧有尾端略细的竖立把手，末端后卷。底部有刀削痕迹。长8.5、高6.9、勺体宽8.3、厚0.3～1.5厘米（图七七，10；图版二七，2左）。

M26：39，位于墓室东部中段，保存一般。泥质灰陶。箕形勺体，平面近椭圆形，较浅，一侧有尾端略细的竖立把手，尾端残。底部有刀削痕迹。残长8.7、残高7.1、勺体宽8.5、厚0.3～1.4厘米（图七七，9；图版二七，2右）。

盒　3件。形体近碗形，子母口，圆腹，矮圈足。

M26：19，位于墓室中部，保存较好。泥质黑皮褐胎陶。子口内敛，下腹折收。素面。口径16.2～16.4、底径7.2～7.4、高8.8、厚0.4～0.6厘米（图七九，14）。

M26：20，位于墓室中部，保存较好。泥质黑皮灰褐胎陶。子口内敛。腹部有一周凹槽。口径16～16.2、底径8、高8.1、厚0.4～0.6厘米（图七九，15）。

M26：24，位于墓室东南部，保存较好。夹细砂灰陶。子口内敛。素面。口径15.4、底径8、高8.4～8.8、厚0.4～1厘米（图七九，16）。

器盖　3件。

M26：42，保存较好。夹细砂褐胎灰皮陶。覆钵形器盖，窄斜沿，弧形盖面。素面。口径14.8～15.1、高约3.9、厚0.5～0.6厘米（图七八，4）。

M26：43，保存一般。夹细砂灰褐胎黑皮陶。覆钵形器盖，口微内敛，窄斜沿，弧形盖面。素面。口径13.8、高4.3、厚0.3～0.6厘米（图七八，3）。

M26：44，保存较好。泥质灰褐胎黑皮陶。覆钵形子母口器盖，子口内敛，残，弧形盖面，顶部有三个等距分布的“S”形纽。口径11、残高6.4、厚0.4厘米（图七八，6）。

（二十五）M27

位于T1844东南部，向东南延伸至T1944、T1843和T1943三个探方之内，开口于第2层下，打破生土。

墓葬形制为土坑竖穴墓，方向289°，大致呈东—西方向，朝向澎溪河。现存墓口距地表深45厘米，墓口海拔158.86～159.16米。墓葬平面呈有把刀形，由墓室和墓道两个部分构成，总长545厘米（图八〇；图版二八，1）。墓室平面呈横长方形，墓室四壁大致垂直，东西宽324、南北长402厘米。墓内四周有熟土二层台，宽8～48、存高约48厘米。墓道平面呈长方形，两侧壁基本垂直，底部呈西高东低的斜坡状，长221、宽157～172、深约78厘米，坡度21°。

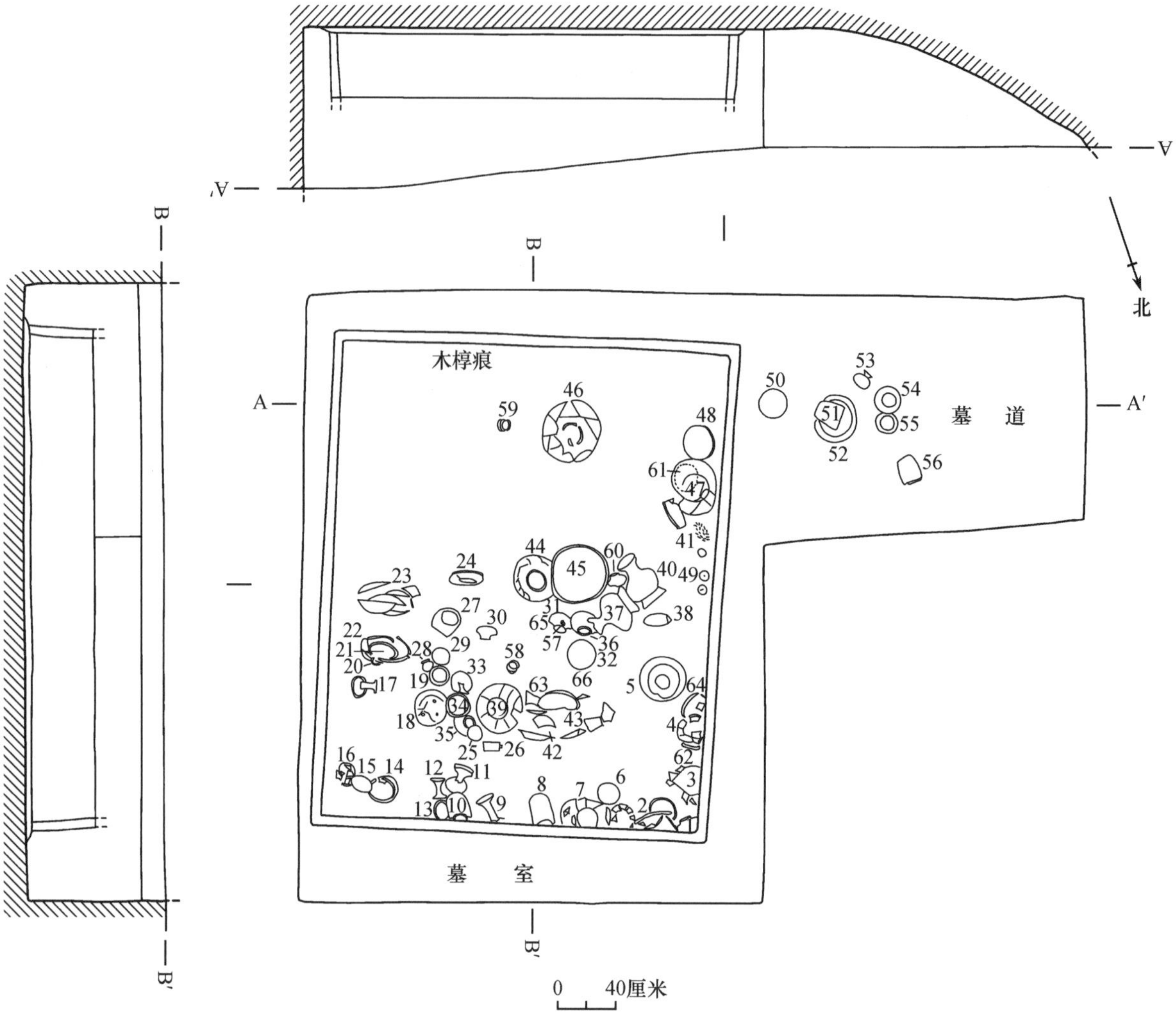

图八〇　M27平、剖面图

1、36、46、64、65. 陶小口圜底罐　2、22. 陶甑　3、16、42、43. 陶罐　4、8、10、18、27、31、51、55、56、62. 陶仓　5、47. 铁釜　6. 陶盘　7、14、66. 陶碗　9、11、12、17、32、53. 釉陶豆　13. 釉陶盂　15. 陶钵　19、33、34、45. 陶盆　20、38、50. 釉陶器盖　21、39. 釉陶盆　23、24. 陶壶　25. 釉陶卮　26. 石黛板　28、29. 陶器盖　30、37、40、60. 釉陶壶　35、61. 破碎陶器　41. 炭棒　44. 釉陶洗　48. 铜釜　49. 铜泡　52. 陶鼎　54. 釉陶罐　57. 铜钱　58. 银镯　59. 银指环　63. 釉陶碗

墓内填红褐色花土，土质较黏，结构略致密，夹杂黄土粒、黑色水锈状斑点等，土质较粗，分选差。椁室内填土为上部坍塌堆积，与墓室内填土基本一致，只是结构疏松，颜色略暗。二层台为红褐色花土，结构紧密，接近生土，土质细腻，分选略好，夹杂少量黄土块等。

墓葬内只发现椁室腐朽后的痕迹，未发现棺。椁大致位于墓室中部，方向与墓室略有错位。椁室平面呈较宽的长方形，长338、宽280、现存高度48厘米，椁板厚5～6厘米；椁室范围底部铺垫一层厚约4厘米的青膏泥，椁下未发现垫木迹象。

墓内未发现人骨痕迹。根据墓葬有宽大的椁室以及随葬品的品种、装饰品的数量及摆放位置等分析，多人合葬墓可能性较大。

墓内共发现66件（组）随葬品，分别置于椁室内和墓道中后部。其中铜器3件（组），铁器2件，银器2组，石器1组，釉陶器20件，陶器37件，炭棒1件。

1. 铜器

3件（组）。器形有釜、铜泡和铜钱。

釜　1件（M27：48）。位于椁室西南部近墓道处，甚薄，保存极差，已无法修复。

铜泡　1组3件（M27：49）。位于椁室西壁中段，锈蚀极严重。弧形帽面，外表鎏金，锥状钉。

铜钱　1组36枚（M27：57）。位于椁室中部偏西，出土时锈成一堆。可辨识者均为“五铢”钱。圆形，方穿。直径2.6厘米（图八一，13）。

2. 铁器

2件。器形为铁釜。

M27：5，位于椁室西壁北段，保存极差，锈蚀严重。黄褐色。侈口，宽方唇，宽折沿，圆肩，椭圆形腹，圜底。素面。口径29、最大腹径29.3、高20.2、唇边厚0.9、器身厚0.3厘米（图八一，1）。

M27：47，位于椁室西壁南段近墓道处，保存极差，外表锈蚀严重。黄褐色。侈口，宽方唇，宽折沿，圆肩，腹及底部残失。素面。口径29.6、最大腹径32、残高12.2、厚0.48～0.55厘米（图八一，2）。

3. 银器

2组。器形有镯和环。

镯　1组6件（M27：58）（图版三〇，3）。位于椁室中部偏北，保存完整。银白色或银灰色。制作较为规整，均为素面。

M27：58-1，平面为封闭圆形，截面为圆形，规整。环外径6.36～6.4、粗0.32～0.28厘米（图八一，3）。

M27：58-2，平面为封闭圆形，截面为圆形，规整。环外径6.34、粗0.27～0.3厘米（图八一，4）。

M27：58-3，平面为封闭圆形，截面为圆形，规整。环外径6.33～6.37、粗0.28～0.31厘米（图八一，5）。

M27：58-4，平面为封闭椭圆形，截面为长方形，不甚平整。环外径6.3～7.4、环宽0.275、厚0.15厘米（图八一，6）。

M27：58-5，残，平面为不封闭椭圆形，截面为长方形，不甚平整。环外径5.95～7.75、环宽0.24、厚0.15厘米（图八一，7）。

M27：58-6，残，平面为不封闭椭圆形，截面为长方形，不甚平整。环外径6.4～7.7、环宽0.26、厚0.15厘米（图八一，8）。

指环　1组16件（M27：59）（图版三〇，4）。位于椁室南部中段，保存较好。银白色或银灰色。正圆形，大小相若，粗细差别较大。均为素面。

M27：59-1，直径2.2、粗0.25厘米（图八一，9）。

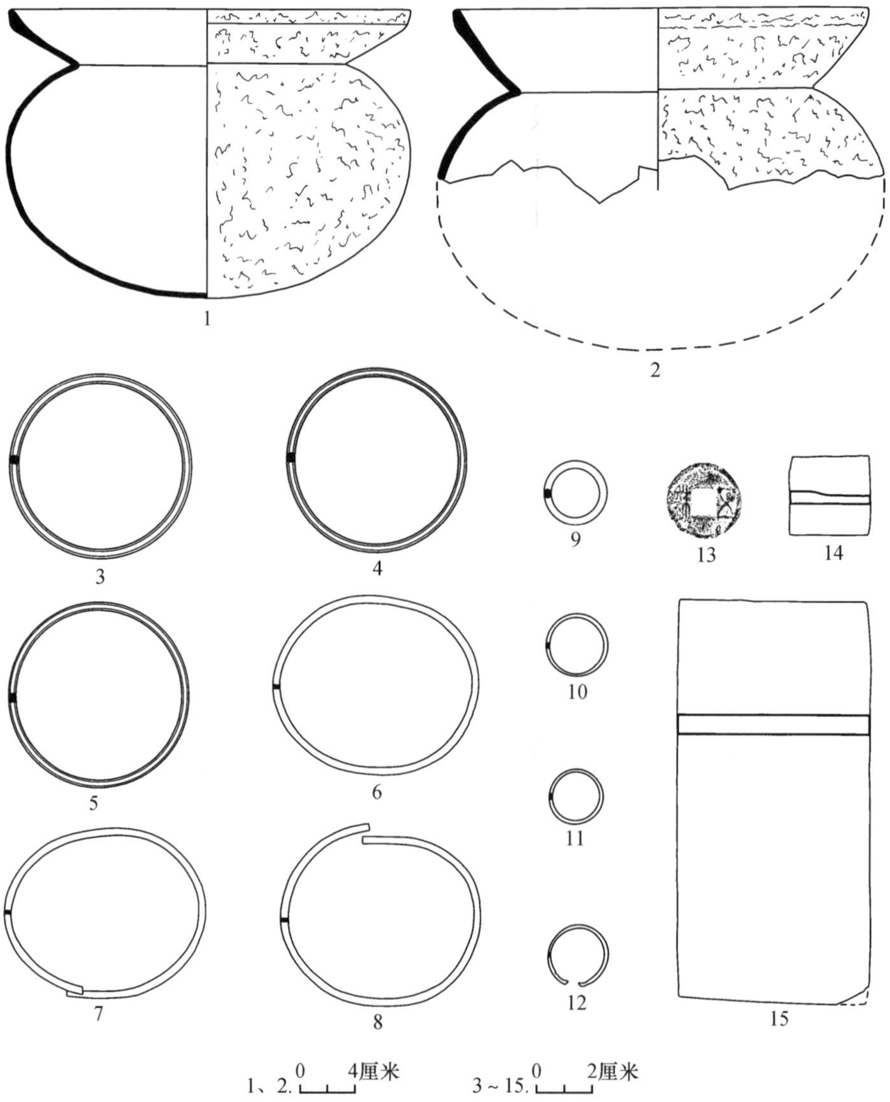

图八一　M27出土器物

1、2. 铁釜（M27：5、M27：47）　3～8. 银镯（M27：58-1、M27：58-2、M27：58-3、M27：58-4、M27：58-5、M27：58-6）　9～12. 银环（M27：59-1、M27：59-2、M27：59-3、M27：59-4）　13. 铜钱（M27：57）　14、15. 石黛板（M27：26-2、M27：26-1）

M27：59-2，直径2.2、粗0.1～0.2厘米（图八一，10）。

M27：59-3，直径1.9、粗0.1～0.2厘米（图八一，11）。

M27：59-4，直径2.15、粗0.1厘米（图八一，12）。

4. 石器

1组2件。器形为石黛板。

石黛板　1组2件（M27：26）（图版三〇，2）。位于椁室北部中段，保存完整。黑色页岩。平面呈长方形，比较规整。

M27：26-1，个体较大。一侧平整光滑，另一侧较粗糙，光滑一面遗有红色朱砂残留物。长14、宽7.8、厚0.72厘米（图八一，15）。

M27∶26-2，个体较小。一侧光滑平整，另一侧粗糙，光滑平整面有红色朱砂残留物。长2.86、宽2.75、厚0.32～0.47厘米（图八一，14）。

5. 釉陶器

20件。器形有罐、壶、盂、盆、洗、豆、碗、卮和器盖。

罐　1件（M27∶54）。位于墓道中部，保存完整。泥质红陶，原施青釉，现大部分已脱落。小口微侈，圆唇，卷沿，斜折肩，斜腹，平底内凹。腹下部有两排较浅的刀削痕迹。口径10.3、最大腹径17.2、底径11.2、高11.6、厚0.6～0.8厘米（图八三，8；图版二九，4）。

壶　4件。基本形制有盘口壶和直口壶两类。

M27∶40，位于椁室西部中段，保存较好。夹极细砂红陶，青釉已经剥落。近盘形口，粗长颈，广斜肩，鼓腹，圈足较高。肩部有两个对称的兽面铺首衔环。颈肩交界处有三周阶状凸起，腹部各有三周凹槽，圈足中部有一周凹槽。口径14.2～14.5、最大腹径24.6～25.2、底径17.1～17.6、高27.7、厚0.6～0.8厘米（图八三，3；图版二八，3）。

M27∶37，位于椁室中部偏西，保存较好。泥质红陶，施青黄釉，釉已剥落殆尽。近盘形口，粗长颈，圆肩，鼓腹，圈足较高。肩部一侧有隐约的铺首痕迹，另一侧铺首痕迹则难以辨认。颈肩交界处有三周阶状凸起，腹部各有三周凹槽，圈足中部有一周凹槽。口径13～13.5、最大腹径27、底径19、高28.8、厚0.4～0.8厘米（图八三，5；图版二八，4）。

M27∶60，位于椁室西部中段，保存一般。夹细砂红陶，内外皆施青釉，已剥落。直口，高颈，斜折肩，斜腹，平底内凹。折肩位置有两个对称的梭形泥突。腹下部有刀削痕迹。口径7.6～8.3、最大腹径14.4、底径8.1～8.3、高9.9、厚0.4～0.6厘米（图八二，8）。

M27∶30，位于椁室中部偏东北，保存一般。夹细砂红陶，釉已经剥落殆尽。侈口，高颈，斜折肩，斜腹，平底。折肩部位有两个对称的梭形泥突。素面。口径8.4～8.6、最大腹径12.1～12.4、底径5.2～5.5、高8.3、厚0.4～0.7厘米（图八二，11；图版二九，6）。

盂　1件（M27∶13）。位于椁室北壁中部偏东，保存一般。夹细砂红陶，釉已经剥落。侈口，圆唇，卷沿，粗长颈，扁鼓腹较浅，平底。颈部有两个对称的捏塑梭形泥突。腹部有两周凹槽。口径12.6、最大腹径13.6、底径9.8～10.2、高9.4、厚0.3～0.5厘米（图八二，10）。

盆　2件。

M27∶21，位于椁室东部偏北，保存较差。泥质红陶，釉已剥落。口微敛，圆唇，折沿，沿面下凹，圆腹，平底。上腹部有三周凹凸相间的波浪状纹饰。口径21.1～21.3、高9.2、厚0.4厘米（图八二，9）。

M27∶39，位于椁室中部偏北，保存一般。夹细砂红陶，内外壁皆施青釉。敞口，圆唇，卷沿，斜腹微弧，平底内凹。内壁中部有一周浅凹槽，内底中部有一圈下凹。口径19.6、底径9～9.8、高6、厚0.3～0.8厘米（图八三，7）。

洗　1件（M27∶44）。位于椁室中部，保存一般。夹细砂红陶，施青黄釉。侈口，圆唇，窄折沿，短颈，圆腹，平底内凹。腹部有两个对称的兽面铺首衔环。颈下有凸棱两周。口径22～23.1、腹径21.7～22.4、底径14.0～14.3、高11.2、厚0.6～0.8厘米（图八二，12）。

豆　6件。豆盘有盘形、子母口浅盘和钵形三类，形制差别较大。

M27：9，位于椁室北壁中部，保存较差。夹砂红陶，青黄釉保存较好。浅盘，直口，盘底甚厚，粗长柄，足残。素面。口径9.6～9.8、残高12.5、柄粗3.9～4.3、厚0.3～2厘米（图八二，1）。

M27：11，位于椁室北部中段，保存一般，夹砂红陶，施青黄釉。敛口，深盘，细高柄，覆盘形圈足。底部有一道凹槽。口径11.2～11.6、底径10.9～11.4、高15.6、厚0.5～0.6厘米（图八二，4；图版三〇，5）。

M27：12，位于椁室北部中段偏东，保存一般。泥质红陶，釉已经剥落。矮子口内敛，深盘，弧壁，细柄，喇叭形矮圈足。素面。口径8.3～8.8、底径8.2～8.5、高11、厚0.3～0.6厘米（图八二，2）。

M27：32，位于椁室中部偏西北，保存较差。泥质红陶，青黄釉多已剥落。矮子口内敛，浅盘，平底，厚壁，细柄较长，圈足残失。素面。口径9.6～10、残高9.7、厚0.3～0.5厘米（图八二，5）。

M27：17，位于椁室东部北段，保存较差。夹细砂陶，釉已经剥蚀殆尽，陶胎剥蚀严

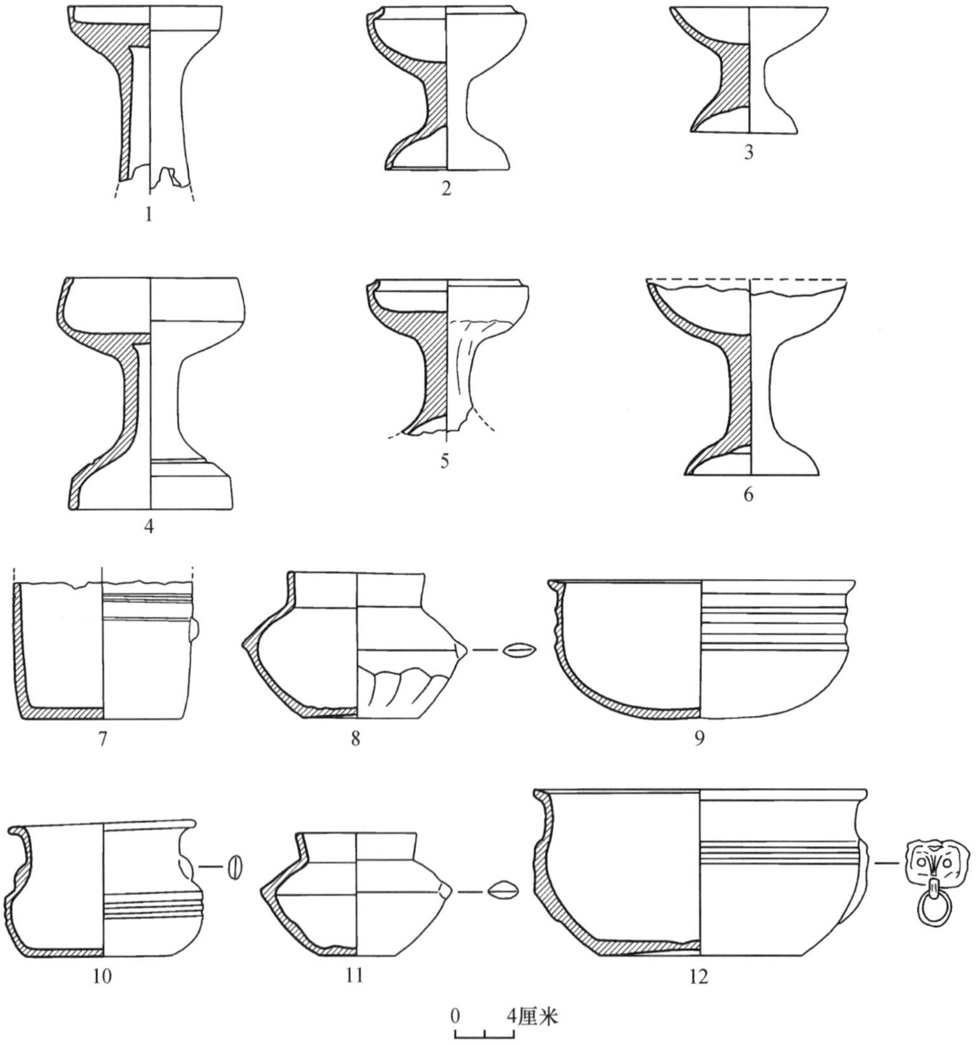

图八二　M27出土釉陶器

1～6. 豆（M27：9、M27：12、M27：17、M27：11、M27：32、M27：53）　7. 卮（M27：25）　8、11. 壶（M27：60、M27：30）　9. 盆（M27：21）　10. 盂（M27：13）　12. 洗（M27：44）

重。钵形盘，敞口，弧腹，短柄，浅喇叭形圈足。素面。口径10.2、底径7.2、高8.5、柄粗2.6～3.1、厚0.3～0.9厘米（图八二，3；图版二九，5）。

M27：53，位于墓道中部偏东南，保存较差。泥质红陶，釉已剥蚀。钵形深盘，口沿残，敞口，弧腹，细长柄，小喇叭形圈足。素面。口径13、底径9.1～9.3、高13、柄粗2.8～3.7、厚0.3～1厘米（图八二，6）。

碗　1件（M27：63）。位于椁室中部偏北，保存较差。夹细砂红陶，施青釉，已经剥落。敞口，弧腹，假圈足极矮，底部内凹。素面。口径19、底径8.2～8.6、高6.6、厚0.4～0.5厘米（图八三，6）。

卮　1件（M27：25）。位于椁室北部偏东，保存极差。泥质红陶，施青黄釉，局部脱落。上部残失，直腹，平底，一侧有小鋬。腹部有三周凹弦纹。底径10.8、残高9.6、厚0.5～0.7厘米（图八二，7）。

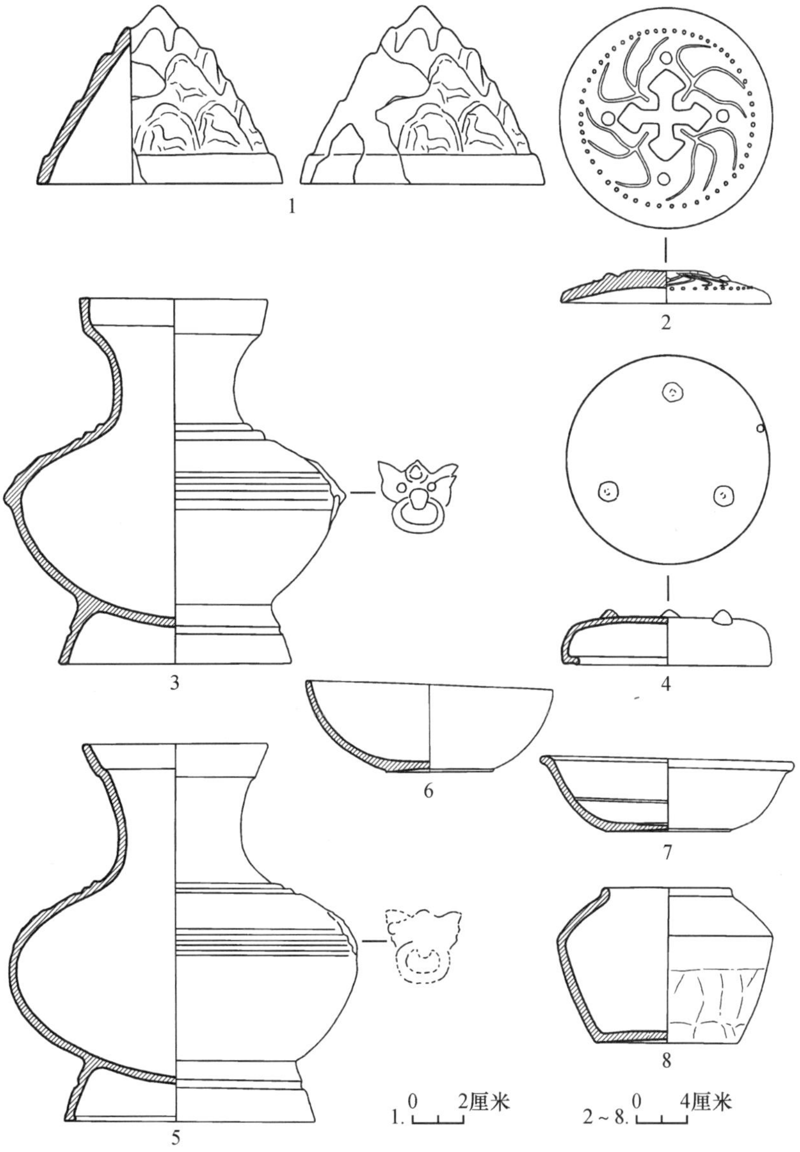

图八三　M27出土釉陶器

1、2、4. 器盖（M27：20、M27：50、M27：38）　3、5. 壶（M27：40、M27：37）　6. 碗（M27：63）　7. 盆（M27：39）　8. 罐（M27：54）

器盖　3件。

M27：20，位于椁室东部偏北，保存较差。夹细砂红陶，施青黄釉，局部剥落。整体呈圆锥形，敞口，斜壁，尖顶。外表上下呈三层山形，中下层每一座山中均有奔跑的动物形象。口径9.1～9.6、高6.7、厚0.5～0.7厘米（图八三，1）。

M27：38，位于椁室西部中段，保存一般。夹细砂红陶，施青黄釉，已经剥落。覆盘形，宽子母口，矮子口内敛，弧形矮壁，近平顶。顶面等距分布着三个乳钉状泥突。素面。口径14.2、高4.2、厚0.4～0.5厘米（图八三，4）。

M27：50，位于墓道东部近墓室处，保存完整。夹细砂红陶，厚胎，通体施青釉，部分脱落。覆碟形，大敞口，盖面微弧。盖面中心有十字形柿蒂纹，每两个柿蒂纹间有三叉树枝状纹饰，柿蒂纹外端各有一个乳钉状凸起，盖面边缘有一圈分布密集的小乳钉。口径16.7、高2.5、厚0.7～1.3厘米（图八三，2；图版三〇，1）。

6. 陶器

37件。器形有甑、仓、罐、盆、碗和器盖（可以修复的只有24件，11件无法修复，2件损毁严重器形不可辨）。

盆形甑　2件。形制为深腹盆形，敛口，圆唇，卷沿，腹壁外弧，平底显著内凹。

M27：2，位于椁室西北角，保存较好。泥质黄褐陶。底部残，尚存32个小孔。口沿下部有两周凹槽和一周凸弦纹。口径28.8～29.4、底径13.8～14.2、高14.5、深12.8、厚0.3～0.5厘米（图八四，10）。

M27：22，位于椁室东部中段偏北，保存一般。夹细砂褐陶。底部残，尚残存6个小孔。口沿下部有三周凹槽。口径31、底径15.8、高14、厚0.5～0.7厘米（图八四，9）。

仓　10件。整体呈粗筒形，子母口，腹壁外弧，平底。

M27：62，位于椁室西北角，保存较好。夹砂灰陶。器体粗大，矮子口内敛。腹部有三周较宽的凹槽。口径15.2～15.8、底径14.9～15.2、高19.6、厚0.5～0.6厘米（图八四，1）。

M27：4，位于椁室西壁北段，保存较差。夹细砂灰褐陶。子口残失。腹部有一周凹槽，近底部有两排刀削痕迹。残口径14～14.3、底径10.1～10.4、残高15.6、厚0.5～1.0厘米（图八五，8）。

M27：8，位于椁室北壁中段，保存一般。夹细砂灰褐陶，胎质疏松。矮子口内敛，腹壁较直。腹部有一周凹槽。口径8.5～9、底径9.2～9.8、高15.9、厚0.5～0.9厘米（图八五，4；图版二八，2）。

M27：10，位于椁室北壁中段，保存一般。泥质灰褐胎灰皮陶，陶皮多已剥落。子口内敛，腹部外鼓，平底微内凹。腹部有一周凹槽。口径10.2～10.7、底径10.9～11.1、高14.9、厚0.6～0.7厘米（图八五，3）。

M27：18，位于椁室东北部，保存较好。夹极细砂灰褐胎灰皮陶。器体矮胖，矮子口内敛，平底微内凹。腹部有一周凹槽。口径10、底径10.8～11.2、高16、厚0.4～0.6厘米（图八五，9）。

M27：27，位于椁室中部偏东，保存一般。夹极细砂灰褐胎灰皮陶。子口内敛，平底微内凹。腹部有一周凹槽。口径10.3～10.6、底径10.9～11.5、高15.9、厚0.3～0.6厘米（图

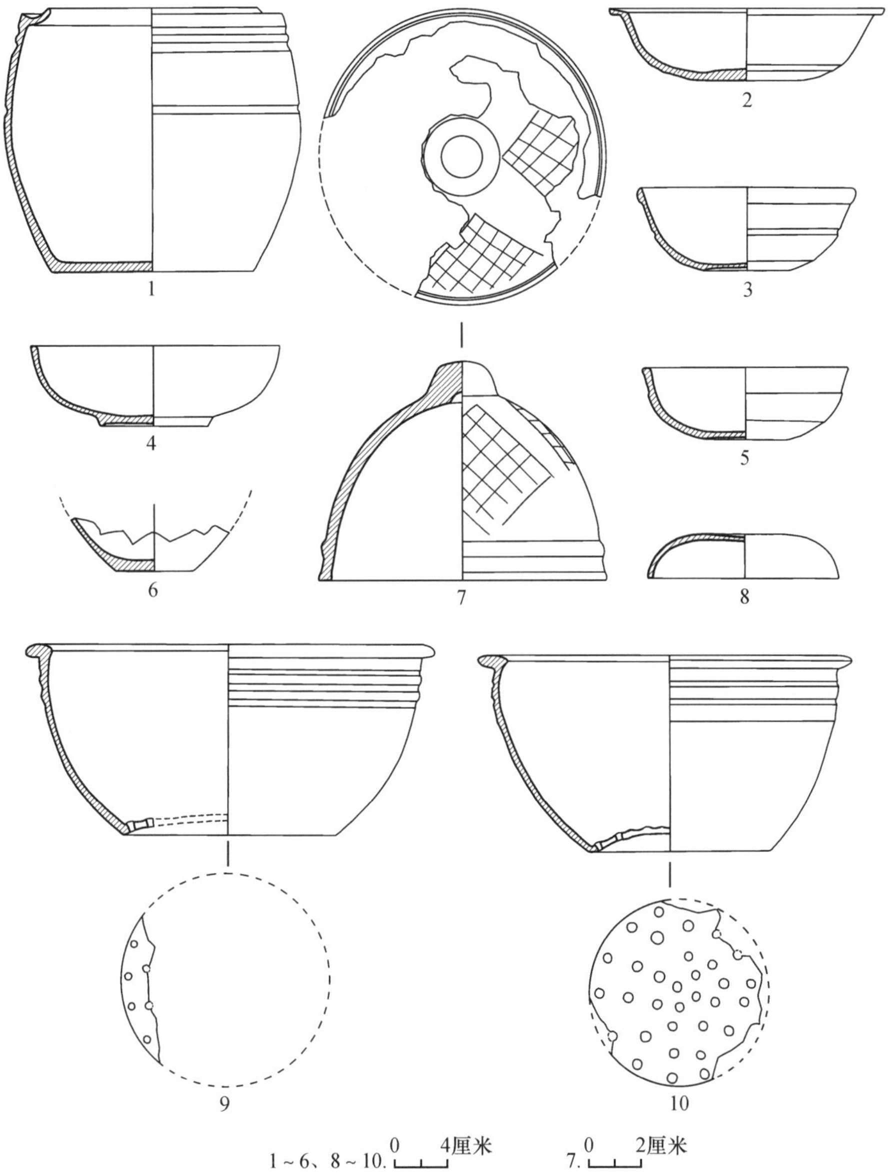

图八四　M27出土陶器

1. 仓（M27：62）　2. 盆（M27：45）　3～5. 碗（M27：66、M27：7、M27：14）　6. 罐（M27：3）　7、8. 器盖（M27：28、M27：29）　9、10. 甑（M27：22、M27：2）

八五，6）。

M27：31，位于椁室中部偏西。夹细砂黄褐陶。口和腹下部均残，上腹外鼓，下部内收较甚。腹部有一周凹槽。残高17.1、厚0.6～1.2厘米（图八五，7）。

M27：51，位于墓道东部中段，保存较好。夹细砂灰陶。矮子口内敛，器表不平整，局部呈现波浪状起伏。腹部有一周较宽的浅凹槽，近底部有两排刀削痕迹。口径7.6～7.8、底径9.9～10.1、高14.1、厚0.6厘米（图八五，1；图版三〇，6）。

M27：55，位于墓道东部中段，保存较好。夹细砂灰陶。矮子口内敛，近底部因剥落而形成一个圆状凹坑。腹部有一周凹槽，近底部有一排刀削痕迹。口径8.6～8.8、底径9.6～10.4、高12.8～13、厚0.5～1厘米（图八五，2）。

M27：56，位于墓道中部偏北，保存较好。夹极细砂灰陶。矮子口内敛，平底微内凹。

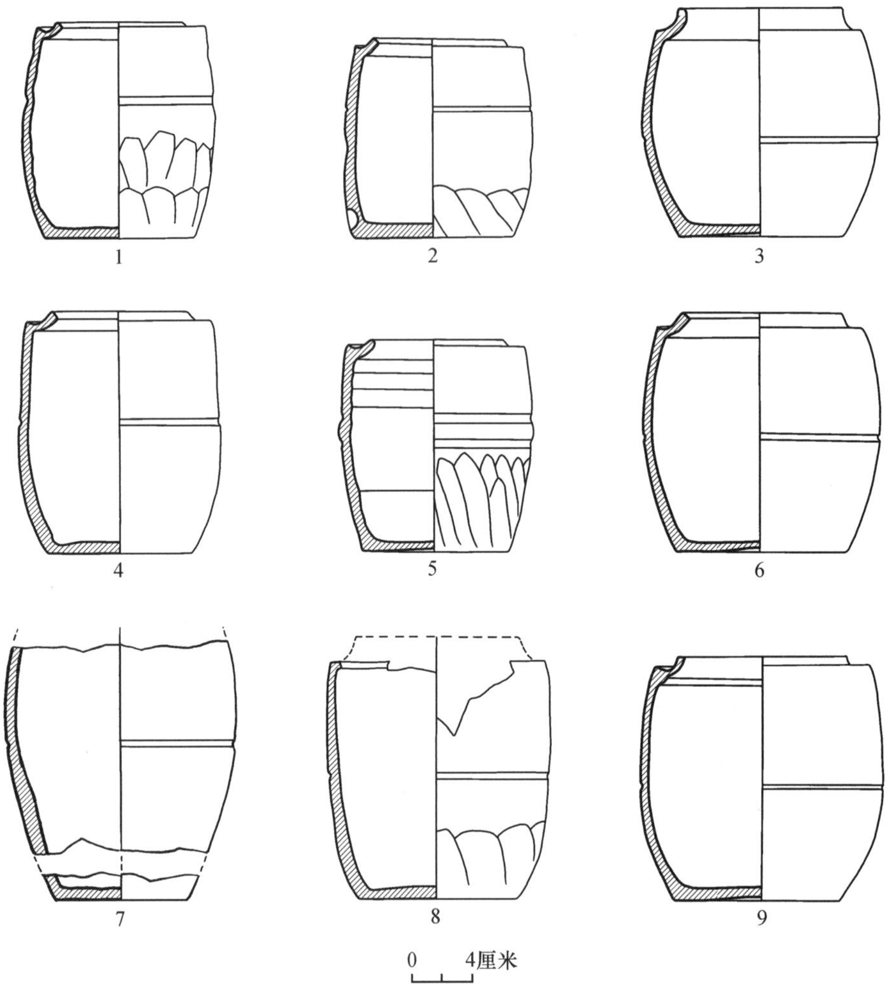

图八五　M27出土陶仓

1. M27：51　2. M27：55　3. M27：10　4. M27：8　5. M27：56　6. M27：27　7. M27：31　8. M27：4　9. M27：18

腹部有两周凹槽，底部有一排较长的刀削痕迹，内壁有轮制时形成的波浪状起伏。口径8.8～9.2、底径9.2～9.7、高13.8、厚0.5～0.7厘米（图八五，5；图版三〇，7）。

罐　1件（M27：3）。位于椁室西北角。夹细砂黄褐陶。仅存底部，斜弧腹，平底。素面。底径6～6.3、残高3.8、厚0.2～0.5厘米（图八四，6）。

小口圜底罐　5件。形制较为一致，小口，尖圆唇，卷沿，矮直颈，广折肩，扁圆腹，圜底。腹以下饰竖向中细绳纹。

M27：1，位于椁室西北角，保存完整。夹砂灰陶。口径11.8、最大腹径21、高13.5、厚0.45～0.65厘米（图八六，1；图版二九，1）。

M27：36，位于椁室中部偏西，保存较好。夹砂黄褐陶。肩部有两周凹槽，肩腹之交有四周凹槽，凹槽之间和腹部饰竖向细绳纹。口径10.8、最大腹径26、高16、厚0.4～0.6厘米（图八六，4；图版二九，2）。

M27：46，位于椁室南部中段，保存一般。夹细砂深灰陶。腹略浅。肩腹之交有四周凹槽，凹槽之间有竖向细绳纹。口径11.5～11.6、最大腹径26.4～27.4、高15.9、厚0.4～0.5厘米（图八六，5；图版二九，3）。

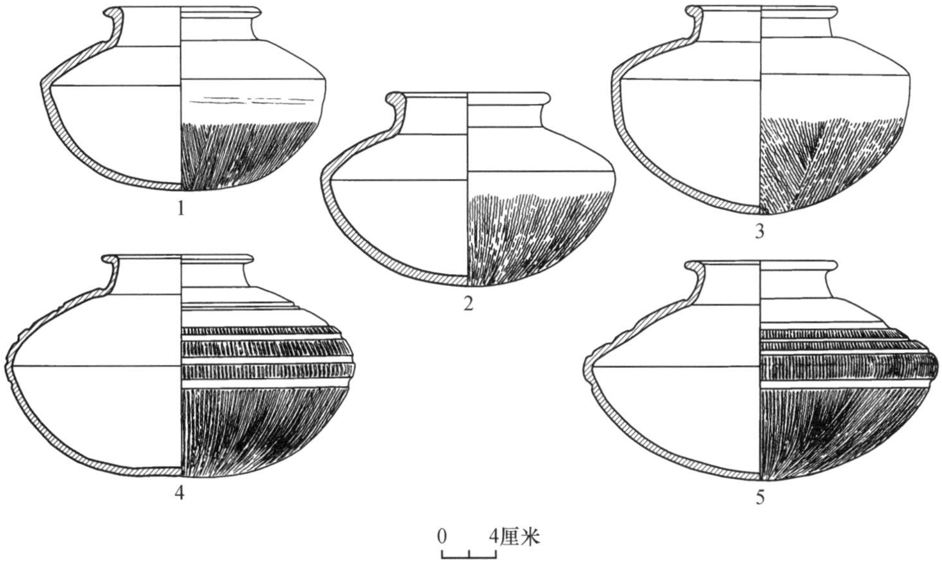

图八六　M27出土陶小口圜底罐
1. M27：1　2. M27：64　3. M27：65　4. M27：36　5. M27：46

M27：64，位于椁室西壁北段，保存一般。夹极细砂灰陶。口径12.2～12.4、最大腹径21.3～21.9、高13.9、厚0.5～0.8厘米（图八六，2）。

M27：65，位于椁室中部偏西，保存较好。泥质褐胎灰皮陶。腹较深。口径11.6～11.9、最大腹径22.1～22.5、高15.1、厚0.6～0.8厘米（图八六，3）。

盆　1件（M27：45）。位于椁室中部偏西，保存较差。大敞口，圆唇，宽沿斜折，弧腹较浅，平底。腹下部有两周折棱。口径21、底径9、高5.2、厚0.4～0.95厘米（图八四，2）。

碗　3件。

M27：7，位于椁室北壁西段，保存较好。夹细砂红陶。敞口，弧腹，极矮圈足。口径18.9～19、底径8～8.2、高6、厚0.4～0.6厘米（图八四，4）。

M27：14，位于椁室东北角，保存较好。夹细砂红陶。敞口，弧腹，平底微内凹。腹部有两周折痕。口径15.9～16、底径5.9～6.1、高5.4、厚0.5～0.8厘米（图八四，5）。

M27：66，位于椁室中部偏西，保存一般。夹细砂浅灰褐陶。敞口，叠唇，弧腹，平底内凹。外壁近底部有轻微折痕，中部有一周凹槽。口径16.6～17.1、底径5.9～6.5、高6.1、厚0.3～0.4厘米（图八四，3）。

器盖　2件。

M27：28。位于椁室中部偏东北，保存较差，大部残。泥质红陶。整体呈头盔形，敞口，平沿，弧壁，圆形盖顶，顶部正中有环形纽。近口部有一周宽凸棱，盖面残存两组大方格内填刻划网格纹。口径10.6～10.9、通高8.2、厚0.4～0.6厘米（图八四，7）。

M27：29，位于椁室中部偏东北，保存一般。泥质灰皮灰褐胎。覆盘形盖，口微敞，弧壁，平顶微下凹。素面。口径13.8、高3.3、厚0.3～0.4厘米（图八四，8）。

7. 炭棒

1件（M27：41）。位于椁室西壁南段近墓道处。长条形，保存较差。

（二十六）M28

位于T1845东南部，向东延伸至T1945西南部，并有一小部分延伸至T1844东北部和T1944西北部。开口于第2层下，打破生土（图八七；图版三一，1）。

墓葬形制为土坑竖穴砖室墓，方向292°，大致为东—西方向，朝向澎溪河。现存墓口距地表深38厘米，墓口海拔159.18米。墓葬平面呈有把刀形，由墓道和墓室两部分组成，总长520厘米。墓室平面近似方形，东西长340、南北宽328、墓口至墓底深72厘米；砖室平面亦近似方形，东西长332、南北宽324厘米。墓室四壁除南侧西部被破坏到底之外，其他部分尚保存6～8层墙砖，均用方形青砖平铺错缝垒砌而成。墓底横向铺满一层方形青砖，砖的规格不一，靠近

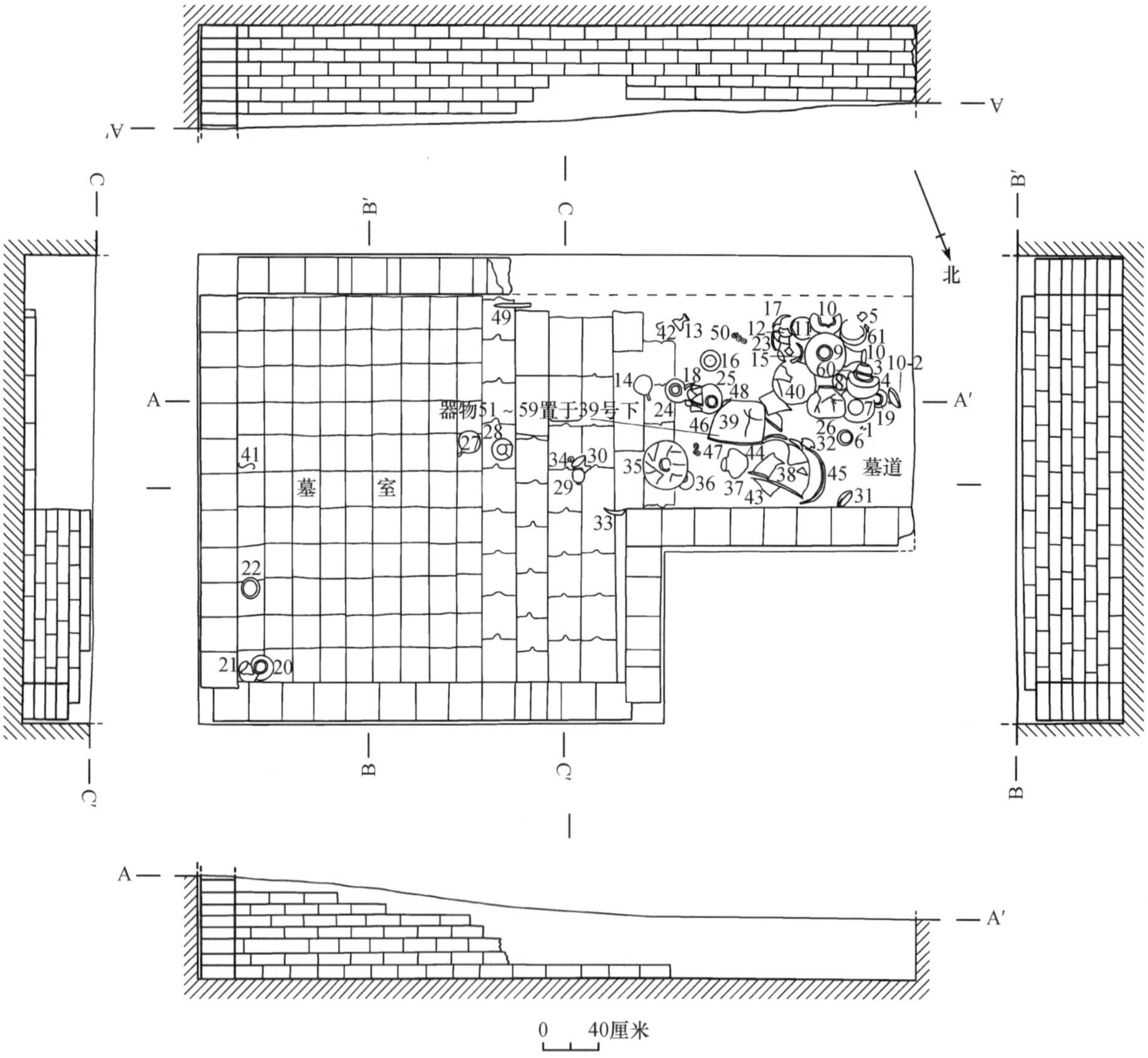

图八七　M28平、剖面图

1. 琉璃耳珰　3、18、53. 釉陶甑　4、7、12、24、32、37、51. 陶罐　5、28、61. 陶盆　6、8、17. 釉陶罐　9、21、35、40、43. 陶小口圜底罐　10. 釉陶壶　11、15、20、22. 陶仓　13、29、30、48. 釉陶灯　14、27. 釉陶魁　16. 铜镜　19、60. 陶碗　23、33、46. 釉陶钵　25. 釉陶鼎　26. 陶壶　31. 陶钵　34、50. 铜钱　36、56、59. 釉陶盆　38、39、44. 陶甑　41、42. 铁钩　45. 陶器盖　47. 釉陶卮　49. 铁矛　52、58. 釉陶盂　54、55. 釉陶碗　57. 釉陶勺（2销号）

墓道一侧使用六排榫卯青砖。墓顶已完全不存，结构不详。墓道的平面亦为长方形，长180、宽208、深52厘米。墓道南侧墙砖已被完全破坏取走，但残存的砖墙边框尚清晰可见，北侧壁砖尚存7层。墓道口的封墙已被全部破坏。

墓室和墓道用砖除了少量榫卯砖之外，绝大多数为方形青砖，长26、宽25、厚8厘米。砖的一个侧面有模印的花纹，花纹由三个部分组成：中间部分的主体为中心有圆点的圆圈；两侧为多重较细密的对顶三角（半菱形）纹（图四七，5）。

墓室与墓道的填土均为黄褐色花土，土质较黏软，结构较疏松，颗粒不均，分选不好，夹杂黄土块、褐土块和淤沙等，包含较多的碎砖块和卵石等。

墓室内未发现葬具痕迹。也没有发现人骨的痕迹。

随葬品主要放置于墓道之内，少数位于墓室内外侧边缘。各种随葬品共计60件（组），其中铜器3件（组），铁器3件，琉璃器1组，釉陶器26件，陶器27件。

1. 铜器

3件（组）。器形有镜和铜钱。

镜　1件（M28：16）。位于墓道东南部，保存完整。青黑色（黑漆古），博局四神（灵）镜。圆形，镜面微外弧，背面中部下凹，中间有半球形纽。以半球纽为中心的周围有一矩形，矩形内侧四角各有一卷云纹。矩形外侧等距分布着四个“T”字形纹和八个小乳钉。绕矩形有八只神兽，外围有八个拐尺形纹，最外饰一周栉比纹；镜缘部位以连续的变形窃曲纹为主体，内侧有一周凸棱，接下凹处有一周锯齿纹。镜面直径13.7、缘厚0.47、高1.1厘米（图八八，1；图版三三，5）。

铜钱　2组共82枚。

M28：34，共35枚。均为五铢钱，位于墓室西南部近墓道处。圆形，方穿。直径2.6厘米（图八八，3）。

M28：50，共47枚。均为五铢钱，位于墓道东南部的两处。圆形，方穿。直径2.7厘米（图八八，4）。

2. 铁器

3件。器形有矛和钩。

矛　1件（M28：49）。位于墓室南壁西段。横截面呈菱形。残长12.2、残宽1.1～2、厚0.8～1.4厘米（图八八，7）。

钩　2件。

M28：41，位于墓室东壁中段。残。呈“S”形。残长7.9、宽1.8～2、厚0.2～0.6厘米（图八八，5）。

M28：42，位于墓道东南角近墓室处。呈“S”形。长11.2、宽1.8、厚0.2～0.4厘米（图八八，6）。

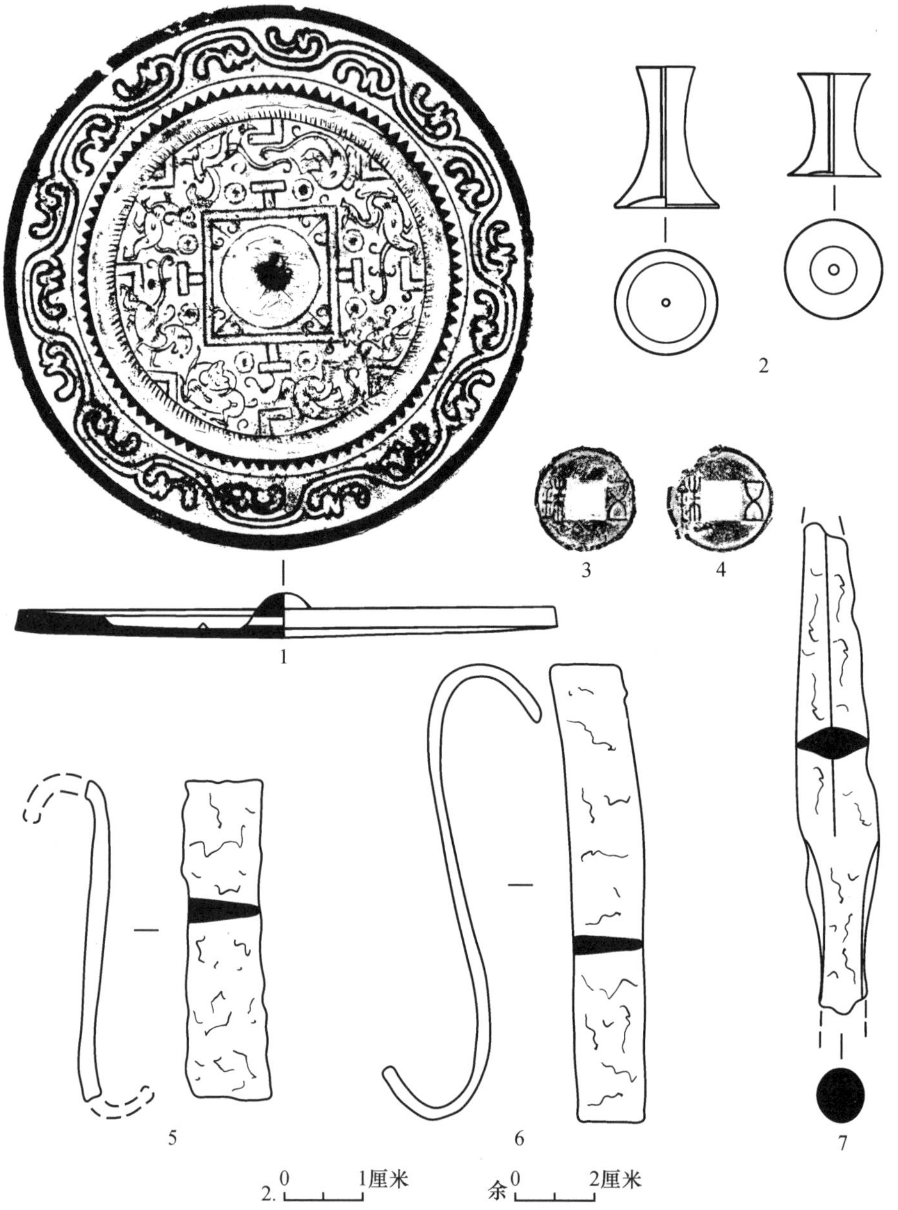

图八八　M28出土器物

1. 铜镜（M28：16）　2. 琉璃耳珰（M28：1）　3、4. 铜钱（M28：34、M28：50）　5、6. 铁钩（M28：41、M28：42）
7. 铁矛（M28：49）

3. 琉璃器

1组2枚。器形为耳珰。位于墓道西端中部。一大一小，保存完整。琉璃质，半透明。亚腰形，一端小，另一端较大，大端内凹，横截面圆形，纵向有细孔贯通。素面。

M28：1-1，深蓝色。高1.76、上端径0.78、下端径1.35、束腰径0.45、下端凹窝径1、凹窝深0.16、孔径0.1厘米（图八八，2）。

M28：1-2，浅蓝色。高1.28、上端径0.93～0.94、下端径1.22、束腰径0.58、下端凹窝径0.55、凹窝深0.055、孔径0.13厘米（图八八，2）。

4. 釉陶器

26件。器形有鼎、甑、罐、壶、盂、盆、钵、魁、碗、勺、卮和灯。

鼎　1件（M28：25）。位于墓道中部偏东。泥质红陶。侈口，方唇，宽折沿，沿面微凹，浅鼓腹，大圜底，三锥形小扁足。素面。口径12、高5.4、厚0.4～0.7厘米（图八九，3）。

甑　共3件。

M28：3，位于墓道西口中部，保存较好。夹极细砂红陶，内外皆施青釉，大部分已剥落。敞口，圆唇，卷沿，有颈，弧腹，腹壁有两周轻微折痕，平底微内凹，底部共有5个小孔。颈腹之交有一周阶状凸起。口径14.5～14.7、底径5.6～5.7、高5.8、厚0.4～0.6厘米（图八九，4）。

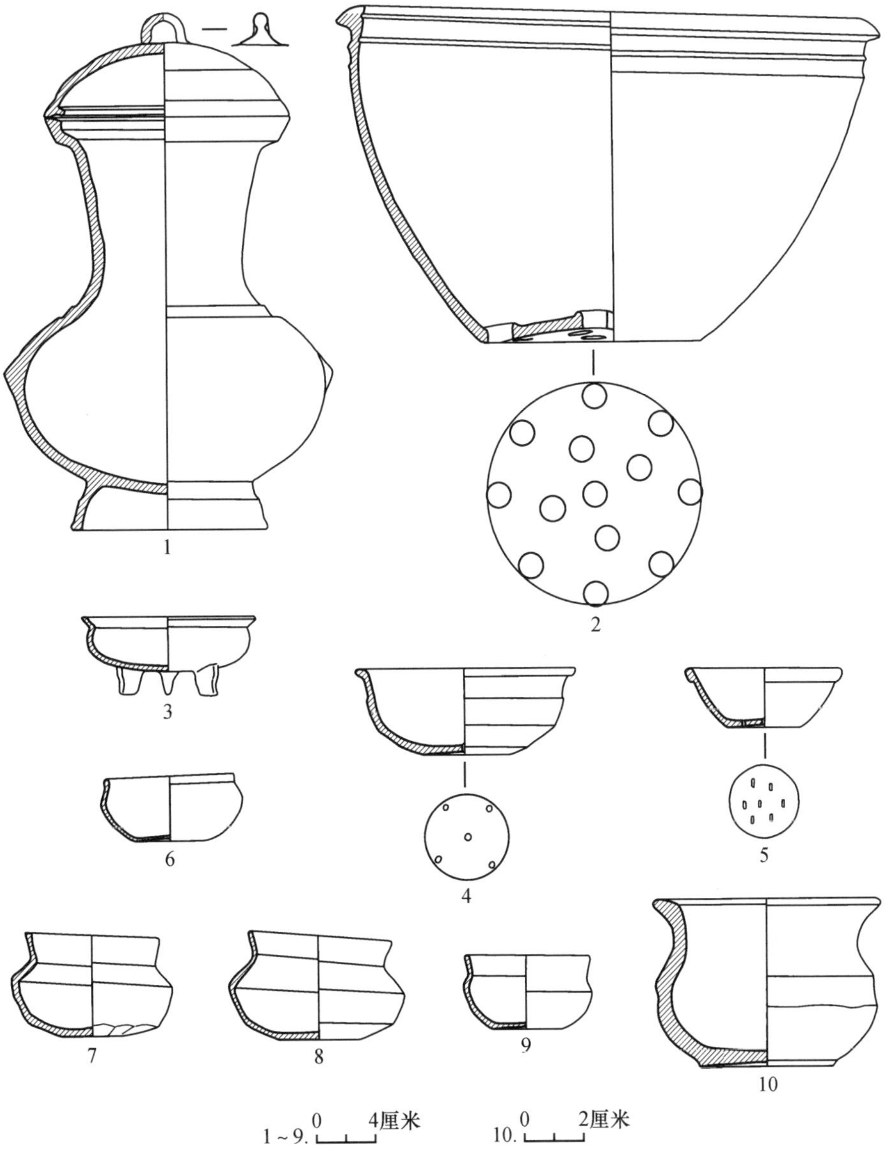

图八九　M28出土釉陶器

1. 壶（M28：10）　2、4、5. 甑（M28：18、M28：3、M28：53）　3. 鼎（M28：25）　6～8. 罐（M28：6、M28：8、M28：17）　9、10. 盂（M28：58、M28：52）

M28：18，位于墓道东部中段，保存一般。夹砂灰胎黑皮陶。敛口，尖圆唇，卷沿，弧腹，平底内凹，底部有13个圆孔。口沿下有两周凸棱。口径34.4～35.4、底径15、高22.3、厚0.4～0.6厘米（图八九，2）。

M28：53，位于墓道中部偏东。保存完整。泥质红陶。敞口，宽叠唇，斜腹外弧，平底略内凹，底部有七个长方形小孔。素面。口径11、底径5、高4、厚0.4～0.6厘米（图八九，5）。

罐　3件。

M28：6，位于墓道西部中段偏北，保存较好。泥质红陶。口微侈，圆唇，窄卷沿，溜肩，斜弧腹，平底内凹。素面。口径8.6、最大腹径9.6、底径5、高4.3～4.6、厚0.25～0.4厘米（图八九，6）。

M28：8，位于墓道西部中段，保存完整。夹细砂红陶。侈口，折沿，斜折肩，弧腹外折，平底。近底部有刀削痕迹。口径9.2、底径4、高6.6～7.1、厚0.4～0.55厘米（图八九，7；图版三二，1）。

M28：17，位于墓道南壁中段，保存较好。泥质红陶。侈口，折沿，斜折肩，弧腹外折，平底。素面。口径9.8、最大腹径11.8、底径5.4、高6.6～7.3、厚0.3～0.6厘米（图八九，8）。

壶　1件（M28：10）。位于墓道南壁西段，保存较好。带盖壶。泥质红陶，施青釉，大部脱落。浅盘口，斜平沿，粗长颈，圆肩，鼓腹，圈足较高。腹部有两个对称的兽面铺首，铺首保存不好。颈肩交界处有两周阶状凸起。覆钵形子母口器盖，泥质红陶，施青釉，大部脱落。矮平子口内敛，圆弧形盖面，顶部正中有环形纽，纽中部为未透的实心。盖面有两周凹弦纹。壶口径16.2～16.5、最大腹径20.4～20.8、底径12.9～13、高27.4、厚0.5～0.7厘米，盖口径16.1～16.5、高7.1、厚0.4～0.7厘米，通高34.4厘米（图八九，1；图版三三，6）。

盂　2件。

M28：52，位于墓道中部偏东，保存较好。泥质红陶，施青釉，大部分脱落，有釉部分为黄白色。侈口，圆唇，卷沿，束颈，斜肩，圆腹，平底内凹。腹部有较宽的浅凹槽。口径7.9、底径4.6、高5.5、厚0.45～0.6厘米（图八九，10）。

M28：58，位于墓道中部偏东，保存完整。泥质红陶。侈口，折沿，窄肩，圆腹，平底内凹。素面。口径8.6、底径4.8、高5、厚0.3～0.4厘米（图八九，9）。

盆　3件。内外全施青釉，大部已剥落。

M28：36，位于墓道东北部，保存极差。泥质红陶。敞口，圆方唇，卷沿，圆腹，平底。口沿下有一周凹弦纹。口径16.3、底径5.5、高6.3、厚0.54厘米（图九〇，1）。

M28：56，位于墓道中部偏东，保存一般。泥质红陶。敞口，圆唇，卷沿，浅弧腹，平底微内凹。素面。口径11.7、底径5.4、高3.8、厚0.3～0.7厘米（图九〇，2）。

M28：59，位于墓道中部偏东，保存一般。夹细砂红陶。侈口，圆唇，折沿，弧腹，平底微内凹。素面。口径8.8～9.6、底径4.5～4.8、高4.6、厚0.2～0.3厘米（图九〇，3；图版三二，3）。

钵　3件。

M28：23，位于墓道西南部，保存一般。夹极细砂红陶，内外全施青釉，大部分已剥落。直口微敞，圆唇，曲腹，平底微内凹。腹部有两周凹槽和阶状凸起的组合。口径13.4～14.2、底径5.8、高5.2、厚0.4厘米（图九〇，5）。

M28：33，位于墓室西壁中段近墓道处。夹细砂褐陶。敞口，圆唇，弧壁折收，底残。素面。口径19.2～19.4、残高5.4、厚0.3～0.6厘米（图九〇，6）。

M28：46，位于墓道中部偏北。保存一般。泥质红陶，内外全施青釉，大部已剥落。直口微敛，弧腹，平底微内凹。腹上部有一周宽凹槽。口径15.9～16、底径5.4～5.8、高6.2、厚0.5～0.7厘米（图九〇，7）。

魁　2件。

M28：14，位于墓道东端中部近墓室处，保存一般。泥质红陶，内外全施青釉，大部分已剥落。敛口，圆腹，底部微外鼓，一侧有角状把手。素面。口径12.1～12.4、底径6.5、高5.3、厚0.4厘米（图九〇，8）。

M28：27，位于墓室西南部。保存较好，泥质红陶，内外全施青釉，大部分已剥落。敛口，腹较直，近底部折收，平底，一侧有角状把手。腹部有两周凹弦纹。口径13.1、底径5.8、高5.5、厚0.3厘米（图九〇，9；图版三二，5）。

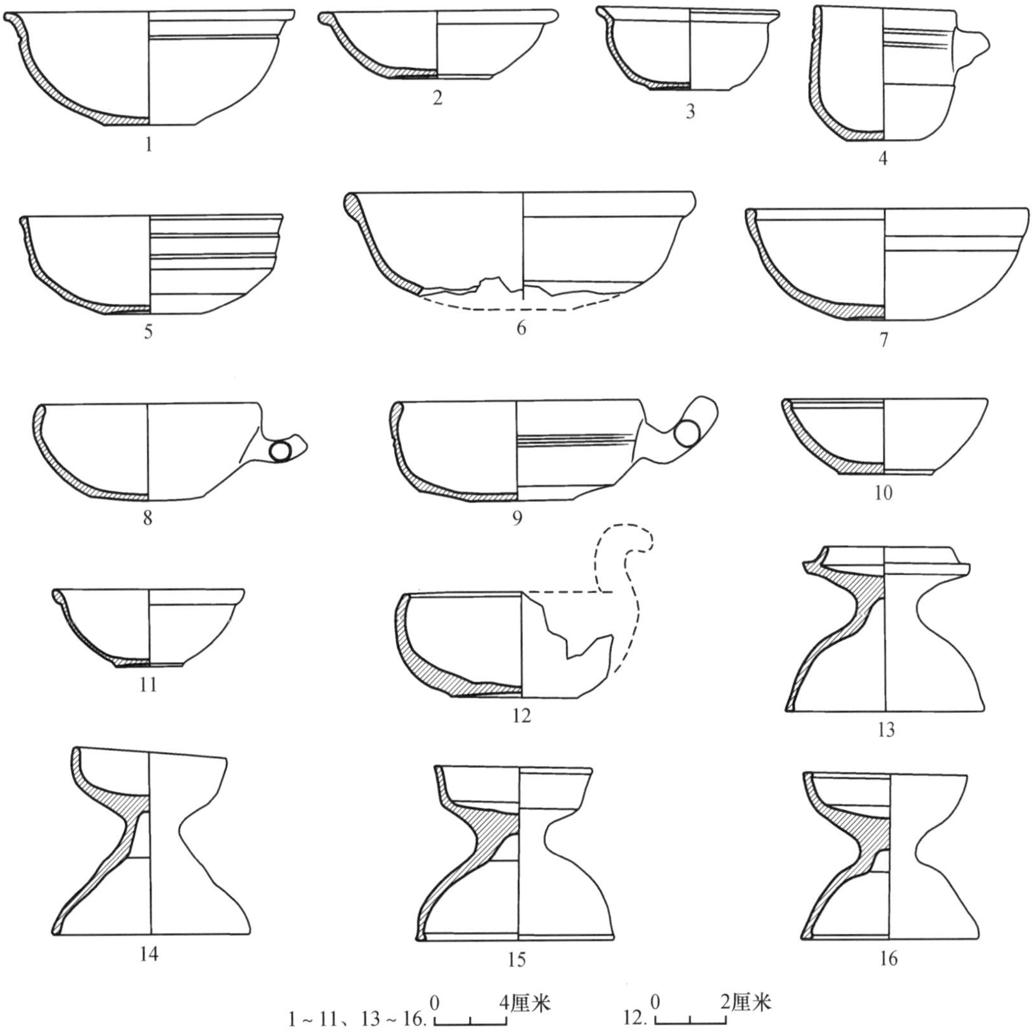

图九〇　M28出土釉陶器

1～3. 盆（M28：36、M28：56、M28：59）　4. 卮（M28：47）　5～7. 钵（M28：23、M28：33、M28：46）　8、9. 魁（M28：14、M28：27）　10、11. 碗（M28：54、M28：55）　12. 勺（M28：57）　13～16. 灯（M28：30、M28：13、M28：29、M28：48）

碗　2件。

M28：54，位于墓道中部偏东。保存较好。泥质红陶，内外全施青釉，大部分已剥落。敞口，弧壁，平底，状似矮假圈足。素面。口径11.5～11.6、底径5.2～5.4、高约4.1、壁厚0.5～0.7厘米（图九〇，10）。

M28：55，位于墓道中部偏东，保存较差。泥质红陶。敞口，弧腹，底部为极矮的假圈足。素面。口径11、底径4.4、高4.5、厚0.2厘米（图九〇，11）。

勺　1件（M28：57）。位于墓道中部偏东，保存很差。泥质红陶，内外全施青釉，大部分已剥落。钵形，敛口，圆腹，平底内凹。把手残失。素面。口径6～6.4、底径3.5、残高2.9、厚0.3～0.4厘米（图九〇，12）。

卮　1件（M28：47）。位于墓道中部偏东，保存较好。夹细砂红陶，施青釉，大部分脱落。直口，筒形腹，近底部折收，小平底。一侧有錾。上腹部有两周凹弦纹。口径8、底径4.3、高7.2～7.5、厚0.4～0.6厘米（图九〇，4；图版三一，4）。

灯　4件。整体为豆形，有盘形口和子母口两类。

M28：13，位于墓道东南部近墓室处，保存一般。泥质红陶，施青釉，大部分剥落。盘形，直口，口部不平整，盘较深，大喇叭形圈足。素面。口径8.9～9.1、底径10.7～11.1、高约10.4、厚0.4～0.8厘米（图九〇，14）。

M28：29，位于墓室西南部近墓道处，保存较好。泥质红陶，施青釉，大部分剥落。口微敞，盘较深，覆碗形圈足。素面。口径9.2～9.6、底径约11.3、通高9.7、厚0.3～1.3厘米（图九〇，15；图版三一，3）。

M28：30，位于墓室西南部近墓道处，保存较好。泥质红陶，外施青釉，部分脱落，有釉部分为黄白色。子母口浅盘，子口内敛，覆碗形圈足。素面。口径7.4、底径11.3、高9.1、厚0.3～1.3厘米（图九〇，13；图版三二，6）。

M28：48，位于墓道中部偏东，保存一般。泥质红陶。口微敞，盘较深，覆碗形圈足。素面。口径8.4～9.6、底径8.8～10.5、高9.1、厚0.3～0.5厘米（图九〇，16）。

5. 陶器

27件。器形有甑、仓、罐、壶、盆、钵、碗和器盖。

甑　3件。形制为深腹盆形，敛口，圆唇，折沿，斜腹外弧，平底内凹较甚。

M28：38，位于墓道北壁中段，保存较好。夹细砂灰褐陶。底部残，尚有30个小圆孔。盆壁上部有三周较宽的凹槽。口径37.8～38.4、底径19.4～19.8、高22.3、厚0.4～0.6厘米（图九一，1）。

M28：39，位于墓道中部偏东，保存较好。夹砂灰褐陶。底部残余25个小圆孔。口沿下部有三周较浅的宽凹槽。口径41.1～41.4、底径17.9～18.7、高23.4、厚0.4～0.7厘米（图九一，3；图版三三，3）。

M28：44，位于墓道北部中段，保存较好。夹砂灰陶。腹壁中部有折线，底部有10个圆孔。腹壁上部有两周凹槽。口径29.4～30.5、底径15.8～16.2、通高18.9、厚0.5～0.6厘米（图九一，2）。

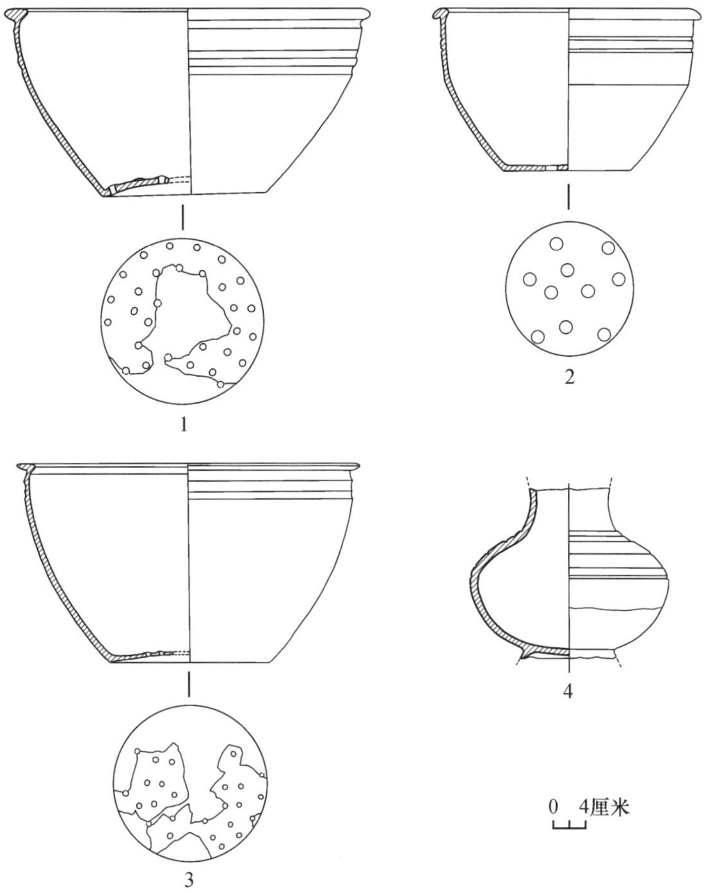

图九一　M28出土陶器

1～3. 甑（M28：38、M28：44、M28：39）　4. 壶（M28：26）

仓　4件。形制为粗筒形，子母口，直腹外弧，平底。

M28：11，位于墓道南部中段偏西，保存一般。夹细砂灰陶。矮子口内敛，平底内凹。腹壁有三周凹弦纹（最下一周断续），下腹部有一排不明显的刀削痕迹。口径10.2、底径11.1、高16.6～17.3、厚0.3～0.8厘米（图九二，6）。

M28：15，位于墓道西南部，保存一般。夹细砂灰白陶。矮子口内敛。腹壁有三周粗凹弦纹（最上一周断续），下腹部有一排刀削痕迹。口径9.5、底径11.4、高12.2～12.7、厚0.3～0.8厘米（图九二，5；图版三一，2）。

M28：20，位于墓室东北角，保存较好。夹细砂及云母黑皮褐胎陶，胎质坚硬。矮子口内敛。腹部有一周凹槽，下腹部有一排较窄的刀削痕迹。口径10.5～11.2、底径11.4～11.6、高13.9、厚0.5～0.7厘米（图九二，9）。

M28：22，位于墓室东壁北段，保存较好。泥质黑皮灰褐胎。矮子口内敛，平底内凹。腹部有一周凹槽，近底部有一排较宽的刀削痕迹。口径9.6、底径11.1～11.5、高14.2、厚0.4～0.5厘米（图九二，8）。

罐　7件。

M28：32，位于墓道中部偏北，保存较好。夹细砂灰陶。直口，圆唇，矮颈，宽圆肩，斜弧腹，平底。颈下、肩中部及腹部各有一周凹弦纹，近底部有两排刀削痕迹。口径10、底径

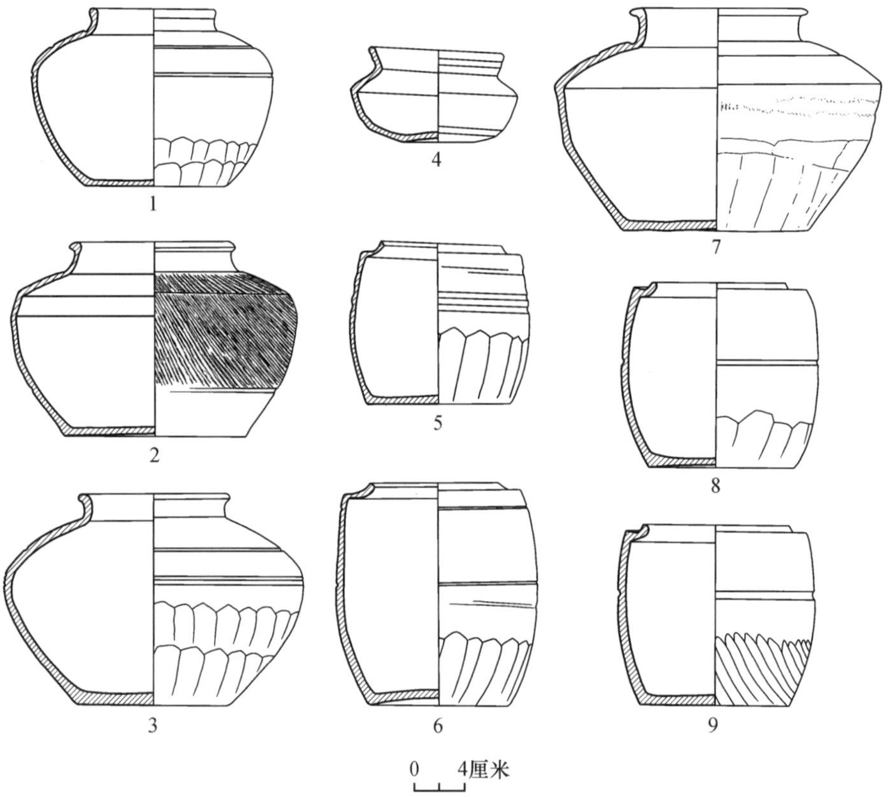

图九二　M28出土陶器

1～4、7. 罐（M28：32、M28：7、M28：37、M28：24、M28：4）　5、6、8、9. 仓（M28：15、M28：11、M28：22、M28：20）

11、最大腹径18.9、高13.8、厚0.4～0.5厘米（图九二，1；图版三二，4）。

M28：7，位于墓道西部中段，保存较好。夹细砂灰陶。敛口，尖圆唇，卷沿，短颈，斜折肩，斜弧腹，平底内凹。肩部及中上腹部有中绳纹，但是磨蚀严重，痕迹甚浅。绳纹之下有一周断续的凹弦纹。口径13.2、底径14.4、高15.2、厚0.3～0.6厘米（图九二，2）。

M28：37，位于墓道北部中段，保存较好。泥质黑皮灰胎陶。侈口，圆唇，卷沿，短颈，广肩，鼓腹，平底。肩、腹部有三周凹弦纹，近底部有两排刀削痕迹。口径11.7～12、最大腹径23.3～23.7、底径12～12.1、高16.4、厚0.5～0.8厘米（图九二，3）。

M28：24，位于墓道中部偏东，保存较好。夹细砂褐红陶。侈口，折沿，斜折肩，弧腹外折，平底略内凹。沿外有一周凸棱，腹部有一周凹弦纹。口径10.8、底径5.9、高7～7.4、厚0.5～0.6厘米（图九二，4；图版三二，2）。

M28：4，位于墓道西部中段，保存完整。夹砂夹蚌壳灰陶。直口微侈，尖圆唇，卷沿，束颈，广折肩，斜腹外凸，平底微内凹。腹上部有两周比较模糊的短绳纹，下部有模糊的刀削痕迹。口径14.2、肩径25.6、底径15.2、高16.9、厚0.6厘米（图九二，7）。

M28：12，位于墓道西南部，保存极差，无法修复。夹细砂灰陶。

M28：51，位于墓道中部偏东，保存极差，无法修复。夹砂灰陶。

小口圜底罐　5件。形制为小口，短束颈，广折肩，椭圆形腹，圜底。

M28：9，位于墓道西南部，保存较好。夹极细砂灰陶。侈口，圆唇，卷沿。肩、腹部有四周凹槽，凹槽之间及以下至底部饰竖向细绳纹。口径10.6、最大腹径30.8、高17.4、厚0.3～0.6厘米（图九三，5）。

M28：21，位于墓室东北角，保存完整。夹砂夹蚌壳灰陶。直口，尖圆唇，折沿，沿面较宽。腹至底部饰中细绳纹。口径11.4、最大腹径19.8、高11.6、厚0.5～0.7厘米（图九三，1）。

M28：35，位于墓道东北角近墓室处，保存较好。夹少量极细砂灰陶。近直口，尖圆唇，折沿。肩、腹部有七周凹槽，凹槽之间和腹、底部饰竖向细绳纹。口径11.2～11.4、最大腹径31.2～31.8、高19.2、厚0.6～0.8厘米（图九三，2；图版三三，2）。

M28：40，位于墓道中部，保存较好。夹细砂灰陶。侈口，尖圆唇，卷沿，肩、腹部有五周凹槽，凹槽之间及腹、底部饰竖向或交错细绳纹。口径10.7～10.9、最大腹径25.2～25.9、高14.4、厚0.5～0.7厘米（图九三，3）。

M28：43，位于墓道北壁中段，保存较好。夹极细砂灰褐陶。口微敛，圆唇，折沿，沿面较宽。肩、腹部有四周浅凹槽，凹槽之间及腹、底部饰竖向细绳纹。口径8.8～9.1、最大腹径31.2～34.7、高20.3、壁厚0.6～0.8厘米（图九三，4；图版三三，1）。

壶　1件（M28：26）。位于墓道西部中段，保存较差。泥质红胎陶，施青黄釉，已全部剥落，残余黑色层。口部残失，粗长颈，广圆肩，鼓腹，圈足残。颈肩交界处和腹部共有六周凹槽。颈径9.6、最大腹径23.6～23.9、底径11.4、残高20.4、厚0.6～0.9厘米（图九一，4）。

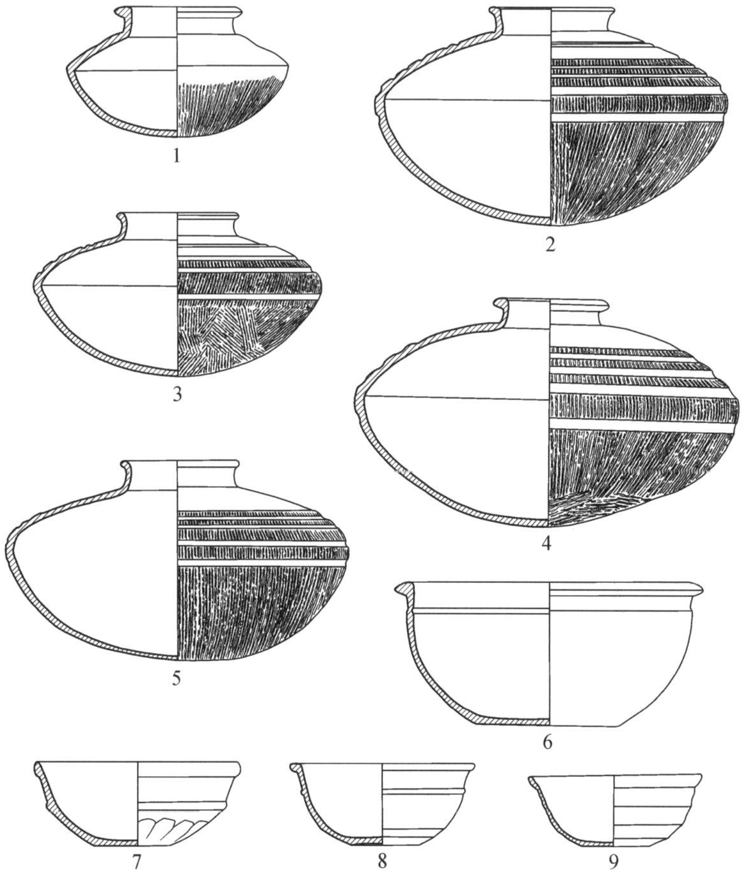

图九三　M28出土陶器

1～5. 小口圜底罐（M28：21、M28：35、M28：40、M28：43、M28：9）　6、8. 盆（M28：61、M28：28）

7、9. 碗（M28：60、M28：19）

盆　3件。

M28：61，位于墓道西南角，保存完整。夹细砂褐胎灰皮陶。口微敛，尖唇，斜沿，短颈，圆腹，平底。素面。口径28.2、底径14、高12.6，厚0.5～0.7厘米（图九三，6）。

M28：28，位于墓室西南部，保存一般。泥质红陶。敞口，圆唇，卷沿，深腹外弧，平底微内凹。腹上部有一周凸棱，下部有折线。口径16.2～16.4、底径5.5～5.7、高7.2、厚0.5～0.6厘米（图九三，8）。

M28：5，位于墓道西南角。保存极差，不能修复。

钵　1件（M28：31）。位于墓道北壁西段，保存极差，不能修复。

碗　2件。形制为敞口，弧腹，平底。

M28：19，位于墓道西部中段，保存完整。夹细砂灰陶。腹部有三周浅凸棱。口径15.8、底径6.2、高6.2～6.4、厚0.3～0.5厘米（图九三，9）。

M28：60，位于墓道西南部，保存一般。夹细砂灰陶。腹部有一周宽凸棱。近底部有一排刀削痕迹。口径16.8～17.3、底径6.8～7.4、高7.5、厚0.4～0.6厘米（图九三，7；图版三三，4）。

器盖　1件（M28：45）。位于墓道北壁中段，保存较差，不能修复。

（二十七）M29

位于T2044西南部，向西延伸至T1944东南部。开口于第2层下。打破生土（图九四；图版三四，1）。

墓葬形制为土坑竖穴墓，方向285°，大致为东—西方向，朝向澎溪河。现存墓口距地表深42厘米，墓口海拔159.53 米。墓葬西端已被全部破坏。墓室平面大致呈长方形，保存的三壁大体垂直，墓口东西残长280、南北宽210、现存墓口距墓底深25厘米。墓内北、东、南三侧有熟土二层台，宽24～46厘米。

墓内填灰褐色花土，二层台部分土质较硬，结构较紧密，颗粒较粗，包含褐土块、烧土粒等。椁内填土的土质较黏，结构较疏松，颗粒较粗，包含褐土块、黄土块等。

葬具痕迹较长较宽，都远远超过了棺的大小，所以应为椁，已完全腐朽，但板灰痕迹清晰可见。椁内未发现棺的迹象。椁位于墓室中部，平面呈长方形，其西端被晚期堆积破坏不存，残长258、宽132、高25厘米，板灰厚约6厘米。椁内未发现棺的痕迹。

墓葬内未发现人骨痕迹。

椁内共发现21件随葬品，均为陶器。器形有鼎、甑、罐、壶、盆、钵、豆、碗、勺、盒和器盖。

鼎　1件（M29：19）。位于椁内南壁中部偏东，保存较好，有盖，均为泥质灰褐胎灰皮陶，陶胎坚硬。宽子母口，子口内敛，半球状腹，沿下有两个对称的长方形附耳，三蹄形足。腹部有一周浅凹槽。覆钵形盖（M29：11），口微敛，弧形，顶部有三个等距分布的泥突状纽。鼎口径16.5～17.2、高19、厚0.5～0.7厘米，器盖口径20.8、高6.7、厚0.5～0.7厘米，通高21.4厘米（图九五，5；图版三四，2）。

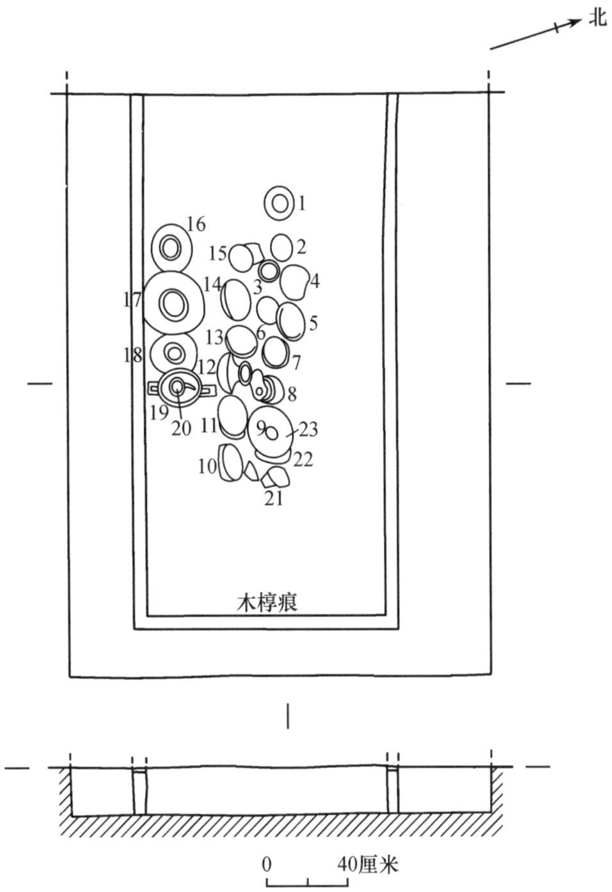

图九四　M29平、剖面图

1、10. 陶盒　2、9、11. 陶器盖　3、6. 陶钵　4、5、7、14、15. 陶碗　8、17、18. 陶壶　12、16. 陶罐　13. 陶甑　19. 陶鼎　20. 陶勺　21. 陶豆　22. 陶盆　23. 陶钵

甑　1件（M29：13）。位于椁内中部，保存一般。夹极细砂灰陶。深腹盆形，敞口，尖圆唇，平折沿，弧腹，平底，底部残存七个小圆孔。素面。口径13.8～15.2、底径6.9、高6.8、厚0.2～0.4厘米（图九六，15）。

罐　2件。

M29：12，位于椁内中部偏东，保存完整。夹细砂灰陶。直口，尖圆唇，平折沿，沿面较宽，束颈略高，斜折肩，圆腹，圜底。腹及底部饰竖向中细绳纹。口径13.8、最大腹径20.6、高15.4、厚0.4～0.8厘米（图九六，2；图版三四，4）。

M29：16，位于椁内南壁中部偏西，保存较好。泥质浅黄褐陶。小口微敛，尖圆唇，极短颈，斜折肩，弧腹外折，平底内凹。肩、腹部饰竖向细绳纹，折肩部位有斜向刻划纹，近底部有一排较宽的刀削痕迹。口径12.3～12.4、底径13.3～13.6、高15.2、厚0.4～0.7厘米（图九六，1；图版三四，5）。

壶　3件。

M29：17，位于椁内南壁中部偏西，保存较好，有盖。夹细砂黄褐胎灰皮陶，表皮剥蚀殆尽。浅盘形口，尖圆唇，平沿，粗颈较长，圆肩，圆腹，矮圈足。肩部有两个对称的兽面铺首衔环。颈肩交界处和腹部各有两周凹槽。覆钵形盖（M29：2），夹细砂浅黄褐陶。口微敛，弧形盖面，顶部有三纽，已残失。壶口径13.8、底径15.5～15.7、高31、厚0.4～0.5厘米；盖口

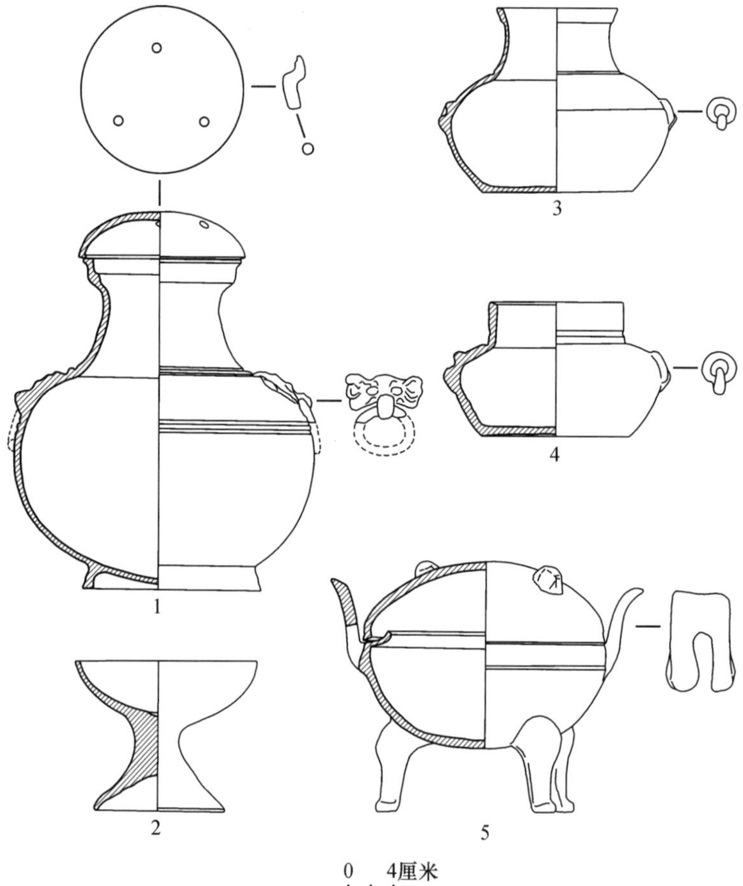

图九五　M29出土陶器

1、3、4. 壶（M29：17+M29：2、M29：18、M29：8）　2. 豆（M29：21）　5. 鼎（M29：19+M29：11）

径13.5、残高4、厚0.4～0.6厘米（图九五，1；图版三五，6）。

M29：18，位于椁内南壁中部，保存一般。夹细砂灰胎灰皮陶，表皮剥蚀殆尽。侈口，叠唇，窄平沿，粗颈略高，圆肩，圆腹较浅，平底。腹部有两个对称的衔环。颈肩交界处有一周阶状凸起。口径9.8～10.2、最大腹径20.6、底径13.3、高15.4、厚0.2～0.6厘米（图九五，3；图版三五，4）。

M29：8，位于椁内中部偏东，保存较好。夹砂灰胎黑皮陶。直口，窄斜沿，直颈，圆肩，浅斜腹，平底微内凹。肩部有两个对称的衔环。颈肩交界处有一周阶状凸起。口径11.6～11.8、最大腹径17.6～17.9、底径12.5～12.8、高11.3、厚0.6～0.8厘米（图九五，4；图版三五，3）。

盆　1件（M29：22），位于椁内中部偏东，保存一般。夹细砂灰陶，表皮剥蚀殆尽。口微敞，尖圆唇，平折沿，曲腹，平底。素面。口径16.5～16.7、底径6.2～6.4、高5.5、厚0.3～0.6厘米（图九六，11）。

钵　3件。

M29：3，位于椁内中部偏西，保存完整。泥质灰陶。敛口，弧腹，平底。素面。口径11、底径4、高4.1、厚0.35～0.45厘米（图九六，10）。

M29：6，位于椁内中部偏西，保存较好。夹极细砂灰陶。敞口，折腹，平底。素面。口

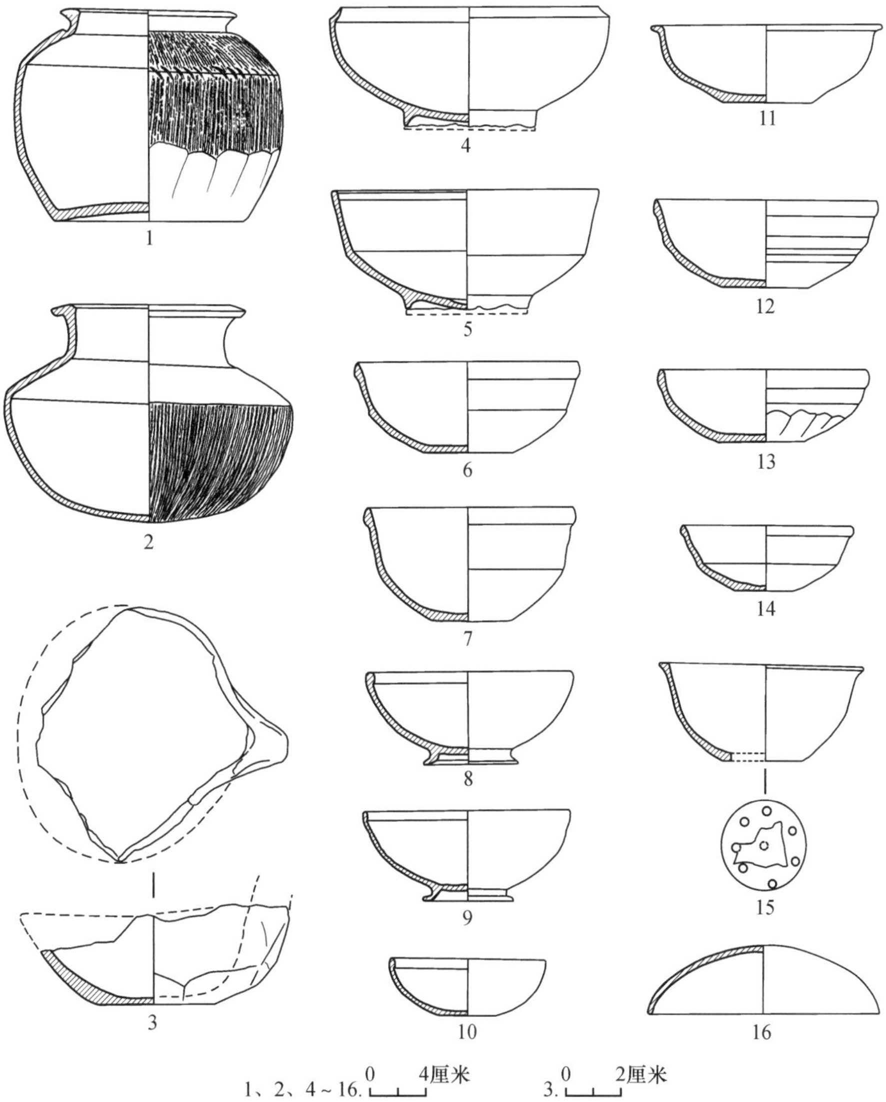

图九六　M29出土陶器

1、2. 罐（M29∶16、M29∶12）　3. 勺（M29∶20）　4、5. 盒（M29∶10、M29∶1）　6～9、12. 碗（M29∶5、M29∶14、M29∶4、M29∶7、M29∶15）　10、13、14. 钵（M29∶3、M29∶23、M29∶6）　11. 盆（M29∶22）　15. 甑（M29∶13）　16. 器盖（M29∶9）

径12.4～12.8、底径4～4.3、高4.6、厚0.5～0.7厘米（图九六，14）。

M29∶23，保存较差。夹极细砂灰陶。敞口，弧腹，平底。腹部有两周折线，近底部有一排刀削痕迹。口径13.6～14.1、底径6.5、高5.1、厚0.2～0.3厘米（图九六，13）。

豆　1件（M29∶21）。位于椁内中部偏东，保存一般。夹细砂黄褐陶。钵形豆盘，敞口，弧腹，矮细柄，喇叭形矮圈足。素面。口径15～15.2、足径11.4、高12.9、厚0.3～0.5厘米（图九五，2；图版三五，5）。

碗　5件。

M29∶5，位于椁内中部，保存一般。夹极细砂灰陶。敞口，弧腹，平底。腹中部有一周阶状凸起。口径15.6～16、底径6.1～6.3、高6.4、厚0.3～0.5厘米（图九六，6）。

M29∶14，位于椁内中部，保存一般。夹极细砂灰陶。敞口，弧腹较深，平底。腹中部有一周折线。口径14.9～15.1、底径5.5～5.8、高7.9、厚0.3～0.5厘米（图九六，7；图版三五，1）。

M29：15，位于椁内中部偏西，保存一般。夹细砂灰陶。敞口，弧腹，平底。器表有制作时留下的波浪状起伏。口径15.9～16.1、底径5.9～6、高6.3、厚0.3～0.4厘米（图九六，12；图版三五，2）。

M29：4，位于椁内中部偏西，保存一般。泥质褐胎陶。敛口，弧腹，矮圈足。素面。口径13.8～14.1、底径6.2、高6.5、厚0.3～0.4厘米（图九六，8）。

M29：7，位于椁内中部，保存完整。泥质灰褐胎灰白皮陶。口微敛，弧腹，矮圈足。素面。口径14.8、底径5.6、高6.4、厚0.35～0.45厘米（图九六，9）。

勺　1件（M29：20）。置于M29：19鼎腹内，保存极差。泥质灰白陶。钵形勺体，残，平面近圆形，口沿、底和柄残。残高3.5、残长9.1、厚0.35～0.7厘米（图九六，3）。

盒　2件。

M29：1，位于椁内西端，保存一般。夹细砂灰陶，表皮剥蚀殆尽。敞口，斜折腹，矮圈足，残，内底中部下凹。素面。口径18.6～19、底径约9、高8.4、厚0.3～0.4厘米（图九六，5；图版三四，3）。

M29：10，位于椁内东部偏西，保存一般。夹细砂灰褐胎灰皮陶，表皮剥蚀殆尽。子母口，子口内敛，圆腹，矮圈足残。素面。口径18～18.6、底径8.8～9.2、高8.5、厚0.3～0.6厘米（图九六，4）。

器盖　1件（M29：9）。位于椁内中部偏东，保存一般。夹细砂灰褐胎灰皮陶，表皮剥蚀殆尽。小半球形，敞口。素面。口径16.6～16.8、高4.7、厚0.4～0.5厘米（图九六，16）。

（二十八）M30

位于T2045南部，向南伸入T2044的北部、向西伸入T1945的南部。开口于第2层下，打破生土。

墓葬形制为土坑竖穴墓，方向282°，大致呈东西方向，朝向澎溪河。墓口距地表深约40厘米。墓口海拔159.49～159.55米。墓葬整体为有把刀形，由墓室和墓道两个部分组成，东西总长为594厘米（图九七；图版三六，1）。墓室平面呈长方形，东西长394、南北宽360、墓口至墓底深150厘米。斜坡状墓道外端受到破坏，现存部分平面近长方形，长200、宽164～210、深54～126厘米，外（西上）浅内（东）深，墓道底部比墓室底部高约20厘米。

墓内填灰褐色五花土，夹杂红褐、黄褐土块，土质较硬，结构较致密，含有很多砂粒、草木灰等杂物。椁室内填红褐色五花土，土质较软，结构较疏松，含有砂粒、石粒、草木灰等杂物。

墓室内葬具为一椁，已完全腐朽，椁内没有发现棺木的痕迹。椁的平面形状为长方形，东西长344、南北宽276、现存高度58厘米，椁板灰痕厚约6厘米。

墓内未发现人骨的痕迹。

墓内随葬品的数量较多，均放置于椁室的后半部，共发现62件（组），其中铜器1组，陶器61件（组）。

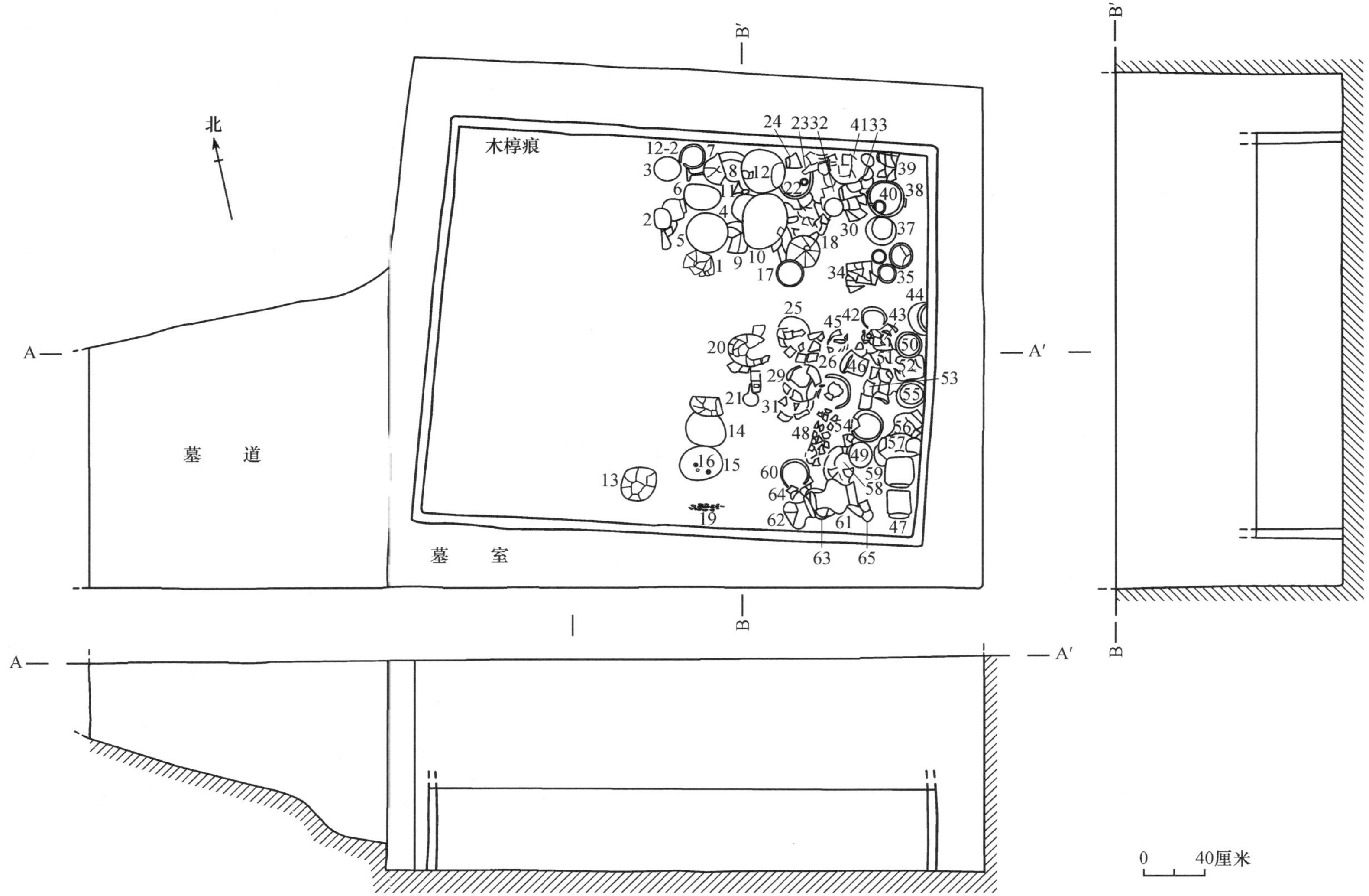

图九七　M30平、剖面图

1、9、24、30、34、35、39、44、46、47、50、52、54、55、65. 陶仓　2、6、12、32、33、37、56、57、61、62、64. 陶壶　3、4、10、51、58. 陶器盖　5、26、41、49、53. 陶盒　7、25、60、63. 陶甑　8、18、43、59. 陶罐　11、42、45. 陶豆　13～15. 陶碗　16. 铜钱　17、31、48. 陶盆　19. 陶串饰　20、22、29、38. 陶鼎　21、23、40. 陶勺（27、28、36销号）

1. 铜器

1组13枚（M30：16）。器形为铜钱。位于椁室南部中段。圆形，方穿，钱文清楚者均为“五铢”。

M30：16-1，直径2.5厘米（图一〇〇，16）。

2. 陶器

61件（组），器形有鼎、甑、仓、罐、壶、盆、豆、碗、勺、盒、器盖和串饰。其中部分器盖与相关陶器配套使用。

鼎　4件。形制为子母口，矮子口内敛，半球形腹，圜底，下附三蹄形足，腹上端两侧有对称的长方形附耳。

M30：20，位于椁室中部偏东，保存较好。泥质黑皮浅灰褐胎陶。腹部有三周凹槽。口径15.6～16.2、通高20.4、厚0.6厘米（图九八，1）。

M30：22，位于椁室东北部，保存较好。泥质浅灰褐陶。腹部有两周凹槽。口径18.2～18.4、通高17.6、厚0.4～0.6厘米（图九八，2；图版三八，2）。

M30：29，位于椁室东南部，保存较好。泥质黑皮灰胎陶。底部较缓。腹部有两周凹弦纹。口径16.3～16.5、通高18.4、厚0.4～0.7厘米（图九八，3；图版三八，1）。

M30：38，位于椁室东北角，保存较好。泥质灰褐陶。底部较缓。腹部有两周凹槽。口径17.2～17.6、通高17.6、厚0.5～0.8厘米（图九八，4）。

甑　4件。深腹盆形，敛口，圆唇，卷沿，斜腹外弧，平底有小孔。

M30：7，位于椁室北壁中部，保存较好。泥质浅灰陶。短颈，底部有16个小孔。素面。口径19.2～19.6、底径8.1～8.3、高9.5、厚0.6～0.8厘米（图九九，1）。

M30：25，位于椁室中部偏东，保存较好。泥质黑皮灰褐胎陶。尖圆唇，弧形沿面，底部残存6个小孔。素面。口径18.1～18.3、底径7～7.3、高9.1、厚0.4～0.7厘米（图九九，2）。

M30：60，位于椁室东南部，保存一般。泥质红褐陶。尖圆唇，口沿外伸，平底内凹，底部有10个小孔。腹部残留少量竖向细绳纹。口径19.2～19.5、底径8.4～8.6、高10.7、厚0.5～0.8厘米（图九九，3）。

M30：63，位于椁室东南部近南壁，保存较好。泥质灰皮浅灰褐胎陶。短颈，底部有10个小孔。素面。口径21.7～21.9、底径8.7～9、高约11.1、厚0.6～0.8厘米（图九九，4；图版三七，6）。

仓　14件。整体呈筒形，子母口，筒形腹，平底。

M30：1，位于椁室中部偏北，保存较好。夹极细砂浅灰褐陶。瘦高体，子口内敛，平底。上腹部有一周粗凸棱，凸棱上刻划斜向短条纹。口径9.05、底径12、高约16.1、厚0.6厘米（图一〇〇，1）。

M30：9，位于椁室中部偏北，保存较好，有盖。泥质黑皮浅灰褐陶。瘦高体，子口内敛。上腹部有一周粗凸棱，其上刻划斜向短条纹，下腹部有轮制时形成的折线。覆钵形器盖，敛口，窄平沿，折腹，弧形盖面。仓口径9、底径11.8～12.7、高16.4、厚0.6厘米，盖口径

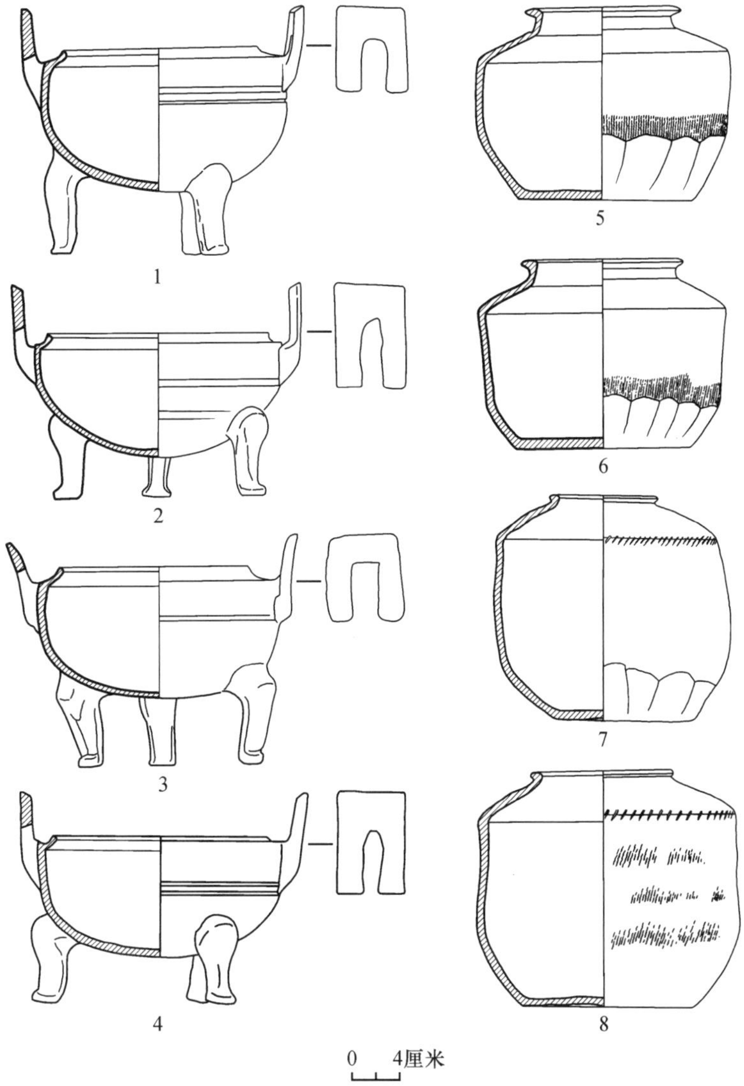

图九八　M30出土陶器

1～4. 鼎（M30：20、M30：22、M30：29、M30：38）　5～8. 罐（M30：8、M30：18、M30：43、M30：59）

10.7～11、高3.1、厚0.4～0.8厘米，通高19厘米（图一〇〇，13；图版三六，3）。

M30：24，位于椁室北壁东段，保存较好。泥质灰陶。瘦体，子口内敛。上腹部有一周粗凸棱，凸棱上刻划斜向短条纹，近底部有一排较长的刀削痕迹。口径9.1～9.7、底径11.5～12.3、高16.3、厚0.6～0.9厘米（图一〇〇，2）。

M30：30，位于椁室东北部，保存较好。泥质夹极细砂灰陶。瘦高体，子口内敛。上腹部有一周粗凸棱，凸棱上刻划斜向短条纹，近底部有两排刀削痕迹。口径8.4～9.2、底径11.3、高15.8、厚0.5～0.8厘米（图一〇〇，3）。

M30：34，位于椁室东北部近东壁，有盖。泥质灰陶。瘦高体，子口内敛。上腹部有一周粗凸棱，凸棱上刻划斜向短条纹，近底部有一排较长的刀削痕迹。覆钵形器盖，直口微敛，窄平沿，圆弧形盖面。素面。仓口径9.1、底径11.6、高16.1、厚0.6厘米，盖口径11.1～11.4、高3.2、厚0.2厘米，通高18.8厘米（图一〇〇，14）。

M30：39，位于椁室东北角，保存较好。泥质灰陶。瘦高体，子口内敛。上腹部有一周粗凸

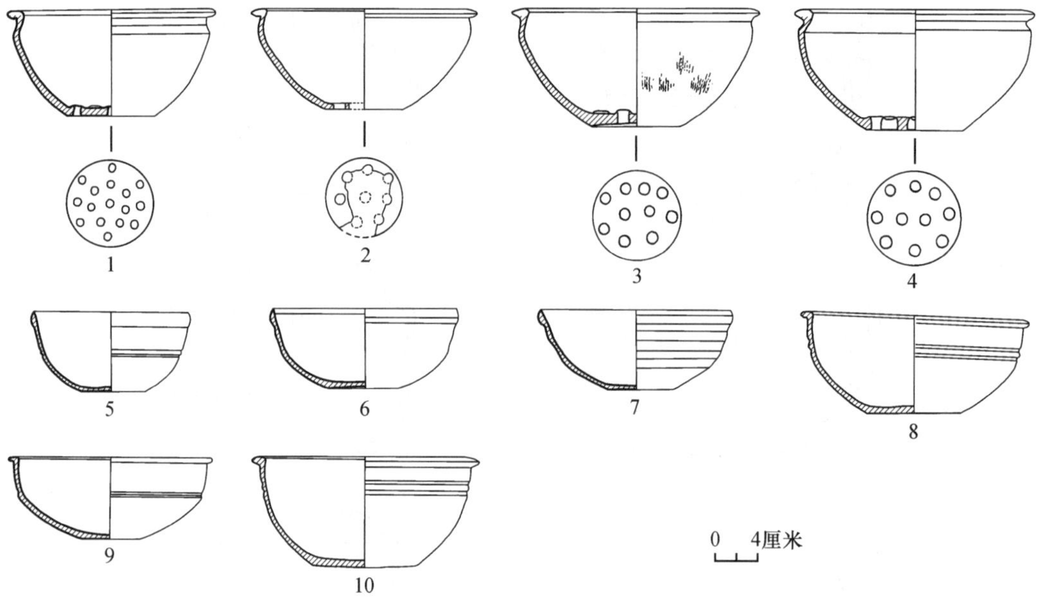

图九九　M30出土陶器

1～4. 甑（M30：7、M30：25、M30：60、M30：63）　5～7. 碗（M30：13、M30：14、M30：15）　8～10. 盆（M30：31、M30：17、M30：48）

棱，凸棱上刻划斜向短条纹。口径8～8.4、底径12.1、高15.9、厚0.5～0.9厘米（图一〇〇，5）。

M30：44，位于椁室东壁中段，保存一般，有盖。泥质红褐陶。粗矮体，子口内敛。腹壁残留少量竖向细绳纹，近底部有两排刀削痕迹。覆钵形器盖，整体呈圆弧形。仓口径11.6～11.7、底径12.4～12.6、厚0.5～0.7厘米，盖口径14.2～14.8、高5、厚0.3～0.4厘米，通高19.8厘米（图一〇〇，8；图版三六，4）。

M30：46，位于椁室东部中段，保存较好。泥质灰褐陶。粗矮体，子口内敛，器表不平整。通体饰模糊的竖向细绳纹。口径11.2、底径12.1～12.2、高约17、厚0.5～1厘米（图一〇〇，6）。

M30：47，位于椁室东南角，保存一般，有盖。器身为泥质灰陶。粗矮体，子口内敛，平底略凹凸。器壁上下有三排长短不一的刀刮削痕迹。覆钵形器盖，泥质浅灰褐陶。整体呈圆弧形，口微敛，窄平沿。素面。加盖通高19.1厘米，仓口径11.7、底径13.3、高15.9、厚0.4～0.9厘米，盖口径13.8、高4.2、厚0.6厘米（图一〇〇，4）。

M30：50，位于椁室东壁中部，保存一般。泥质浅灰褐陶。粗矮体，子口内敛。器表有模糊的细绳纹，近底部有两排刀削痕迹。口径10.9、底径14.9、高15.5、厚0.6厘米（图一〇〇，7）。

M30：52，位于椁室东壁中部，保存较好。泥质黄褐陶。粗矮体，子口内敛。器表有隐约竖向细绳纹，近底部有一排刀削痕迹。口径12、底径14～14.7、高16.3、厚0.4～0.6厘米（图一〇〇，10）。

M30：54，位于椁室东南部，保存较好。泥质灰褐陶。子口内敛。通体饰模糊的竖向细绳纹。口径11.9～12、底径14.7～14.8、高17、厚0.5～0.6厘米（图一〇〇，9）。

M30：55，位于椁室东壁中部，保存较好。夹极细砂红褐陶。粗矮体，子口内敛。器表局部有模糊的竖向细绳纹。口径12、底径13.8、高15.6～16、厚0.5厘米（图一〇〇，11）。

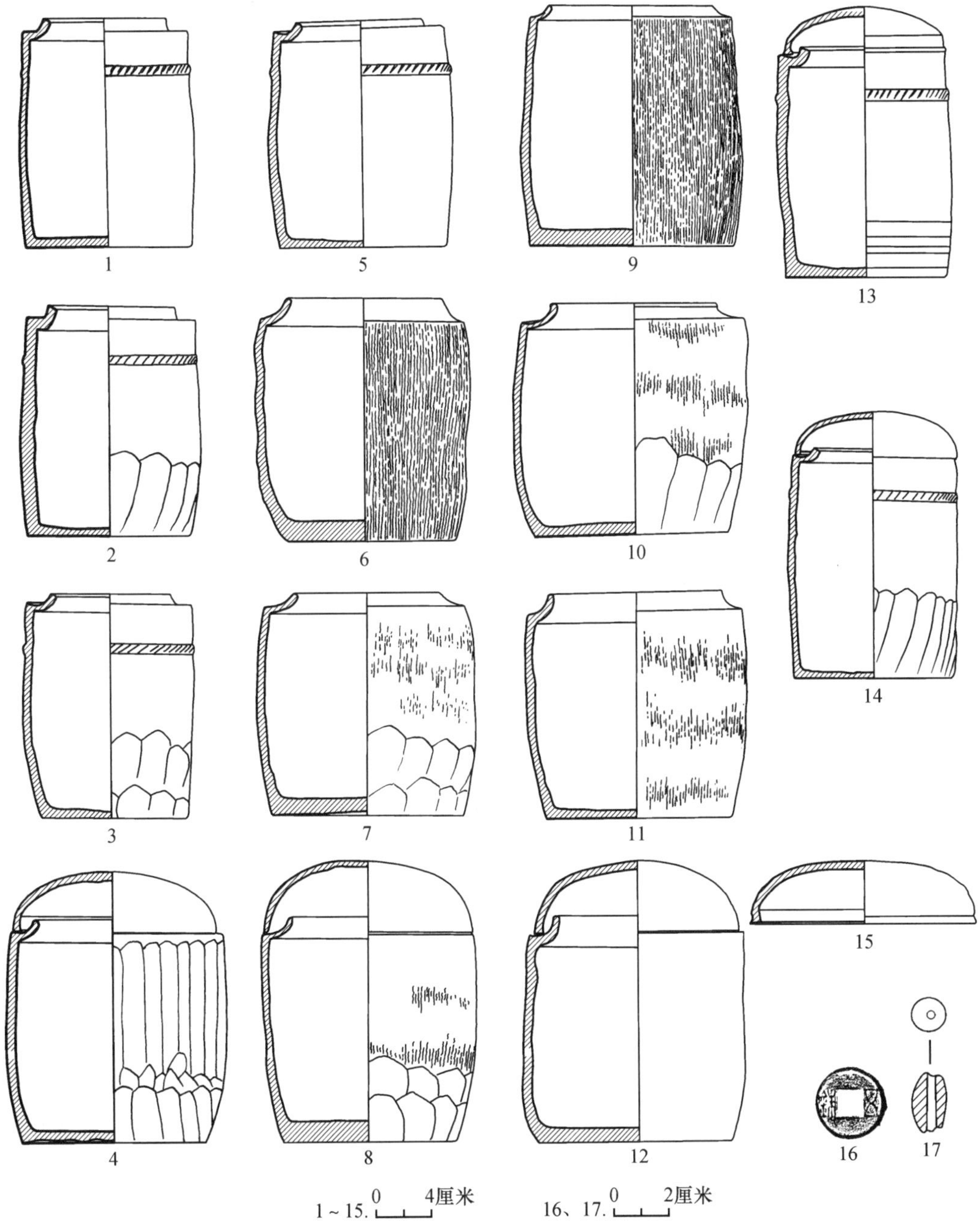

图一〇〇　M30出土器物

1～14. 陶仓（M30：1、M30：24、M30：30、M30：47、M30：39、M30：46、M30：50、M30：44、M30：54、M30：52、M30：55、M30：65、M30：9、M30：34）　15. 陶器盖（M30：35）　16. 铜钱（M30：16）　17. 陶串饰（M30：19）

M30：65，位于椁室东南角，保存较好，有盖。泥质黄褐偏灰陶。粗矮体，子口内敛。素面。覆钵形器盖，制作不甚规整，整体呈圆弧形。素面。仓口径12、底径14.3～14.7、仓壁厚0.6厘米，盖口径14.6、高5、厚0.5厘米，通高19.8厘米（图一〇〇，12）。

罐　4件。形制为小口，广折肩，近直腹下部折收，平底。

M30：8，位于椁室北部中段，保存较好。泥质黑皮黄褐胎陶。侈口，尖唇，卷沿，短束颈。腹部有一周竖向细绳纹带，近底部有一排刀削痕迹。口径9.5～10.7、最大腹径21.4、底径15.3～15.8、高15.5～16、厚0.6厘米（图九八，5；图版三七，4）。

M30∶18，位于椁室东北部，保存较好。泥质灰黄陶。侈口，尖唇，窄卷沿。腹部有一周竖向细绳纹带，近底部有一排刀削痕迹。口径13.8～14、最大腹径21～21.3、底径14.9～15.2、高15.4、厚0.5～0.8厘米（图九八，6）。

M30∶43，位于椁室东壁中段，保存一般。夹细砂灰陶。侈口，圆唇，窄卷沿，底部不平微内凹，器形不规整。折肩部位有一周斜竖向短条形刻划纹，近底部有一排较宽的刀削痕迹。口径8.4～9.2、底径11.6～12.9、最大腹径20、高18.4、腹深17.5、厚0.4～0.8厘米（图九八，7）。

M30∶59，位于椁室东南角，保存较好。泥质灰陶。侈口，圆唇，窄卷沿，底部不平微内凹。折肩部位有一周斜竖向短条形刻划纹，腹壁残余少量斜向细绳纹。口径10.2、最大腹径22、底径13.8～14.6、高19.2～19.6、厚0.6～0.9厘米（图九八，8；图版三七，3）。

壶　11件。壶的数量较多，形制也有所差别，大体可以分为两类：一类为盘形口，圈足，肩部两侧有对称的铺首衔环；另一类为较大的平底，壶身则相对较扁。

M30∶12，位于椁室北壁中段，保存较好，有盖。为夹极细砂灰陶。尖唇，窄斜沿，束颈，圆肩，近球形腹，圈足较矮。颈肩交界处有三周阶状凸起，腹部有四周凹槽，圈足有两周凹槽。覆钵形子母口器盖，位于墓室北部中段偏东。泥质灰陶。矮子口内敛，圆弧形盖面，顶部近平，其上有三个圆形纽的痕迹，纽已残失。壶口径12.6～12.8、最大腹径28.7～29.3、底径18.5～18.8、高约29.6、厚0.6～0.9厘米，盖口径11.2、高4.8、厚0.3～0.5厘米，通高33.8厘米（图一〇一，1；图版三六，2）。

M30∶32，位于椁室东北部，器身保存较好，有盖。为夹极细砂灰陶。浅盘口，尖唇，窄平沿，束颈，圆肩，近球形腹，圈足较矮。颈肩交界处有一周阶状凸起，肩、腹部有五周凹槽，圈足有三周凹槽。覆钵形子母口器盖，保存一般。夹细砂浅灰褐陶。子口内敛，圆弧形盖面，顶部残存三个圆形纽痕迹，纽已残失。壶口径12.1～12.4、最大腹径30.8、底径18.7～19.5、厚0.6～0.8厘米，盖口径11.5～11.8、高约5.2、厚0.5～0.8厘米，通高32.6厘米（图一〇一，2）。

M30∶57，位于椁室东南角近东壁，器身保存较差，有盖。泥质灰陶。束颈，圆肩，球形腹，腹部以下残失。颈肩交界处有五周阶状凸起，腹部饰不明显的细绳纹。覆钵形器盖，直口，折腹，弧形盖面，顶部有三个卷云形（“S”形）纽。壶口径14.6、残高27、最大腹径26.6、厚0.6～1.2厘米，盖口径14、高6.5、厚0.8厘米，残高34.1厘米（图一〇一，4）。

M30∶61，位于椁室东南角，保存较好，有盖。泥质灰皮浅黄褐色胎。窄平沿，束颈，圆肩，球形腹，圈足较高。肩颈交界处有三周阶状凸起，腹部有两周凹槽，下腹部残存少量斜向细绳纹，圈足有三周凹槽。覆钵形子母口器盖，保存一般。子口内敛，圆弧形盖面，顶部有三个圆形纽痕迹，纽已残失。壶口径12.4、底径16.3～16.6、厚0.6～0.8厘米，盖口内径10～10.6、外径12.4～12.5、厚0.4厘米，通高35.6厘米（图一〇一，3）。

M30∶64，位于椁室东南部，保存一般，有盖。器身为泥质灰褐陶。圆唇，盘口，长颈，广折肩，斜腹较浅。肩部有两个衔环。颈肩交界处有一周阶状凸起。覆钵形子母口器盖，泥质灰皮浅灰褐胎陶。子口内敛，浅折腹内凹，弧形盖面，盖面上有三个卷云状纽。壶口径11.4～11.6、最大腹径22.8～23、底径12.1～12.4、高约19.7、厚0.4～06厘米，盖口径8.3～8.6、高4.5、厚0.4厘米，通高23.2厘米（图一〇二，2；图版三八，3）。

图一〇一　M30出土陶壶

1. M30：12　2. M30：32　3. M30：61　4. M30：57

M30：2，位于椁室北部中段，保存一般。泥质灰陶。直口微张，窄斜沿，粗长颈，斜折肩，圆腹较浅，平底微内凹。肩部有一周轻微的下凹。口径12.5～12.8、最大腹径19.3～19.6、底径13.4～13.8、高14.2、厚0.6～0.8厘米（图一〇二，5）。

M30：6，位于椁室北部中段，保存一般。泥质灰陶。器形不规整，直口微张，尖唇，窄斜沿，粗长颈，斜折肩，圆腹较浅，平底。素面。口径12.4、底径12.3～12.8、高13.8～15.5、厚0.4～0.6厘米（图一〇二，3）。

M30：33，位于椁室东北角，保存较好。泥质灰陶。盘口微显，尖唇，窄斜沿，粗颈内束，溜肩，鼓腹，平底微内凹。颈、肩交界处有两周阶状凸起，肩下部有一周凹槽。口径10.5～11、最大腹径19.7～21.2、底径13.2～13.5、高16.9、厚0.6～0.7厘米（图一〇二，6）。

M30：37，位于椁室东北部近东壁，保存较好。泥质灰皮浅灰褐色胎陶。盘口微显，窄平沿，粗颈微束，斜折肩，圆腹较浅，平底内凹。素面。口径12.4、腹径20.6、高15.4、厚0.6厘米（图一〇二，1；图版三八，4）。

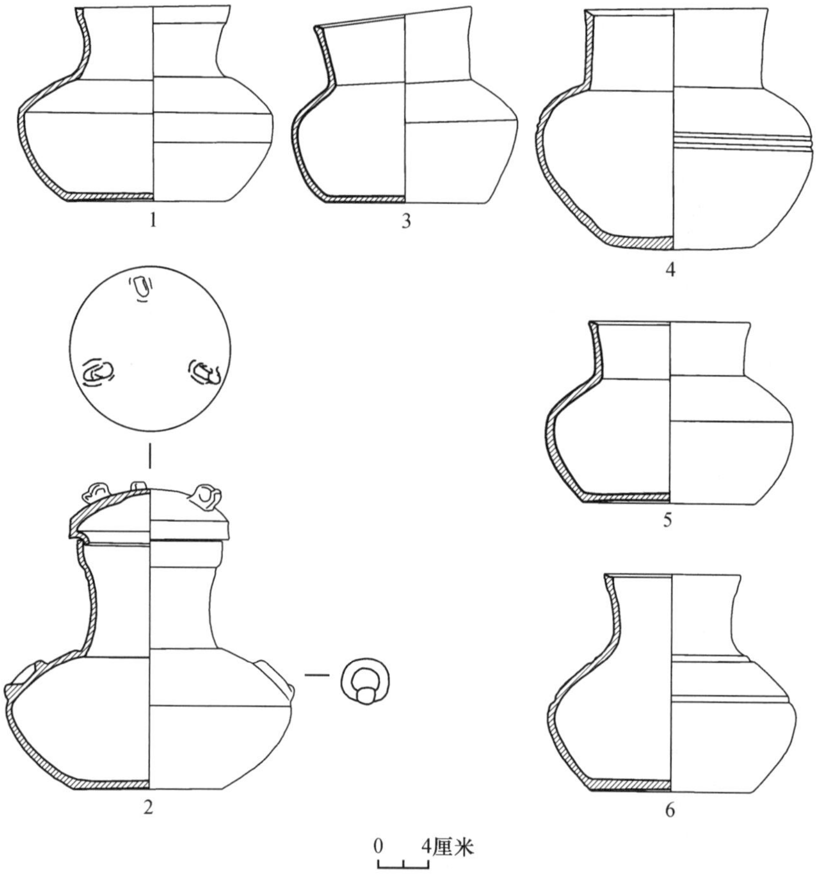

图一〇二　M30出土陶壶

1. M30：37　2. M30：64　3. M30：6　4. M30：62　5. M30：2　6. M30：33

M30：62，位于椁室东南角近南壁，保存较好。泥质夹砂灰陶。直口，尖唇，窄斜沿，高直颈，圆肩，圆腹，平底微鼓。腹部有两周凹槽。口径14.6～14.8、最大腹径22、底径11.2～11.9、高18.7、厚0.4～0.6厘米（图一〇二，4）。

M30：56，位于椁室东南角近东壁，保存极差，无法修复。泥质灰陶。

盆　3件。形制为圆唇，折沿，深腹外弧，平底。

M30：17，位于椁室中部偏东北，保存较好。泥质灰陶。腹中部有一周凹槽和阶状凸起的组合。口径18.7～18.9、底径5.3～5.5、高7.5、厚0.4～0.5厘米（图九九，9）。

M30：31，位于椁室中部偏东南，保存较好。泥质灰皮浅灰褐胎陶。腹中部有两周凹槽。口径21.1、底径8.2、高9.1、厚0.5～0.6厘米（图九九，8）。

M30：48，位于椁室东南部，保存一般。泥质灰陶。腹上部有两周凹槽。口径18.6～18.9、底径9.3～9.6、高9.9、厚0.4～0.7厘米（图九九，10）。

豆　3件。形制为钵形豆盘，细柄，喇叭状圈足，近底部折收。素面。

M30：11，位于椁室北部中段，保存较好。泥质灰褐陶。敛口，尖唇，窄斜沿，圆腹。口径17、底径12.5、高13.3～14.1、厚0.4～1.8厘米（图一〇三，14；图版三八，5）。

M30：42，位于椁室东部中段，保存较好。泥质黑皮灰胎陶。近直口，尖唇，窄斜沿，弧腹，长柄。口径15.4～15.6、底径10.8～11.1、高14.9、厚0.4～0.8厘米（图一〇三，13）。

M30：45，位于椁室东部中段，保存较好。泥质灰黄陶。敛口，圆唇，窄斜沿，斜弧腹，矮柄。口径15.8、底径12.3～12.5、柄粗3.3～3.7、高13.1、厚0.4～1.2厘米（图一〇三，15；图版三八，6）。

碗　3件。形制为敞口，弧腹，平底。

M30：13，位于椁室南部中段。保存较好。泥质黄褐陶。腹中部有两周凹弦纹。口径15.1～15.5、底径5.6、高7.1、厚0.3～0.4厘米（图九九，5；图版三七，5）。

M30：14，位于椁室南部中段。保存较好。夹极细砂灰陶。腹中部外鼓。素面。口径17.2、底径6.4～6.6、高7.1～7.4、厚0.4～0.6厘米（图九九，6）。

M30：15，位于椁室南部中段。保存较好。泥质灰陶。腹部有三周波浪状起伏。口径17～17.6、底径6～6.4、高7.3、厚0.4厘米（图九九，7）。

勺　3件。

M30：21，位于椁室中部偏东南。保存较好。泥质黑灰陶，施白釉。浅盘形勺体，平面近圆形，敞口，斜壁，圜底，内底中部有圆形下凹。一侧沿上竖立长柱状把手。残长9.7、宽10.8、通高5.7、厚0.3～1.7厘米（图一〇三，16）。

M30：23，位于椁室北壁东段。保存一般。夹极细砂灰陶。勺体为浅盘形，平面近圆形，甚浅，近平底，圆柱形竖把末端残失。素面。残长9.2、残宽9.9、残高6.3、厚0.2～0.4厘米（图一〇三，11）。

M30：40，位于椁室东北角。保存一般。泥质灰陶。勺体为钵形，平面近圆形，敞口，斜弧腹，圜底，一侧有长柱状把手，末端下卷。素面。长12.2、勺体长8、宽8.6、高3.3、厚0.2～1.2厘米，通高8厘米（图一〇三，12）。

盒　5件。共同特征的为深圆腹，矮圈足。以口部的差别可以分为两类，一类为近直口，另一类为子母口。

M30：5，位于椁室北部中段。保存一般。夹细砂浅灰陶。近直口，窄斜沿，沿面有一周很浅的凹槽。腹部有两周凹槽。口径22.6～23、底径8.2～8.5、高10.4、厚0.4～0.7厘米（图一〇三，2）。

M30：26，位于椁室中部偏东。保存一般。泥质黑皮灰胎陶。直口微敛，窄斜沿，沿面微下凹。腹部有两周凹弦纹和一周凸棱。口径22.2～22.6、底径8.2～8.7、高10.6、厚0.5～0.8厘米（图一〇三，3；图版三七，1）。

M30：41，位于椁室东北部近北壁。保存较好，有盖。泥质黄褐陶。子母口，矮子口内敛。素面。覆碗形器盖，与前两件盒相似，折腹，圈足状纽。腹部有一周凹槽和凸棱的组合。盒口径17.6～18.2、底径8.2、高9.3、厚0.5厘米，盖口径19.5～20、高9.3、顶径8.2、厚0.4厘米，通高18.3厘米（图一〇三，5）。

M30：49，位于椁室东南部。保存较好。泥质夹细砂浅灰褐陶。直口微敛，窄斜沿，外口部近唇处有一道下凹，弧腹。素面。口径22.1～22.6、底径8.1～8.3、高10.8、厚0.5～0.7厘米（图一〇三，1）。

M30：53，位于椁室东南部。保存较好，有盖。泥质灰陶。子母口，子口内敛。腹部有两周凹槽。覆碗形器盖，近直口，圆腹，圈足状纽。素面。盒口径22.1～22.6、底径8.1～8.3、高10.8、厚0.5～0.7厘米，盖口径18.9～19、底径9.4～9.6、高11、厚0.4～0.6厘米，通高21厘米（图一〇三，4；图版三七，2）。

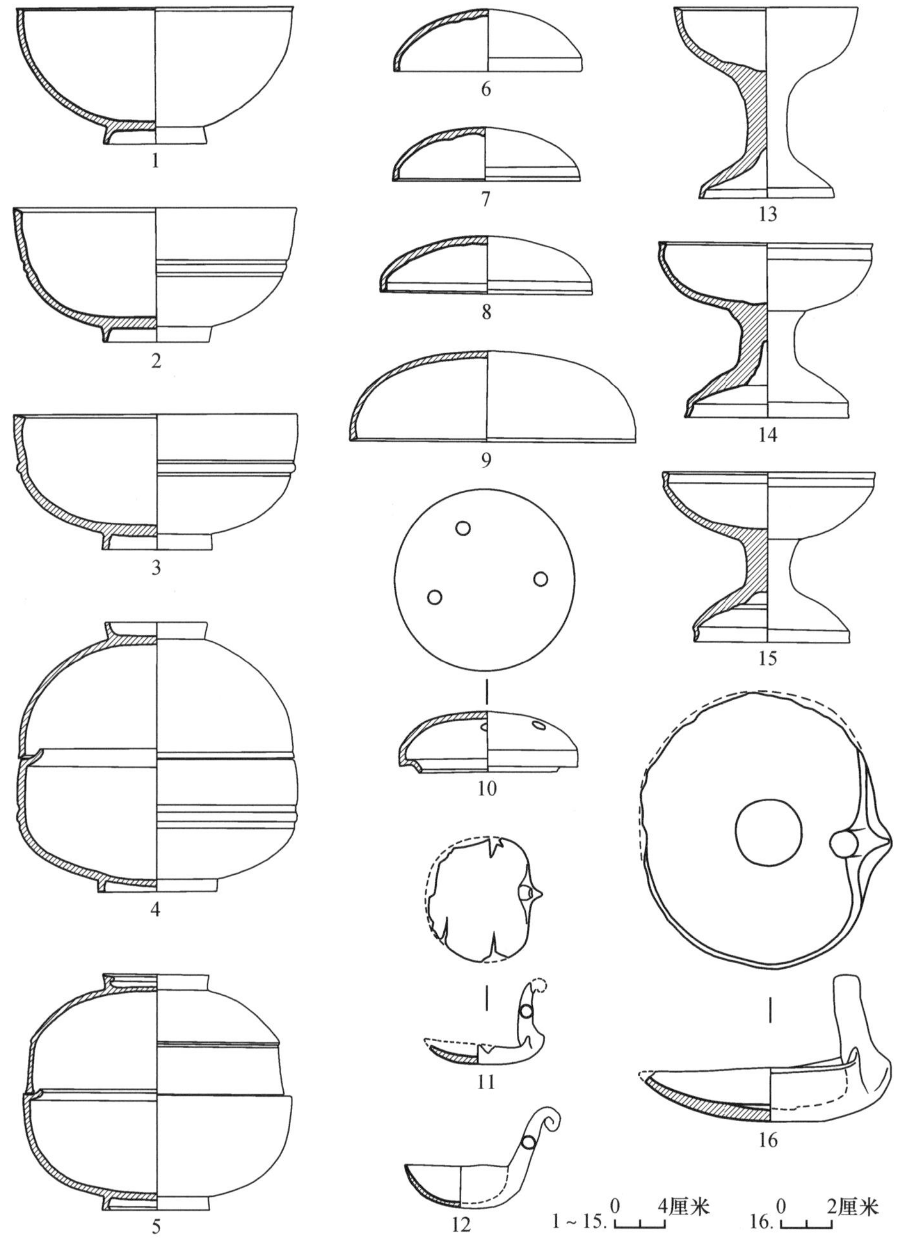

图一〇三　M30出土陶器

1～5. 盒（M30：49、M30：5、M30：26、M30：53、M30：41）　6～10. 器盖（M30：3、M30：10、M30：4、M30：58、M30：51）　11、12、16. 勺（M30：23、M30：40、M30：21）　13～15. 豆（M30：42、M30：11、M30：45）

器盖　6件。覆钵形器盖，整体呈浅圆弧形。

M30：3，位于椁室北部中段，保存较好。夹极细砂黄褐陶。近直口，唇面有一周凹槽，内壁有轮制时形成的波浪状凸起。素面。口径14.7～14.9、高4.8、厚0.5～0.7厘米（图一〇三，6）。

M30：4，位于椁室北部中段，保存较好。夹极细砂浅灰褐陶。圆弧形盖面，尖唇，小斜平沿，盖内壁有轮制时留下的轻微波浪状凸起。素面。口径16.7～17、高4.5、厚0.6～0.8厘米（图一〇三，8）。

M30：10，位于椁室东北部，保存较好。泥质灰色陶。近直口，窄斜沿，盖内壁有轮制时留下的波浪状凸起。素面。口径14.7～14.9、高4.2、厚0.5～0.6厘米（图一〇三，7）。

M30：35，位于椁室东北部近东壁。仓身破损严重，不能修复。仓盖为覆钵形。夹极细砂黑皮灰褐胎陶。敛口，窄平沿，口外有一周凹槽，弧壁，顶面平缓。内壁有轮制时留下的波浪状起伏。口径16.4～16.5、高4.4、厚0.5～0.7厘米（图一〇〇，15）。

M30：58，位于椁室东南部，保存较好。夹极细砂灰褐陶。敛口，窄斜沿。素面。口径21.4～21.6、高7.1、厚0.4～0.6厘米（图一〇三，9）。

M30：51，位于椁室东部中段，保存一般。泥质灰褐陶。子母口，矮子口内敛，宽母口，弧形盖面，顶部有三个圆形纽痕迹，纽已残失。素面。口内径10.7、盖面最大径14.1、高4.6、厚0.6厘米（图一〇三，10）。

串饰　1组18件（M30：19）。位于椁室南壁中段。平面近椭圆形，横断面近圆形，纵向穿孔。

M30：19-1，残长2.1、最粗1.3、孔径0.4厘米（图一〇〇，17）。

（二十九）M31

位于T2146的北半部，向北延伸到T2147、T2047、T2046探方之内。开口于第2层下，打破生土。

墓葬形制为土坑竖穴券顶砖室墓，方向285°，大致为东西方向，朝向澎溪河。墓口距地表深约40厘米，墓口海拔159.55～159.62米。墓葬平面近“凸”字形，总长为515厘米（图一〇四；图版三九，1）。墓葬由墓室和墓道两部分组成，券顶已被破坏。墓室为长方形，东西长341、南北宽221、墓口至墓底深105厘米，砖室为长方形，东西长325～340、南北宽212厘米；墓道平面近梯形，底部为外高内低的斜坡状，长174、宽116～150、深20～100厘米。墓室与墓道相接处有封门墙，由于受到严重破坏，现仅在底部残存几块排列不整齐的封门砖。

墓室内填土分为两层：上层厚约45厘米，为褐色花土，土质较硬，结构较致密，包含物有砖块、石粒等，沙性较大，分选不好；下层厚约30厘米，为褐色淤土，夹杂黄色淤土块等，土质较软，结构较疏松，黏性比较大，包含物有石粒、砂粒、草木灰等，分选不好。

墓室内未发现葬具，也没有人骨的痕迹。

随葬品主要纵向置于墓葬的中部和靠近墓道的一端，共计30件（组），其中铜器1组，铁器1件，釉陶器22件，陶器6件。

1. 铜器

1组3件（M31：5）。

器形为铜泡，散落于墓室西南部。保存甚差，残破较甚。青绿色，表面鎏金。圆弧形帽，长锥状钉。

M31：5-1，帽径残长1.7、残高0.96、钉柱残高0.84、帽壁厚0.12厘米（图一〇五，3）；

M31：5-2，帽径残长1.7、残高0.9、钉柱残高0.77、帽壁厚0.13厘米（图一〇五，2）；

M31：5-3，帽径残长4.25、高2.27、钉柱高2.18、帽壁厚0.09厘米（图一〇五，1）。

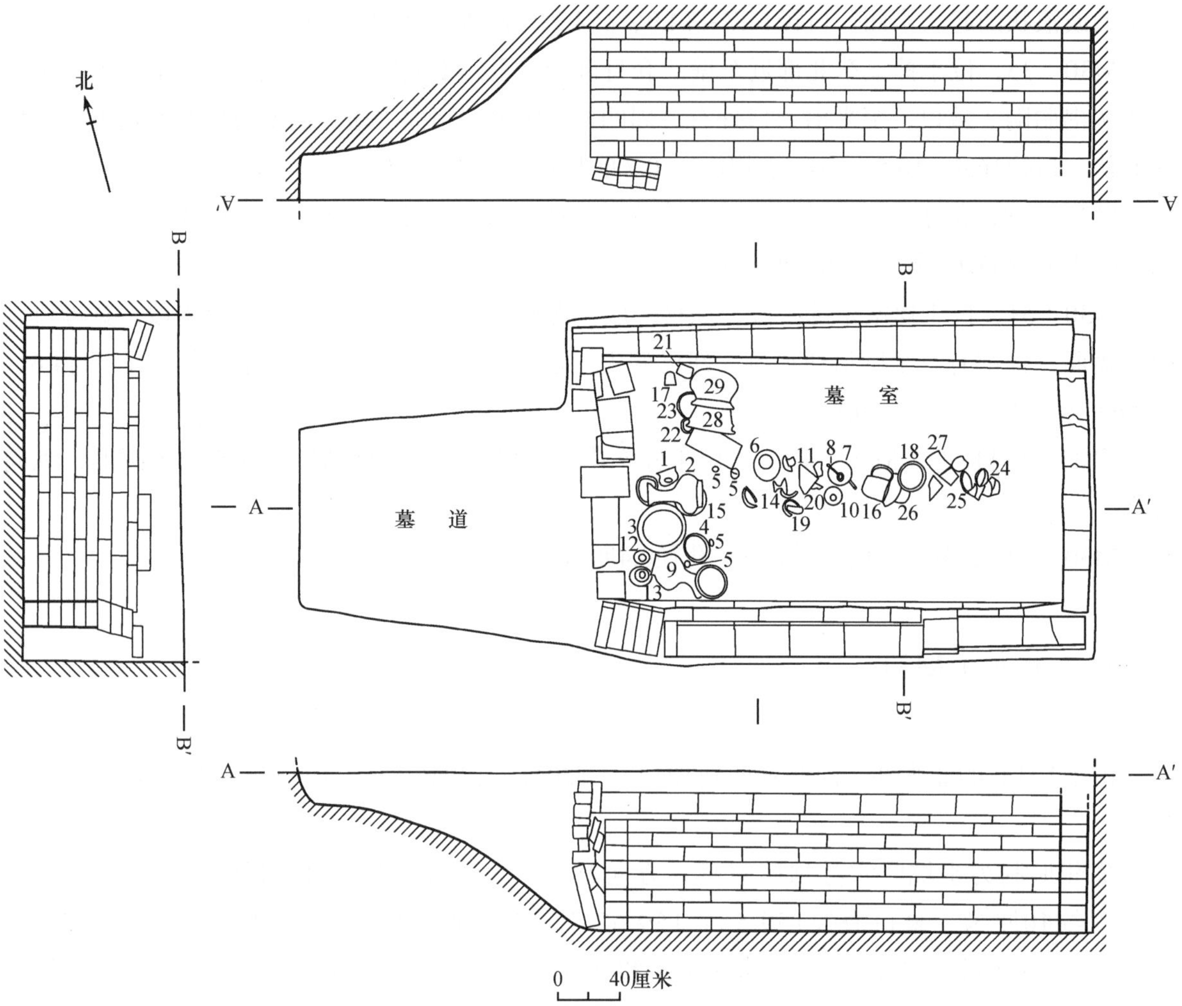

图一〇四　M31平、剖面图

1. 釉陶盂　2、9. 釉陶壶　3、28. 陶甑　4、15、18、19、22. 釉陶盆　5. 铜泡　6. 陶罐　7、23. 釉陶魁　8、25. 釉陶勺　10、11. 陶仓　12、20. 釉陶博山炉　13、14. 釉陶灯　16、26、27. 釉陶仓　17、21. 釉陶卮　24. 釉陶罐　29. 铁釜（30. 陶盆发现于墓道填土中）

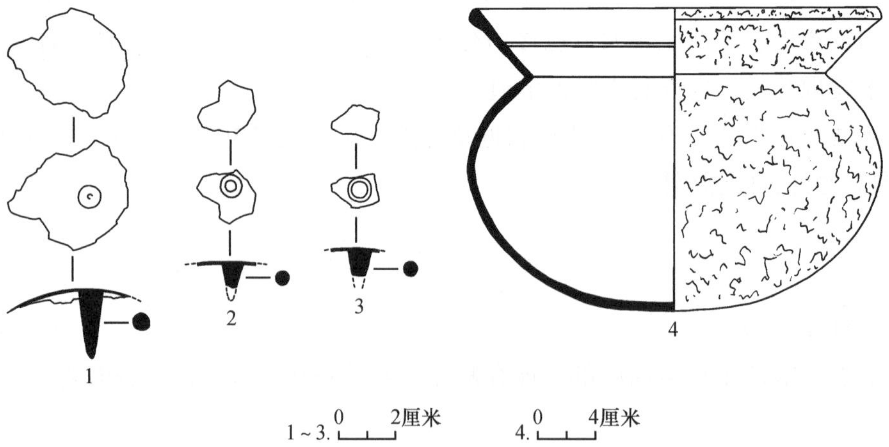

图一〇五　M31出土器物

1～3. 铜泡（M31：5-3、M31：5-2、M31：5-1）　4. 铁釜（M31：29）

2. 铁器

1件。器形为釜。

M31：29，位于墓室西北角，保存极差，锈蚀严重。黄褐色。侈口，圆方唇，斜折沿，沿面较宽且中部有一周凸棱，圆肩，鼓腹，圜底。素面。口径29、最大腹径29.1、高20.5、唇边厚1.15、器壁厚0.45厘米（图一〇五，4）。

3. 釉陶器

22件。器形有仓、罐、壶、盂、盆、魁、勺、卮、博山炉和灯。

仓　3件。形制为粗筒形，子母口，平底。

M31：16，位于墓室中部，保存较差。夹细砂红陶，青釉大部脱落。上腹部有两周凹弦纹，下腹有两排刀削痕迹，表面磨蚀严重。口径12.8、底径11.6、高15.7、厚0.5～1.1厘米（图一〇六，1）。

M31：26，位于墓室中部偏东，保存极差。泥质红陶，青釉大部脱落。腹下部有残缺，不能与底部相接。上腹部有三周凹弦纹。口径13.4、底径14、上部残高11.5、下部残高2.6、厚0.5～0.9厘米（图一〇六，2）。

M31：27，位于墓室中部偏东，保存极差。夹细砂红陶，青釉大部脱落。腹下部有残缺，不能与底部相接。腹部有两周凹弦纹，表面磨蚀严重。口径13.3、底径11.2、上部残高10.5、下部残高2.7、厚0.4～0.8厘米（图一〇六，3）。

罐　1件（M31：24）。位于墓室中部东段，保存极差，只残存口部。泥质红陶，釉全部脱落。侈口，圆唇，折沿，矮颈，弧腹，腹及以下残失。颈下有一周凹弦纹。口径25.2、残高4.5、厚0.4～0.6厘米（图一〇六，4）。

壶　2件。均有盖。泥质红陶，壶与盖通体施青釉，大部分脱落，釉未完全脱落处呈黄白色。盘形口，粗长颈，鼓腹，圈足。肩部有两个对称的铺首衔环。

M31：2，位于墓室西部中段，保存较好。浅盘口，窄斜沿，高颈，溜肩，圈足略矮。颈肩之交有三周阶状凸起，圈足有两周凹弦纹。覆盘形子母口器盖，子口内敛，弧形盖面，顶部有等距分布的三个乳钉状纽。壶口径15.8、最大腹径25.6、底径18.6、厚0.9～1厘米，盖口径12.4、高4.4、厚0.6～0.95厘米，通高37厘米（图一〇六，7；图版三九，2）。

M31：9，位于墓室西南角，保存较好。窄平沿，圆肩，圈足较高。浅盘下和颈部各有两周凹弦纹，颈、肩之交有三周阶状凸起，肩、腹部有四周凹弦纹。覆盘形器盖，窄平沿，沿面微内凹，弧形盖面，顶部有一环形纽。盖面有一周凹弦纹与一周凸弦纹，其内围绕环形纽有一个柿蒂纹，相间有四个卷云纹交错分布。壶口径15.6、最大腹径26.2、底径18、高28.8～29、厚0.6～0.9厘米，盖口径16.2、高4.8、厚0.45～0.6厘米，通高33.6厘米（图一〇六，6；图版三九，3）。

盂　1件（M31：1）。位于墓室西部中段，保存一般。夹细砂红陶，表面施青釉，大部分脱落，釉未完全脱落处呈黄白色。侈口，方唇，斜折沿，沿面较宽，中部有一周折棱，粗矮束颈，斜折肩，鼓腹，圜底近平。肩部有两周凹弦纹。口径14.1、最大腹径15.6、底径6、高

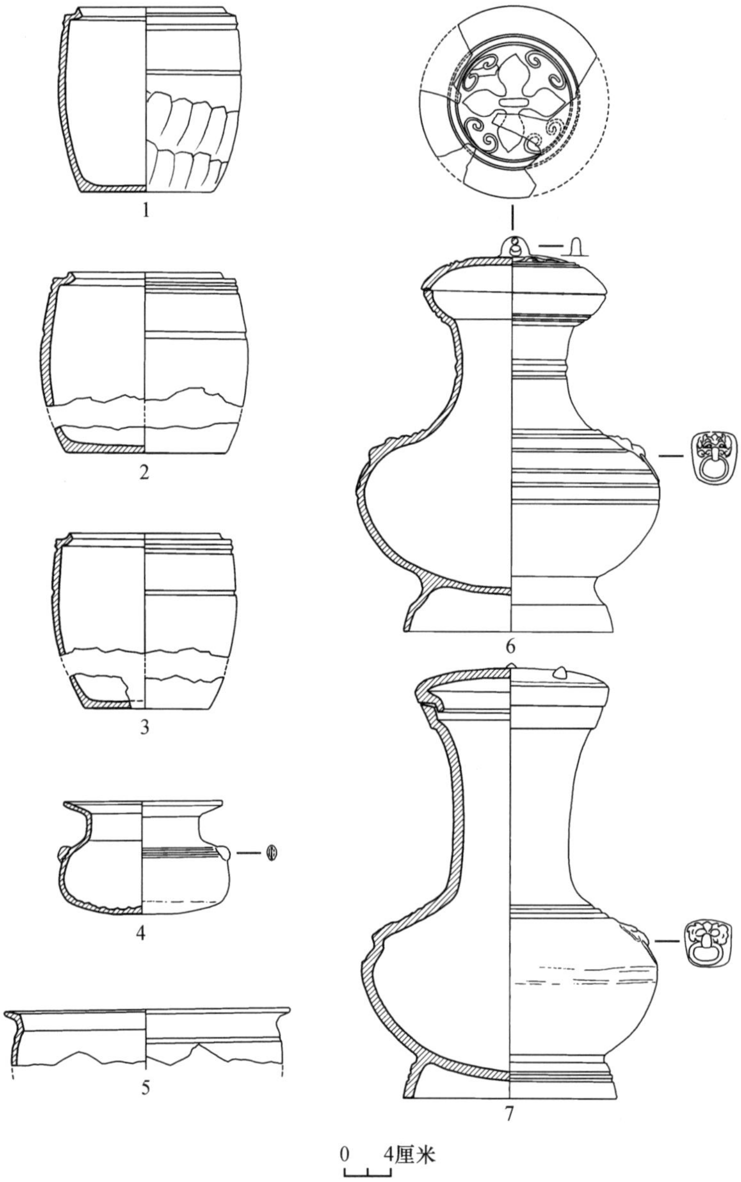

图一〇六　M31出土釉陶器

1～3. 仓（M31：16、M31：26、M31：27）　4. 罐（M31：24）　5. 盂（M31：1）　6、7. 壶（M31：2、M31：9）

9.6、厚0.4～0.6厘米（图一〇六，5；图版四〇，1）。

盆　5件。

M31：4，位于墓室西南部，保存完整。泥质红陶，通体施青釉，部分脱落，釉未脱落处为黄白色。敞口，方唇，宽折沿，弧腹，平底内凹。腹部有三周凹弦纹。口径18.6～18.8、底径6.4、高6.6～7.2、厚0.35～0.45厘米（图一〇七，1；图版四一，4）。

M31：15，位于墓室西部中段，保存极差。泥质红陶，釉全部脱落。直口，窄平沿，折腹，底部残。近口部有两周凹弦纹。口径17.2、残高5、厚0.5～0.9厘米（图一〇七，2）。

M31：18，位于墓室中部偏东，保存较好。泥质红陶，釉几乎全部脱落。敞口，方唇，宽折沿，折腹，小平底内凹。上腹部有一周凸弦纹和一周凹弦纹，痕迹很浅。口径20.4、底径5.2、高5.6、厚0.35～0.6厘米（图一〇七，3；图版四一，3）。

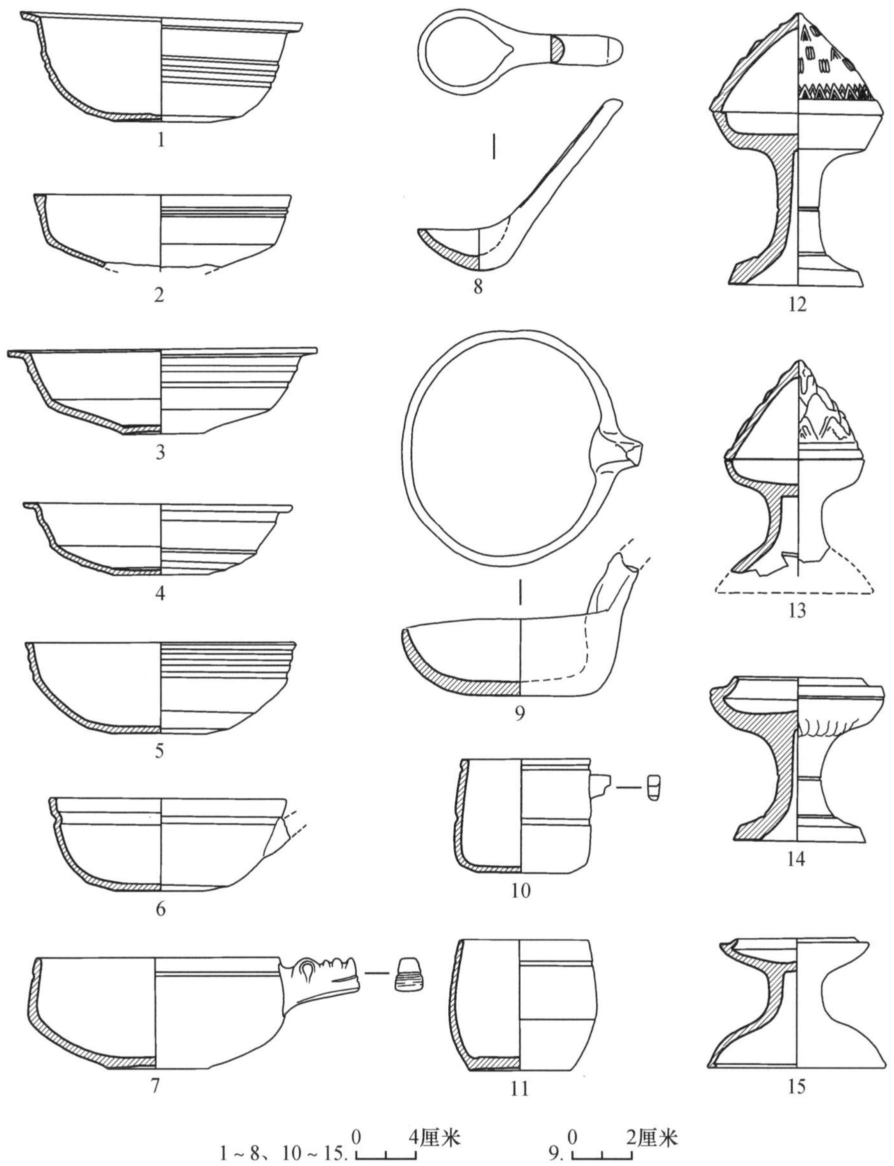

图一〇七　M31出土釉陶器

1～5. 盆（M31：4、M31：15、M31：18、M31：19、M31：22）　6、7. 魁（M31：23、M31：7）　8、9. 勺（M31：8、M31：25）　10、11. 卮（M31：21、M31：17）　12、13. 博山炉（M31：12、M31：20）　14、15. 灯（M31：13、M31：14）

M31：19，位于墓室中部偏西，保存一般。泥质红陶，通体施青釉，大部分脱落，釉未脱落处为黄白色。敞口，尖圆唇，平折沿，折腹，平底。腹部有一周凸棱。口径18.3、底径5.6、高4.5～4.8、厚0.4～0.5厘米（图一〇七，4）。

M31：22，位于墓室西北部，保存较差。泥质红陶，釉几乎全部脱落，未脱落处呈青白色。敞口，斜腹近底部内收，平底。腹上部有三周凹弦纹。口径18、底径6.4、高5.2～6、厚0.4～0.7厘米（图一〇七，5；图版四一，1）。

魁　2件。

M31：7，位于墓室中部，保存较差。泥质红陶，釉大部分轻微脱落，未脱落处为黄白色。直口微内敛，折腹，下腹斜收，小平底内凹。一侧有龙首形把手。口下有一周凹弦纹。口径16.2～17、底径6.4、高7.4、厚0.45～0.9厘米（图一〇七，7；图版四〇，3）。

M31∶23，位于墓室西北处，保存较差，把手残。泥质红陶，釉大部分脱落，未脱落处为黄白色。敞口，弧腹，下部内收，平底。一侧的柱状把手大部残失。口下有一周宽凹槽。口径15.6、底径6、高6.2、厚0.4～0.5厘米（图一〇七，6；图版四一，2）。

勺　2件。

M31∶8，位于墓室中部，保存完整。泥质红陶，施青黄釉，部分脱落，未脱落处为黄白色。勺体较小，口部平面近圆形，斜长柄，柄剖面呈半圆形。长13.4、高11.3、厚0.5～1.3厘米（图一〇七，8；图版四〇，6下）。

M31∶25，位于墓室中部东段，把手残。泥质红陶，釉全部脱落。勺体呈浅盘形，敞口，弧壁，平底。一侧有方体长条状把手，残。口径7.7～8、残高4.7、厚0.3～1.1厘米（图一〇七，9；图版四〇，6上）。

卮　2件。位于墓室西北部，保存较差。泥质红陶，釉大部分脱落，釉未完全脱落处呈黄白色。形制为筒形，直口，平底。

M31∶17，直口微内敛，腹中部外弧，平底内凹。上腹部有一周凹弦纹。口径8.2～9、底径6.4、高8.6、厚0.4～0.9厘米（图一〇七，11；图版四〇，5左）。

M31∶21，直口微内敛，直腹微外斜，近底部斜收，平底。一侧有短条形小鋬。器壁有两周凹弦纹。口径8.2～9、底径6、高7.4～7.6、厚0.4厘米（图一〇七，10；图版四〇，5右）。

博山炉　2件。

M31∶12，位于墓室西南角，保存较好。泥质红陶，釉几近全部脱落，未脱落处呈黄白色。浅盘，敞口，斜折腹，细长柄，喇叭状圈足。柄部有两周凹弦纹，圈足底部有刀削痕迹。圆锥形盖，敞口，方唇，斜壁，尖顶。盖壁平均分布有三个一组的长条状凸起与上折角纹饰，下缘有一周两层上折角错叠纹饰。口径11.4、底径9.2、高11.3、厚0.5～1.2厘米，盖口径11.8、高6.4、厚0.5～0.6厘米，通高17.8厘米（图一〇七，12）。

M31∶20，位于墓室中部偏西，保存较差。泥质红陶，釉全脱落。浅盘，敞口，斜弧腹，粗柄较短，喇叭状圈足，底部残。圆锥形盖，方圆唇，斜壁，尖顶。表面有重山叠嶂浅浮雕，磨蚀严重。口径9.6、残高8.7、厚0.4～0.9厘米，盖口径9.4、高6.4、厚0.4～0.6厘米，复原通高15.2厘米（图一〇七，13；图版三九，4）。

灯　2件。

M31∶13，位于墓室西南角，保存基本完整。泥质红陶，釉大部分脱落，未脱落处呈黄白色。浅盘，子口内敛，斜腹，细长柄，喇叭状圈足。口沿下有一周凹弦纹，柄部有两周凹弦纹，灯盘下和圈足底部有刮削痕迹。口径8.6、底径8.8、高10.4、厚0.4～1.3厘米（图一〇七，14）。

M31∶14，位于墓室中部偏西，保存较好。泥质红陶，釉大部分脱落，釉未脱落处呈黄白色。浅盘，矮子口内敛，斜腹，覆碗形大圈足。素面。口径8、底径12、高8.7、厚0.3～1厘米（图一〇七，15）。

4. 陶器

6件。器形有甑、仓、罐和盆。

甑　2件。深腹盆形，尖圆唇，敛口，斜弧腹，平底内凹较甚。

M31：3，位于墓室西南部近西壁，保存一般，底残。夹细砂灰白陶。底部残留两个小圆孔。上腹部有两周凸棱和两周凹槽。口径31.2、底径12.8、高17、厚0.4～0.9厘米（图一〇八，3；图版四一，6）。

M31：28，位于墓室西北部，保存一般，底残。夹细砂黑皮灰白胎陶。底部残留31个小圆孔，上腹部有两周凸棱和两周凹槽。口径34.5、底径15.2、高17.4～18.6、厚0.3～0.8厘米（图一〇八，1；图版四一，5）。

仓　2件。整体近筒形，矮子口内敛，弧腹，平底。

M31：10，位于墓室中部，保存一般。泥质灰陶。器口不平整。腹部有一周凹弦纹，表面磨蚀严重。口径8.8、底径10.4、高14.6～15.2、厚0.35～0.6厘米（图一〇八，4；图版四〇，4右）。

M31：11，位于墓室中部，保存一般。泥质黑皮灰白胎陶。腹部有一周凹弦纹，腹下部和底部均有刀削痕迹。口径9.4、底径10～10.4、高14.6、厚0.5～0.8厘米（图一〇八，5；图版四〇，4左）。

罐　1件（M31：6）。位于墓室中部偏西，保存较好。夹细砂灰陶。小口微内敛，尖圆唇，卷沿，矮颈，广折肩，圆腹，圜底。腹至底部饰中细绳纹。口径11.8、最大腹径20、高12.3、厚0.3～0.5厘米（图一〇八，6；图版四〇，2）。

盆　1件（M31：30）。保存较差。泥质灰皮褐红胎陶。敞口，圆唇，斜弧腹，平底。素面。口径18.2、底径6.3、高6、厚0.3～0.5厘米（图一〇八，2）。

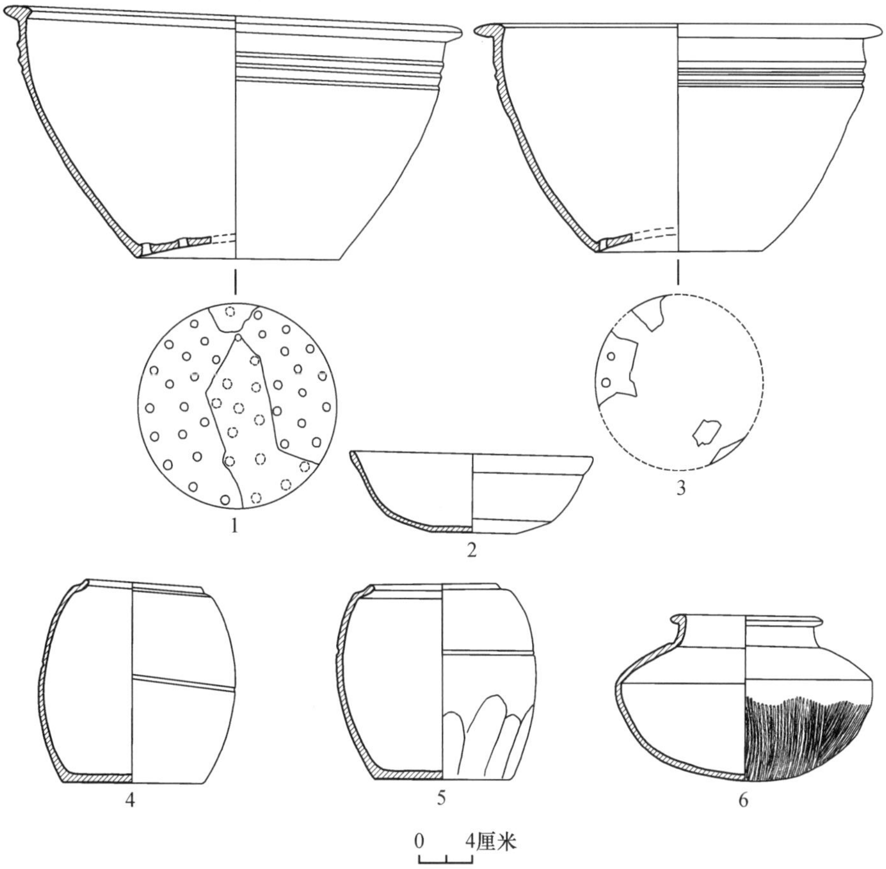

图一〇八　M31出土陶器

1、3. 甑（M31：28、M31：3）　2. 盆（M31：30）　4、5. 仓（M31：10、M31：11）　6. 罐（M31：6）

（三十）M32

位于T2148南部，延伸至T2048、T2147、T2247和T2248探方之内。开口于第2层下，打破生土。

墓葬形制为土坑竖穴墓，方向282°，大致呈东西方向，朝向澎溪河。现存墓口距地表深35厘米，墓口海拔159.72米。墓葬平面呈有把刀形，总长606厘米，由墓室和墓道两部分组成（图一〇九；图版四二，1）。墓室平面近正方形，四壁基本垂直，南北长394、东西宽353、墓口至墓底深60厘米。墓道平面呈长方形，底部为西高东低的斜坡状，长253、宽130～142厘米。墓道与墓室交接处有20厘米的高差。

墓葬填土以黄褐色五花土为主，夹杂棕色、黄色土块，土质黏韧、结构疏松，分选较好。

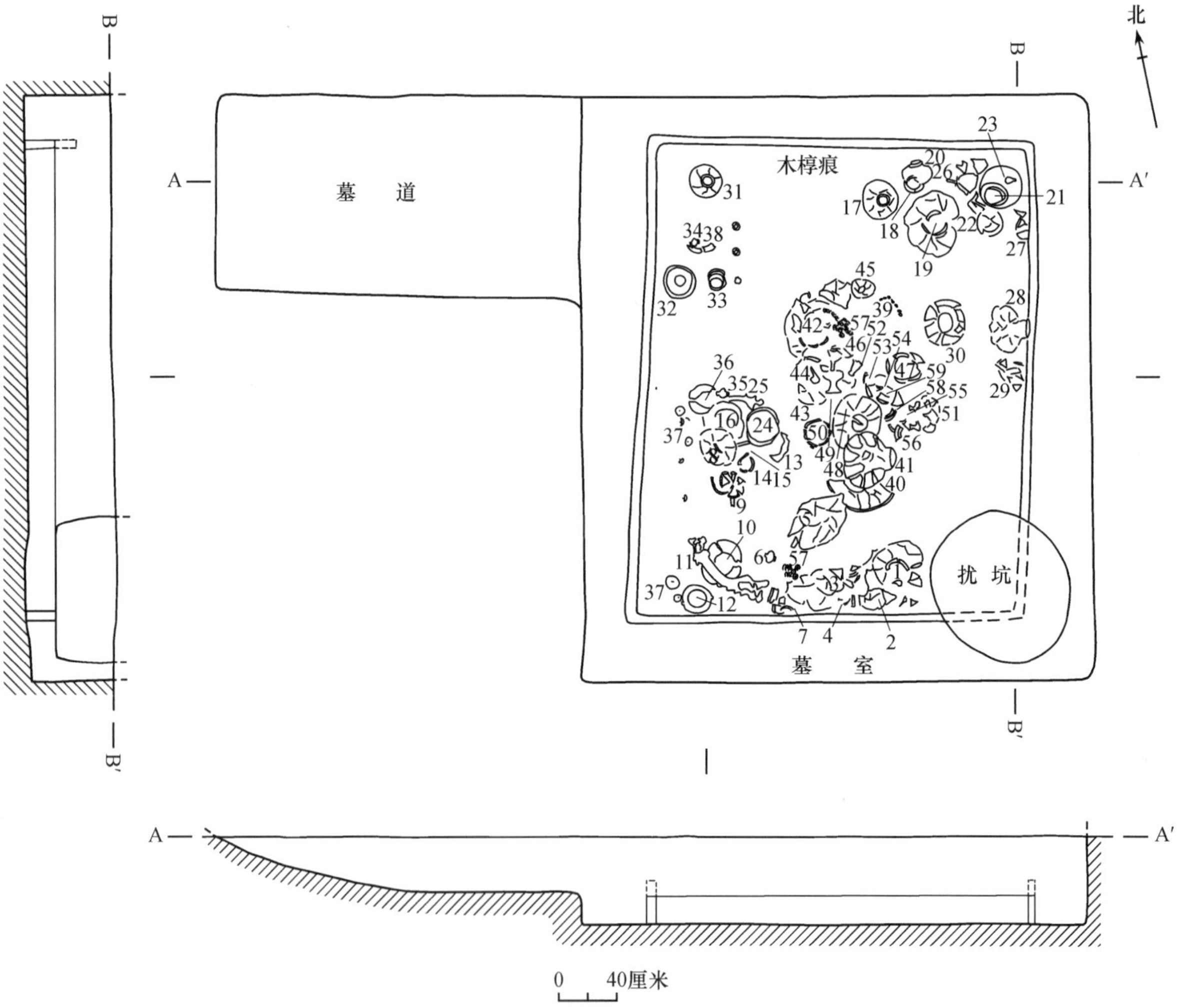

图一〇九　M32平、剖面图

1、2、21、29、31. 陶壶　3-1. 陶仓　4. 博山炉　5. 釉陶盒　6、34、35. 铜球形棺饰　7、18、20、41、42、47. 陶小口圜底罐　8、48、54. 釉陶盆　9、43. 釉陶魁　10-1、25-1、36. 铜壁形器　10-2、25-2. 铜龙形饰　11. 铜环形饰　12. 铜釜　13、46、50. 釉陶樽　14、22、27、56. 陶器盖　15、44. 釉陶勺　16. 彩绘陶器盖　17、52. 陶盒　19. 陶罐　23. 陶勺　24. 铜洗　26、51. 陶鼎　28. 釉陶壶　30、45. 陶碗　32. 陶盆　33. 陶豆　37. 铜泡　38. 铜器底　39. 煤精石串饰　40、53. 釉陶双耳盆　49. 釉陶灯　55、58. 釉陶器盖　57. 铜钱

（3-2、59. 陶器盖和10-2、25-2. 铜龙形饰为整理时发现）

木椁位于墓室中部，已完全腐朽，只保留椁板的灰痕。椁室平面近似方形，南北长330、东西宽274厘米，残存高度约为20厘米。椁室内未发现明确棺的痕迹，但在清理过程中，见到零星漆皮和鎏金铜泡等物件，推测椁内应有木棺，因腐朽严重而未能保留下来。椁内没有发现人骨的痕迹。

从墓葬规格和随葬品的位置推断，该墓应为多人合葬墓。

随葬品散乱地置于椁室之内，共发现63件（组），其中铜器14件（组），煤精石1组，釉陶器18件，陶器29件，彩绘陶1件。

1. 铜器

14件（组）。器形有釜、洗、器底、铜泡、球形棺饰、璧形器、龙形饰、环形饰和铜钱。

釜　1件（M32：12）。位于椁室西南部，锈蚀严重，无法修复。

洗　1件（M32：24）。位于椁室中西部，下部锈蚀严重。残。侈口，圆方唇，折沿，短束颈，窄折肩，肩腹连接处有一折棱，弧腹，以下残损。腹部残存四周折棱，外表呈瓦棱状。上腹部有一对对称的兽面铺首衔环。复原直径22.2、残高6.5、厚0.1～0.2厘米；铺首高2.6、宽3.8、环径3.9、粗0.5厘米（图一一〇，1）。

器底　1件（M32：38）。位于椁室西北部，锈蚀残损严重，仅底部形态可辨，应为盆、鉴类器物。底径13.3、残高0.7、厚0.1～0.25厘米（图一一〇，2）。

铜泡　1组2件（M32：37）。位于椁室西部、西南部。均残。圆弧形帽，表面鎏金，锥形钉。

M32：37-1，帽面复原直径6.3、钉长1.85、帽壁厚0.15厘米（图一一〇，3）。

球形棺饰　3件。保存完好。形制相同，大小略有差别。上下均为矮筒形，中部近球形，表面鎏金。

M32：6，位于椁室西南部，保存完好。口径2.4、底径2.3、最大腹径5.7、厚0.15厘米（图一一〇，4）。

M32：34，位于椁室西北部，保存完好。口径2.2、底径2.15、最大腹径4.5、厚0.1厘米（图一一〇，6）。

M32：35，位于椁室中部偏西，保存完好。口径2.8、底径2.9、最大腹径6.3、厚0.15厘米（图一一〇，5）。

璧形器　3件。器体极薄，整体呈璧形，璧体中部偏外侧一面有一周棱状凸起。器表通体鎏金。

M32：10-1，位于椁室西南部，破损。直径23.2、孔径6.8、厚0.1厘米（图一一〇，13）。

M32：25-1，位于椁室中西部，破损较甚。个体较小。复原直径13.2、孔径4.6、厚0.09～0.15厘米（图一一〇，14）。

M32：36，位于椁室中部偏西，破损。复原直径18.6、孔径7.2、厚0.1～0.2厘米（图一一〇，15）。

龙形饰　2件。

M32：10-2，位于椁室西南部，叠压于M32：10-1璧形铜器之上，两器应为一组。残破，仅近龙头一段可以大体看出形状，表面鎏金。弧形带状，上部边缘有凸起，前端有角。残长

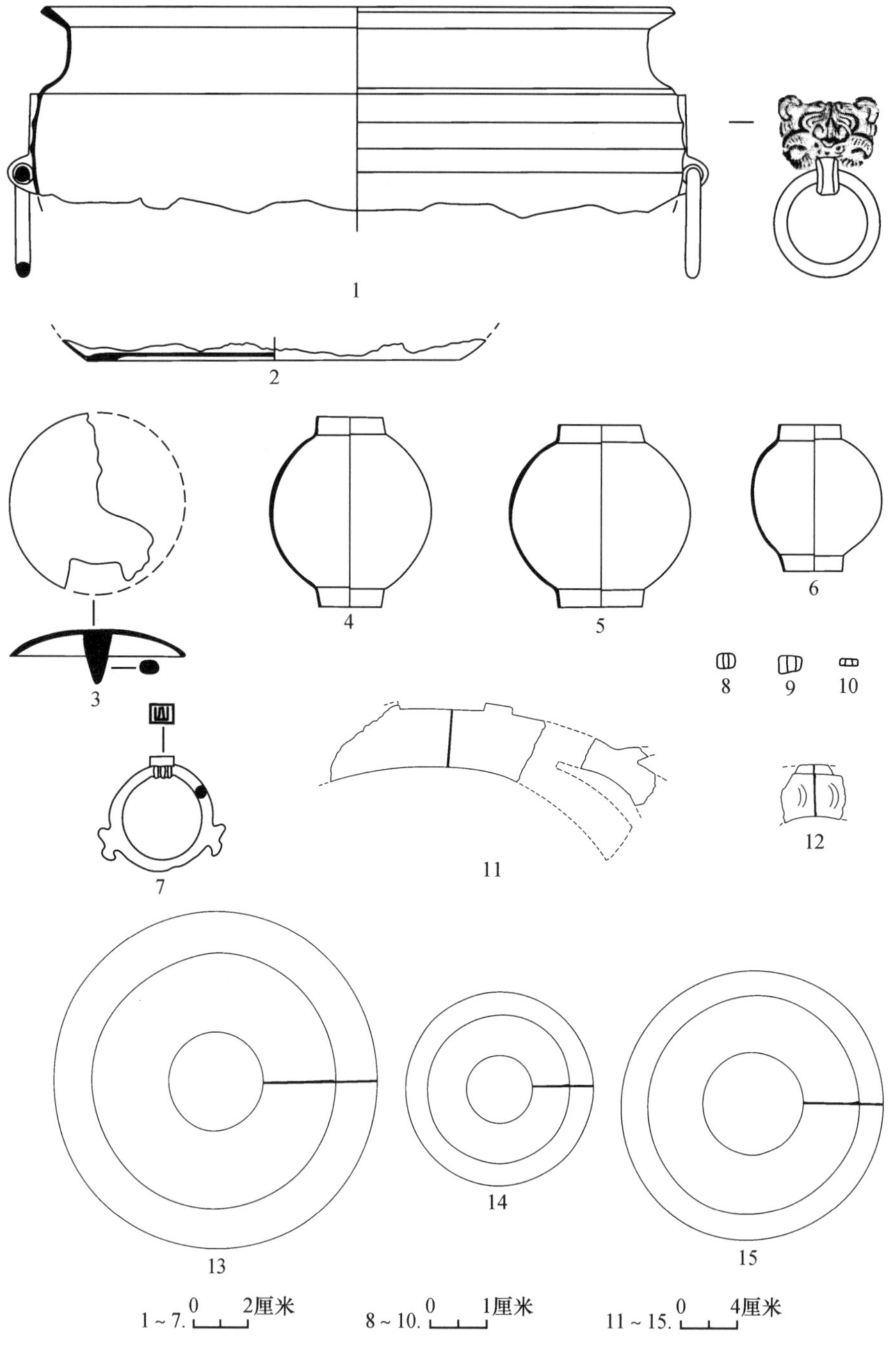

图一一〇　M32出土铜器和煤精石串饰

1. 铜洗（M32：24）　2. 铜器底（M32：38）　3. 铜泡（M32：37）　4 ~ 6. 铜球形棺饰（M32：6、M32：35、M32：34）　7. 铜环形饰（M32：11）　8 ~ 10. 煤精石串饰（M32：39-1、M32：39-2、M32：39-3）　11、12. 铜龙形饰（M32：10-2、M32：25-2）　13 ~ 15. 铜璧形器（M32：10-1、M32：25-1、M32：36）

18.7、宽4、厚0.1厘米（图一一〇，11）。

M32：25-2，位于椁室中西部，叠压于M32：25-1璧形器之上，两器应为一组。锈蚀残损严重，仅一小段能够看出形状。弧形带状，上缘有凸起，两端均残。残长4.6、宽3.6、厚0.09 ~ 0.15厘米（图一一〇，12）。

环形饰　1件（M32：11）。位于椁室西南部。整体呈圆环形，断面为圆形。环上有三个呈等距离分布的饰物，其中两个为鸟形，另一为长方形印章，印章位于环体外侧，减地阴刻一

“山”字。环径3.8、内径2.9、直径0.5厘米（图一一〇，7）。

铜钱　1组（M32：57）。位于椁室中部，锈蚀严重，数量和钱文不详。

2. 煤精石器

1组378枚（M32：39）。为串饰，位于椁室中部。基本形制为扁珠形，中部纵向穿孔。颜色差别较大，其中棕色87枚、绿色183枚、黑色10枚、蓝色98枚。直径0.15～0.4、孔径0.05～0.15厘米。

M32：39-1，棕色，扁圆柱形。直径0.3、高0.25、孔径0.1厘米（图一一〇，8）。

M32：39-2，蓝色，扁圆柱形。直径0.4、高0.25～0.3、孔径0.15厘米（图一一〇，9）。

M32：39-3，绿色，扁圆环形。直径0.3、高0.1、孔径0.1厘米（图一一〇，10）。

3. 釉陶器

18件。器形有壶、盆、魁、勺、盒、樽、博山炉、灯和器盖。

壶　1件（M32：28）。位于椁室东壁中段，可修复，有盖。夹细砂红胎陶，青黄釉偏白。盘口略高，尖唇，窄斜沿，束颈较高，溜肩，鼓腹，高圈足。肩部有两个对称的兽面铺首衔环。颈肩交界处有三组凹槽和凸棱的组合，腹部有两周凹槽。覆钵形子母口器盖，子口内敛，短直壁，弧形盖面，其上有三个泥突形装饰纽。壶口径13～13.5、最大腹径27.2、底径15.6～15.9、高34.8、厚0.4～0.6厘米，器盖口径12.8、高6.1、厚0.5～0.8厘米（图一一一，1；图版四二，3）。

盆　3件。

M32：8，位于椁室中部偏西，破损，可修复。夹细砂红胎陶，内外尚残存部分青黄釉。敞口，方唇，卷沿，折腹，平底微内凹，内侧底部明显下凹。素面。口径22.4～22.7、底径8.1～8.2、高7.2、厚0.5～0.7厘米（图一一一，2；图版四三，2）。

M32：48，位于椁室中部，破损，可修复。夹砂红胎陶，内外壁仅残留少量青黄釉。敞口，方唇，平折沿，弧腹，甚矮假圈足状平底，内侧底部下凹。腹部有一周凹槽，内壁有一周阶状凸起。口径22.2～22.3、底径12.1～12.3、高5.6、厚0.5～0.7厘米（图一一一，3）。

M32：54，位于椁室中部，破损。夹细砂红陶，内外壁皆施釉，但已剥蚀殆尽。口微内敛，圆唇，折沿，圆腹，平底。腹部有三周凹凸弦纹。口径23.2～23.8、底径10.6～11.2、高10.1、厚0.5厘米（图一一一，4）。

双耳盆　2件。

M32：40，位于椁室中部偏南，破损。夹砂红胎陶，内外壁只残存零星青黄釉痕迹。侈口，尖圆唇，卷沿，溜肩，斜腹，平底。肩部有两个对称的两个环形耳。素面。口径21.4～21.7、最大腹径20.7～21、底径13.5～14.5、高11.5、厚0.6～0.8厘米（图一一二，4；图版四三，1）。

M32：53，位于椁室中部，破损。夹砂红胎陶，内外壁只残存零星青黄釉痕迹。敛口，尖圆唇，卷沿，溜肩，斜腹，大平底。肩部有两个对称的环形耳。素面。口径21.9～22.3、最大腹径21.2～21.6、底径15.3～15.5、高11.3、厚0.7～0.9厘米（图一一二，6）。

魁　2件。夹砂红胎陶。口微敛，尖圆唇，窄斜沿，弧腹，矮圈足。一侧有近柱状把手，

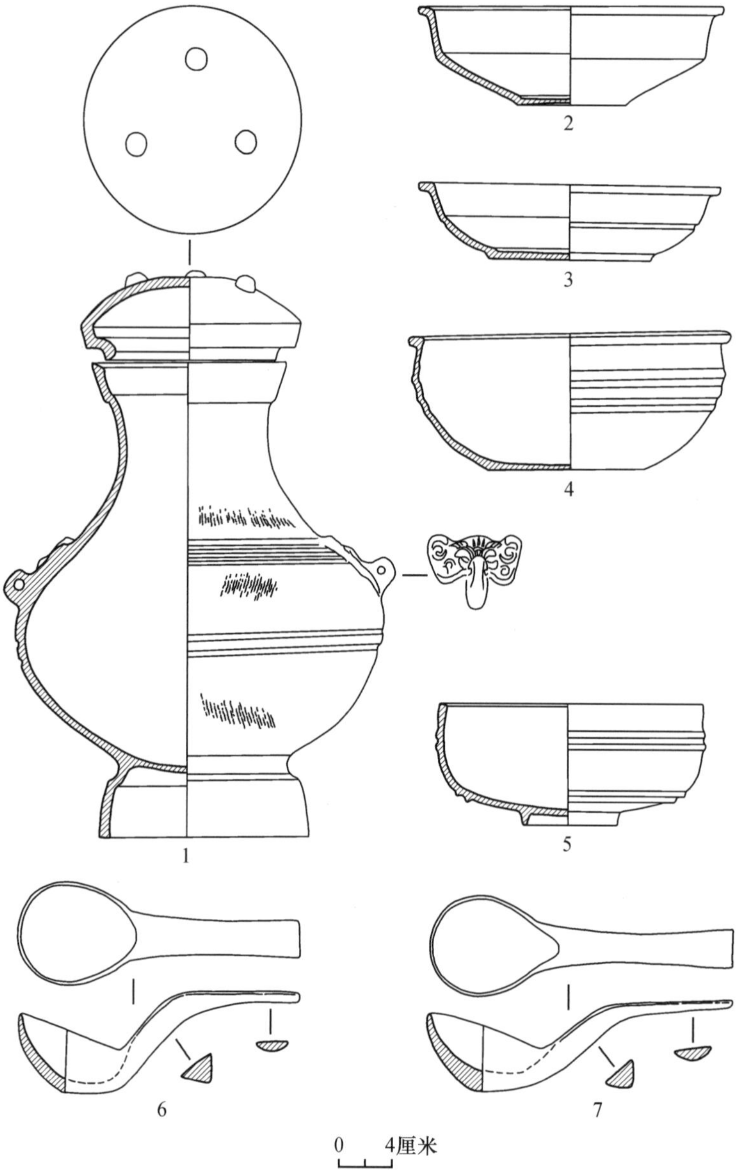

图一一一　M32出土釉陶器

1. 壶（M32：28）　2～4. 盆（M32：8、M32：48、M32：54）　5. 盒（M32：5）　6、7. 勺（M32：15、M32：44）

尾端向下弯曲。

M32：9，位于椁室中部偏西，残损。内外的青黄釉已经剥落。口下有一周凹槽。口径17.4～17.9、底径10.5～10.6、高8.6、通长26.4、厚0.5～0.8厘米（图一一二，3；图版四四，3）。

M32：43，位于椁室中部，残损。浅黄色偏白釉。口下有一周凹槽。口径17.8～18、底径11～11.1、高8.6、长27.2、厚0.5～0.8厘米（图一一二，1）。

勺　2件。泥质陶，陶胎局部呈灰色，局部呈红色，浅黄色偏白釉。钵形勺体，口部近圆形，把手端伸出，敞口，弧壁，圜底。一端有折转的鋬状把手，断面为三角形（前端）和弧形（后端）。素面。

M32：15，位于椁室中部偏西，保存较好。长21.6、高8.4、厚0.4～0.7厘米（图一一一，6；图版四四，5）。

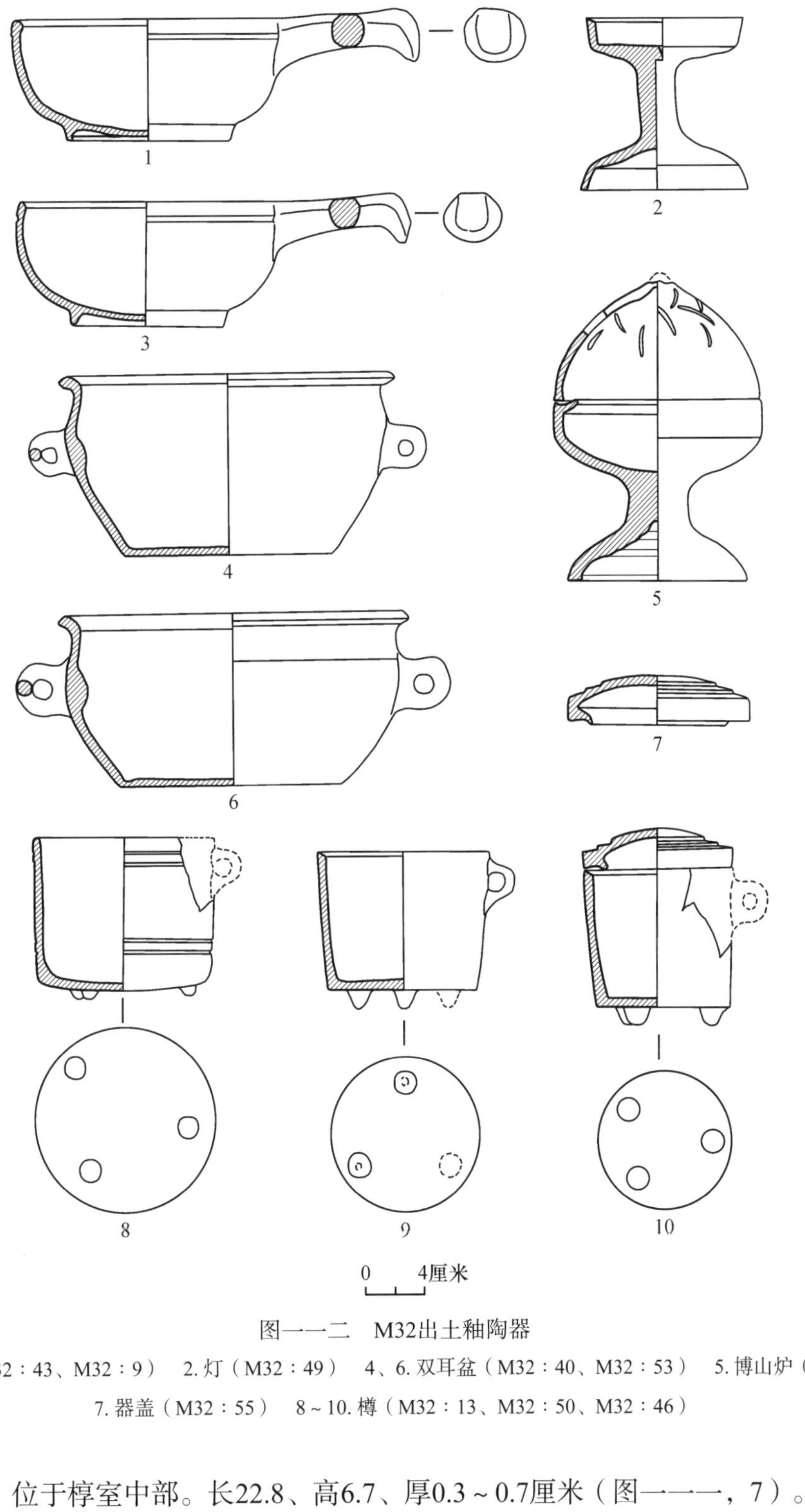

图一一二　M32出土釉陶器

1、3. 魁（M32：43、M32：9）　2. 灯（M32：49）　4、6. 双耳盆（M32：40、M32：53）　5. 博山炉（M32：4）　7. 器盖（M32：55）　8～10. 樽（M32：13、M32：50、M32：46）

M32：44，位于椁室中部。长22.8、高6.7、厚0.3～0.7厘米（图一一一，7）。

盒　1件（M32：5）。位于椁室中南部，已破损。夹极细砂红陶，釉已经剥落殆尽。口微敛，尖圆唇，窄斜沿，近直腹圆折，矮圈足。腹部有两组四周凸棱。口径19.6～20、底径6.7～6.9、高9.1、厚0.6～0.8厘米（图一一一，5）。

樽　3件。

M32：50，位于椁室中部。夹细砂红陶，内外皆施釉，釉已经剥蚀殆尽。整体呈筒形，直口，窄斜沿，直壁微斜，平底，底部有三个泥突状小足，一足残失。口下一侧有环状竖把手。

素面。口径11.6～11.7、底径10～10.2、高10.5、厚0.9～1厘米（图一一二，9）。

M32：13，位于椁室中部偏西，破损。夹细砂黄褐陶。粗筒形，直口，直壁，近底部圆折，平底微下鼓，底部有三个泥突状小足。口下一侧应有环状把手，残失。口下和近底部各有两周凹槽。口径12～12.2、底径11.5～11.9、高10.7、厚0.5～0.6厘米（图一一二，8）。

M32：46，位于椁室中部，破损。筒形略细，直口，直壁微内收，平底，下附三个泥突状小足。素面。覆钵形子母口器盖，子口内敛，弧形盖面，其上有三周阶状凸起。樽口径10.2、底径9、高10.3、厚0.6～0.8厘米，器盖口径10.2、高2.7、厚0.6～1.2厘米（图一一二，10）。

博山炉　1件（M32：4）。位于椁室南壁中段，破损。子母口，豆形，子口内敛，折腹，深盘，短柄，喇叭状圈足，足内侧有波浪状起伏。粗圆锥形器盖，口微敛，弧壁，尖顶。壁上半部有长条形镂孔。器高12.2、口径11.6厘米，盖口径14、高7.8、厚0.5～0.7厘米，通高20厘米（图一一二，5；图版四四，6）。

灯　1件（M32：49）。位于椁室中部，破损。夹砂泥质红陶。豆形，浅盘，窄斜沿，直壁，平底，实心长柄，覆盘形圈足。素面。口径10.6、底径11.4、高11.2、厚0.5～0.7厘米（图一一二，2）。

器盖　2件。

M32：55，位于椁室中部，残。可能为M32：50的器盖。夹细砂和少量云母红胎陶，青黄釉已经剥落。覆盘形子母口器盖，子口内敛，矮直壁，弧形盖面，其上有两周规整的阶状凸起。口径9～9.2、高3.2、厚0.4～1厘米（图一一二，7）。

M32：58，置于椁室中部。泥质红褐陶，原有釉。整体呈倒置漏斗形，圆形顶，斜肩，弧形腹壁，近直口。顶部圆形捉纽表面戳印4个两两相对的圆圈纹。纽以下自上而下有四层纹饰，每层纹饰之下有一周凹槽相界隔：第一层有三个等分的近“八”字形镂孔，内有刻划的网格纹，镂孔之间各有一列3个戳印的圆圈纹；第二层为三个等距分布的弧形镂孔，内有刻划的网格纹；第三层和第四层各有一周14个正倒三角形镂孔。纽径2.6、口径12.8、高10.4、厚0.7～0.8厘米（图一一三）。

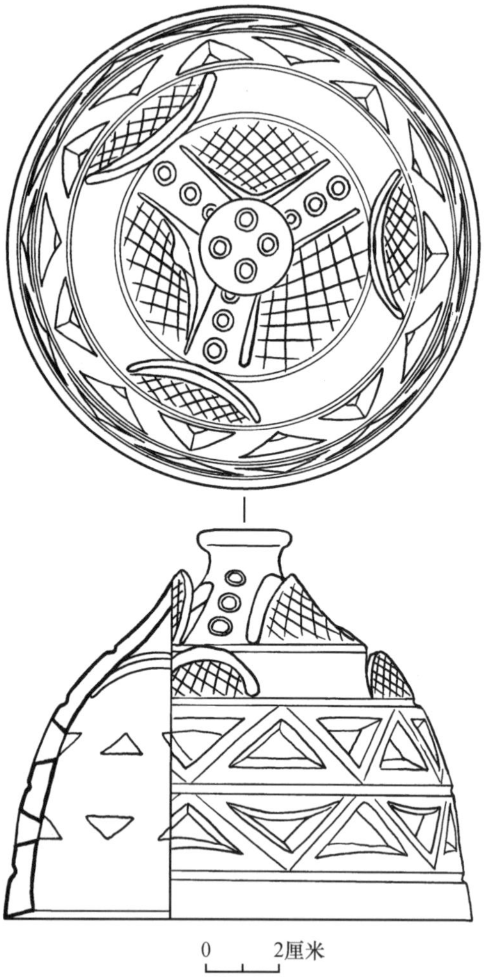

图一一三　釉陶器盖（M32：58）

4. 陶器

29件。器形有鼎、仓、罐、壶、盆、豆、碗、勺、盒和器盖。

鼎　2件。

M32：26，位于椁室中部偏东，破损。夹细砂褐胎深灰皮陶。矮子口内敛，近半球形腹，圜底，三蹄形足。两侧有卷曲的宽扁附耳。沿下和腹部有三周凹槽。口径15.4～15.8、通高15.6、厚0.5厘米（图一一四，1）。

M32：51，斜置于椁室中东北角，可修复，有盖。夹砂红褐陶。矮子口内敛，近半球形腹，圜底，三蹄形足。两侧有卷曲的宽扁附耳。沿下有一周宽凹槽。覆盘形器盖，矮直口，盖面微弧，顶面有三个扁条纽。鼎口径16.4、厚0.4～0.9厘米，盖口径19.2、高4.4、厚1厘米，通高16.2厘米（图一一四，2）。

仓　1件（M32：3-1）。位于椁室南部中段，破损。夹砂灰褐陶。筒形，子母口，子口内敛，直腹，平底。腹部有两周凹槽。口径9.8、底径13～13.4、高14.7、厚0.5～0.7厘米（图一一四，8；图版四二，2）。

罐　1件（M32：19）。位于椁室东北部，破损。泥质夹砂灰陶。口微侈，尖唇，窄卷沿，斜折肩，上腹为直筒形，下腹折收，平底。肩和上腹部各有一周凹槽，近底部有刀削痕迹。口径9.6～10、底径12.8～13.2、高14.4、厚0.4～0.6厘米（图一一四，5；图版四三，6）。

小口圜底罐　6件。形制为直口，尖圆唇，卷沿，短颈，广折肩，扁球形腹，圜底。下腹

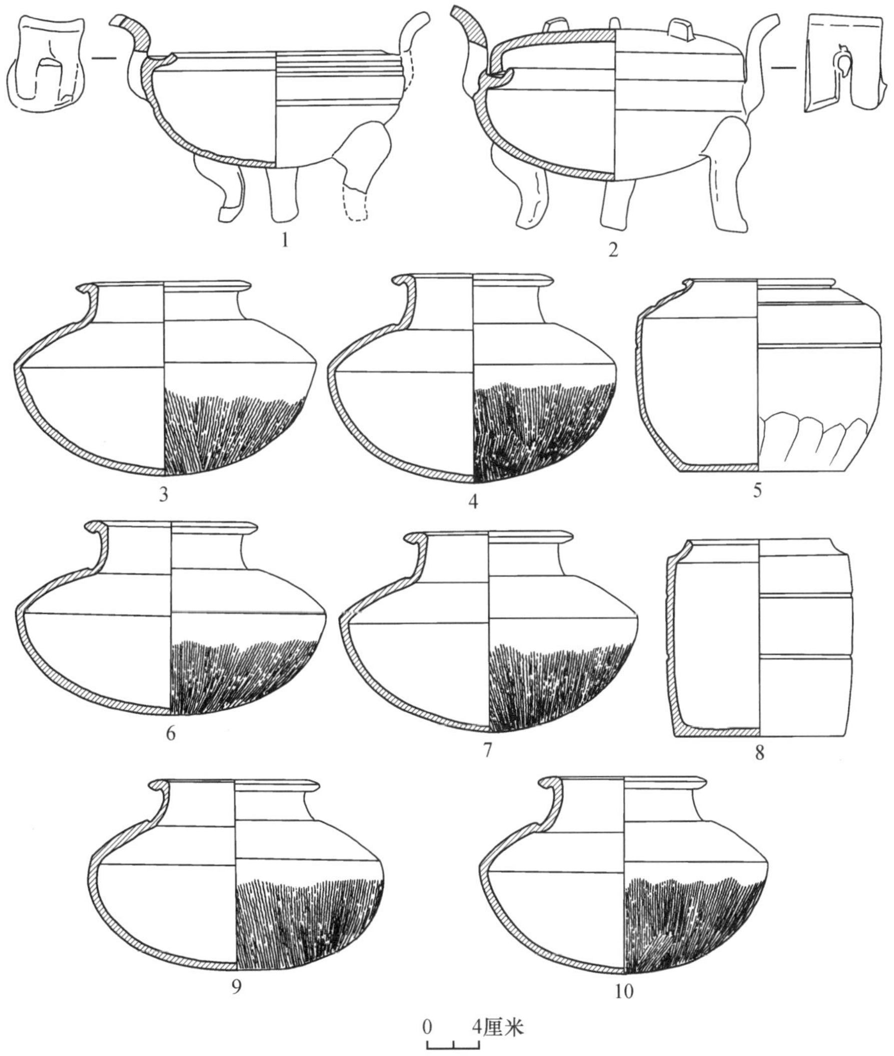

图一一四　M32出土陶器

1、2. 鼎（M32：26、M32：51）　3、4、6、7、9、10. 圜底罐（M32：18、M32：7、M32：20、M32：41、M32：42、M32：47）　5. 罐（M32：19）　8. 仓（M32：3-1）

至底部饰竖向细绳纹。

M32：7，位于椁室南壁中段，破损。夹极细砂深灰皮褐胎陶，表皮已经剥蚀殆尽。口径9.3、最大腹径22.3、高15.3、厚0.4 ~ 0.6厘米（图一一四，4；图版四三，5）。

M32：18，位于椁室北壁东段，破损。夹细砂灰褐陶。口径13.1 ~ 13.3、腹径22.8 ~ 23.2、高14.4、厚0.5 ~ 0.8厘米（图一一四，3）。

M32：20，位于椁室东北部，破损。夹砂灰褐陶。口径13.1 ~ 13.3、腹径23.1 ~ 23.6、高14.6、厚0.5 ~ 0.7厘米（图一一四，6）。

M32：41，位于椁室中部偏南，破损。夹砂深灰皮褐胎陶。口径9.6、最大腹径23.1、高14.8、厚0.5 ~ 0.7厘米（图一一四，7）。

M32：42，位于椁室中部，破损。夹细砂灰陶。肩部饰有一陶文，漫漶不清。口径9.5 ~ 9.8、最大腹径22.8、高14.2、厚0.6 ~ 0.7厘米（图一一四，9）。

M32：47，位于椁室中部偏东，破损。夹细砂深灰陶。口径9.7 ~ 10、最大腹径22、高14.5、厚0.5 ~ 0.6厘米（图一一四，10）。

壶　5件。有两类：一类为盘口、矮圈足；另一类为盘形口或直口，平底。

M32：2，位于椁室南壁东段，残损。夹极细砂灰陶。盘形口，窄斜沿，粗束颈较高，宽折肩，斜腹，矮圈足。颈肩交界处有两组凹槽和凸棱的组合，肩部有两周较深的凹槽。口径10.8 ~ 10.9、最大腹径22.1 ~ 22.5、底径14.2 ~ 14.4、高20.2、厚0.5 ~ 0.7厘米（图一一五，4）。

M32：21，位于椁室的东北部，残损。夹细砂灰陶。盘形口，窄平沿，粗长颈，溜肩，圆鼓腹，圈足。肩部有两个对称的简化兽面。颈肩交界处有三周阶状凸起，腹部有两周凹槽。口径12.3 ~ 12.5、最大腹径25.8、底径16.6、高30.7、厚0.4 ~ 0.7厘米（图一一五，5；图版四二，4）。

M32：31，位于椁室西北部，残损。夹砂深灰皮褐胎陶，有盖。盘形口，窄斜沿，长束颈，圆肩，鼓腹，平底微内凹。颈肩交界处有三组凹槽和凸棱的组合，肩部有两周凹槽。覆盘形子母口器盖，子口内敛，弧形盖面。素面。壶口径10.5 ~ 10.6、最大腹径20.2 ~ 20.6、底径12.4 ~ 12.9、高20.1、厚0.5 ~ 0.7厘米，盖口径8 ~ 8.1、高2.9、厚0.3 ~ 0.8厘米（图一一五，2）。

M32：1，位于椁室南壁东段，残损。夹砂灰褐陶。直口，高直颈，斜折肩，鼓腹，平底。肩部有一周较深的凹槽。口径11.2、最大腹径20.3、底径11、高14、厚0.4 ~ 0.6厘米（图一一五，1）。

M32：29，位于椁室东壁中段，残损。夹砂深灰皮褐胎陶，表皮已经剥蚀殆尽。口和颈大部残失，广折肩，扁腹，大平底。颈肩交界处有两组凹槽和凸棱的组合，肩部有两周较深的凹槽。最大腹径18.8 ~ 19.1、底径13 ~ 13.2、残高12.1、厚0.5 ~ 0.6厘米（图一一五，3）。

盆　1件（M32：32）。位于椁室西壁北段。夹细砂灰褐陶。口微敞，尖圆唇，卷沿，斜弧腹，平底内凹。腹部有一周凹槽和凸棱的组合。口径17.8、底径6.4 ~ 6.8、高7.4、厚0.4厘米（图一一六，8；图版四三，3）。

豆　1件（M32：33）。位于椁室西北部，破损。夹细砂黑皮褐胎陶。浅盘，敞口，窄平沿，弧腹，实心矮柄，覆盘形圈足。素面。口径14.4 ~ 14.6、底径8.9 ~ 9、高9.3、厚0.3 ~ 0.6厘米（图一一六，13；图版四四，4）。

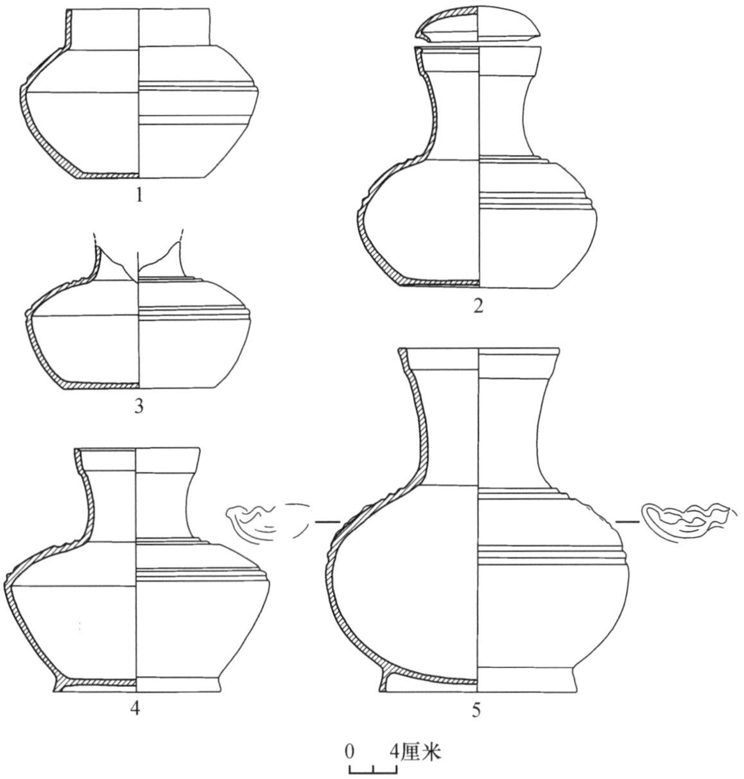

图一一五　M32出土陶壶

1. M32：1　2. M32：31　3. M32：29　4. M32：2　5. M32：21

碗　2件。形制为敞口，弧腹，平底内凹。

M32：30，位于椁室中部偏东，破损。夹砂灰陶。素面。口径16.6～16.7、底径5.9～6.1、高6、厚0.2～0.3厘米（图一一六，11）。

M32：45，位于椁室中部偏北，破损。夹细砂灰陶。腹部有一周凹槽和凸棱的组合。口径16.4～16.7、底径5.5～5.7、高6.4、厚0.3～0.4厘米（图一一六，12）。

勺　1件（M32：23）。位于椁室东北角。夹细砂灰褐陶。近圆形勺体，浅盘，斜壁，平底。一侧有粗锥状竖把手。底径4.3、通高5.1、厚0.4～0.5厘米（图一一六，14；图版四四，1）。

盒　2件。

M32：17，位于椁室东北部。夹细砂灰褐陶。子母口，矮子口内敛，弧腹，矮圈足。腹部有三周凹槽。口径16.8～17.8、底径8.8、高9.4、厚0.4～0.6厘米（图一一六，6；图版四三，4）。

M32：52，纵向置于椁室中部，破损，有盖。夹砂浅红褐陶。子母口，矮子口内敛，上腹较直，下腹折收，矮圈足。素面。覆碗形器盖，口微内敛，窄斜沿，弧腹，倒圈足形纽。盒体口径17.8、底径8.6～8.8、厚0.5～0.6厘米，器盖口径20.6、顶径8.8、壁厚0.5～0.7厘米，通高14.4厘米（图一一六，7）。

器盖　6件。

M32：3-2，位于椁室南部中段，破损。夹砂浅灰褐陶。覆钵形器盖，口微敞，弧形盖

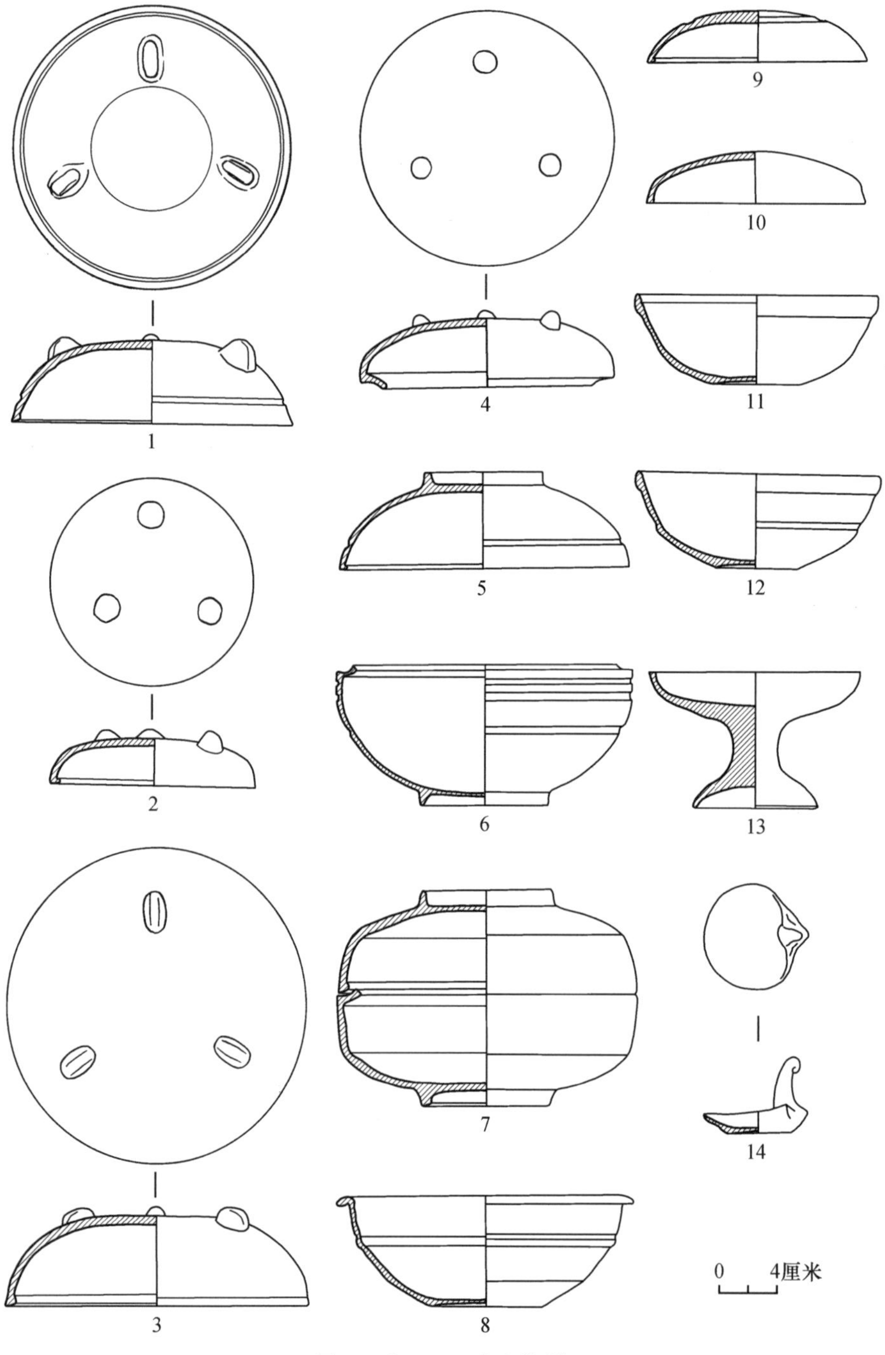

图一一六　M32出土陶器

1～5、9、10. 器盖（M32：27、M32：22、M32：16、M32：56、M32：14、M32：59、M32：3-2）　6、7. 盒（M32：17、M32：52）　8. 盆（M32：32）　11、12. 碗（M32：30、M32：45）　13. 豆（M32：33）　14. 勺（M32：23）

面。素面。口径14.8～15、高3.4、厚0.5～0.6厘米（图一一六，10）。

M32：14，位于椁室中部偏西，残损。夹细砂灰褐陶。覆碗形器盖，敞口，窄平沿，圆腹，倒圈足状矮纽。腹部有一周凹槽。顶径8、口径18.7～19、高6.6、厚0.4～0.6厘米（图一一六，5）。

M32：22，位于椁室东北部，破损。夹极细砂黑皮红褐胎陶。覆钵形器盖，口微敛，圆腹较浅，平顶微向外弧，顶面有三个泥突状纽。口径14、高4、厚0.3～0.8厘米（图一一六，2）。

M32：27，位于椁室东北部，破损。夹细砂深灰皮浅红褐胎陶。覆钵形盖，敞口，圆腹，平顶外弧，其上有三个扁体纽。近口部有一周凹槽。口径19～19.3、高6.1、厚0.4～0.7厘米（图一一六，1；图版四四，2）。

M32：56，位于椁室中部，破损。夹砂灰皮浅灰胎陶，表皮已经剥落殆尽。覆钵形子母口器盖，子口内敛，弧形盖面，顶面有三个泥突状纽。口径13.8～14.6、高5.3、厚0.4～0.7厘米（图一一六，4）。

M32：59，位于椁室中部偏东，破损。夹砂深灰褐陶。覆钵形盖面，敞口，浅腹，弧形盖面，中部有一周凹槽。口径14、高3.3、厚0.3～0.8厘米（图一一六，9）。

彩绘陶器盖　1件（M32：16）。位于椁室中部偏西，保存较好，可修复。泥质红褐偏红陶，胎质细腻坚硬。覆钵形器盖，口微敛，弧壁，平顶，顶面有三个近椭圆形扁纽，纽旁残留鲜红色彩绘痕迹。口径21～21.1、高6.1、厚0.4～0.6厘米（图一一六，3）。

（三十一）M33

位于T2151西部，向西延伸入T2051，被晚期堆积破坏严重，开口于第2层下，打破生土。

形制为土坑竖穴墓，被晚期堆积严重破坏，墓道情况不明，方向273°，大致呈东—西方向。墓口到墓底现存深度20厘米。墓室平面近方形，南北长353～390、东西宽343～354厘米。现存墓口海拔159.57～159.65米，墓底海拔159.45米（图一一七；图版四五，1）。

墓室、椁室填土基本一致，均为红褐色花土，结构较致密，土质黏，颗粒粗，含少量灰土块、黄土粒等，填土不分层。

在墓室内发现一具椁，椁基本上位于墓室中部，椁室平面近正方形，南北长312～339、东西宽293～302、现存高度12～20、椁板厚6～7厘米。

未发现人骨痕迹。根据随葬品的摆放位置和品种，推测该墓应为二人合葬墓。

随葬品共发现72件（组），其中铜器6件（组），石器1件，煤精石1组，釉陶15件，陶器49件。

1. 铜器

6件（组）。器形有釜、铜泡、球形棺饰、璧形器、鎏金铜饰和铜钱。

釜　1件（M33：31）。位于椁室西南角，保存较差，锈蚀较甚，下部无法修复。侈口，圆方唇，折沿，沿内面有一周折棱，圆肩，弧腹，以下残。肩部有一对对称的环形耳。双耳位置有一周凸棱。复原口径23.6、残高11、腹壁厚0.1～0.2厘米（图一一八，4）。

铜泡　1组3件（M33：68）。位于椁室中部偏北，腐蚀较甚。圆弧形帽，外表鎏金，锥形钉柱。M33：68-1，钉长2.2、壁厚0.1厘米（图一一八，5）。

球形棺饰　1组3件（M33：3）。位于椁室西北角。保存较好，表面鎏金。两端为直口微内敛，中部近似球形腹，同一器物两端口部相似，但大小不完全相同，中空，上下贯通。

M33：3-1，口径1.83～1.96、腹径5.27～5.42、颈高0.74～0.84、高6.6、厚0.19～0.28厘米（图一一八，15）。

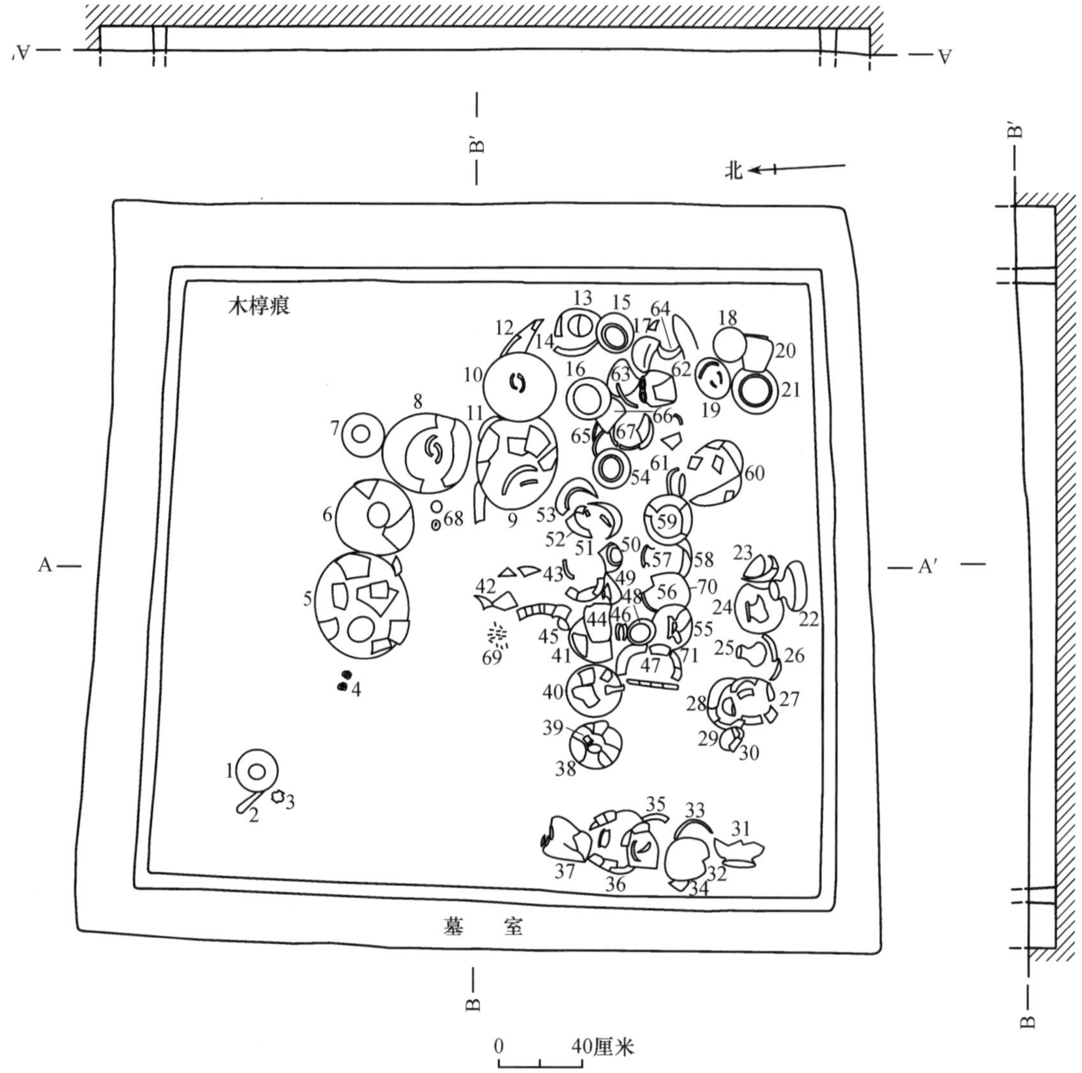

图一一七　M33平、剖面图

1. 铜璧形器　2. 铜鎏金饰件　3. 铜球形棺饰　4. 铜钱　5. 釉陶壶　6. 釉陶簋　7、65. 陶钵　8～10、12、24、28、38、53～55、64. 陶罐　11、13、29、43、45、70、71. 陶器盖　14～16、18～21、35、37、44、50、58、60～63、66. 陶仓　17、36、48. 陶壶　22. 釉陶盒盖　23. 釉陶盒　25、49、57. 釉陶釜　26. 釉陶盆　27. 釉陶鼎　30. 石黛板　31. 铜釜　32. 陶碗　33、42、67-1. 陶盆　34、47. 釉陶博山炉　39. 陶豆　40. 陶鼎　41. 釉陶炙炉　46. 釉陶碟　51. 釉陶魁　52. 釉陶卮　56. 陶甑　59. 陶盒　67-2. 陶勺　68. 铜泡　69. 煤精石串饰

M33：3-2，口径2.24～2.41、腹径5～5.1、颈高0.38、高5.31、厚0.14厘米（图一一八，14）。

M33：3-3，口径1.61～1.66、腹径3.75～3.84、颈高0.46～0.61、高4.67、厚0.08～0.25厘米（图一一八，13；图版四九，6）。

璧形器　1件（M33：1）。位于椁室西北角。保存较差。整体呈薄体圆环形，中部孔较小，璧面近外缘处有一周凸棱。表面鎏金。复原直径12.9、孔径4.2、厚0.09～0.12厘米（图一一八，3）。

鎏金铜饰　1件（M33：2）。位于椁室西北角，叠压在铜璧形器之上。器体甚薄，保存较差，已破碎。整体为弧形条状，可以看出形状的有两段：一段为龙首形，口大张，口内上下各有两枚利齿，头上有角状凸起。残长12.1、厚0.1～0.15厘米（图一一八，2）。一段为弧形，背部有半环和齿状凸起。残长18、宽3～3.2、厚0.15厘米（图一一八，1）。

铜钱　1组10余枚（M33：4）。位于椁室内北侧，保存一般。钱文可辨识者均为“五铢”钱。圆形，方穿。

M33：4-1，直径2.5厘米（图一一八，6）。

2. 石器

1件。器形为石黛板。

M33：30，位于椁室南侧偏西。石质细密，青灰色，有残留物部分呈黑色。研磨器，长方形，一侧光滑平整，一侧较粗糙，平整一侧有黑色残留物。素面。长14.5、宽4.77、厚0.18厘米（图一一八，12；图版四八，6）。

3. 煤精石器

1组20枚（M33：69）。器形为串饰。位于椁室中部偏西，保存完好，大小相若。平面近

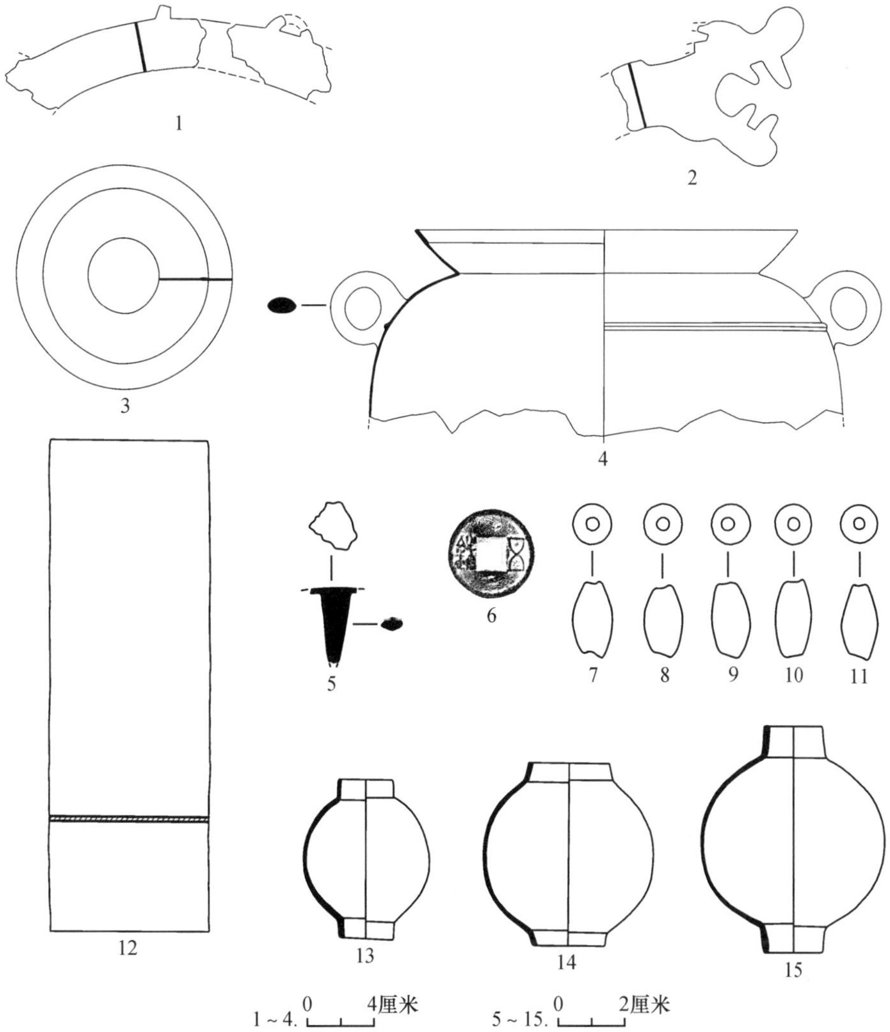

图一一八　M33出土器物

1、2. 鎏金铜饰（M33：2）　3. 铜璧（M33：1）　4. 铜釜（M33：31）　5. 铜泡（M33：68-1）　6. 五铢钱（M33：4-1）　7～11. 煤精石串饰（M33：69-1、M33：69-2、M33：69-3、M33：69-4、M33：69-5）　12. 石黛板（M33：30）　13～15. 球形铜棺饰（M33：3-3、M33：3-2、M33：3-1）

椭圆形，横断面近圆形，纵向穿孔。

M33：69-1，长2.2、粗1.2、孔径0.35厘米（图一一八，7）。

M33：69-2，长2.1、粗1.15、孔径0.4厘米（图一一八，8）。

M33：69-3，长2.2、粗1.15、孔径0.35厘米（图一一八，9）。

M33：69-4，长2.2、粗1.1、孔径0.35厘米（图一一八，10）。

M33：69-5，长2.2、粗1.1、孔径0.35厘米（图一一八，11）。

4. 釉陶器

15件。器形有鼎、釜、壶、盆、魁、碟、簋、盒、卮、博山炉和炙炉。

鼎　1件（M33：27）。带盖鼎。位于椁室南部偏西。保存一般。泥质红陶，鼎与盖均施青釉，大部分脱落，釉脱落处呈黄白色。子母口，矮子口内敛，整体近似扁球形，圆腹，圜底，下接三兽形足。口下有一对对称的弯曲状长方形附耳，耳中部有纵向条形孔。腹部有三周凹弦纹。覆钵形盖，整体缺失约三分之一。敞口，圆弧形盖面。盖顶的中心有一半球形实心纽，纽的周围有一圈戳印的小孔。盖面中部有两周凸棱，凸棱内侧边缘等距分布着三个锥状实心纽，盖面外缘有一周凹弦纹。以凸棱为界，盖面上分布着内外两组图案或纹样。顶部中心的内组，主体应为“四灵”，画面上残存白虎和玄武，青龙和朱雀已残损不全，“四灵”的周边和之间多以变体卷云带环绕和界隔。外组为一圈图案，以各种动物为主体，完整和残破的共有12只，头向朝左，可以辨认的有青龙2、朱雀1、猿7、白虎1，另1只残损较甚而不详。其中七只猿分为两组，完整的一组有五只，一大四小，位于朱雀和白虎之间，分上下两层，相互以环带界隔开来。口径16.2、最大腹径21.2、高16.8、厚0.7～1.1厘米，盖口径19、高5.6、厚0.6～1.1厘米，通高18.8厘米（图一一九，1；图版四七，3、4）。

釜　3件。

M33：25，位于椁室南部中段。保存完好。泥质红陶，施青釉，大部分脱落，釉脱落处呈黄白色。侈口，圆唇，卷沿，束颈较高，窄折肩，扁鼓腹，近平底。一侧肩腹部有近方形耳，耳中部有圆孔。腹部有一周凹弦纹。口径9.5、底径7、高10.2～10.3、厚0.4～0.8厘米（图一二〇，7）。

M33：49，位于椁室中部偏南。保存较差。泥质红陶，施青釉，部分脱落，釉脱落处呈黄白色。侈口，圆唇，卷沿，束颈，圆肩，扁鼓腹下部内收，近平底。肩部有一对对称的环形竖耳。腹部有两周凹弦纹。口径14.8、底径10.4、高14.9、厚0.4～0.6厘米（图一二〇，6）。

M33：57，位于椁室南部中段。泥质红陶，施青釉，大部分脱落，釉脱落后呈黄白色。侈口，圆唇，宽折沿，沿面上有一周凹槽，溜肩，圆腹，平底。腹部有一对对称的环形竖耳，耳正面有竖凹槽，侧面有刻划短条纹。腹部有两周凹槽。口径19.5、底径10.7、高11.3～11.85、厚0.6～0.8厘米（图一一九，2；图版四六，1）。

壶　1件（M33：5）。有盖，位于椁室北部偏中段。泥质红陶，器表的青釉基本脱落，釉脱落处呈黄白色。壶身部分缺失，侈口，窄平沿，粗高束颈，圆肩，鼓腹，假圈足状平底。肩部有一对对称的兽面铺首衔环。颈、肩部各有两周凹弦纹，腹部有三周凹弦纹。两组凹弦纹带之间布满以“四灵”为主体的图案带。图案带中的动物分为上下两排，上下及中间以横“S”

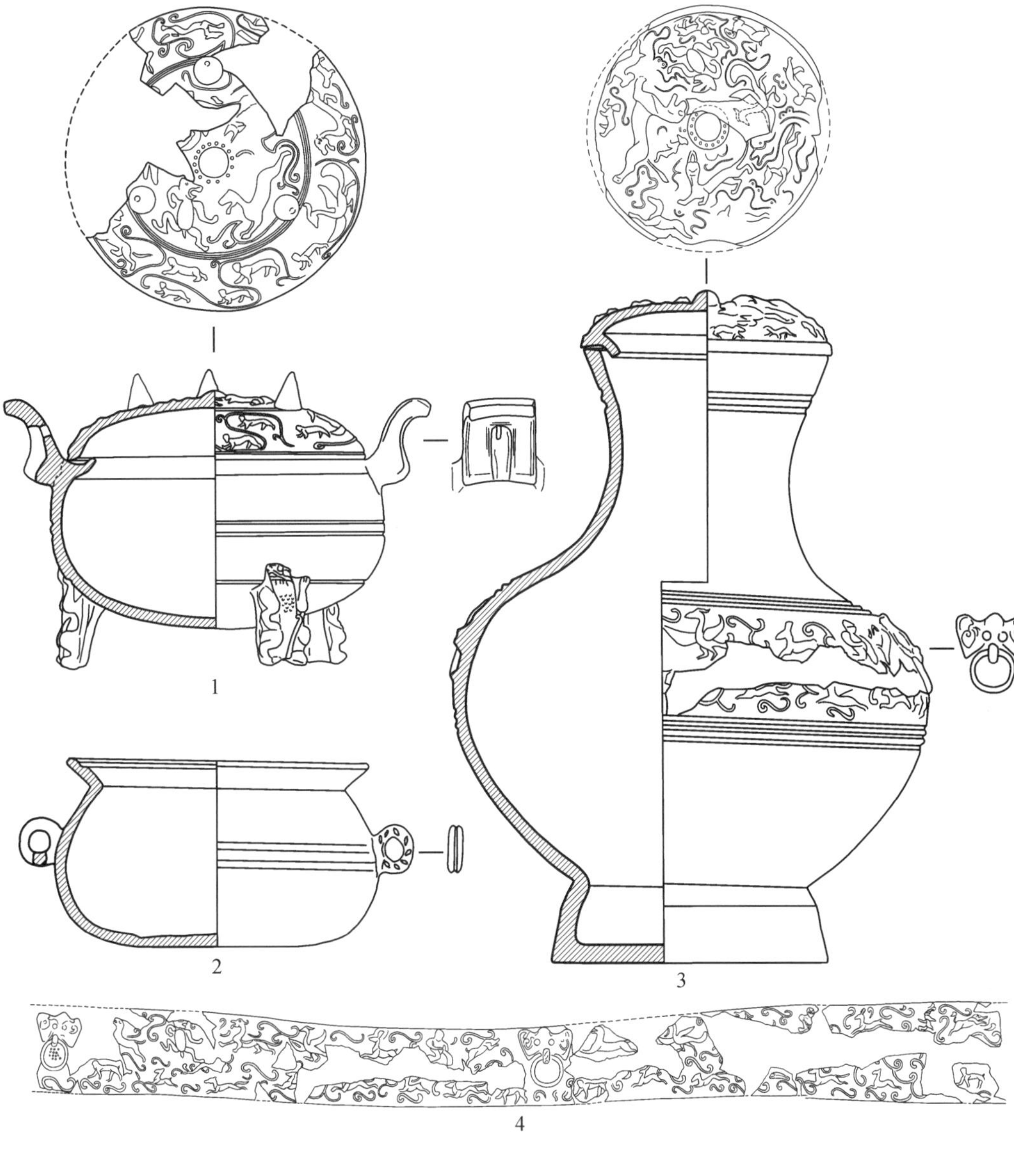

图一一九　M33出土釉陶器及其纹饰

1. 鼎（M33：27）　2. 釜（M33：57）　3. 壶（M33：5）　4. 壶（M33：5）纹饰图

（个别为竖“S”或变体“S”形纹）形纹界隔。横向又以铺首为界，分为左右两组。左组上排，自左向右依次为白虎、玄武、青龙、朱雀、鹿、人（朝右，未标注方向均朝左）和野猪（头向右）；下排共八只，前后端两只为猿，中间六只为奔跑的狗。右组残损略重，整体上与左组的构图相似，上排自左向右依次为白虎、朱雀、青龙、玄武、鹿、人（朝右）和野猪（头向右）；下排与左组相同。

覆盘形器盖，子母口，矮子口内敛，弧形盖面近平。盖面中心有一个凸起的半球形纽，纽的周围有一圈环带，环带内戳印密集的圆圈纹，盖面周缘有一周较宽的下凹。整个盖面布满动物图案，中间以不规则的带形纹界隔。图案分为内外两组（圈），围绕着盖顶中心的内组有四只个体较大的动物，自右至左分别是青龙、白虎、玄武和朱雀；环绕着盖面周缘有八只个体较小的动物，即四只猿和四只狐（狗？）。口径14.9、最大腹径30.7、底径18、高38.5、厚0.9 ~ 1厘米，盖外径15.3、内口径11.8、高4.36厘米，通高42.1厘米（图一一九，3、4；图版四五，2）。

盆　1件（M33：26）。位于椁室南部中段，保存一般。泥质红陶，原施青釉，大部分脱落，釉脱落处呈黄白色。大敞口，圆方唇，宽平沿，沿面略内凹，斜折腹，假矮圈足。底部边缘有一周宽凹槽。口径23.2、底径11.2、高6.1、厚0.3 ~ 0.9厘米（图一二〇，2）。

魁　1件（M33：51）。位于椁室中部偏南，保存一般。夹细砂红陶，通体施青釉，大部分脱落，釉脱落处呈黄白色。直口微敞，斜直腹，假圈足状平底。一侧有龙首含珠形把手。壁上部有两周凹弦纹，底部边缘有一周凹槽。口径20.06、底径11.6、高13.6、厚0.55 ~ 1.1厘米（图一二〇，3；图版四七，5）。

碟　1件（M33：46）。位于椁室中部偏西南，保存较好。泥质红陶，施青釉，大部分脱落，釉脱落处呈黄白色。大敞口，方唇，沿面内凹，斜壁，浅腹，平底。素面。口径20、底径9.8、高3.8、厚0.4 ~ 0.6厘米（图一二〇，8）。

簋　1件（M33：6）。位于椁室中部偏北，保存一般。泥质红陶，内外壁施青釉，釉脱落处呈黄白色。大口较直，方唇，宽平沿，沿面有一周凹槽，圆腹斜收，矮圈足。腹部有一对对称的兽面铺首衔环。腹部有两周凹弦纹。口径32、足径15.8、高19.1、厚0.5 ~ 1.1厘米（图一二〇，4；图版四六，2）。

盒　1套2件（盒和盖）。

M33：23，盒。位于椁室南壁中段，保存较好。夹细砂红陶，釉已脱落。矮子口内敛，斜腹内折明显，矮圈足。子口外沿到腹部折线处有一周复杂的图案花纹带，宽约4.7厘米。从主体的动物形象和排列看，图案是反的。图案花纹带的上下两端饰横“S”纹或连续“S”纹、变体“S”纹衬托，下端有一排7个不甚规则的乳钉纹，上端的“S”纹之间，有6或7只个体略小的动物，形体多似小虎或狗，其中有1个立置于玄武和青龙之间，无尾。中部的主体部位，分布着11个较大的个体，分别为青龙3、白虎2、朱雀2、玄武2（一为竖立，一为横置）。另有1个从形体看似为野猪，位置在白虎和玄武之间，方向与所有其他个体相反。另一端青龙和白虎之间的1件，形制模糊不清。口径18、底径10.2、高9.6、厚0.8 ~ 1.1厘米（图一二〇，2；图版四六，5、6）。

M33：22，盒盖。位于椁室南部中段，保存较好。夹细砂红陶，釉已脱落。微敞口，斜壁，上部折收，圈足状捉手。盖面和盖壁各有一周图案花纹带。

盖面上的图案花纹带宽约4厘米，有上下两周动物个体，中间穿插着横“S”纹、竖“S”纹和变体“S”纹（勾云纹）。靠上一周有7个动物个体，除了一头野猪之外，其余6个个体则为青龙2、白虎2、朱雀1、玄武1。靠下一周从位置上看应有13个个体，比较清楚的有7个，其中白虎4、玄武1、猿2，其他因为磨损较甚而不易辨认（图一二〇，1；图版四六，5、6）。

盖壁上的图案花纹带宽约4.6厘米，上下为“S”纹或连续“S”纹，以横向排列“S”纹为主，连续和竖排的“S”纹较少。花纹带的上端（5个）和下端（2个）有排列稀疏的乳钉纹。在下端的“S”纹之间，还有一只小虎（或狗）。中部的主体部位排列着13只动物，由左至右依次为玄武、青龙、白虎、小虎、玄武、青龙、朱雀、白虎、小虎、青龙、朱雀、野猪，最右边一只因为磨损较甚，而无法辨认。器盖顶径9.4、口径20.6，高8.7、厚0.8 ~ 1厘米

图一二〇　M33出土釉陶器

1. 盒（M33：22、M33：23）　2. 盆（M33：26）　3. 魁（M33：51）　4. 簋（M33：6）　5. 卮（M33：52）
6、7. 釜（M33：49、M33：25）　8. 碟（M33：46）

（图一二〇，1）。

卮　1件（M33：52）。位于椁室中部偏东，保存较好。泥质红陶，外施青釉，大部分脱落，釉脱落处呈黄白色。整体呈筒形，直口，直腹，平底下接三兽首形足，从兽首的形象看，似为熊首。腹部有一对对称的兽面铺首衔环，一侧有环形竖耳痕迹，耳残失。腹上部有两周较宽的凹槽，近底部有两周断续的凹槽，两组凹槽之间布满略显复杂的勾云纹，分上中下三排排列（图一二〇，5；图一二一；图版四九，4）。

覆钵形子母口盖，边缘部分略有残缺，内外壁均施青釉。矮子口内敛，周缘外凸，圆弧形盖面，顶部正中有一实心半圆形纽，纽周围有一周戳印小圆圈纹。盖面布满以动物为主体的图案。图案分为内外两组（圈），中心一组为“四灵”，自右至左分别是青龙、玄武、朱雀和白虎；靠近盖面边缘的一组为8个，除了一只似羊的动物头向朝右，其均朝左，依次为奔跑的人、狗、兔子、猿3、鹿和羊。相互之间以飞舞的飘带间隔。口径11.3、底径10.5、高13.5、厚

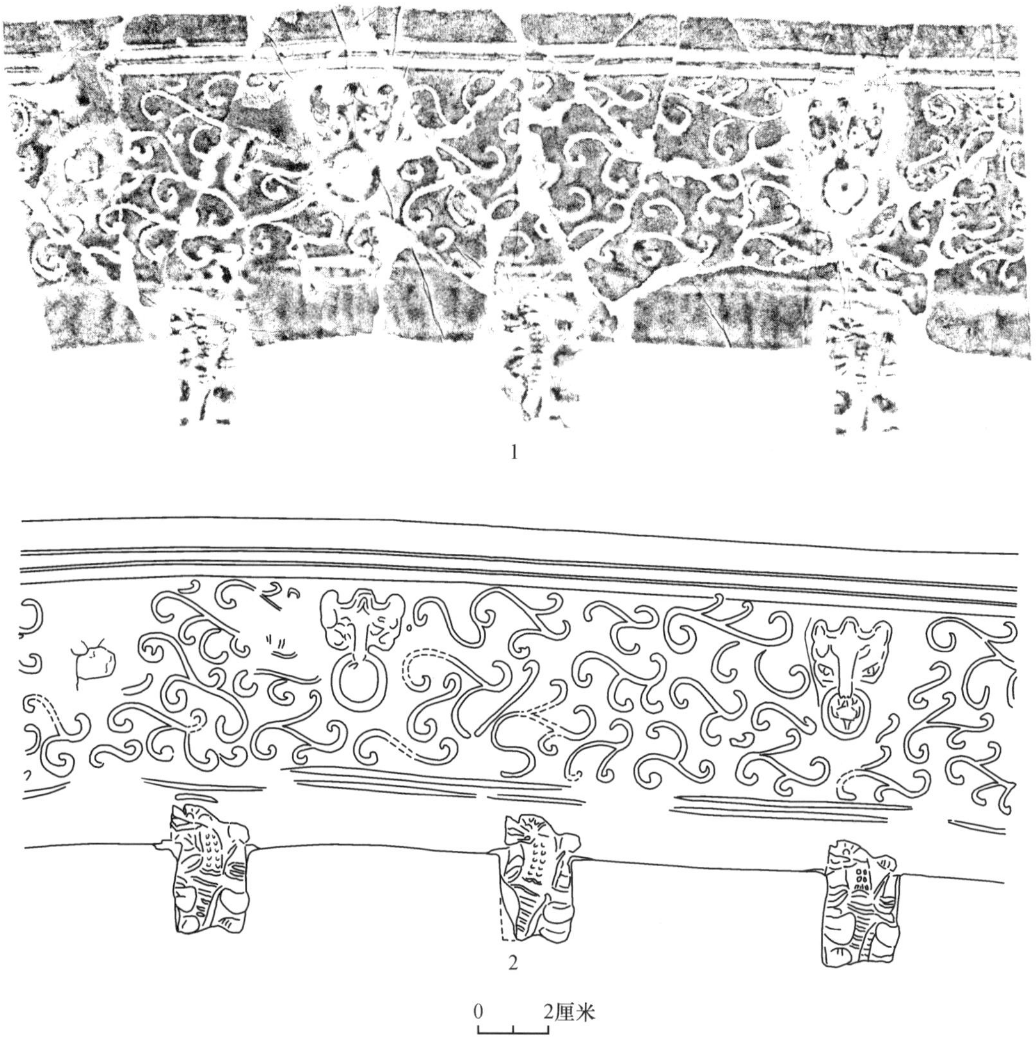

图一二一　釉陶卮（M33：52）的纹饰

0.65～0.89厘米，盖口径11.13、高4.3、厚0.68～0.78厘米，通高17.1厘米（图一二〇，5；图版四九，5）。

博山炉　2件。

M33：34，位于椁室西南部，保存完好。厚胎，夹极细砂红陶，外表施青釉，部分脱落，釉脱落处呈黄白色。浅盘豆形，直口，矮直腹，细长柄，喇叭形圈足。柄中有一周粗凸棱，柄下端有一周凸弦纹，圈足上下各有一周密集的小乳钉，两周乳钉之间布有“S”形和变体“S”形卷云纹。圈足内部有刀削痕迹。圆锥形博山炉盖，敞口，空心圆锥状。外表布满山峰形浮雕，由底部至顶端约分为五层，每座山下多有一“四灵”动物形象。口径12.1、底径11.7～11.9、高13.5、厚0.98～1.55厘米，盖口径11.5～11.7、高8.2、厚0.3～1.07厘米，通高21.7厘米（图一二二，1；图版四九，1～3）。

M33：47，位于椁室中部偏西南，保存较差。泥质红陶，施青釉，大部分脱落，釉脱落处呈黄白色。钵形盘，子母口，矮子口内敛，沿面呈较宽的凹槽，细长柄，喇叭形圈足下部残失。口下和盘底部各有一周折棱。口径10.82、残高13.66、厚0.4～1.2厘米（图一二二，2）。

炙炉　1件（M33：41）。位于椁室中部偏西南，保存较好。夹极细砂红陶，通体施青

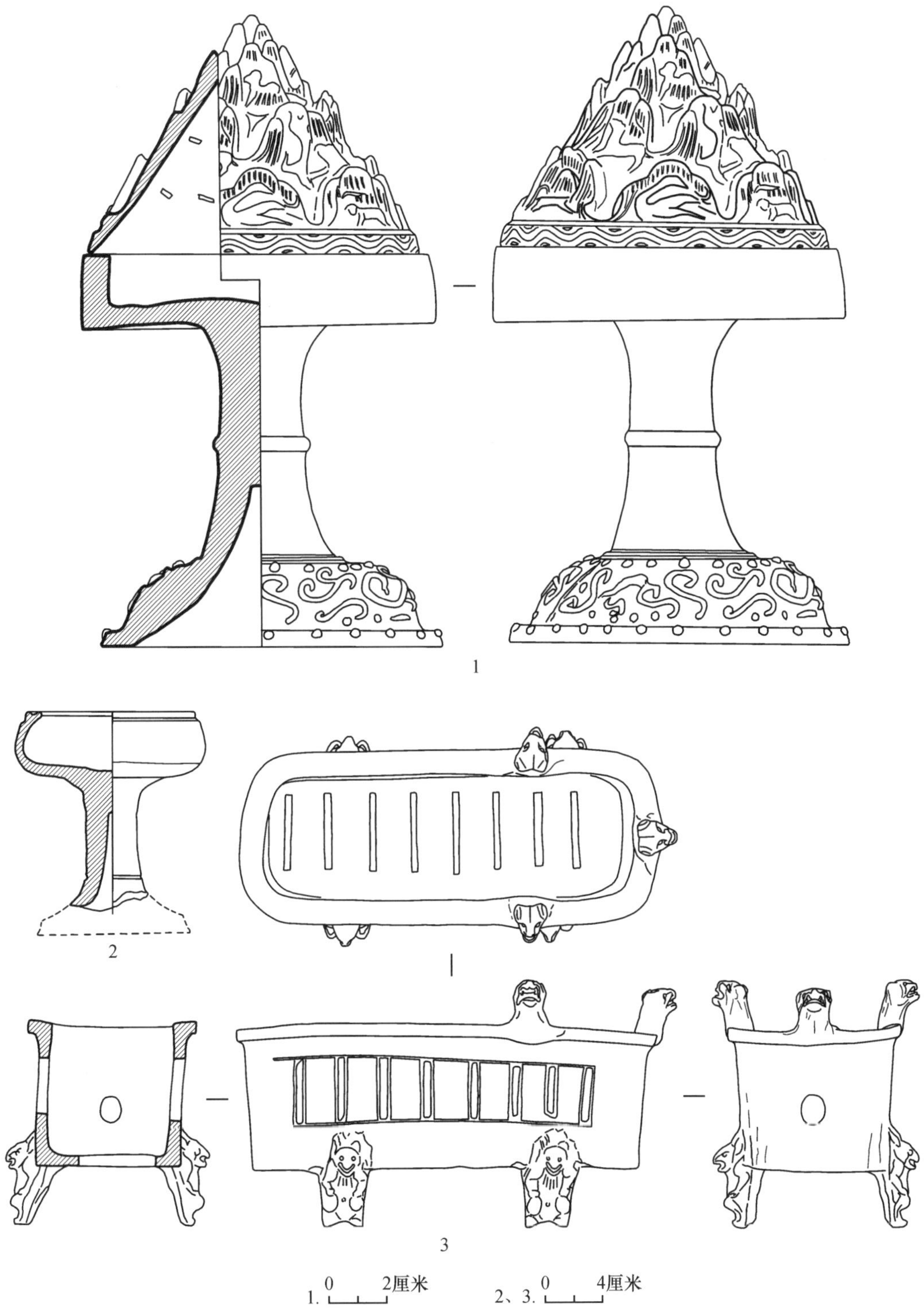

图一二二　M33出土釉陶器

1、2. 博山炉（M33：34、M33：47）　3. 炙炉（M33：41）

釉，大部分已脱落，釉脱落处呈黄白色。整体为长方形体，四足。口部呈圆角长方形，方唇，平折沿，沿面较宽，直口，直壁，平底，下接4个兽形足。前后端的腹壁中部偏下各有一圆孔，两孔可通视；两侧腹壁各有一排8条纵向窄长条形镂孔，大小相近，位置相对，每排长条装饰的上下方均有一道弦纹；底部亦有一排8条窄长条形镂孔，大小基本一致，位置与两侧腹壁的长条形镂孔交错排列。器体口沿的前端及靠近前端的两侧，各有一个略斜立的浮雕兽首，形状似虎；器底的长边两端各有一个浮雕兽形足，形状应为狗熊。全器长30.9、最宽14.8、通高16.6厘米，器身长29.4、宽12、高9.4、厚0.7～1.1厘米，底部长方形孔长4.8～5.6、宽0.4～0.6厘米，两侧腹壁的长方形孔长3.4～4.2、宽0.3～0.5厘米，前后端腹壁的圆孔直径1.4～2厘米（图一二二，3；图版四八，1～4）。

5. 陶器

49件。器形有鼎、甑、仓、罐、壶、盆、钵、豆、碗、勺、盒和器盖。

鼎　1件（M33：40），有盖。位于椁室中部偏西南。泥质黑皮灰胎陶。矮子口内敛较甚，近半球形腹，两侧腹上部有一对对称的长方形附耳，耳中下部有条形长孔，圜底，三蹄状足；覆钵形盖，敞口沿部微敛，窄斜沿，圆弧形盖面，顶部有等距排列的三个半球形纽。素面。鼎口径17.4、高20、厚0.7～1厘米，盖口径21.1～21.5、高7.26、厚0.7厘米，通高21.3厘米（图一二三，2）。

图一二三　M33出土陶器

1. 甑（M33：56）　2. 鼎（M33：40）　3～5. 壶（M33：36、M33：17、M33：48）

甑　1件（M33：56）。位于椁室南部中段，保存较差。夹细砂灰陶。口微侈，斜方唇，卷沿，圆腹，平底，底部有22个小孔。素面。口径20.8、底径8.6、高7.9～8.2、厚0.3～0.5（图一二三，1；图版四八，5）。

仓　17件。形制大同小异，子母口内敛，整体为粗筒形，平底。

M33：14，位于椁室东部偏南段，保存较差。泥质褐胎灰皮陶。直腹微外弧。腹部有三周凹槽，并有不明显的刀削痕迹。口径13.2～13.6、底径13.8～14、高16.6、厚0.6厘米（图一二五，1）。

M33：15，位于椁室东部偏南段。夹细砂深灰陶。直腹，平底微内凹。腹壁有四周凹槽。口径12.2～13、底径14.4～14.8、高15、厚0.6～0.8厘米（图一二四，5）。

M33：16，位于椁室中部偏东南，保存完整。夹细砂灰白胎黑皮陶。直腹外弧。腹部有两周凹槽和一段细弦纹，通体饰中细绳纹。口径13.4、底径14、高16.7、厚0.4～0.8厘米（图一二五，3）。

M33：18，位于椁室内东南角，保存较差。夹细砂褐胎黑皮陶。口部残，直腹。腹部有一周凹槽，下腹部有数周类凹弦纹的断续刻划细线，近底部有一排刀削痕迹。最大腹径16.4、底径14.7～15、残高13.3、厚0.5～0.8厘米（图一二四，6）。

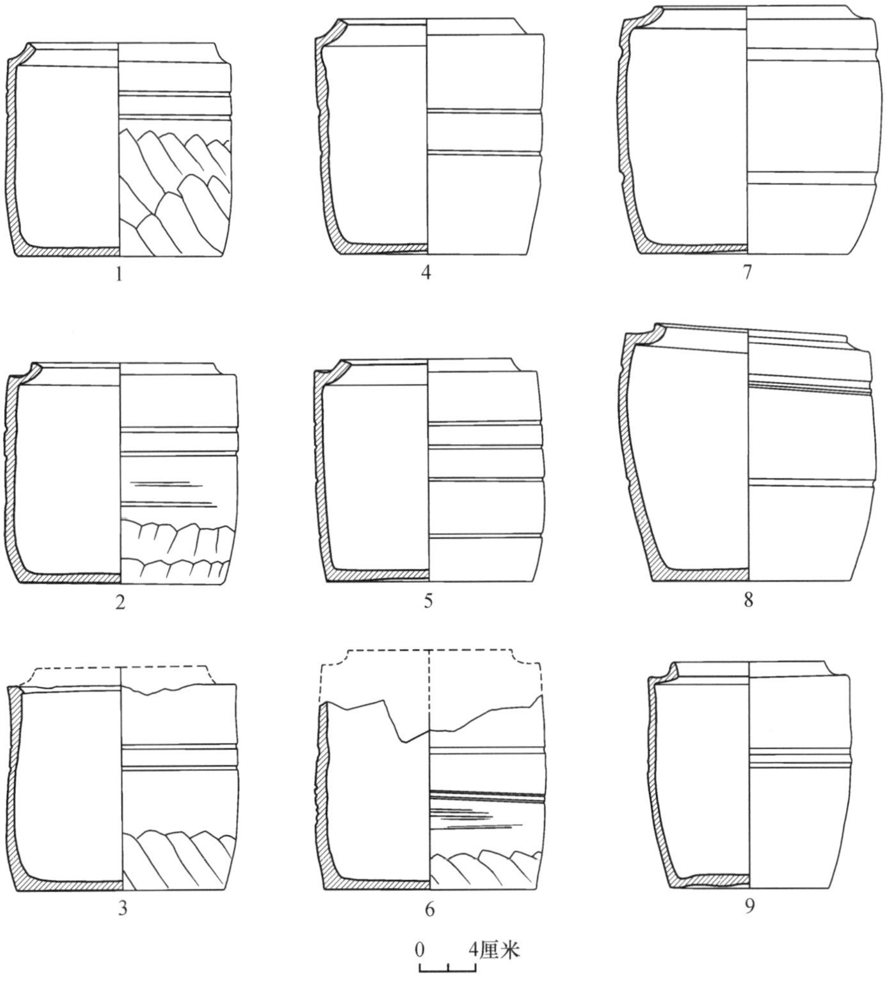

图一二四　M33出土陶仓

1. M33：20　2. M33：37　3. M33：19　4. M33：60　5. M33：15　6. M33：18　7. M33：66　8. M33：58　9. M33：44

M33：19，位于椁室东南角。口部残。夹细砂褐胎黑皮陶。直腹。腹中部有两周凹槽，下腹部有一排刀削痕迹。最大腹径16.5、底径14.7～15、残高14.5、厚0.5～1.1厘米（图一二四，3）。

M33：20，位于椁室东南角。夹细砂灰陶。器体较矮，直腹。上腹部有两周凹槽，中腹至底部有两排较长的刀削痕迹。口径13.4、底径14.6、高15、厚0.5～0.7厘米（图一二四，1；图版四五，4）。

M33：21，位于椁室东南角。夹细砂褐陶。直腹外弧。腹部有两周凹槽，近底部有两排较短的刀削痕迹。口径14、底径13.2～13.8、高16.9、厚0.7厘米（图一二五，2）。

M33：35，位于椁室西南部，保存不好。夹细砂灰胎黑皮陶。直腹外弧。腹部有两周凹槽，近底部有一排较宽的刀削痕迹。口径13、底径15、高17.4、厚0.7厘米（图一二五，7）。

M33：37，位于椁室西壁南段，保存完整。夹细砂褐胎黑皮陶。直腹。腹中部有四周凹槽（其中两周断断续续），下腹部有两排较短的刀削痕迹。口径12.8、底径14.4、高15.6、厚0.5～1.0厘米（图一二四，2）。

M33：44，位于椁室中部偏南，保存一般。夹细砂灰陶。直腹微外弧，平底微内凹。腹中部有两周凹槽。口径10.5～10.8、底径11.3～11.7、高15.8、厚0.5～0.8厘米（图一二四，9）。

M33：50，位于椁室中部偏南，残损，可修复。夹细砂灰胎黑皮陶。直腹。腹部有两周凹槽，近底部有两排刀削痕迹。口径12.8～13.4、底径14.9、高16.4、厚0.8厘米（图

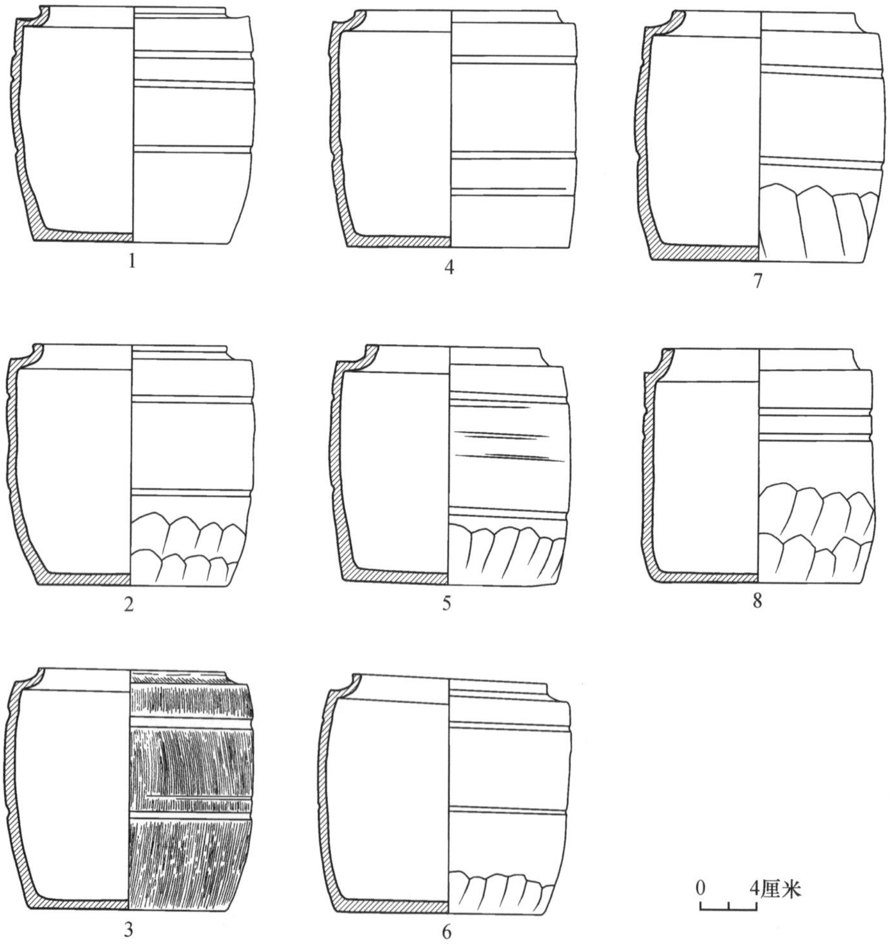

图一二五　M33出土陶仓

1. M33：14　2. M33：21　3. M33：16　4. M33：61　5. M33：62　6. M33：63　7. M33：35　8. M33：50

一二五，8）。

M33：58，位于椁室南部中段，保存一般。夹细砂灰胎黑皮陶。器形不甚规整，直腹外弧。腹上部有一周凹槽和凹弦纹，腹下部有一周凹槽。口径13.2～13.8、底径14.2、高17.3～18.2、厚0.6～0.8厘米（图一二四，8）。

M33：60，位于椁室南部偏东，保存一般。夹砂灰胎黑皮陶。直腹，平底微内凹。腹部有两周凹槽。口径12～12.4、底径14、高16.4、厚0.6～0.8厘米（图一二四，4）。

M33：61，位于椁室南部偏东，保存一般。夹细砂褐胎灰皮陶。直腹外弧。腹部有三周凹槽，并有不明显的刀削痕迹。口径14.5、底径15.5、高16.6、厚0.6～0.7厘米（图一二五，4）。

M33：62，位于椁室东南部，保存一般。夹细砂褐胎黑皮陶。直腹外弧，平底。腹部有两周凹槽（其中两周断断续续），近底部有一排粗疏的刀削痕迹。口径12.3、底径15～15.2、高16.6～16.8、厚0.8～0.9厘米（图一二五，5）。

M33：63，位于椁室东南部，保存一般。泥质红褐陶。直腹外弧。腹部有两周凹槽，近底部有一排刀削痕迹。口径13.8、底径14.8、高16.1～16.7、厚0.4～0.7厘米（图一二五，6）。

M33：66，位于椁室东南部，保存一般。泥质褐胎黑皮陶。直腹微外弧。腹部有两周凹槽。口径14、底径15、高17.4、厚0.5～0.7厘米（图一二四，7）。

罐　11件。大体可以分为三类，即小口深腹罐、小口圜底罐和高领罐（此类或可称为壶）。

M33：8，位于椁室中部偏北，保存一般。泥质灰陶。小口内敛，卷沿，广折肩，直腹，下部至底为圆弧形。肩部有三周、腹上部有两周凹弦纹。口径12.6、最大腹径27.8、高20.4、厚0.5～0.65厘米（图一二六，1）。

M33：9，位于椁室中部偏东，保存一般。泥质灰胎黑皮陶。小口内敛，卷沿，广折肩，直腹下部呈弧形内收，平底残。肩部有四周、中腹部有两周凹弦纹。口径12.4、底径11、高19.4～19.6、厚0.5～0.8厘米（图一二六，2；图版四七，2）。

M33：12，位于椁室东部中段，保存一般。泥质褐陶。直口微侈，圆唇，矮束颈，宽圆肩，鼓腹，平底。肩部有两周凹弦纹，近底部有两排刀削痕迹。口径11.2、最大腹径22.6、底径14.6、高16.2、厚0.5～0.7厘米（图一二六，4；图版四五，3）。

M33：28，位于椁室南部偏西，保存一般。夹细砂黄褐陶。直口微侈，尖圆唇，矮束颈，宽圆肩，弧腹，平底略内凹。肩部有一周凹弦纹，近底部有两排刀削痕迹。口径11、最大腹径22.4、底径14.8、高14.4～14.6、厚0.45～0.6厘米（图一二六，3）。

M33：53，位于椁室中部偏东南，保存较差。夹细砂灰陶。小口内敛，平折沿，斜折肩，直腹下部斜内收，平底较大。肩部和上腹部各有三周凹弦纹，肩、腹交界处有一周按压纹，下腹部有一排较宽的刀削痕迹。口径11.4～12.2、底径14、高15、厚0.5～0.7厘米（图一二六，8）。

M33：55，位于椁室南部中段，局部残。夹细砂灰陶。椭圆形口内敛，圆唇，斜折肩，直腹下部折收，平底较大。肩部有一周凹弦纹，中腹部有一周断续凹弦纹，近底部有两排较短的刀削痕迹。口径10.6～12.5、最大腹径18.8、底径12.8、高13.5、厚0.6厘米（图一二六，5）。

M33：10，位于椁室东部中段，保存一般。夹细砂灰陶。小口微侈，斜方唇，宽折沿，较矮束颈，广折肩，腹至底部近半球形。颈、肩之交有一周凹槽，肩下半部有四周依次加宽

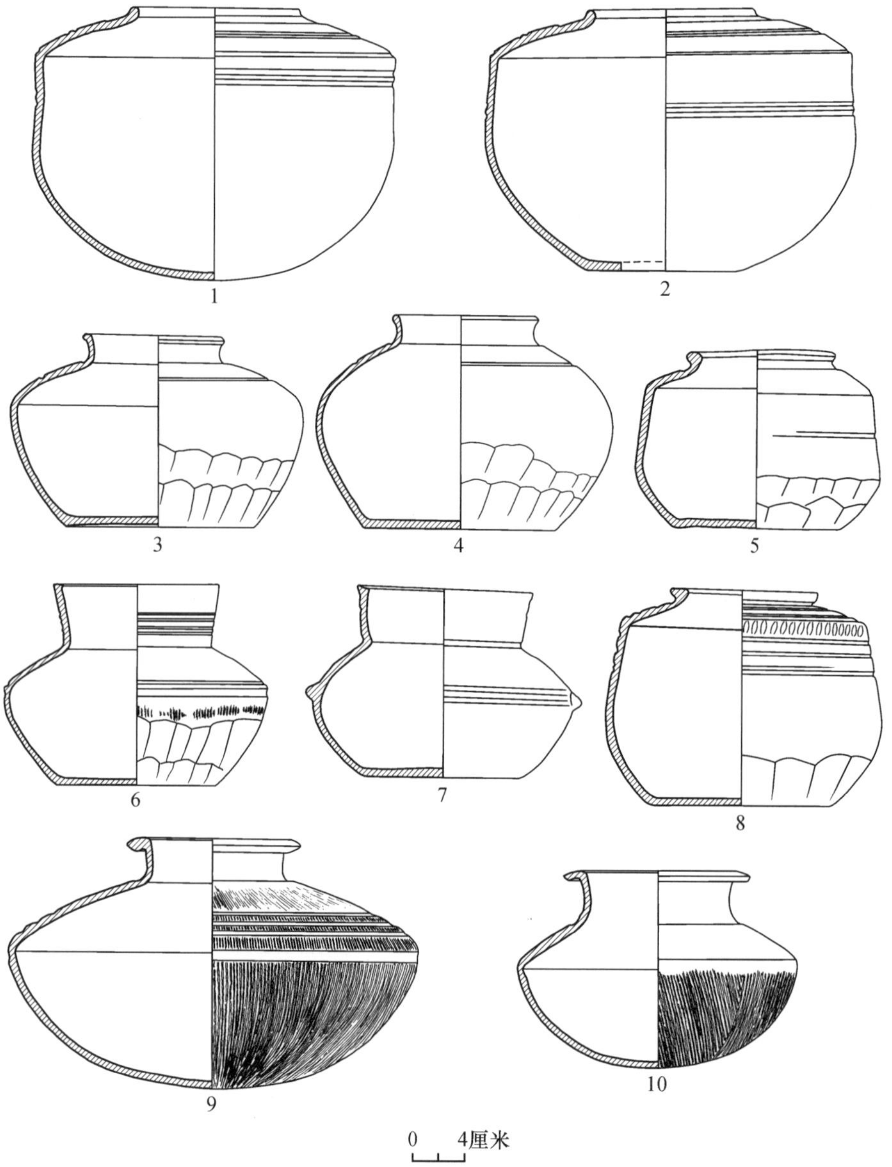

图一二六　M33出土陶罐

1. M33：8　2. M33：9　3. M33：28　4. M33：12　5. M33：55　6. M33：24　7. M33：38　8. M33：53　9. M33：10　10. M33：54

的抹弦纹，颈以下通体饰中细绳纹。口径13.5、最大腹径31.8、高18.8、厚0.5～0.8厘米（图一二六，9；图版四七，1）。

M33：54，位于椁室中部偏东南，保存完整。夹细砂灰白胎黑皮陶。小口微侈，斜方唇，宽折沿，较高束颈，广折肩，腹至底部近半球形。腹至底部饰细绳纹。口径14.4、最大腹径21.4、高15、厚0.5～0.7厘米（图一二六，10；图版四七，6）。

M33：24，位于椁室南部中段，保存完好。夹细砂灰陶。高领罐，直口微侈，高领，斜肩圆折，斜腹，平底。颈部有四周很浅的凹弦纹，肩与腹交界处有两周凹槽，近底部有两排刀削痕迹，凹槽和刀削痕迹之间有一周断续的纵向细绳纹。口径12.4～13、最大腹径20.6、底径12.6、高15、厚0.4～0.6厘米（图一二六，6）。

M33：38，位于椁室西部偏南，保存一般。夹细砂灰陶。高领罐，直口微敛，窄斜沿，高领，圆肩，鼓腹，平底。肩腹交处有一对盲鼻形小錾。颈下部、肩腹交处上下各有一周凹槽。口径13.6～14.2、最大腹径20、底径12.2～12.6、高14～14.4、厚0.5～0.8厘米（图一二六，7）。

M33：64，位于椁室内东南部。泥质红褐胎灰黑皮陶。保存极差，破碎严重，不能修复。

壶　3件。

M33：17，位于椁室东部南段。夹细砂灰陶。口部残，粗高束颈，圆肩，圆腹，矮圈足。颈、肩之交和腹部有两周凹弦纹。最大腹径19.4、底径12、残高17.9、厚0.47～0.7厘米（图一二三，4）。

M33：36，位于椁室西壁南段，保存较差。夹细砂灰陶。浅盘形口，平沿，粗高颈内束，圆肩，圆腹，平底。颈下、肩、腹部各有一周凹槽，近底部有一排斜长的刀削痕迹。口径12.5、最大腹径21.8、底径12.5、高19.9、厚0.5～0.8厘米（图一二三，3）。

M33：48，位于椁室中部偏南，保存基本完整。夹细砂灰陶。浅盘形口，窄平沿，粗高颈内束，肩、腹近似球形，圈足较高。肩部有两个对称的兽面铺首衔环，残，颈、肩之交有两周阶状凸起，腹部有两周凹槽。口径13.6～14.3、最大腹径27.5、底径17.8、高30.6～30.8、厚0.5～0.8厘米（图一二三，5）。

盆　3件。形制为大敞口，浅腹中部外折，平底。

M33：33，位于椁室西南部，保存较差。泥质褐胎黑皮陶。方唇，卷沿，极矮假圈足。腹中部有一周折棱，内底中部下凹，并有一周凹弦纹。口径29.5、底径11.5、高6.5、厚0.5～1.05厘米（图一二七，2）。

M33：42，位于椁室内中部，保存较差。夹细砂红褐陶。方唇，卷沿，沿面斜平。腹中部有一周折棱，内底中部下凹，并有一周凹弦纹。口径29.8、底径14.2、高7.6、厚0.6～0.7厘米（图一二七，1）。

M33：67-1，位于椁室东南部，保存一般。夹细砂灰胎黑皮陶。圆唇，宽折沿。素面。口径18.6～19.2、底径6.8～7、高6.6、厚0.4～0.5厘米（图一二七，3）。

钵　2件。形制为大敞口，斜腹，平底。

M33：7，位于椁室中部偏北，保存一般。泥质灰陶。尖圆唇，斜腹下部因刀削出折。近底部有一排刀削痕迹。口径17.6、底径6.4、高5.3～6.3、厚0.4～0.6厘米（图一二七，6；图版四六，3）。

M33：65，位于椁室东南部，保存较差。泥质灰陶。圆唇。外表有轮制的折棱，近底部有一排模糊的刀削痕迹。口径16.8、底径6.4、高5～6.1、厚0.4～0.5厘米（图一二七，5）。

豆　1件（M33：39）。位于椁室西部偏南，保存一般。夹细砂褐陶。钵形盘，口微敛，窄平沿，弧腹，细柄，喇叭形圈足。盘外壁底中有一排刀削痕迹。口径15.8～16.4、足径11.2、高9.9、厚0.4～1.1厘米（图一二七，12）。

碗　1件（M33：32）。位于椁室西南部，保存一般。夹砂灰褐陶。敞口，宽叠唇，弧腹，平底内凹。素面。口径17.5～17.7、底径5.8～6、高约5.6、厚0.3～0.4（图一二七，4）。

勺　1件（M33：67-2）。位于椁室东南部。夹细砂灰陶。勺体残，圆锥形把手，尾端下卷。残长4.8、残宽5.2、高7.1、厚0.3厘米（图一二七，16）。

盒　1件（M33：59）。位于椁室南部偏东，保存一般。夹细砂灰陶。子母口，矮子口内敛圆腹，圜底，矮圈足。腹部有三周凹槽。口径16.8、底径10、高9.2、厚0.4～0.6厘米（图

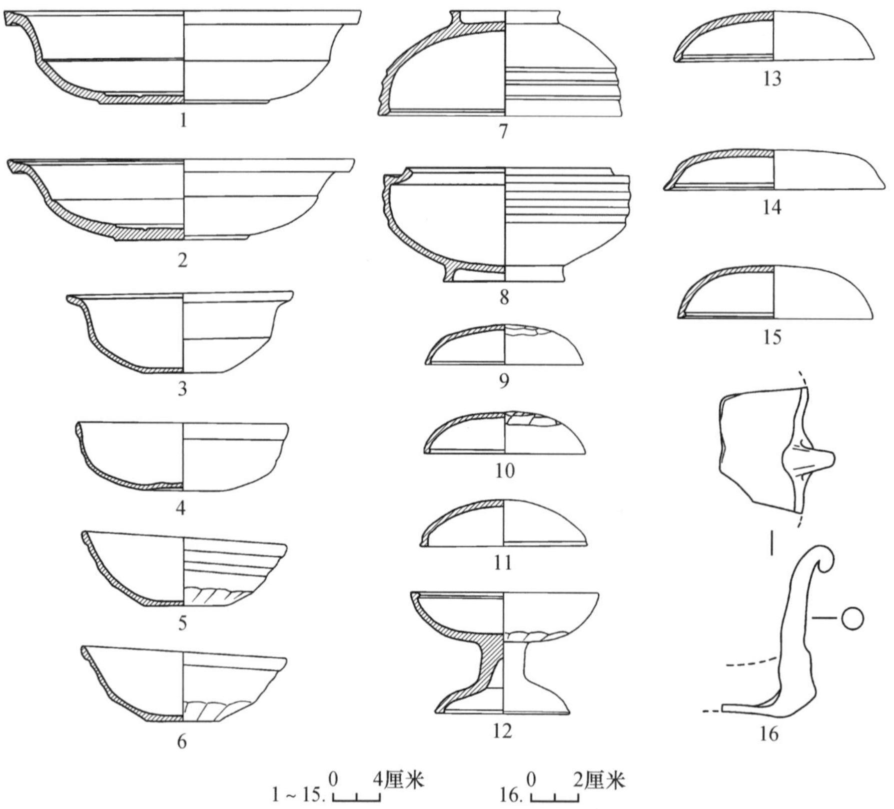

图一二七　M33出土陶器

1～3. 盆（M33：42、M33：33、M33：67-1）　4. 碗（M33：32）　5、6. 钵（M33：65、M33：7）　7、9～11、13～15. 器盖（M33：29、M33：45、M33：70、M33：11、M33：43、M33：71、M33：13）　8. 盒（M33：59）　12. 豆（M33：39）　16. 勺（M33：67-2）

一二七，8；图版四六，4）。

器盖　7件。形制可分为覆碗形和覆钵形两种。

M33：11，位于椁室中部偏东，保存一般。泥质灰陶。覆钵形，近直口，浅腹，弧形盖面。素面。口径13.8、高3.9、厚0.5～0.6厘米（图一二七，11）。

M33：13，位于椁室东部偏南段，保存一般。泥质褐胎黑皮陶。覆钵形，浅弧腹，弧形盖面。素面。口径16.4、高4.4、厚0.7厘米（图一二七，15）。

M33：29，位于椁室南部偏西，可修复。泥质灰褐陶。覆碗形，直口微敞，弧腹，矮圈足形纽。近口部有三周瓦楞纹。口径20.2、顶径9.2、高8.7、厚0.7厘米（图一二七，7）。

M33：43，位于椁室中部，保存较差。夹细砂灰褐陶。覆钵形，敛口，浅弧腹，弧形盖面。素面。口径16.6、高4.26、厚0.5～0.6厘米（图一二七，13）。

M33：45，位于椁室中部，可修复。夹细砂灰皮褐胎陶。覆钵形，口微敛，浅弧腹，盖面圆弧。顶部有不规则的刀削痕迹。口径13、高3.2、厚0.4厘米（图一二七，9）。

M33：70，位于椁室南部中段，保存完好。夹细砂云母黑皮陶。覆钵形，口微敛，浅腹，弧形盖面。顶部有不规则的刀削痕迹。口径13.2、高3.4、厚0.35～0.4厘米（图一二七，10）。

M33：71，位于椁室中部偏南。夹细砂褐胎黑皮陶。覆钵形，浅弧腹，盖面近平。素面。口径18.1、高3.5、厚0.7厘米（图一二七，14）。

（三十二）M34

位于T2355西南部，延伸至T2254、T2255和T2354。开口于第2层下，打破生土。

墓葬形制为土坑竖穴墓，方向286°，大致呈东—西方向，朝向澎溪河。现存墓口到地表深30厘米，墓口海拔159.65米，墓底海拔159.03米。墓葬平面呈有把刀形，由墓室和墓道两部分组成，总长551厘米（图一二八；图版五〇，1）。墓室平面呈长方形，南北长413、东西宽365厘米，墓口到墓底深62厘米。墓道平面近梯形，长186、宽120～200厘米。

墓内填土为五花土，由黄褐、灰褐、深褐和生土等构成，土质较硬且粗，结构较致密，分选较好，含少量陶片、石子等。

墓内葬具腐朽较甚，但仍有迹可循。外围有一个近似方形的椁，长300、宽283厘米，现存

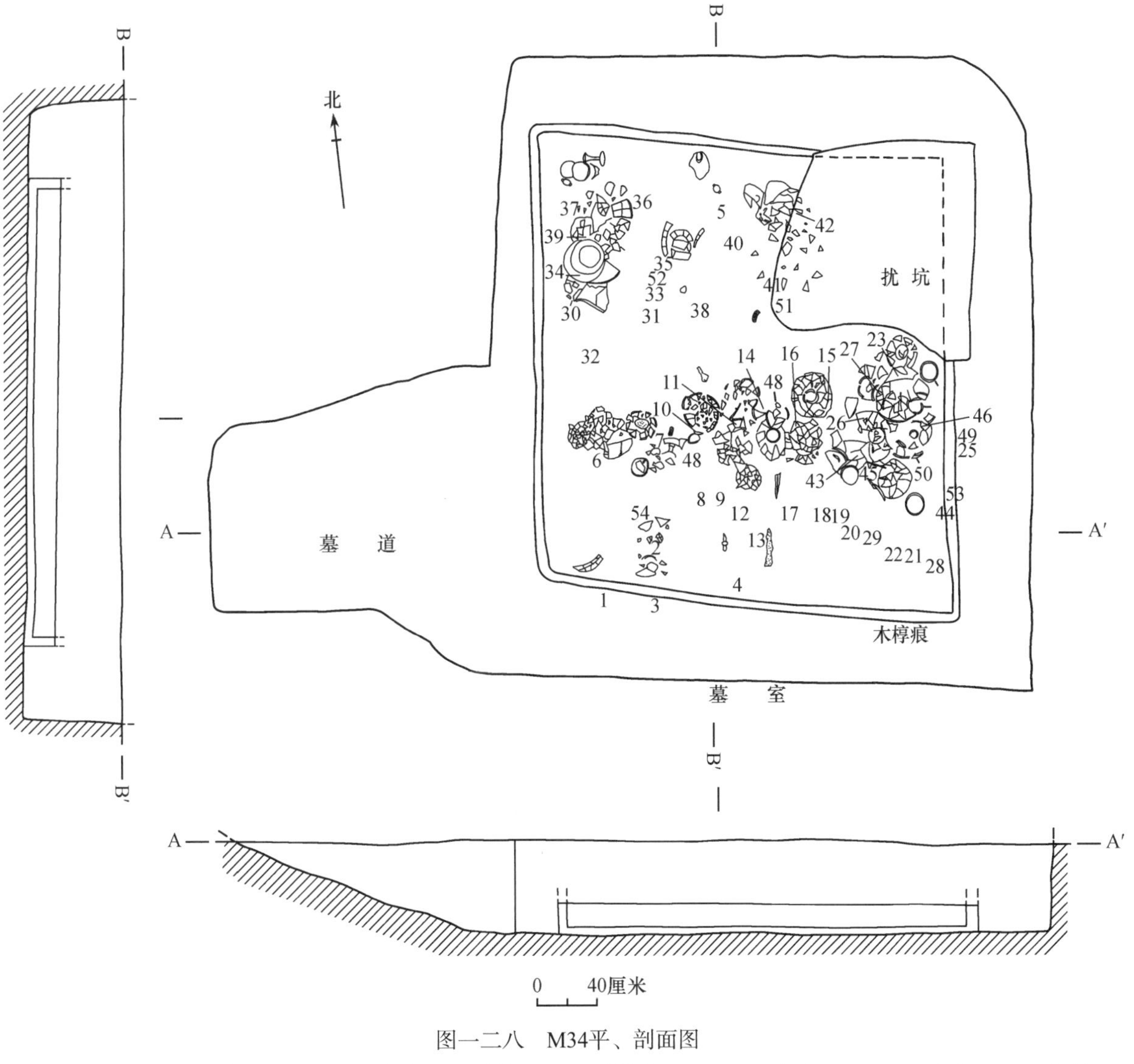

图一二八　M34平、剖面图

1、13、33、34、52. 陶仓　2、10、14. 陶盆　3. 釉陶钵　4、11. 铜带钩　5、16、18. 陶豆　6、25、44. 陶壶　7、31. 陶甑　8. 陶器盖　9、43. 陶勺　12. 陶盒　15、17、20、21、26、54. 陶罐　19. 陶釜　22. 釉陶盂　23、35. 釉陶盆　27. 陶碗　28、38、49、53. 釉陶器盖　29. 釉陶勺　30. 铁釜　32. 釉陶杯　36. 釉陶豆　37. 釉陶博山炉　39、40. 铜棺铃　41、46. 陶鼎　42. 釉陶壶　45. 陶杯　48. 铜钱　50. 陶灯座　51. 釉陶碗（24、47销号）

高度仅有10～20厘米，椁板厚6～8厘米。另外，椁内还发现了棺木的痕迹，带钩和棺铃处的板灰尤其明显，棺木痕迹散落在不同位置，板灰分布范围不清，无法分辨出棺木的数量和形状。

墓内未发现人骨痕迹，从椁室的结构、大小等分析，应为合葬墓。

墓内共发现52件（组）随葬品，其中铜器5件（组），铁器1件，釉陶器14件，陶器32件。

1. 铜器

5件（组）。器形有棺铃、带钩和铜钱。

棺铃　2件。大小相若，形制基本一致。表面鎏金。两端为直口微敛，口部为圆形，上下大小几乎相等，球形腹，中空，上下贯通。

M34：39，位于椁室西北角，保存完整。通长6、两端管状孔长0.9、孔径2、中间球形腹长4、最大腹径4.63、厚0.15厘米（图一二九，1；图版五二，5右）。

M34：40，位于椁室北部，保存较好，微残。通长4.7、上端管状孔长0.5、孔径2.4、下端长0.4、孔径2.3、中间球形腹长3.75、最大腹径4、厚0.15厘米（图一二九，2；图版五二，5左）。

带钩　2件。整体呈变形“S”形。

M34：4，位于椁室南部，保存较好，断为两截。青白色。一端为龙（蛇）首形，有变形云纹和短线条等纹饰，圆饼形纽。长12.6、宽0.6～1.3、带条厚0.53厘米（图一二九，4；图版五二，6上）。

M34：11，位于椁室中部，锈蚀严重。青绿色泛白。圆饼形纽。素面。残长11.2、宽0.3～1.1、厚1.7厘米（图一二九，3；图版五二，6下）。

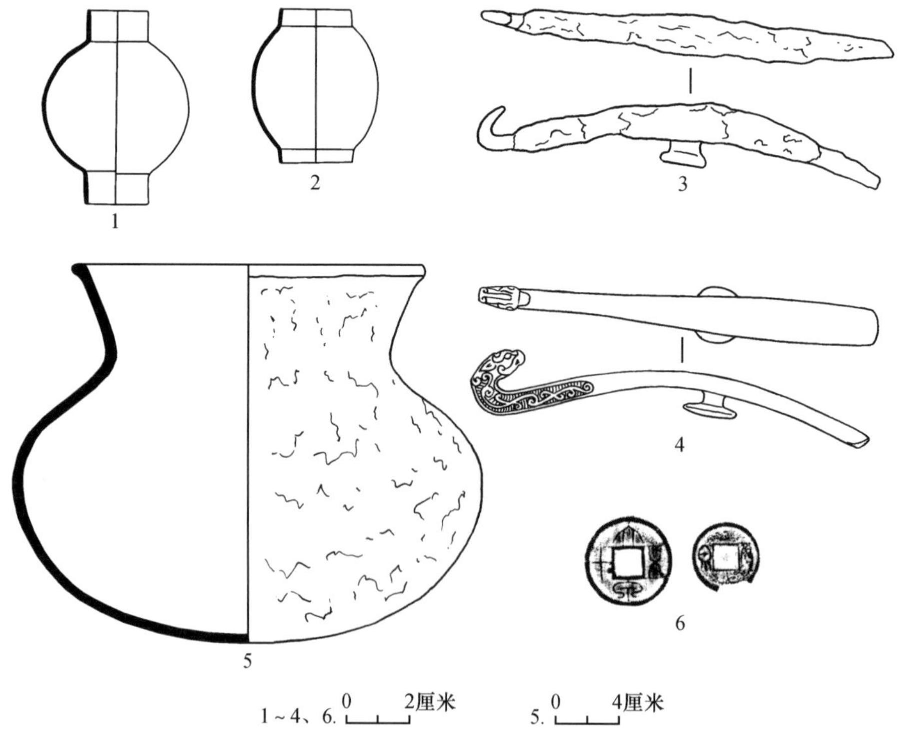

图一二九　M34出土铜器和铁器

1、2. 铜棺铃（M34：39、M34：40）　3、4. 铜带钩（M34：11、M34：4）　5. 铁釜（M34：30）　6. 铜钱拓片（M34：48）

铜钱　1组30余枚（M34：48）。位于椁室中部和西南部，保存一般。青绿色，均为圆形，方孔。钱文有两种，尺寸较大的为“大泉五十”，直径2.7、内孔边长0.85厘米；尺寸较小的为“货泉”，直径2.1、内孔边长0.75厘米（图一二九，6）。

2. 铁器

1件。器形为釜。

M34：30，位于椁室西北部，保存较差，表面锈蚀严重。黄褐色。侈口，圆唇，斜长卷沿，束颈，圆肩，鼓腹，圜底。口径22.4、最大腹径29.6、高23、厚0.55厘米（图一二九，5）。

3. 釉陶器

14件。器形有壶、盂、盆、钵、豆、碗、勺、杯、博山炉和器盖。

壶　1件（M34：42）。位于椁室北部，保存较差，残。夹极细砂红陶，釉脱落后为黄白色。颈部以上残失，粗长颈，溜肩，鼓腹，圈足残。腹部有一对对称的铺首衔环。肩、颈交界处和腹部各有两周凹弦纹。颈径9.6、最大腹径23、残圈足径13.5、残高24.3、厚0.6～1.1厘米（图一三〇，1）。

盂　1件（M34：22）。位于椁室东部南段，保存一般。夹极细砂红褐陶，釉脱落部分为黄白色。侈口，方唇，卷沿，粗束颈，溜肩，圆腹，平底。颈下部有两个小竖耳。腹部有两周凹弦纹。口径14.5、最大腹径14、底径10.2、高12.5、厚0.6～0.8厘米（图一三〇，9；图版五一，4）。

盆　2件。

M34：23，位于椁室东部，保存一般。夹极细砂红陶。敞口，方唇，平折沿，折腹较浅，平底。素面。口径18.8、底径9.6、高4.3、厚0.5～0.7厘米（图一三〇，2）。

M34：35，位于椁室西北部，保存较差。夹极细砂红陶，釉脱落部分为黄白色。敞口，圆唇，卷沿，粗颈微束，圆腹，平底。上腹部两侧有对称的竖耳。近底部有一周凹弦纹。口径21.3、底径10.8、高8.4、厚0.5～0.7厘米（图一三〇，3；图版五二，4）。

钵　1件（M34：3）。位于椁室西南部，保存较差，可修复。夹极细砂红褐陶。敞口，弧腹，平底。素面。口径16.7、底径7.5、高6.5、厚0.5厘米（图一三〇，4）。

豆　1件（M34：36）。位于椁室西北角，保存较好。夹极细砂红陶，釉脱落后为黄白色。浅盘，直口微敞，折腹，细高实心柄，由上及下渐粗，喇叭状圈足。素面。口径9.9、底径8、柄径2.8～4.3、高14、厚0.4～1厘米（图一三〇，7；图版五〇，3）。

碗　1件（M34：51）。位于椁室中部偏北，保存较差，可修复。夹极细砂红陶，釉脱落后为黄白色。口微敞，沿微卷，圆腹，极矮圈足。口下有一周凹弦纹。口径17.5、底径8.5、高6.9、厚0.7～1厘米（图一三〇，5）。

勺　1件（M34：29）。位于椁室东部南段，保存一般，勺头残。夹极细砂红陶，釉脱落后呈黄白色。勺体近椭圆形，较浅，敞口，圜底，长条形把手，末端下压，剖面呈半圆形。素面。残通长17、勺头残长3.5、残宽4.3、高2.5、厚0.5～0.8厘米，柄长12.6、宽2～2.4、柄粗1.3～1.85厘米（图一三〇，14）。

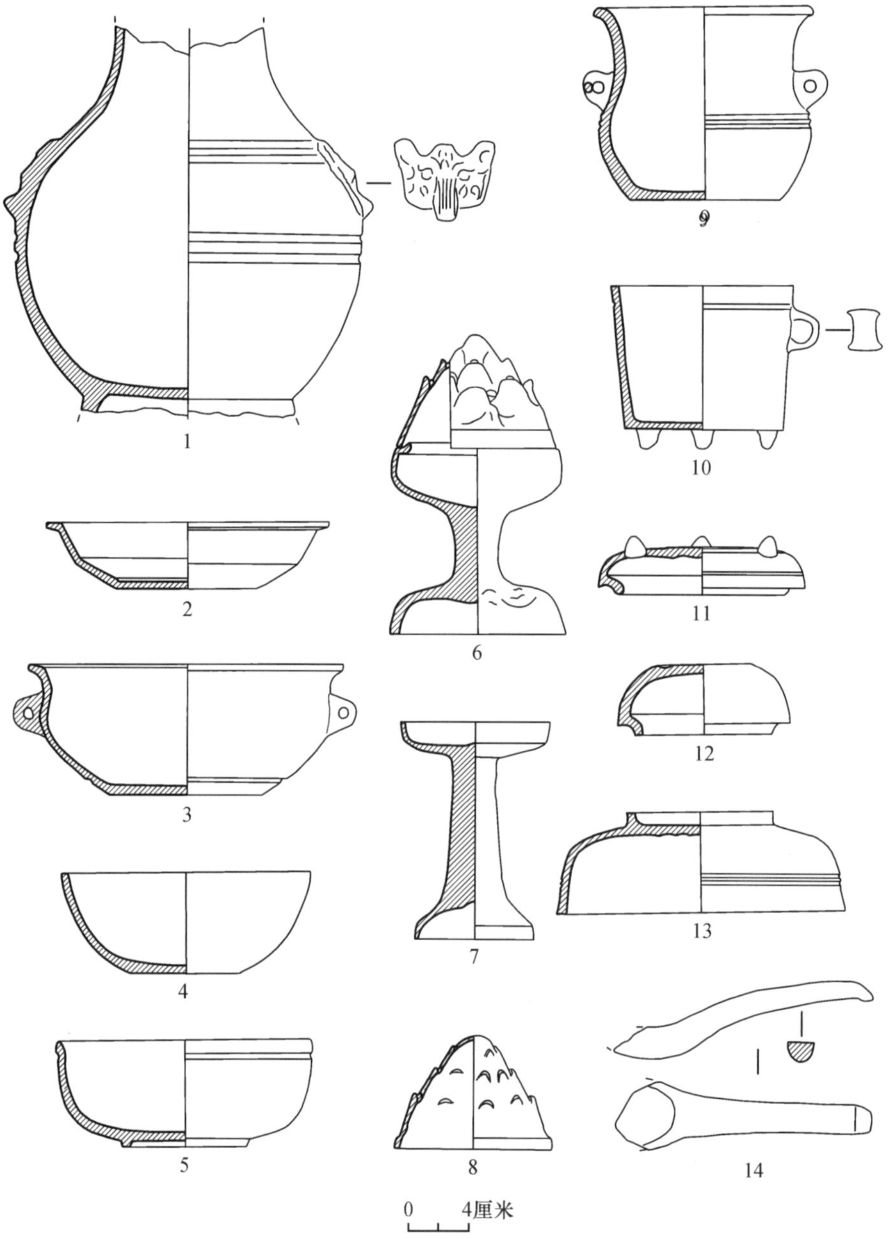

图一三〇　M34出土釉陶器

1. 壶（M34：42）　2、3. 盆（M34：23、M34：35）　4. 钵（M34：3）　5. 碗（M34：51）　6. 博山炉（M34：37）　7. 豆（M34：36）　8、11～13. 器盖（M34：53、M34：28、M34：49、M34：38）　9. 盂（M34：22）　10. 杯（M34：32）　14. 勺（M34：29）

杯　1件（M34：32）。位于椁室西北部，保存较差。夹极细砂红陶，釉脱落后为黄白色。直口微敞，直腹，平底，底部有三个实心乳头状小足。一侧上腹部有宽竖耳。口下有一周凹弦纹。口径12、底径10.4、高10.6、厚0.6～0.8厘米（图一三〇，10）。

博山炉　1件（M34：37）。位于椁室西北角，保存较好。夹极细砂红陶。明器。子母口，矮子口内敛，盘较深，弧腹圆折，实心细柄较高，覆盘形圈足。柄下部有横“S”形卷曲纹。粗锥形盖，敞口，盖壁微外弧，中空，盖壁有层峦叠嶂纹饰，并有两周12条长条镂孔。器身内口径8.7、外口径11.6、底径11.8、高12.35、厚0.5～0.9厘米，器盖口径11.1、高7.3厘米，通高19.4厘米（图一三〇，6；图版五〇，2）。

器盖　4件。有子母口形、直口形和敞口形三类。

M34：28，位于椁室东南部，保存完整。夹极细砂红褐陶。覆盘形，较浅，子口内敛，沿面有宽凹槽，弧壁，平顶，顶部有三个锥状纽。顶部中部部位与外缘各有一周凹槽，盖壁有一周凹弦纹。盖径13.7、口径11.6、顶径4.5～4.8、高3.8、厚0.5～0.8厘米（图一三〇，11）。

M34：49，位于椁室东侧中部，保存较差，可修复。夹极细砂红褐陶。覆钵形，子口内敛，沿面有宽凹槽，弧壁，平顶。顶部外缘有一周宽凹槽。口径9.2、盖外径11.4、顶径6.2、高4.5、厚0.6～0.8厘米（图一三〇，12）。

M34：38，位于椁室西北部，保存一般。夹极细砂红褐陶。覆碗形，直口微敞，窄平沿，沿面内凹，近直壁，盖面圆弧，顶部为圈足状把手。盖壁有两周凹弦纹。口径19、顶径9.6、高6.8、厚0.3～0.5厘米（图一三〇，13）。

M34：53，位于椁室东侧偏南，保存一般，可修复。夹极细砂红褐陶，外表施青釉，部分脱落。整体呈粗圆锥形，内空，敞口，斜壁微外弧，其上有层峦叠嶂纹饰。应为博山炉盖。口径10.6、高7.1、厚0.6厘米（图一三〇，8）。

4. 陶器

32件。器形有鼎、釜、甑、仓、罐、壶、盆、豆、碗、勺、盒、灯座、杯和器盖。

鼎　2件。

M34：41，位于椁室的北部，保存一般。夹细砂灰皮黄褐胎陶。子母口，矮子口内敛，宽沿面有凹槽，近直腹折收，圜底，下附三个锥状小足。口下有两周凹弦纹。口径12.8、外径16.5、高8.1、厚0.6厘米（图一三一，2；图版五一，5）。

M34：46，位于椁室东部，保存一般。夹细砂黄褐陶。子母口，矮子口内敛，宽沿面有凹槽，圆腹，圜底，下附三个蹄形足。口下有两个对称的长方形竖附耳。口下有两周、腹部有一周凹弦纹。口径18、最大腹径21.5、高15.6、厚0.6～0.9厘米（图一三一，1；图版五一，6）。

釜　1件（M34：19）。位于椁室东南部，保存一般。夹细砂灰陶。侈口，圆唇，卷沿，粗束颈较粗，窄折肩，圆腹，圜底。肩部有两个对称的环形竖耳。素面。口径13.2、最大腹径15.4、高14.7、厚0.5～0.7厘米（图一三一，3）。

甑　2件。形制为深腹盆形，大小相当悬殊。

M34：7，位于椁室西南部，保存一般，可修复。夹细砂灰皮黄褐胎陶。敞口，尖圆唇，宽沿平折，弧腹，平底略内凹，底部有11个小孔。素面。口径16.7、底径5.7、高6.4、厚0.4厘米（图一三一，5）。

M34：31，位于椁室西北部，保存较差，底部残。夹细砂黄褐陶。敛口，尖圆唇，宽折沿，斜腹微弧，底部残。素面。口径36.2、残高14.6、厚0.5～0.7厘米（图一三一，4）。

仓　5件。形制整体呈筒形，子母口，子口内敛，直腹微外弧，平底。

M34：1，位于椁室西南部，保存极差。夹极细砂灰皮褐胎陶。矮子口内敛，斜腹微弧，下部残。近口部有两周凹弦纹。口径14、残高5.2、厚0.3～0.5厘米（图一三二，11）。

M34：13，位于椁室中南部，保存较差，可修复。夹细砂黄褐陶。腹部有两周凹槽。口径

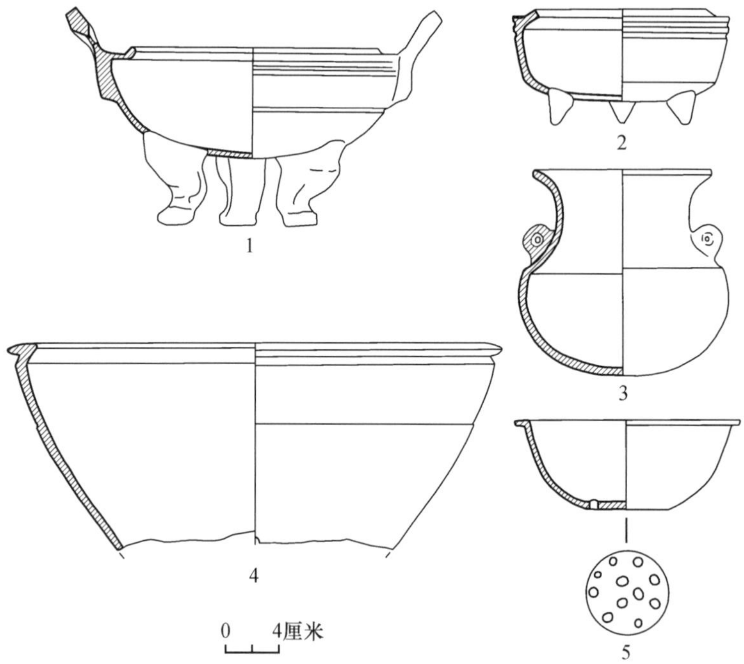

图一三一　M34出土陶器

1、2. 鼎（M34：46、M34：41）　3. 釜（M34：19）　4、5. 甑（M34：31、M34：7）

11、底径12、高16.2、厚0.6～1.2厘米（图一三二，10）。

M34：33，位于椁室西北部，保存一般。夹细砂黄褐陶。上腹部有一周凹弦纹，下腹部有一排较长的刀削痕迹。口径11.4、底径13.1、高14.6、厚0.7～1厘米（图一三二，7）。

M34：34，位于椁室西北部，保存一般。夹极细砂黄褐陶。中上腹部有两周凹弦纹，近底部有一排刀削痕迹。口径10.6～11、底径11.3、高15.35、厚0.6～0.8厘米（图一三二，8；图版五〇，4）。

M34：52，位于椁室西北部，保存较差，可修复。夹极细砂黄褐陶。上腹部有两周凹槽。口径12、底径13.5、高15.8～16.2、厚0.7～1.2厘米（图一三二，9）。

罐　6件。

M34：15，位于椁室中部，保存较好。夹细砂灰陶。直口，尖圆唇，窄平沿，矮直颈，宽折肩，斜弧腹，平底。近底部有一排模糊的刀削痕迹。口径10.8、最大腹径16.7、底径9.2、高10.9、厚0.7～0.9厘米（图一三二，3；图版五一，2）。

M34：17，位于椁室中部，保存一般。泥质灰皮灰褐胎陶。直口，尖圆唇，宽沿面微鼓，矮直颈，宽斜折肩，斜弧腹，平底。素面。口径10.6、最大腹径17.1、底径9、高11.3、厚0.6～0.8厘米（图一三二，5）。

M34：21，位于椁室东南角，保存较好。夹细砂灰陶。直口微敛，尖圆唇，宽平沿，直颈，广折肩，半球形腹，圜底。肩部有两个刻划符号。腹至及底部饰竖向细绳纹，口径12、最大腹径22.8、高14.6、厚0.6～1厘米（图一三二，6；图版五一，3）。

M34：26，位于椁室东部，保存较差，可修复。夹极细砂灰皮黄褐胎陶。侈口，尖圆唇，窄卷沿，宽斜折肩，斜弧腹，平底。素面。口径16、肩径26.5、底径16.2、高17.6、厚0.7厘米（图一三二，2）。

图一三二　M34出土陶器

1～6. 罐（M34：54、M34：26、M34：15、M34：20、M34：17、M34：21）　7～11. 仓（M34：33、M34：34、M34：52、M34：13、M34：1）

M34：54，位于椁室西南部，保存一般。夹细砂黄褐陶。直口微侈，矮颈，宽折肩，直腹弧收，圜底。肩部和腹部各有三周凹弦纹。口径12.7、肩径27、高22、厚0.8厘米（图一三二，1；图版五一，1）。

M34：20，位于椁室东南部，保存较差，可修复。夹细砂灰陶。直口微外张，高领，宽折肩，斜弧腹，平底内凹。肩、腹之交有两个对称的梭形泥饼。素面。口径16、最大腹径24、底径14.8、高16.8、厚0.7～0.9厘米（图一三二，4）。

壶　3件。

M34：6，位于椁室西南部，保存较差，可修复。夹极细砂黄褐陶。带盖壶。盘口较深，粗长颈，圆肩，圆腹，平底。颈、肩交界处有两周阶状凸起，腹部有一周凹槽。盒形盖。夹极细砂黄褐陶。矮子口内敛，沿面有一周浅凹槽，近直壁，盖面斜平微弧，中部有锥状纽。盖壁上、下部各有一周凹槽。壶口径10.4、最大腹径18、底径11、高18.8、厚0.4～0.7厘米，器盖口径9.2、外口径11、高6、厚0.4～0.7厘米（图一三三，2；图版五二，1）。

M34：25，位于椁室东部，保存一般，可修复。泥质黄褐色陶。带盖壶。口微侈，窄平沿，粗长颈，溜肩，鼓腹，高圈足。肩、腹之交有两个对称的铺首衔环。肩、腹部各有两周凹弦纹，圈足有一周凸棱。覆钵形盖，泥质黄褐色陶。口部残，直壁，顶部微弧，其上有三个乳状纽。盖面中部有一周凹弦纹。壶身口径15.5、最大腹径31.3、底径20.3、高37.6、厚0.6～0.8厘米，器盖顶径12.8、腹径16.6、残高5.4、纽高2、厚0.4～0.7厘米（图一三三，3）。

M34：44，位于椁室东部，保存一般，圈足及盖残，可修复。夹极细砂红褐陶。盘口，窄平沿，粗长颈，广肩，鼓腹，圈足残。腹部有一对对称的铺首衔环。颈、肩之交有两周阶状凸起，腹部有两周凹弦纹。器盖残破较甚，弧形盖面，顶部有乳状小纽。素面。壶口径13、最大腹径25.4、残足径14.6、残高25.2、厚0.4～1厘米，器盖残口径12.1、残高1.6、厚0.3厘米（图一三三，1；图版五二，2）。

盆　3件。形制为敞口，圆方唇，平折沿，弧腹，平底。

M34：2，位于椁室西南部，保存较差，可修复。夹细砂黄褐陶。沿面较宽，平底内凹。

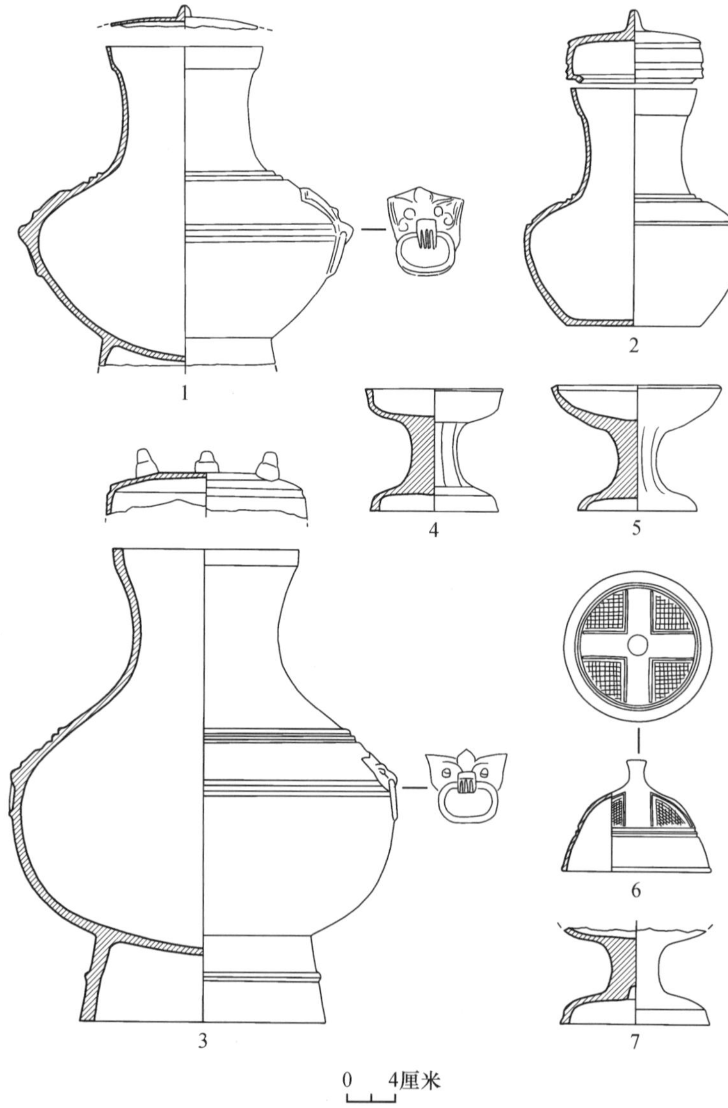

图一三三　M34出土陶器

1～3. 壶（M34：44、M34：6、M34：25）　4、5、7. 豆（M34：16、M34：18、M34：5）　6. 器盖（M34：8）

腹部有两周折痕。口径19.8、底径10.6、高5.5、厚0.5～0.7厘米（图一三四，1）。

M34：10，位于椁室中部偏西，保存一般。夹细砂灰皮黄褐胎陶。腹部有一周凹弦纹，下腹部内收出折。口径19.8、底径6.2、高5.6、厚0.5～1.2厘米（图一三四，2）。

M34：14，位于椁室中部，保存一般。夹细砂灰皮黄褐胎陶。腹部有一周凹弦纹，下部内收出折。口径21.2、底径6.5、高5.5、厚0.5～0.8厘米（图一三四，3）。

豆　3件。形制为浅盘，细心柄，覆盘形座。

M34：5，位于椁室中部偏西南，保存较差，残。夹极细砂黄褐陶。口部残失，平底，粗短柄。素面（图一三三，7）。

M34：16，位于椁室中部，保存一般。夹细砂灰陶。近直口，斜弧腹，粗柄，矮圈足。豆柄上有刀削痕迹。口径11.2、底径10.5、柄径3.9、高9.6、厚0.3～0.4厘米（图一三三，4）。

M34：18，位于椁室中部偏南，保存较差，可修复。夹细砂灰陶。口微敛，斜弧腹，细柄，圈足极矮。豆柄上有刀削痕迹。盘口径14、柄径3.4、底径9.4、高9.8、厚0.5～1.4厘米（图一三三，5）。

碗　1件（M34：27）。位于椁室东部，保存一般。夹细砂灰皮黄褐胎陶。敞口，弧腹，矮圈足。口下和腹部各有两周凹弦纹。口径21.8、底径9.9、高9.1、厚0.6厘米（图一三四，4）。

勺　2件。

M34：9，位于椁室中部偏西南，保存较差。夹细砂褐陶。箕形勺。勺体近横椭圆形，较浅，敞口，圜底，一侧有竖把手，残。素面。残长8.7、宽9.2、残高4、勺头长6.7、高2.4、厚0.3～0.6厘米（图一三四，8）。

M34：43，位于椁室东部偏南，保存较好。夹细砂黄褐陶。斗形勺。勺体较小，平面近烟斗形，较深，敞口，圜底，一侧有斜长柄，后端下压，剖面近圆形。勺头外部有刀削痕迹。通长13.8、勺头长5.9、宽5.3、高3.5、厚0.35厘米（图一三四，9）。

盒　1件（M34：12）。位于椁室中部偏南，保存较差，可修复。夹细砂灰皮黄褐胎陶。子母口，矮子口内敛，沿面有凹槽，圆腹，矮圈足，腹部有两组五周凹弦纹。覆钵形器盖，直口微外张，圆弧形盖壁，顶部近平，其上有三个实心近椭圆柱状小纽。素面。盒口径17.2、外径20.2、底径9.8、高9.3、厚0.7厘米，器盖口径20、高（加纽）7.7、高（不加纽）6.4、厚0.7厘米，通高17厘米（图一三四，5；图版五二，3）。

灯座　1件（M34：50）。位于椁室东部偏南，保存较差，上部残。夹细砂黄褐陶。整体呈盘形，方唇，宽平沿，斜折腹，喇叭形深圈足，向上远远高出盘口边缘，中空柱形柄，顶部残。柄部饰一周粗凸棱。底座盘口径19.3、底径9、残高9.6、厚0.8～1.2厘米（图一三四，6）。

杯　1件（M34：45）。位于椁室东部，保存一般。夹细砂灰皮褐胎陶。直口微敞，直腹，近底部折收，小平底。器表上、下各有两周凹弦纹。口径13.4、底径6.5、高9.6、厚0.6～0.8厘米（图一三四，7）。

器盖　1件（M34：8）。位于椁室北壁西段。保存一般，可修复。夹极细砂黄褐陶。覆钵形，大口，深腹，盖壁外弧，尖顶，顶部有一柱状实心纽。盖壁中部和近口沿处各饰

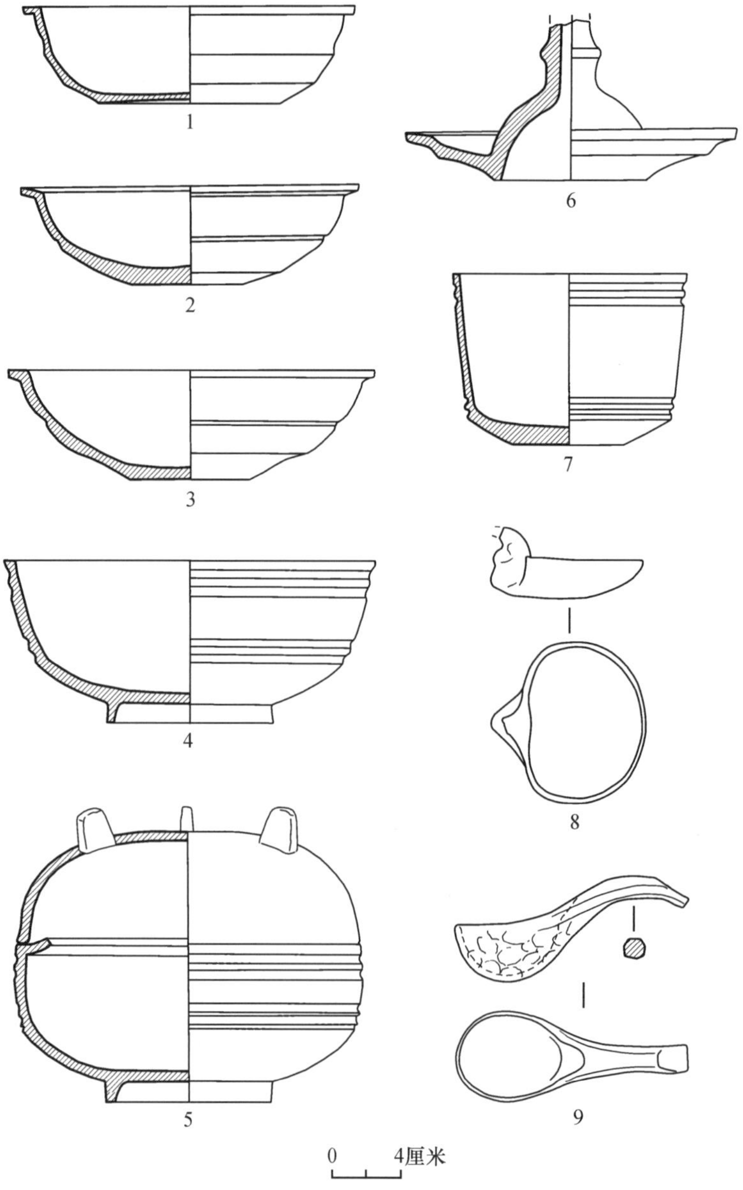

图一三四　M34出土陶器

1～3. 盆（M34：2、M34：10、M34：14）　4. 碗（M34：27）　5. 盒（M34：12）　6. 灯座（M34：50）　7. 杯（M34：45）　8、9. 勺（M34：9、M34：43）

两周凹弦纹，其上有等分的四块三角形网格纹。口径12、纽径1.7、高8.8、厚0.4厘米（图一三三，6）。

（三十三）M35

位于T2356南部，部分延伸到T2456、T2355、T2455等探方。开口于第2层下，打破生土。

墓葬形制为土坑竖穴墓，方向300°，大致呈东南—西北方向，朝向澎溪河。墓葬受到较严重的破坏，保存较浅。现存墓口到地表深30厘米，墓口海拔159.65～159.59米。墓葬平面呈有把刀形，由墓室和墓道两部分组成，总长512厘米（图一三五；图版五三，1）。墓室平面为长方形，东西长357、南北宽275厘米，墓口到墓底现存深34～40厘米。墓道位于墓室北壁西端，底部与墓室连成一体，平面近似方形，南北长162～168、东西宽155厘米，现存深度为36厘米。

墓内填土为灰褐色五花土，土质较硬，质地粗糙，结构较致密，分选较好，包含物有石粒、砂粒、黄土块等。

墓室内没有发现棺椁的痕迹，只在两件铜器周围发现了黑色板灰。人骨总体情况不明，只在墓室中部发现少量碎骨。

墓室内的随葬品主要分布于墓室中部，共发现31件（组），其中铜器4件（组），釉陶器17件，陶器10件。

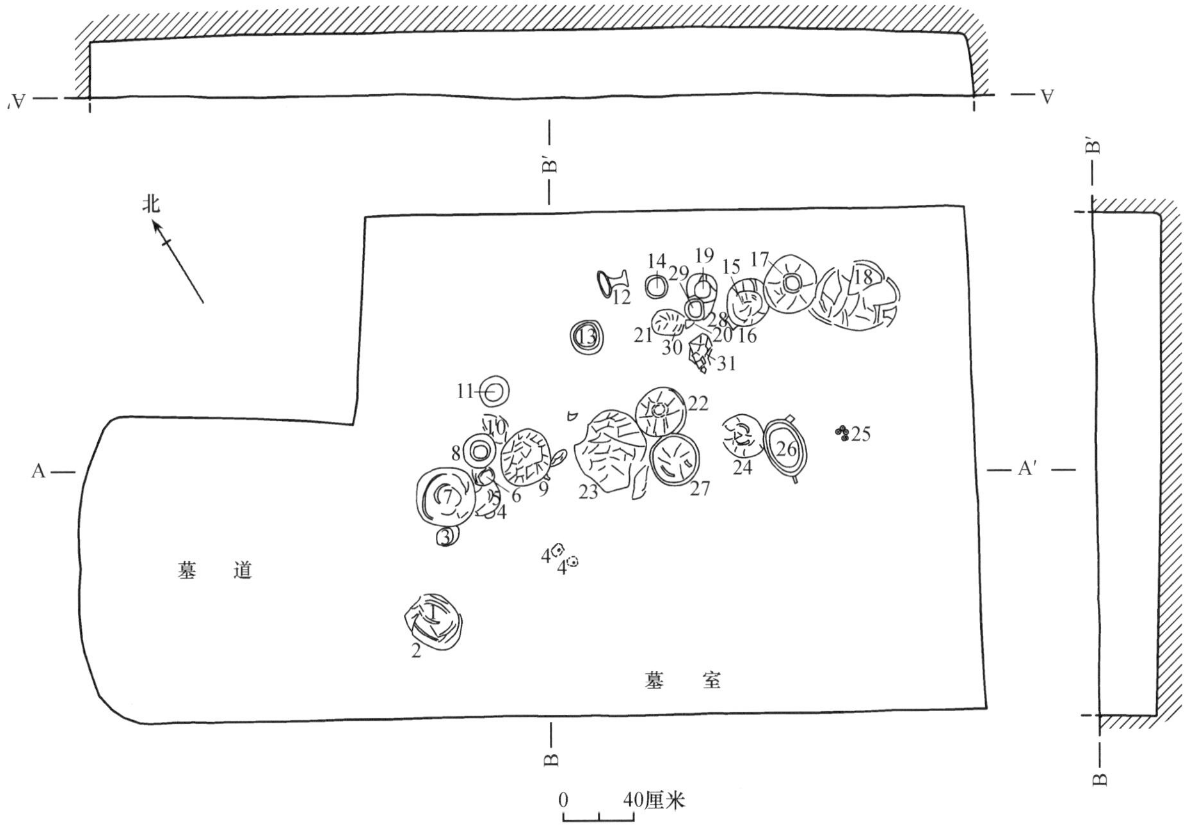

图一三五　M35平、剖面图

1. 陶仓　2. 釉陶盒　3. 釉陶杯　4. 铜泡　5、8、17、22. 陶小口圜底罐　6. 釉陶盆　7. 釉陶壶　9. 釉陶魁　10. 釉陶釜　11、24、31. 釉陶罐　12. 釉陶豆　13、19、29. 釉陶器盖　14、28. 陶碗　15. 陶盆　16. 釉陶鼎　18、23. 陶甑　20、21. 釉陶勺　25. 铜钱　26. 铜釜　27. 铜盆　30. 釉陶博山炉

1. 铜器

4件（组）。器形有釜、盆、铜泡和铜钱。

釜　1件（M35：26）。位于墓室中东部，锈蚀残损较甚，不能修复。黄色和青绿色。侈口，圆方唇，宽折沿，溜肩，肩以下残失。肩部有两个对称的环状竖耳，侧视为辫状。耳的位置有一周凸弦纹。口径31.5、残存腹径33.7、残高9.6、厚0.13～0.2厘米，耳环径5、宽1.1、厚0.8厘米（图一三六，1）。

盆　1件（M35：27）。位于墓室中部，锈蚀残损较甚。青绿色。侈口，尖圆唇，折沿，斜弧腹，平底微内凹。腹部两侧有对称的环状竖耳，断面呈圆形。素面。口径26、底径16.5、复原高度9、环径4.3、粗1.18、厚0.1～0.2厘米（图一三六，4）。

铜泡　1组3件（M35：4）。位于墓室西南部，保存极差，帽残。黄白色和青绿色。帽呈正圆形，圆弧形面，锥状钉。表面鎏金。

M35：4-1，帽径4.15、高1.4、钉柱高1、帽壁厚0.1～0.2厘米（图一三六，5）。

M35：4-2，帽径6.05、高1.7、钉柱高1.6、帽壁厚0.15～0.2厘米（图一三六，6）。

M35：4-3，帽径6.1、高1.71、钉柱高1.6、帽壁厚0.15～0.2厘米（图一三六，7）。

铜钱　1组50余枚（M35：25）（图版五五，6）。位于墓室中东部。保存较差，出土时锈结粘连在一起。青绿色。圆形，方孔，大小相若。钱文均为五铢。

M35：25-1，直径2.6厘米（图一三六，2）。

M35：25-2，直径2.55厘米（图一三六，3）。

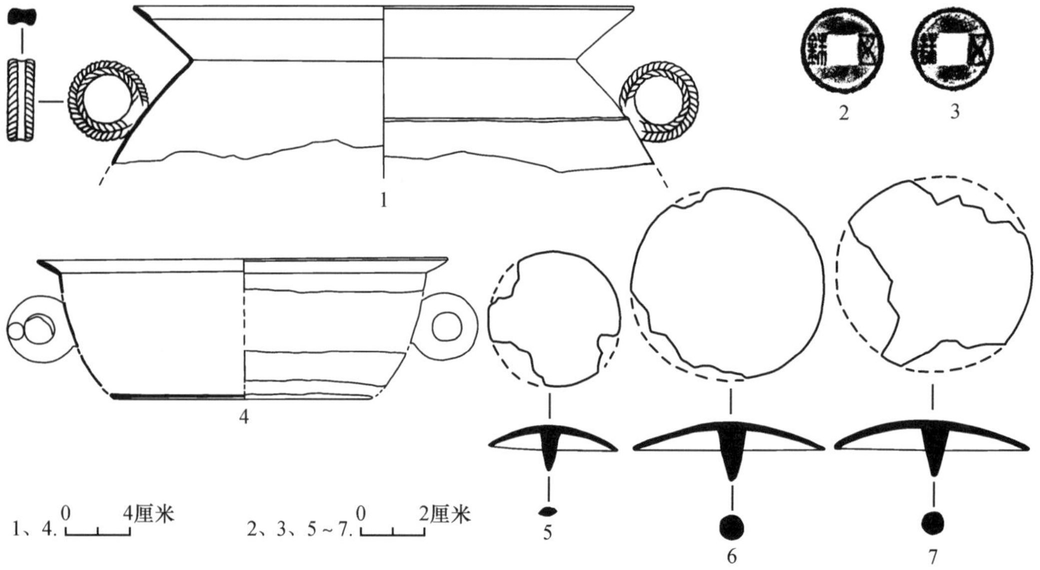

图一三六　M35出土铜器

1. 釜（M35：26）　2、3. 铜钱（M35：25-1、M35：25-2）　4. 盆（M35：27）　5～7. 铜泡（M35：4-1、M35：4-2、M35：4-3）

2. 釉陶器

17件，器形有鼎、釜、罐、壶、盆、魁、豆、勺、盒、杯、博山炉和器盖。

鼎　1件（M35：16）。位于墓室北部，保存较差。夹极细砂红陶，釉脱落部分呈黄白色。子母口，子口内敛，浅圆腹，圜底近平，下附三个兽蹄状足。两侧有对称弯曲状附耳，耳中部有方孔。腹部有两周凹弦纹。口径17.2、外口径19.6、最宽处24.6、通高13、厚0.3～0.5厘米（图一三七，7；图版五五，4）。

釜　1件（M35：10）。位于墓室中西部，保存较差。夹极细砂红陶，器表施釉，釉脱落部分呈黄白色。敞口，尖圆唇，卷沿，束颈，折肩，圆腹，小平底略内凹。颈部两侧有对称的梭形泥条耳。腹部有两周凹槽。口径12.8、最大腹径15、底径7、高10.4、厚0.3～0.7厘米（图一三七，13；图版五四，6左）。

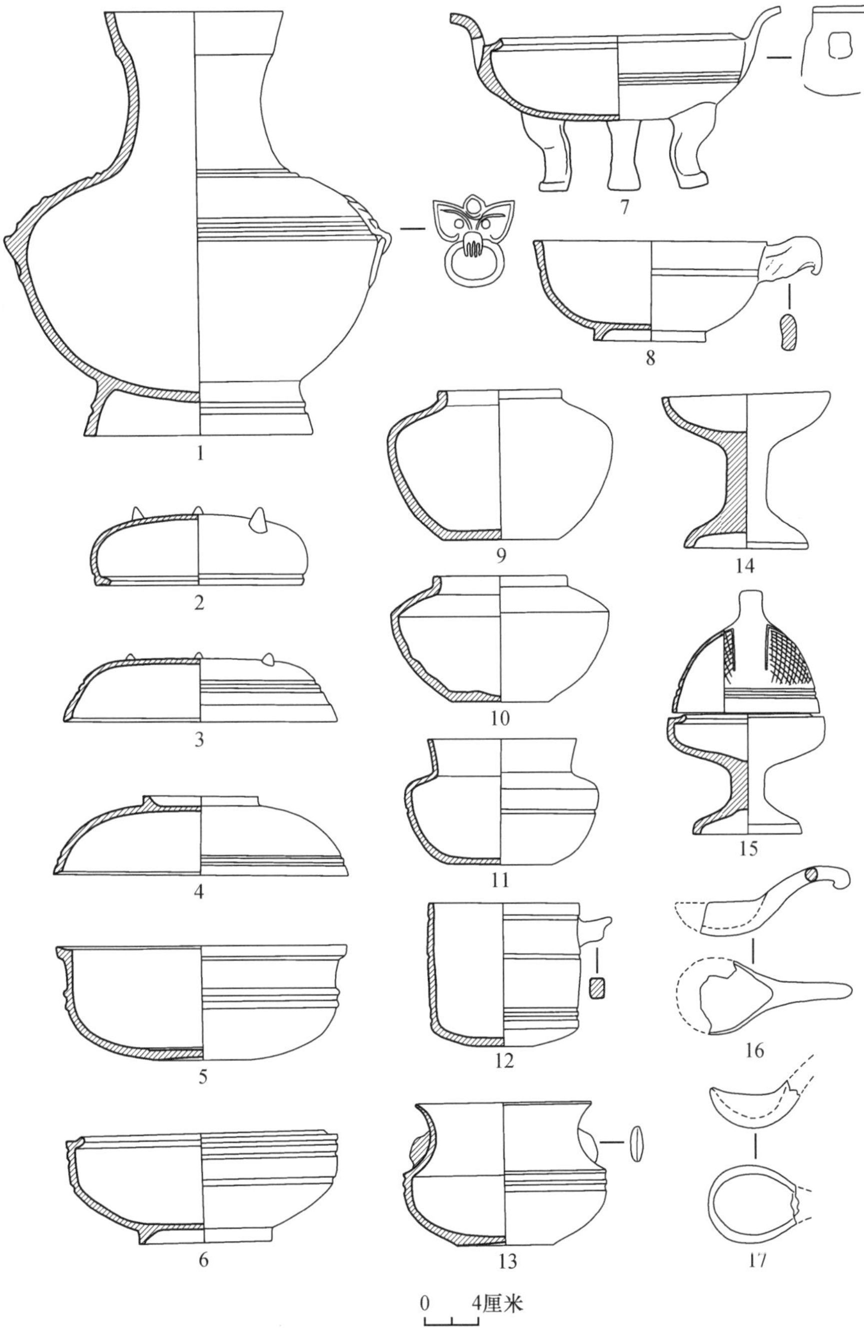

图一三七　M35出土釉陶器

1. 壶（M35：7）　2～4. 器盖（M35：13、M35：29、M35：19）　5. 盆（M35：6）　6. 盒（M35：2）　7. 鼎（M35：16）　8. 魁（M35：9）　9～11. 罐（M35：31、M35：24、M35：11）　12. 杯（M35：3）　13. 釜（M35：10）　14. 豆（M35：12）　15. 博山炉（M35：30）　16、17. 勺（M35：20、M35：21）

罐　3件。

M35：24，位于墓室中东部，保存一般。夹极细砂红陶，釉脱落部分呈黄白色。矮直口，宽折肩，斜腹微弧，小平底。素面，腹内部有轮制形成的波浪状起伏。口径9.8、最大腹径16.4、底径7.3、高9.2、厚0.6～1厘米（图一三七，10；图版五五，3）。

M35：31，位于墓室中部偏东，保存较差。夹极细砂红陶，釉脱落部分呈黄白色。极矮直口，斜肩圆折，斜腹微弧，平底。素面。口径9.2、最大腹径17、底径8.5、高10.9、厚0.5～0.7厘米（图一三七，9）。

M35：11，位于墓室中西部，保存一般。夹极细砂红陶，釉脱落部分呈黄白色。直口微外张，高领，窄折肩，圆弧腹，平底微内凹。腹部有一周凹槽。口径11.1、最大腹径14.5、底径8、高9、厚0.4～0.6厘米（图一三七，11；图版五四，6右）。

壶　1件（M35：7）。位于墓室西南部，保存较差。夹极细砂红陶，釉脱落部分呈黄白色。深盘形口，窄平沿，粗束径，圆肩，圆腹，圈足较高。肩部两侧有对称的盖面铺首衔环。颈、肩之交有两周阶状凸起，腹部有三周凹弦纹，圈足上有一周凹凸弦纹。口径13.5、最大腹径27、底径16.3、高30.8、厚0.6～0.8厘米（图一三七，1；图版五三，3）。

盆　1件（M35：6）。位于墓室西南部，保存较差。夹极细砂红陶，通体施釉，部分脱落，脱落部分呈黄白色。近直口，方唇，折沿，沿面微凹，上腹较直，下腹圆弧，底微内凹，内底中部下凹。腹部有两周凸棱。口径21.5、底径7、高8.2、厚0.5～0.8厘米（图一三七，5；图版五四，3）。

魁　1件（M35：9）。位于墓室中西部，保存较差。夹极细砂红陶，釉脱落部分呈黄白色。敞口，圆弧腹，矮圈足。一侧有宽扁把手，尾端下勾。腹部有一周凹槽。口径17.5、底径8.6、高7.3、柄长4.5、厚0.5～0.6厘米（图一三七，8；图版五四，5）。

豆　1件（M35：12）。位于墓室北部，保存一般。夹极细砂红陶，通体施釉，釉脱落部分呈黄白色。覆钵形豆盘较浅，弧腹，细高实心柄，覆盘形圈足。素面。口径12.8、柄径2.8、底径9.3、高11、厚0.5～1.2厘米（图一三七，14；图版五五，5）。

勺　2件。

M35：20，位于墓室中北部，保存一般。夹极细砂红陶，通体施釉，釉脱落部分呈黄白色。勺体残，应为椭圆形口，弧腹，圜底。一侧有柱状把手，尾端下卷。素面。残通长11.6、勺头复原长7.1、宽5.7、勺头高2.5、柄长6.3厘米（图一三七，16）。

M35：21，位于墓室中北部，保存较差，残。夹极细砂红陶，通体施釉，釉脱落部分呈黄白色。勺体略呈椭圆形口，弧腹，圜底。一侧有把手，残失。素面。残长6.2、宽5.5、勺体高2.5、厚0.7～0.9厘米（图一三七，17）。

盒　1件（M35：2）。位于墓室西南部，保存较差。夹极细砂红陶，釉脱落部分呈黄白色。子母口，矮子口内敛，圆折腹，矮圈足。器表有三周凹弦纹。口径17.4、底径9.7、高7.8、厚0.5厘米（图一三七，6；图版五四，1）。

杯　1件（M35：3）。位于墓室西南部，保存一般。夹极细砂红陶，釉脱落部分呈黄白色。直口，直腹，近底部向内折收，小平底。一侧近口部有扁柱形短耳。器表有四周凹弦纹。口径11.1、底径4.4、高10.5、厚0.4厘米（图一三七，12；图版五四，2）。

博山炉　1件（M35：30）。位于墓室东北部，保存较好。夹极细砂红陶，器身与器盖均通体施釉，釉脱落部分呈黄白色。豆形，浅盘，子母口，矮子口内敛，直腹圆折，短细柄，喇叭形圈足。素面。粗锥形盖，敞口，弧腹，尖顶，顶部有柱状纽。近口部有两周凹弦纹，弦纹以上等距分布着三个内填网格纹的三角形。口径10、外口径11.8、柄径2.7、底径8.2、高8.8、厚0.4～2.7厘米，器盖口径11.3、高8.9、厚0.4～0.5厘米（图一三七，15；图版五三，4）。

器盖　3件。

M35：13，位于墓室北部，保存较差。夹极细砂红陶，釉脱落部分呈黄白色。覆钵形，敛口，宽沿，沿面内凹，圆腹，弧顶，顶部有三个锥状纽。近口部有一周凹槽。外口径15.2、内口径12、高5.2、厚0.3～0.4厘米（图一三七，2）。

M35：19，位于墓室北部，保存较差。夹极细砂红陶，通体施釉，釉脱落部分呈黄白色。覆碗形，敞口，圆弧腹，顶部为矮圈足状捉手。近口部有两周凹弦纹。口径22、顶径8.5、高6、厚0.6厘米（图一三七，4）。

M35：29，位于墓室东北部，保存较差。夹极细砂红陶，釉脱落部分呈黄白色。覆盘形，敞口，窄斜沿，斜壁微外弧，顶部近平，其上有三个锥状小纽。壁中部有两周凹弦纹。口径20.4、高4.5（不包括纽）、厚0.3～0.5厘米（图一三七，3；图版五五，4）。

3. 陶器

10件。器形有甑、仓、罐、盆和碗。

甑　2件。形制为深腹盆形。

M35：18，位于墓室东北部，保存一般。夹细砂黄褐陶。口微内敛，尖圆唇，平折沿，沿面微凸，斜腹，平底内凹，底部有五圈共77个小孔。上腹部有三周较宽的凹凸弦纹。口径39、底径16.5、高21、厚0.4厘米（图一三八，1；图版五四，4）。

M35：23，位于墓室中部，保存较差。夹极细砂灰褐陶。敞口，尖圆唇，沿外斜，沿面内凹，颈微显，圆腹，平底内凹，底部有13个圆孔。素面。口径32.7、底径8.5、高17.7、厚0.6～0.8厘米（图一三八，2）。

仓　1件（M35：1）。位于墓室西南部，保存一般。夹细砂黄褐陶。整体呈瘦长筒形，子母口，矮子口内敛，沿面有较宽的凹槽，直腹微外弧，平底。口下和腹部共有三周凹槽，近底部有一排刀削痕迹。口径10、底径10、高19、厚0.7～1厘米（图一三八，6；图版五三，2）。

小口圜底罐　4件。

M35：5，位于墓室中西部，保存一般。夹细砂灰陶。盛储器。小直口微内敛，尖圆唇，平沿，宽折肩，鼓腹，圜底。下腹部饰细绳纹。口径11.5、最大腹径21.5、高13.3、厚0.6～0.8厘米（图一三八，8）。

M35：8，位于墓室中西部，保存完整。夹细砂灰陶。盛储器。小直口，尖圆唇，平沿，矮短颈，宽折肩，鼓腹，圜底。下腹部饰细绳纹。口径12.8、最大腹径21.9、高13.3、厚0.6～1厘米（图一三八，9；图版五五，2）。

M35：17，位于墓室东北部，保存一般。夹细砂灰陶。盛储器。小口，尖圆唇，束颈，宽折肩，斜弧腹，圜底。上腹部偏下及中腹部共有三周斜线压划纹，间有三周凹弦纹，下腹部饰细绳纹。口径12.2、最大腹径27.6、高18、厚0.6～0.8厘米（图一三八，10；图版五五，1）。

M35：22，位于墓室中部，保存一般。夹细砂深灰陶。盛储器。矮直口内敛，尖圆唇，平沿，沿面微鼓，宽折肩，圜底。下腹部饰细绳纹。口径11.5、最大腹径21.5、高13.2、厚0.6～0.8厘米（图一三八，7）。

盆　1件（M35：15）。位于墓室北部偏东，保存较差。夹细砂灰陶。敞口，圆唇，斜腹，平底内凹。素面，唇下及腹部有两周折痕。口径16.6、底径5.5、高7.2、厚0.5～0.7厘米

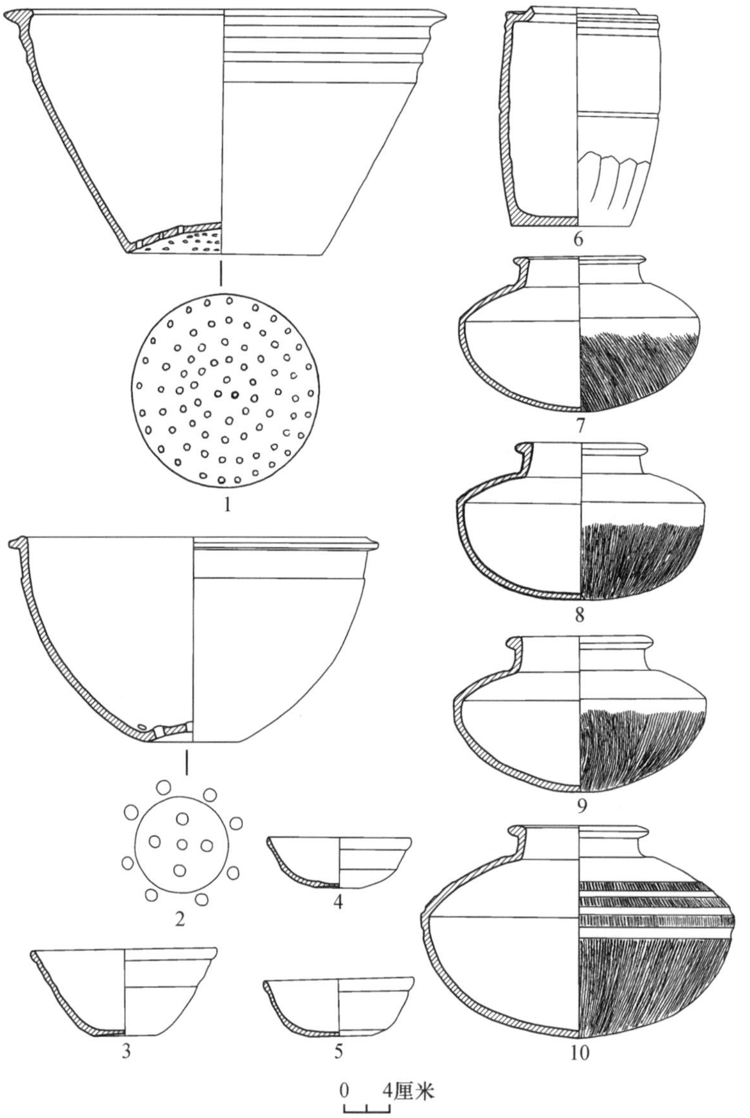

图一三八　M35出土陶器

1、2. 甑（M35：18、M35：23）　3. 盆（M35：15）　4、5. 碗（M35：14、M35：28）　6. 仓（M35：1）
7～10. 小口圜底罐（M35：22、M35：5、M35：8、M35：17）

（图一三八，3）。

碗　2件。

M35：14，位于墓室北部，保存一般。夹极细砂黄褐陶。敞口，斜腹微外折，小平底微内凹。素面。口径12.8、底径4.5、高4.4、厚0.4～0.6厘米（图一三八，4）。

M35：28，位于墓室东北部，保存较差。夹极细砂黄褐陶。敞口，圆唇，弧腹，平底。素面，近唇部有一周折痕。口径13、底径5.3、高4.9、厚0.3～0.5厘米（图一三八，5）。

（三十四）M36

位于T2456西北部，向西北延伸至T2356、T2357、T2457等探方内。开口于第2层下，打破生土。

墓葬形制为土坑竖穴墓，方向298°，大致呈东南—西北方向，朝向澎溪河。现存墓口距地表深30厘米，墓口海拔159.65米，墓底海拔158.25米。墓葬平面呈有把刀形，由墓道和墓室两部分组成，总长660、宽467厘米（图一三九）。墓室平面呈长方形，除北壁稍微内斜外，其他三壁基本垂直。墓室口部南北长467、东西宽390厘米，墓底南北长400、东西宽390厘米，墓口到墓底深130～140厘米。墓道平面呈“凸”字形，两侧墓道壁基本垂直。墓道向前突出的较短较窄部分呈斜坡状，长76、宽100厘米，后部基本与墓底平齐的部分长194、宽177厘米，底部由外向内略倾斜。

墓内填黄褐色花土，结构较疏松，土质粗糙且杂乱，分选差，含大量红褐色生土块、黄土粒等，墓内填土被人为扰乱和破坏。

墓室内没有发现葬具痕迹。也没有发现人骨痕迹。

因为墓葬被扰乱破坏，墓内只发现了4件（组）随葬品。其中铜钱1组，釉陶器3件。另外填土中发现3件（组）器物，应该是墓内的随葬品。

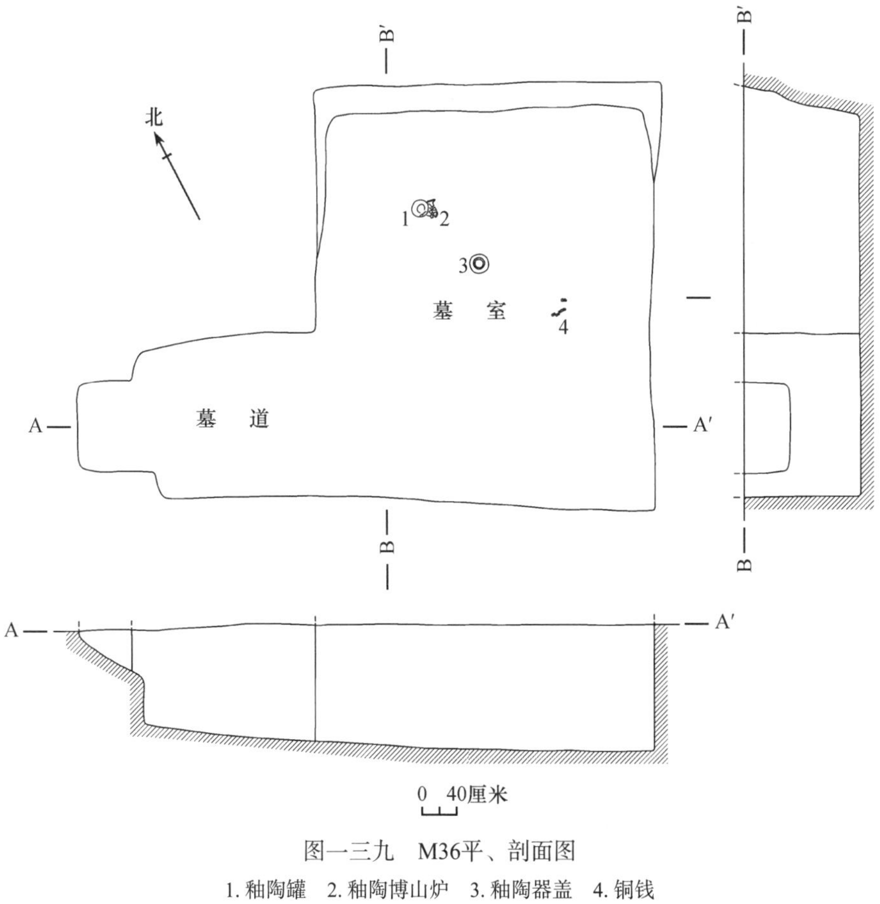

图一三九　M36平、剖面图

1. 釉陶罐　2. 釉陶博山炉　3. 釉陶器盖　4. 铜钱

1. 铜器

1组50枚，器形为铜钱。

M36∶4，钱文清晰者均为五铢钱。位于墓室中部偏东。保存一般。青绿色，出土时多数锈蚀粘连在一起。保存较好的为圆形，方孔。直径2.7、孔的边长1厘米（图一四○，3）。

2. 釉陶器

3件。器形有罐、博山炉和器盖。

罐　1件（M36∶1）。位于墓室西北部，保存一般，可修复。夹极细砂红陶，器表施釉，釉脱落部分呈黄白色。直口微外张，高颈，宽折肩，斜弧腹，平底内凹。肩、腹之交有两个对称的梭形泥条。口径11.6、最大腹径19、底径9.7、高10.5、厚0.6厘米（图一四○，8）。

博山炉　1件（M36∶2）。位于墓室西北部，保存极差，残损较甚。夹极细砂红陶，器表施釉，釉脱落部分呈黄白色。浅盘豆形，口微侈，盘壁微内斜，平底，细柄，喇叭状圈足。盘壁有一周凹弦纹，柄中部及下部各有一周凹弦纹。器盖甚残，粗圆锥形，敞口，内空，尖部残

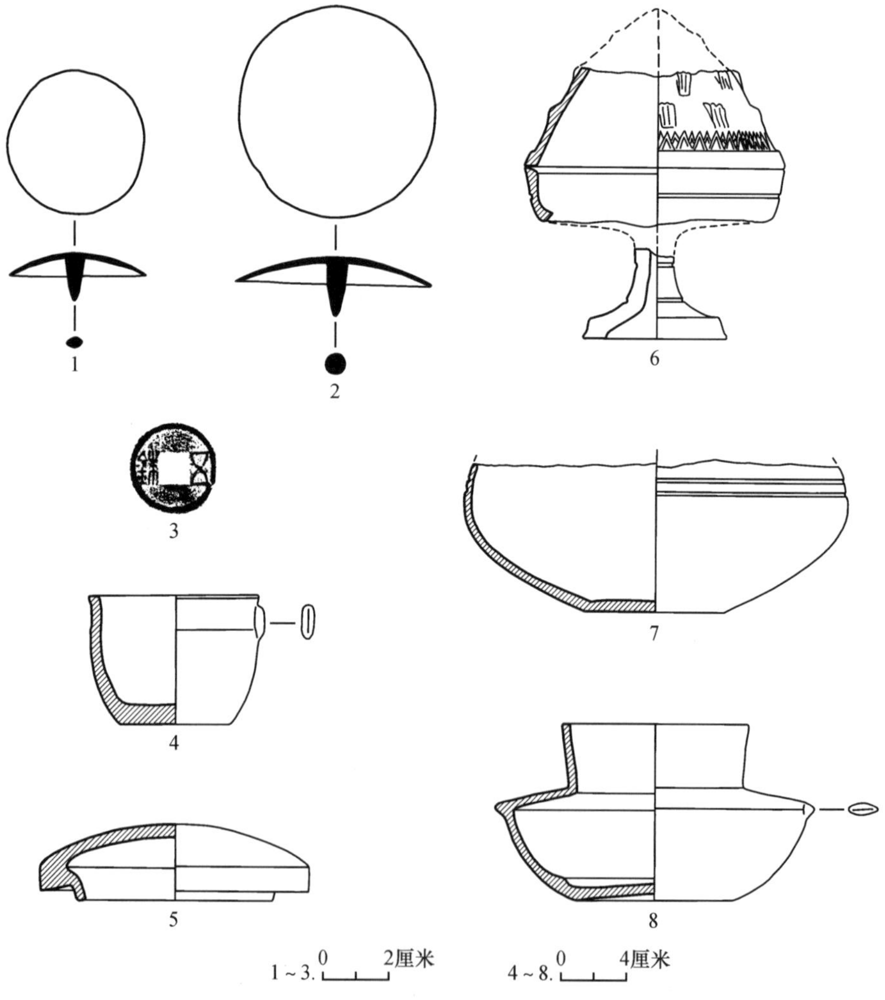

图一四○　M36出土器物

1、2. 铜泡（M36∶03-1、M36∶03-2）　3. 铜钱（M36∶4）　4. 釉陶杯（M36∶02）　5. 釉陶盖（M36∶3）
6. 釉陶博山炉（M36∶2）　7、8. 釉陶罐（M36∶01、M36∶1）

缺较多。盖面边缘有两排倒“V”字形纹饰（双“V”字形）交错排列，中部有两排凸起的条带，残存陶片上每排2个，每个以3个长条凸起为一组。器身口径16、底径8.8、加盖残高15.8、厚0.5～1.4厘米，器盖口径16厘米（图一四〇，6）。

器盖　1件（M36：3）。位于墓室中部，保存极差。夹极细砂红陶，器表施釉，釉脱落部分呈黄白色。覆盘形子母口器盖，矮子口内敛，方唇，沿面有较宽的凹槽，弧形盖面。素面。盖外径16.4、口径12、高4.5、厚1.5厘米（图一四〇，5）。

此外，在墓葬扰乱的填土中发现的3件（组）器物，其中铜器1组，釉陶器2件。

铜器　1组2件。器形均为铜泡。保存较好。青绿色，表面鎏金。帽为圆弧形，下有短钉柱。

M36：03-1，器体略小，钉柱截面近菱形。帽径4～4.2、通高1.35、钉高1.1、帽壁厚0.1～0.2厘米（图一四〇，1）。

M36：03-2，器体略大，钉柱截面为圆形。帽径6、高1.75、钉高1.60、帽壁厚0.15～0.2厘米（图一四〇，2）。

釉陶器　2件。器形为罐和杯。

罐　1件（M36：01）。保存较差，残存底部。夹极细砂红陶。口部残，溜肩，鼓腹，平底。肩部有两周凹弦纹。残口径22.4、最大腹径24、底径9、残高8.8、厚0.4～0.8厘米（图一四〇，7）。

杯　1件（M36：02）。保存较好。夹极细砂红陶。直口微侈，腹微外弧，平底。上腹部有一周梭形泥条。口径10.5、底径7.1、高7.5、厚0.8厘米（图一四〇，4）。

（三十五）M37

位于T2459东北角，延伸到T2559和T2460。开口于第2层下，打破生土。

墓葬形制为土坑竖穴砖室墓，方向315°，大致呈东南—西北方向，朝向澎溪河。现存墓口距地表深40～50厘米，墓口海拔159.49米。墓葬平面呈有把刀形，由墓室和墓道两个部分组成，墓葬总长480厘米（图一四一）。墓室平面呈长方形，土圹长344、宽213、墓口至墓底存深44厘米；砖室长323、宽199厘米。墓道平面亦呈长方形，土圹长146～154、宽136、深42厘米；砖墙内通道长142、宽96～100厘米。墓底为土底，没有使用砖铺设。

墓葬周壁现存6层墓砖，上半部已被破坏不存，故顶部结构不详。因为在填土中发现一些榫卯结构砖，故推测墓顶的结构为券顶。墓室砖墙与墓道砖墙均为错缝平铺垒砌。

墓内填土被扰乱和破坏，填色较杂，以黄褐色五花土为主，夹杂红褐色、水锈斑土块，黏性较大，土质较硬，结构较致密，质地粗糙。包含物有碎砖块、石粒以及陶片等。

墓室内未发现葬具痕迹。也未发现人骨痕迹。

墓葬底部已被扰乱破坏，只是在填土中发现4件器物，其中釉陶器3件，陶器1件。

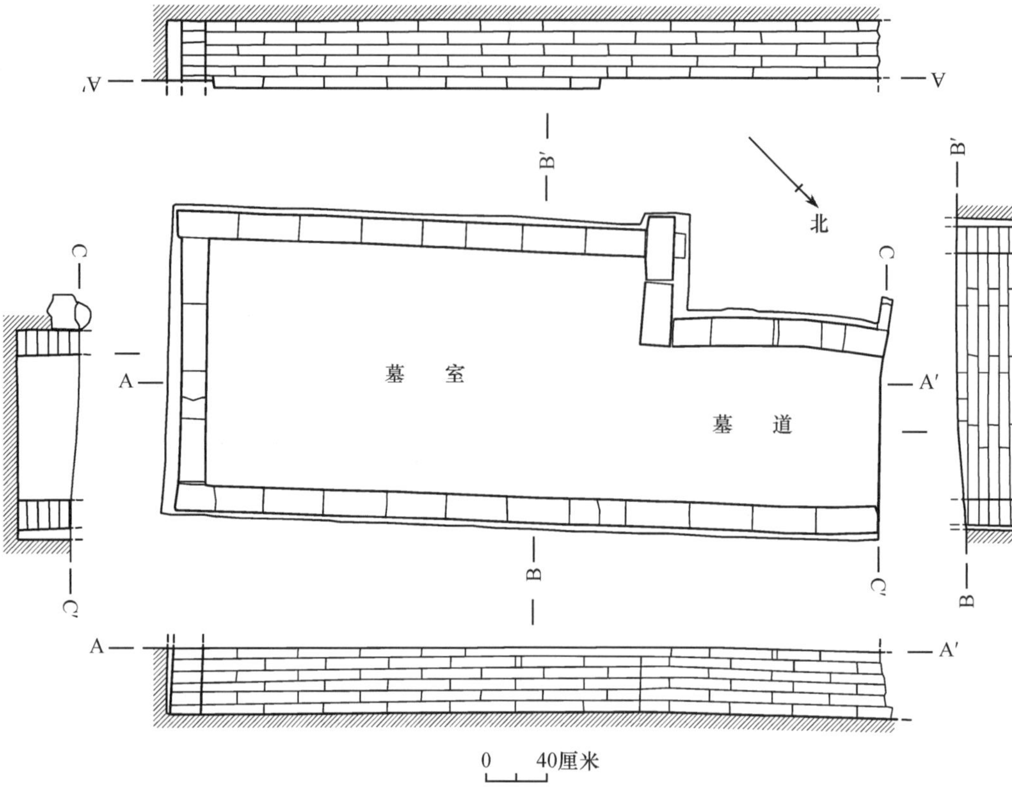

图一四一　M37平、剖面图

釉陶器

3件，器形为釜和器底。

釜　1件（M37：02）。夹极细砂红陶，青绿色釉。侈口，圆方唇，卷沿，束颈，窄折肩，圆腹，平底。颈部有两个梭形泥饼装饰。口径11.4、底径6.4、高9.9、厚0.8～1厘米（图一四二，2）。

器底　2件。

M37：03，夹极细砂红陶。仅存底部。斜腹，平底。底径7.4、残高2、厚0.7厘米（图一四二，3）。

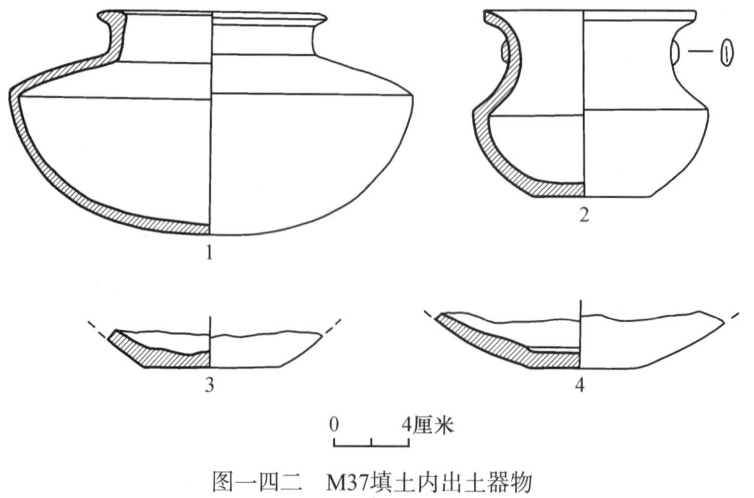

图一四二　M37填土内出土器物

1. 陶罐（M37：01）　2. 釉陶釜（M37：02）　3、4. 釉陶器底（M37：03、M37：04）

M37：04，夹极细砂红陶。仅存底部。斜弧腹，平底，内底明显下凹。底径5.8、残高2.7、厚0.5～0.9厘米（图一四二，4）。

陶罐　1件（M37：01）。夹极细砂灰陶。直口微敛，尖圆唇，折沿，短直颈，广折肩，半球形腹，圜底。素面。口径12.5、最大腹径22.2、高11.7、厚0.6～0.8厘米（图一四二，1）。

（三十六）铺溪四组M2

位于T2111西南部，部分延伸至T2011、T2010、T2110内。开口于第3层下，打破生土层。

墓葬形制为土坑竖穴砖室墓，方向77°，大致呈西—东方向，朝向澎溪河。墓葬由墓室和墓道两部分组成，平面呈带把刀形，通长6米（图一四三；图版五六，1）。墓葬上部的券顶部分已被破坏，部分塌落于墓室之内，下半部则保存较好。现存墓口东端距地表约100厘米，海拔152.5米；西端距地表约60厘米，海拔152.9米。墓底海拔东端为152、西端为151.78米。

墓室平面近方形，南北长334、东西宽320厘米。保存较好的北壁高114厘米，有10层平铺垒砌的横砖和1层纵向竖立的起券砖，起券砖的排列方式为一正一倒，并略向内侧倾斜。墓室底部东西纵向平铺一层青砖，共13列，由于北部5列砖较厚（8厘米），南部9列较薄（4厘米），墓底呈现北高南低的状态。

墓道位于墓室东壁南半部，平面呈长方形，东西长280、南北宽204、深50～108厘米。两侧边壁错缝平铺垒砌花纹砖，北壁最上部尚保留一层纵向竖立的起券砖，南壁只余数块，排列方式与墓室北壁相同。墓道底部为平底，未铺砖。

墓砖有两类：一类为四壁下部和铺地砖，大小不甚一致，用于垒砌墓壁的较大，长44、宽20、厚8厘米（图一四四，1）；墓底南侧8列铺地砖为较小的长方形砖，长25、宽20、厚4厘米。另一类为券砖，带有弧度，底部为平面，上部为斜面，向内倾斜，券砖的两端分别有榫卯，使之连接后更加坚固。墓室的券砖略大，长30～34、宽20、厚8厘米（图一四四，2）。墓道的券砖略小，长20～26、宽20、厚8厘米（图一四四，3）。墓砖侧面有模印的花纹，纹样比较简单，均为连续的成组菱形纹，只是复杂程度和组数略有区别（图一四四）。

墓内填黄褐色花土，土质较黏，质地较硬，结构紧密，有水锈斑点并夹杂一些红烧土粒。此外，还夹杂着较多碎花纹砖块，应为墓壁和墓顶塌陷所致。

清理过程中没有发现棺椁腐朽的痕迹，但在墓底局部发现很多红色的漆片，有的成片分布，可能与棺、椁有关。

墓内有4具人骨架，墓室和墓道内各有2具，均已高度腐朽。第1具位于墓室中部，残存头骨、一段上肢骨和两段下肢骨以及一半骨盆痕迹；第2具位于墓室南部，残存两段肢骨痕迹，其上铺满铜钱；第3具位于墓道北侧近墓室处，残存头骨、一段上肢骨和三段下肢骨痕迹；第4具位于墓道南侧近墓室处，残存头骨和两段下肢骨痕迹。墓室内的2具为成年人，墓道内的两具为未成年人，由于骨骼腐朽严重，墓主的葬式、性别、具体年龄均不详。

墓内共发现96件（组）随葬品，其中铜器16件（组），铁器8件（组），石器1件，釉陶器48件，陶器22件，贝币1组。

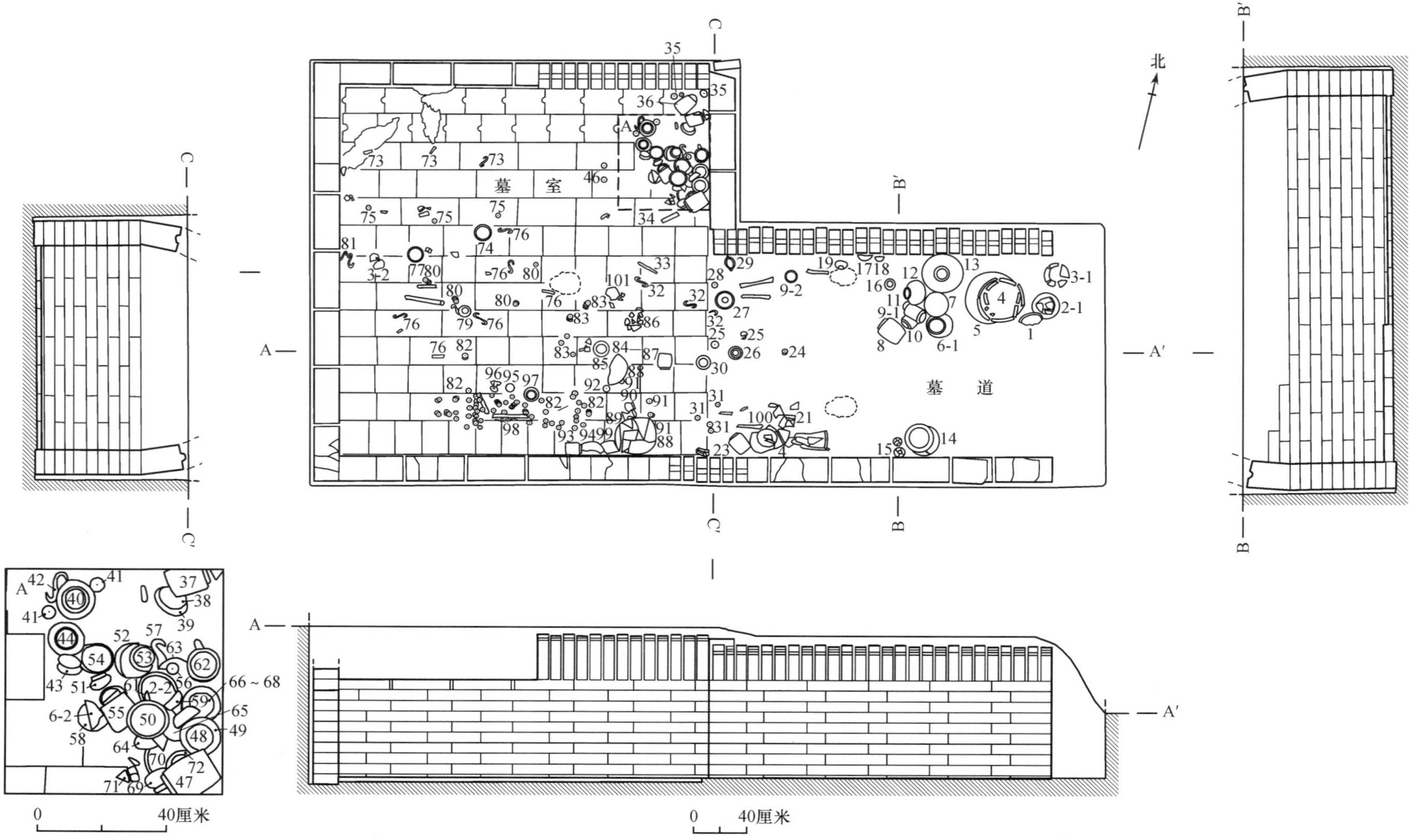

图一四三　铺溪四组M2平、剖面图

1、58、67、70. 釉陶器盖　2、3、6. 釉陶盘口壶　4、94. 陶甑　5. 铁釜　7. 铜盆　8、9、10、23、36、37、40、47、55、72、87、93. 陶仓　11～13、97. 陶罐　14. 铜釜　15、49、59、65、89、96. 釉陶灯　16. 釉陶杯　17、54、71、74、85、95. 釉陶盆　18、48. 釉陶勺　19、30、38、39、50、86、100. 釉陶碗　21、88、99. 陶小口圜底罐　24、28、31、46、75、80、82、83、91. 铜钱　25、35、41、56、92. 铜泡　26. 釉陶釜　27. 釉陶甑　29、68. 釉陶双耳釜　32、42、57、73、76、81. 铁钩　33. 铁刀　34. 石黛板　43、44、51、63、69、79. 釉陶罐　52、90. 釉陶盂　53. 陶器盖　61、62、77. 釉陶魁　64、66、84. 釉陶卮　98. 贝币　101. 釉陶钵（20、22、45、60、78销号）

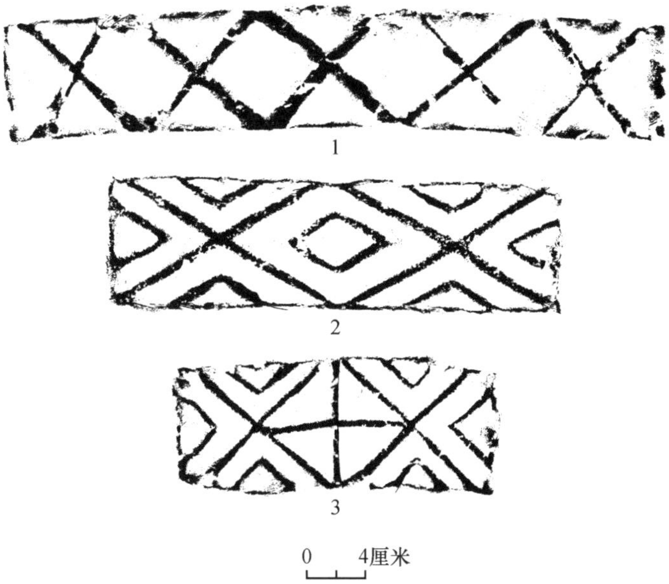

图一四四　铺溪四组M2墓砖拓片

1. 铜器

16件（组）。器形有釜、盆、铜泡和铜钱。

釜　1件（M2：14）。位于墓道靠近南壁偏东处，保存完整。侈口，尖唇，卷沿，粗束颈，短折肩，弧腹，大平底。肩部两侧有对称的环形耳，肩和腹上部各有一周凸棱。口径21.4、最大腹径22.1、底径13、高15.9～16.3、厚0.15～0.27厘米（图一四五，3；图版五八，6）。

盆　1件（M2：7）。位于墓道东北部，保存完好。敞口，尖唇，口沿外伸，弧腹略鼓，矮假圈足。颈部有两周凸棱和一周凹槽。口径20.4、底径10.7、高8.2、厚0.1～0.34厘米（图一四五，5；图版五八，5）。

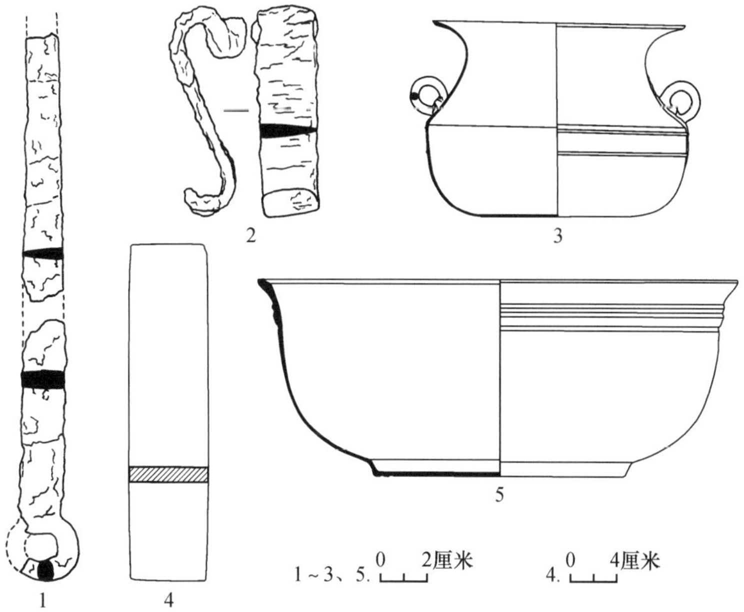

图一四五　铺溪四组M2出土器物

1. 铁刀（M2：33）　2. 铁钩（M2：81）　3. 铜釜（M2：14）　4. 石黛板（M2：34）　5. 铜盆（M2：7）

铜泡　5组8件。除M2：25置于墓道中，其他均放在墓室内。形制相同，帽面为圆弧形，钉截面多为圆形。

M2：25，残损较甚。

M2：35，3件，保存一般。

M2：35-1，帽径6、钉高2.07、帽厚0.15厘米（图一四六，1）。

M2：35-2，帽径6.1、钉残高1.6、帽厚0.2厘米（图一四六，2）。

M2：35-3，帽径3.9、钉残高1.2、帽厚0.1厘米（图一四六，6）。

M2：41，2件，保存较好。

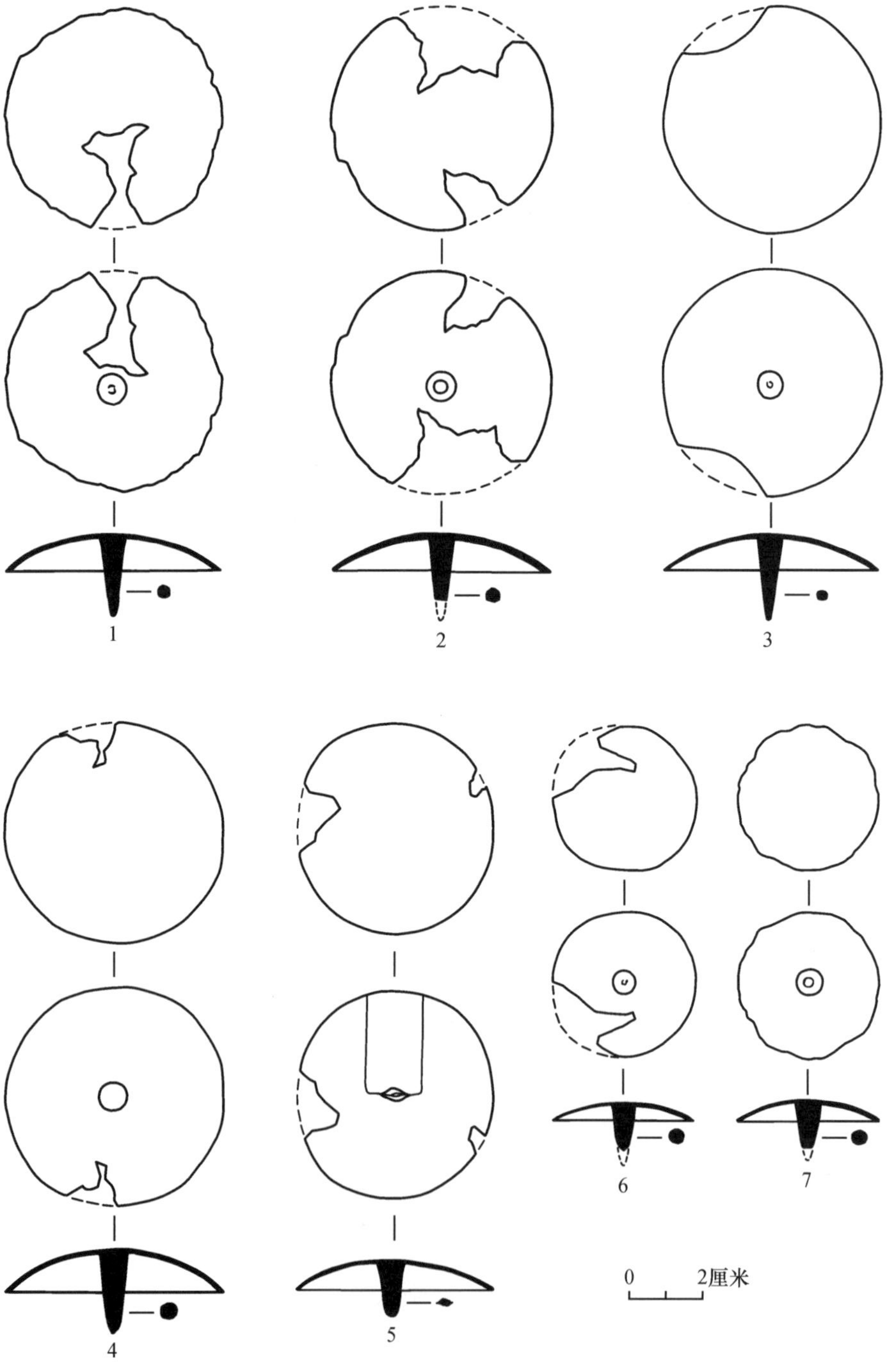

图一四六　铺溪四组M2出土铜泡

1. M2：35-1　2. M2：35-2　3. M2：41-1　4. M2：56　5. M2：92　6. M2：35-3　7. M2：41-2

M2：41-1，帽径6、钉高1.18、帽厚0.16厘米（图一四六，3）。

M2：41-2，帽径3.9、钉残高1.2、帽厚0.1厘米（图一四六，7）。

M2：56，保存较好。帽径6、钉高2.14、帽厚0.14厘米（图一四六，4）。

M2：92，保存一般。钉截面近菱形。帽径5.5、钉高1.41、帽厚0.12厘米（图一四六，5）。

铜钱　9组118枚。分别放于墓室和墓道的9个位置。钱文可辨识者均为五铢钱，形制为圆形，方穿。

M2：24，3枚。位于墓道中部偏西，基本保存完整。直径2.6、穿径0.96、郭宽0.18厘米（图一四七，1）。

M2：28，1枚。位于墓道西北角与墓室相连处人骨脚部附近，保存完整。直径2.67、穿径1、郭宽0.12～0.18厘米（图一四七，2）。

M2：31，12枚。位于墓道与墓室相连处南部人骨脚部附近，基本保存完整。

M2：31-1，直径2.45、穿径0.9、郭宽0.08厘米（图一四七，3）。

M2：31-2，直径2.45～2.52、穿径0.9、郭宽0.08厘米（图一四七，4）。

M2：46，3枚。位于墓室东北部，保存一般。

M2：75，7枚。位于墓室西北部，保存较差。

M2：80，37枚。位于墓室中部人骨附近，基本保存完整。直径2.58、穿径0.95、郭宽0.12厘米（图一四七，5）。

M2：82，32枚。位于墓室南部人骨附近，基本保存完整。

M2：82-1，直径2.5、穿径0.8～0.9、郭宽0.08～1厘米（图一四七，6）。

M2：82-2，直径2.5、穿径0.85～0.95、郭宽0.08～1厘米（图一四七，7）。

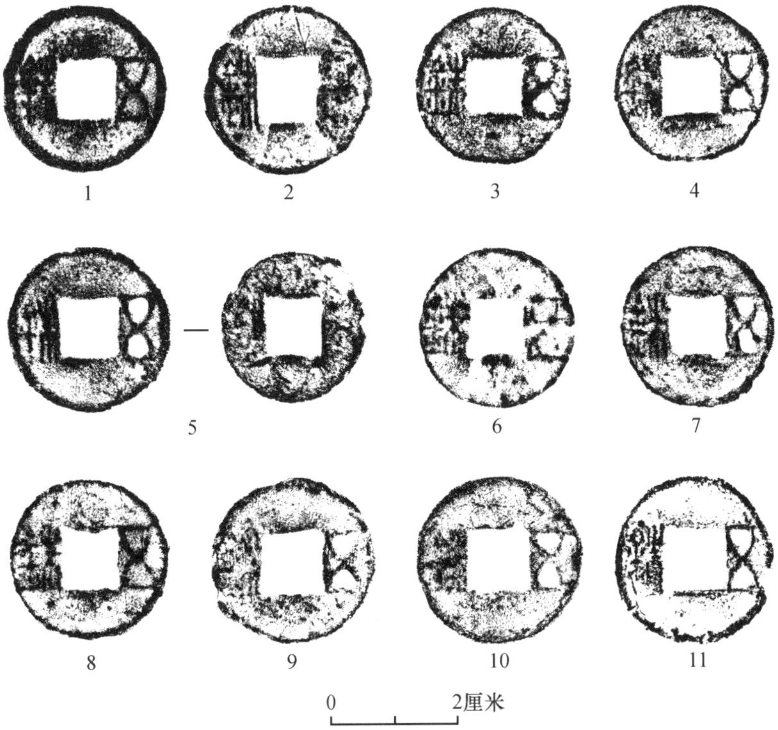

图一四七　铺溪四组M2出土铜钱

1. M2：24　2. M2：28　3. M2：31-1　4. M2：31-2　5. M2：80　6. M2：82-1　7. M2：82-2　8. M2：82-3　9. M2：83-1　10. M2：83-2　11. M2：91

M2：82-3，直径2.5、穿径0.8～0.9、郭宽0.08～1厘米（图一四七，8）。

M2：83，19枚。位于墓室中部人骨头部附近，基本保存完整。

M2：83-1，直径2.6、穿径1、郭宽0.08厘米（图一四七，9）。

M2：83-2，直径2.6、穿径1、郭宽0.1厘米（图一四七，10）。

M2：91，4枚。位于墓室东南部，其中一枚保存完整。直径2.6、穿径1、郭宽0.1～0.15厘米（图一四七，11）。

2. 铁器

8件。器形有釜、刀和钩。

釜　1件（M2：5）。位于墓道东北部，残损严重，已无法修复。

刀　1件（M2：33）。位于墓室东部，前锋残断，表面锈蚀严重。器身呈长条形，直背，斜直刃，近圆形环首。残长21.6、宽1.5～2厘米（图一四五，1）。

钩　6件。分置于墓室内不同位置。

M2：81，位于墓室靠近西壁中部，保存完整，表面锈蚀严重。平面为长方形，侧面呈“S”形。长8.9、宽2.5、厚0.6厘米（图一四五，2）。

3. 石器

1件。器形为石黛板。

M2：34，位于墓室东北部，保存完整。黑色石质，扁薄长方形，通体磨制，一面不甚光滑。长13.9、宽3.25、厚0.6厘米（图一四五，4）。

4. 贝币

1组（M2：98）。位于墓室南部人骨附近，破碎严重，数量不详。

5. 釉陶器

48件。绝大多数器表的釉色已脱落，仅保留痕迹。器形的种类较多，有釜、双耳釜、甑、罐、盘口壶、盂、盆、钵、魁、碗、勺、卮、杯、灯和器盖。

釜　1件（M2：26）。位于墓道西部，保存完整。泥质红陶，釉已脱落，釉色不清。侈口，圆唇，折沿处向内起棱，斜折肩，肩腹相交处显著外凸，弧腹，平底微内凹，底部不平整。素面。口径8.1、最大腹径9.5、底径5.5、高5、厚0.45～0.7厘米（图一四八，13）。

双耳釜　2件。

M2：29，位于墓道西北角靠近北壁，保存完整。泥质红陶，内壁全部和外壁上部有酱黄色釉。侈口，圆唇，折沿，鼓腹，平底微内凹。口沿上有一对对称的环形斜立耳。素面。口径9.5、最大腹径9.2、底径4.8、器高5.2、通高6.3、厚0.4～0.75厘米（图一四八，14）。

M2：68，位于墓室东北部，保存完整。泥质红陶，口沿内外两侧残留酱色釉。侈口，圆唇，折沿，鼓腹，近底部折收，平底。口沿上有一对对称的环形斜立耳。素面。口径11.1、最大腹径10.46、底径4.5、器高5.7～6、通高7.9～8.4、厚0.52～0.6厘米（图一四八，15；图版五七，4）。

甑　1件（M2：27）。位于墓道西北部与墓室相连处的人骨脚部附近，保存完整。泥质红陶，釉已脱落，釉色不清。盆形甑，敞口，方唇，窄沿，弧腹，平底，底部有六个小箅孔。腹偏上部有一周凹槽。口径13.3、底径5、高5.1、厚0.4～0.75厘米（图一四九，9）。

罐　6件。分为小口罐和侈口罐两类。

小口罐　3件。

M2：44，位于墓室东北部，保存完整。泥质红陶，釉已剥蚀。矮直口，广折肩，扁腹较浅，近底部折收，有一排较短的刮痕，平底。素面。口径8.4、最大腹径12.1、底径4.8、高5.1～5.4、厚0.5～0.6厘米（图一四八，12）。

M2：51，位于墓室东北部，保存完整。泥质红陶，釉已剥落，釉色不清。敛口，窄折肩，弧腹，平底微内凹。素面。口径7.7、最大腹径10.5、底径6、高5.1、厚0.4～0.6厘米（图一四八，10）。

M2：63，位于墓室东北部，保存完整。泥质红陶，釉已剥蚀殆尽。口近直，窄折肩，圆腹，平底内凹。素面。口径8.8、最大腹径11、底径5.5、高4.85～5、厚0.4～0.5厘米（图一四八，11）。

侈口罐　3件。

M2：43，位于墓室东北部，保存完整。夹极细砂红陶，釉已脱落，釉色不清。侈口，圆唇，卷沿，束颈，溜肩，鼓腹，平底内凹。素面。口径8.65、最大腹径8.45、底径5.2、高5.3、厚0.35～0.5厘米（图一四八，9）。

M2：69，位于墓室东北部，保存基本完整。泥质红陶，釉已剥蚀殆尽。口微侈，窄圆肩，鼓腹，平底微内凹。素面。口径8.4、最大腹径9.3、底径5、高5.3、厚0.42～0.6厘米（图一四八，8）。

M2：79，置于墓室中部人骨附近，保存基本完整。泥质红陶，釉已剥蚀殆尽。口微侈，微束颈，斜折肩，弧腹斜收，平底微内凹。素面。口径8.2、最大腹径10.4、底径4.8、高5.45～5.55、厚0.4～0.6厘米（图一四八，7）。

盘口壶　3件。皆有盖。

M2：2，位于墓道东北部，保存完整。泥质红陶，器表有酱黄偏绿色釉。壶（M2：2-1）为盘口外张，窄平沿，粗长颈，圆肩，圆鼓腹，高圈足。肩部塑有一对对称的兽面铺首衔环，盘口底部位置有一周凸棱，颈肩交界处有两周阶状凸起，腹部有两周凹槽，圈足中部有一周阶状凸起；壶盖（M2：2-2）为覆盘形，沿面有一周宽凹槽，以与壶口相扣合，弧壁，小平顶中部有环状纽，盖面有三个柱状泥突，盖面有六周折棱。壶口径15.3、最大腹径21.3、足径14.7、高26.7、厚0.6～0.8厘米，盖口径15.2、高4.5、高（加纽）6.5、厚0.4～0.7厘米，全器通高33.4厘米（图一五〇，1；图版五八，4）。

M2：3，位于墓道东北角，保存完整。泥质红陶，器表有酱黄色釉。壶（M2：3-1）为盘口外张，窄平沿，粗长颈，圆肩，圆鼓腹，高圈足。肩部塑有一对对称的兽面铺首衔环，盘口底部位置有一周凸棱，颈肩交界处有两周阶状凸起，腹部有两周凹槽，圈足中部有一周阶状凸起；壶盖（M2：3-2）为覆盘形，斜平沿，弧壁，小平顶上有环状纽，盖面有三周折棱，近口沿位置有一周浅凹槽。壶口径14.8、最大腹径19.4、足径14.8、高27.2、厚0.6～0.8厘米，盖口

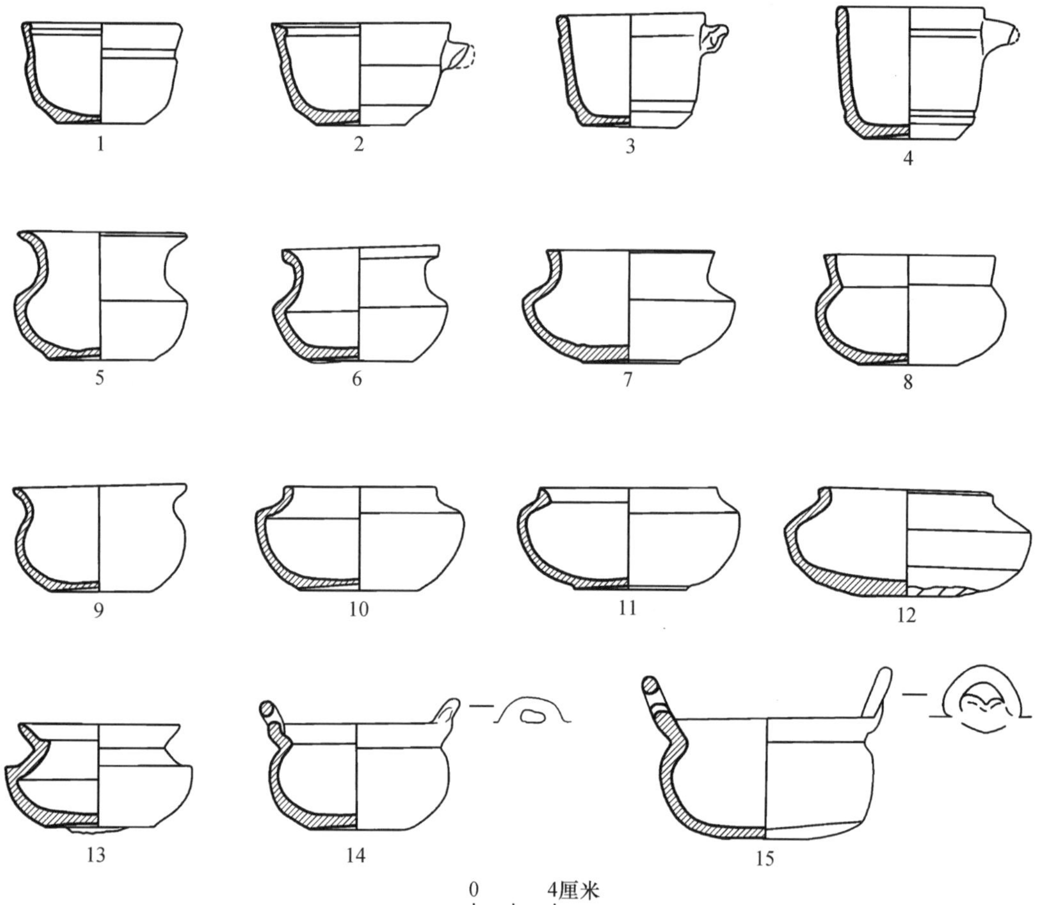

图一四八　铺溪四组M2出土釉陶器

1. 杯（M2：16）　2～4. 卮（M2：84、M2：66、M2：64）　5、6. 盂（M2：52、M2：90）　7～12. 罐（M2：79、M2：69、M2：43、M2：51、M2：63、M2：44）　13. 釜（M2：26）　14、15. 双耳釜（M2：29、M2：68）

径14.7、高4.3、高（加纽）7.2、厚0.4厘米，全器通高34.4厘米（图一五〇，2）。

M2：6，位于墓道东北部，保存完整。泥质红陶，器表有绿色釉。壶（M2：6-1）为盘口外张，窄平沿，粗长颈，圆肩，圆鼓腹，高圈足。肩腹部塑有一对对称的兽面铺首衔环，盘口底部位置有两周凸棱，颈肩交界处有两周较宽的凹槽，腹部和圈足中部有四周凹槽；壶盖（M2：6-2）为覆盘形，圆唇，斜平沿，平顶上有环状纽，纽残，盖面有四周折棱。壶口径13、最大腹径20.5、足径14.8、高26.9、厚0.6～1.2厘米，盖口径13.5、高3.8、残高（加纽）5.4、厚0.35～0.45厘米，全器通高33.2厘米（图一五〇，3；图版五八，3）。

盂　2件。

M2：52，位于墓室东北部，保存完整。泥质红陶，外壁下部和内壁口沿有保存较好的酱黄色釉，施釉粗糙而不规整，内壁有零散的釉滴，外壁釉下线不整齐。侈口，圆唇，卷沿，高束颈，窄折肩，浅弧腹，平底微内凹。素面。口径8.3、最大腹径8.6、底径5.4、高6.3、厚0.4～0.7厘米（图一四八，5；图版五七，5）。

M2：90，位于墓室东南部。泥质红陶，釉已脱落。侈口，方唇，卷沿，束颈，窄折肩，下腹斜收，平底微内凹，底部不平整。素面。口径8、最大腹径9、底径5.3、高5.7、厚0.45～0.61厘米（图一四八，6）。

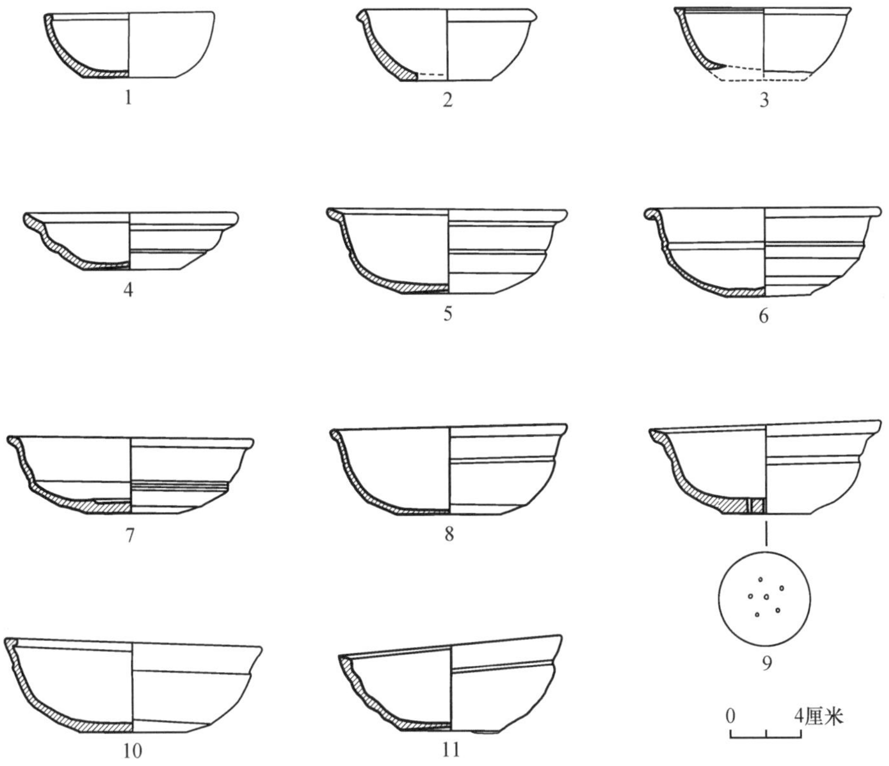

图一四九　铺溪四组M2出土釉陶器

1～3、7、8、10、11. 碗（M2：19、M2：86、M2：100、M2：39、M2：38、M2：50、M2：30）　4～6. 盆（M2：74、M2：85、M2：71）　9. 甑（M2：27）

盆　6件。

M2：17，位于墓道靠近北壁中部，保存完整，器形不规整。泥质红陶，釉已剥蚀。敞口，方唇，宽折沿，沿面有宽而浅的下凹，浅弧腹，平底内凹。素面。口径12.1～12.3、底径5、高3～3.8、厚0.3～0.5厘米（图一五一，4）。

M2：54，位于墓室东北部，破碎严重，保存极差，不能修复。

M2：71，位于墓室东北部，基本完整。泥质红陶，内壁为酱黄色釉。敞口，圆唇，卷沿，圆腹，平底。内壁中部有一周凹槽，外壁中部有两组凹槽和阶状凸起组合，下腹部有两周折痕。口径13.5～13.6、底径5.1、高5、厚0.4～0.6厘米（图一四九，6）。

M2：74，位于墓室中部，保存完整。泥质红陶，釉已脱落，釉色不清。敞口，圆唇，宽折沿，浅腹，平底微内凹，底部不平整。腹部有一周凹槽。口径12.2、底径5.7、高3.2、厚0.3～0.6厘米（图一四九，4）。

M2：85，位于墓室东南部，保存完整。泥质红陶，釉已脱落，釉色不清。敞口，圆唇，折沿，圆腹，平底内凹。腹部有一周凹槽。口径13.5～13.6、底径5.5、高4.8～4.6、厚0.3～0.6厘米（图一四九，5）。

M2：95，位于墓室南部人骨附近。泥质红陶，釉已剥蚀殆尽。敞口，方唇，宽沿斜折，弧腹，平底，内底呈圆台状下凹。腹部有两周浅凸起。口径18.2、底径7.9、高4.9、厚0.35～0.5厘米（图一五一，6）。

钵　1件（M2：101）。位于墓室中部偏东，保存较差。泥质红陶，釉已剥蚀殆尽。口微

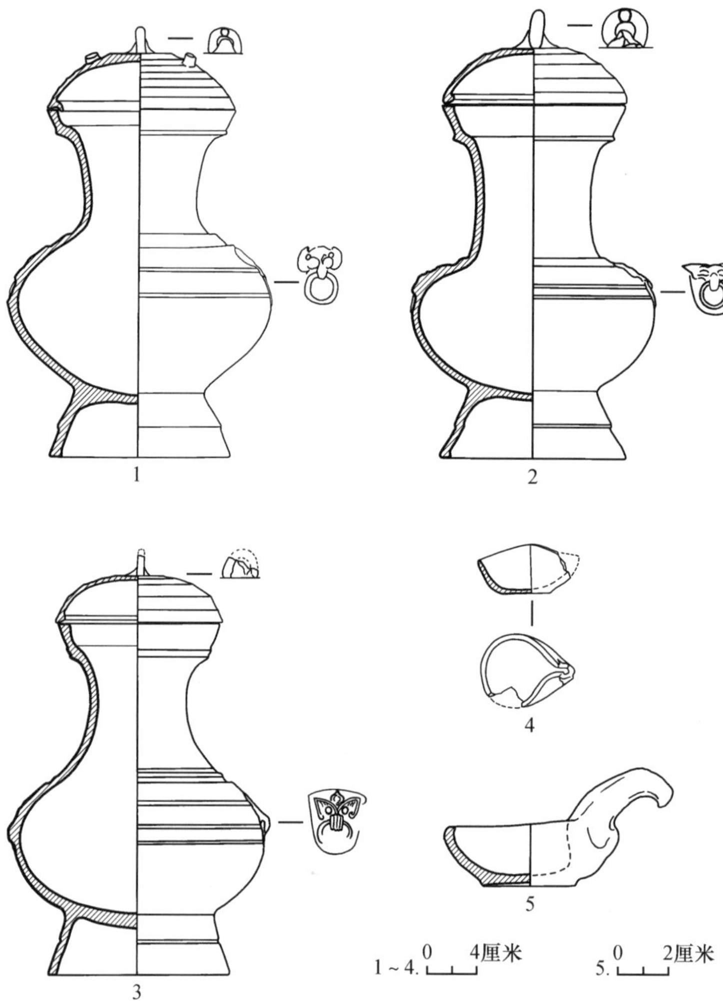

图一五〇　铺溪四组M2出土釉陶器

1～3. 盘口壶（M2∶2、M2∶3、M2∶6）　4、5. 勺（M2∶18、M2∶48）

敛，弧腹，平底微内凹。器壁有三周轻微的阶状凸起。口径13.4、底径5.4、高5～5.4、厚0.7厘米（图一五一，5）。

魁　3件。

M2∶61，位于墓室东北部，保存完整。泥质红陶，内壁有酱黄色釉。直口，弧腹，下腹部内收，平底。一侧有角状鋬手，腹中部有一周凹槽。口径12.9、底径5.4、高4.75、厚0.4～0.5厘米（图一五一，3）。

M2∶62，位于墓室东北部，保存完整。泥质红陶，内壁有酱黄色釉。敛口，弧腹，下腹部内收，平底。一侧有角状鋬手，腹中部有一周凹槽。口径10.2、底径5.8、高4.8、厚0.43～0.46厘米（图一五一，2；图版五七，6）。

M2∶77，位于墓室中部偏西，保存完整。泥质红陶，釉已剥蚀殆尽。直口微敞，弧腹，下腹部折收，小平底微内凹，底部不平整。一侧有角状鋬手，腹中部有一周凹槽，内外壁表面呈轻微的波浪状。口径12.2、底径5.1、高5.2、厚0.3～0.58厘米（图一五一，1）。

碗　7件。

M2∶19，位于墓道北部偏西人骨头部附近，保存完整。泥质红陶，釉已剥蚀。口微敛，

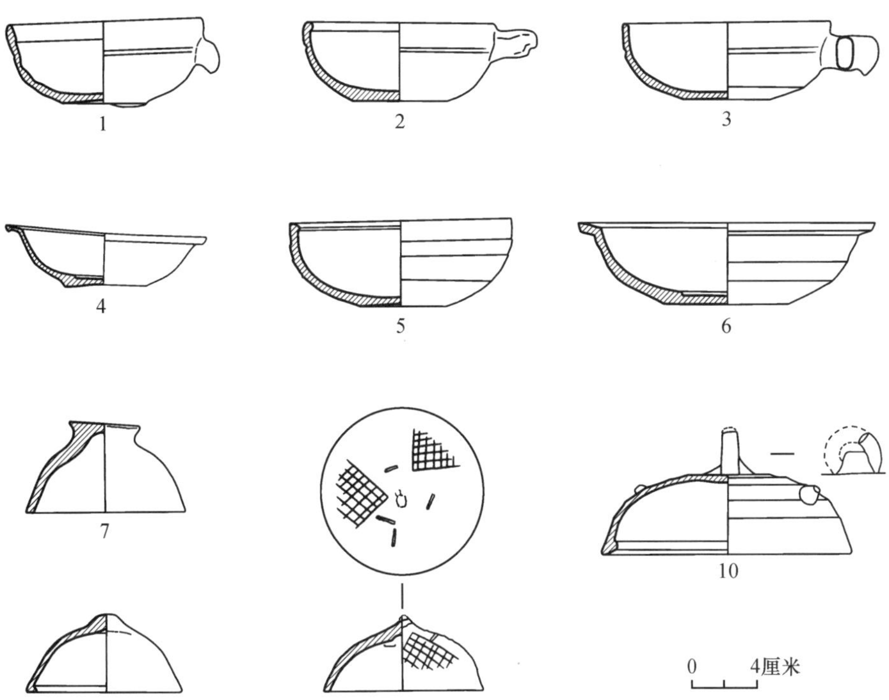

图一五一　铺溪四组M2出土釉陶器

1～3. 魁（M2：77、M2：62、M2：61）　4、6. 盆（M2：17、M2：95）　5. 钵（M2：101）　7～10. 器盖（M2：67、M2：70、M2：58、M2：1）

沿内侧有一周凹槽，弧腹，平底。素面。口径9.8、底径5.2、高3.7、厚0.4～0.55厘米（图一四九，1）。

M2：30，位于墓室东南部与墓道相连处，保存完整。泥质红陶，釉已脱落，釉色不清。器体不规整，向一面严重倾斜。敞口，窄沿向内倾斜，弧腹，平底微内凹。上腹部有一周凹槽，内外壁呈波浪状起伏。口径12.6、底径5.9、高5.35、厚0.4～0.7厘米（图一四九，11）。

M2：38，位于墓室东北部，保存较好。泥质红陶，内壁有酱黄色釉痕迹。敞口，圆唇，卷沿，弧腹，近底部微折收，平底。腹部有一周凹槽。口径13.2、底径6.1、高5、厚0.3～0.41厘米（图一四九，8）。

M2：39，位于墓室东北部，保存基本完整。泥质红陶，内壁有酱黄色釉痕迹。敞口，圆唇，卷沿，浅腹，近底部折收，器内底部下凹，平底。下腹部有一周凹槽和一周阶状凸起。口径14、底径5.25、高4.3、厚0.29～0.7厘米（图一四九，7）。

M2：50，位于墓室东北部，保存基本完整。泥质红陶，内外壁有酱黄色釉。敛口，窄平沿，弧腹，近底部折收，平底。上腹部有一周阶状凸起。口径14.7、底径6.2厘米、高5.3～4.7、厚0.3～0.5厘米（图一四九，10）。

M2：86，位于墓室东南部。泥质红陶，釉已剥落殆尽。敞口，圆唇，窄沿外斜，弧腹，平底。素面。口径10.2、底径5.2厘米、高3.9、厚0.35～0.7厘米（图一四九，2）。

M2：100，位于墓道西南部人骨附近，器底残失。泥质红陶，青釉。敞口，窄斜沿，弧腹。素面。口径10.1、残高3.3、厚0.4～0.5厘米（图一四九，3）。

勺　2件。

M2：18，位于墓道靠近北壁中部，保存较差。泥质红陶，釉已剥落殆尽。勺体为钵形，敞口，斜壁，平底。口沿一侧捏合，外端残。素面。残长7.3、底径3.9、残高3.8、厚0.38～0.64厘米（图一五〇，4）。

M2：48，位于墓室东北部，保存完整。泥质红陶，釉已剥落，釉色不清。勺体为钵形，敛口，斜弧腹，平底内凹。一侧有较长的角状把手。素面。口径4.8～6.2、底径3.7、长9、高2.7、通高4.7、厚0.42～0.5厘米（图一五〇，5）。

卮 3件。

M2：64，位于墓室东北部，保存完整。泥质红陶，外壁和内壁的口沿部分有保存极好的酱色釉。直口微外张，直壁，近底部折收，平底微内凹。口下一侧有角状把手，口下有一周凹槽，近底部有一组阶状凸起。口径7.3、底径4.5、高6.4、厚0.6厘米（图一四八，4；图版五八，2）。

M2：66，位于墓室东北部，保存完整。泥质红陶，内壁全部和外壁下腹部残留有酱色釉。直口微敛，直壁微内斜，近底部折收，平底微内凹。口沿下一侧有角状把手，口下和近底部各有一周凹槽。口径7.3、底径4.5、高5.4～5.6、厚0.56厘米（图一四八，3）。

M2：84，位于墓室东南部，杯身完整，把残。泥质红陶，釉已剥落。整体近似深腹碗形，口微敞，窄沿内斜，斜壁近底部折收，平底微内凹，底部不平整。口下一侧有角状把手，腹部一周凹槽。口径9、底径4.4、高4.9、厚0.65厘米（图一四八，2）。

杯 1件（M2：16）。位于墓道北部中段，保存完整。泥质红陶，内外壁釉已剥落。直口微外张，有颈，腹近底部微折收，平底微内凹。内外壁上部各有一周凹槽。口径8、底径4.5、高4.9、厚0.43～0.7厘米（图一四八，1）。

灯 6件。均为泥质红陶。豆形，盘部分别为碗形、盘形和子口盘形；覆碗形粗大圈足；均为素面。

M2：15，位于墓道靠近南壁中部，圈足缺失。没有发现釉痕。碗形，口微敛，深腹。口径8.4、残高5、厚0.4～0.6厘米（图一五二，6）。

M2：49，位于墓室东北部，保存完整。釉已脱落，釉色不清。子口内敛，浅腹。口径6.4、腹径8.8、足径9.8～10.4、高8.6～8.8、厚0.35～0.9厘米（图一五二，2；图版五七，3）。

M2：59，位于墓室东北部，保存完整。灯盘内有酱色釉。盘形，口微敛，浅腹。口径8.6、足径9.05、高7.6～7.8、厚0.45厘米（图一五二，4）。

M2：65，位于墓室东北部，保存完整。盘内有酱黄色釉。碗形，口微敞，深腹。口径8.2、足径9.8、高8.5～8.8、厚0.54厘米（图一五二，1）。

M2：89，位于墓室东南部，保存基本完整。釉已脱落，釉色不清。子口内敛，浅腹，盘外壁有轮制时形成的两周凸棱。口径7.5、腹径9.2、底径10、高8～7.8、厚0.25～0.8厘米（图一五二，3）。

M2：96，位于墓室南部人骨附近，圈足残。残余零星浅酱色釉。盘形，近直口，浅腹。口径8.85、残高5.6、厚0.36～0.9厘米（图一五二，5）。

器盖 4件。

M2：1，位于墓道东北部。泥质红陶，有釉脱落的浅黄色釉痕迹。覆钵形，敞口，斜平沿，圆腹，小平顶中部有环状纽，盖面有三个柱状泥突和四周折棱。口径15.6、高4.8、残高

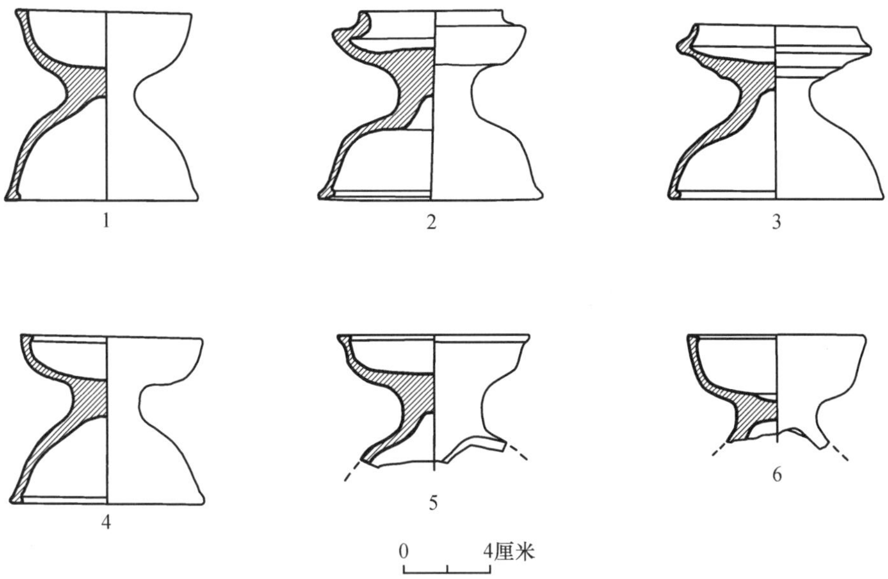

图一五二　铺溪四组M2出土釉陶灯

1. M2：65　2. M2：49　3. M2：89　4. M2：59　5. M2：96　6. M2：15

（加纽）7.4、厚0.46～0.51厘米（图一五一，10）。

M2：58，位于墓室东北部，保存较好。泥质红陶，外表有黄绿色釉脱落后的黄白色衣。覆碗形，敞口，窄平沿，圆腹，尖顶。盖面上有两组刻划细线网格纹和四个长条形镂孔。口径9.7～9.9、残高4.2、厚0.47厘米（图一五一，9）。

M2：67，位于墓室东北部。泥质红陶，釉已剥落。覆碗形，窄平沿，斜腹外弧，平顶倾斜。素面。顶径4.3、口径9.7、高5.4、厚0.35～0.4厘米（图一五一，7）。

M2：70，位于墓室东北部，保存完整。泥质红陶，内外壁残留黄白色釉痕。覆碗形，敞口，窄平沿，圆腹，顶部凸起。沿下内壁有一周凹槽。口径9.5、高4.7、厚0.52～0.55厘米（图一五一，8）。

6. 陶器

22件。器形有甑、仓、罐、器盖。

甑　2件。深腹，盆形。

M2：4，位于墓道东北部及西南部人骨附近，基本完整。泥质灰陶。敞口，圆唇，平折沿，斜腹内收，平底内凹，底部有细箅孔41个。口沿下有两周阶状凸起。口径34.5～35、底径15.2、高19.5、厚0.6厘米（图一五三，2；图版五八，1）。

M2：94，位于墓室靠近南壁偏东，基本完整。泥质灰陶。敞口，圆唇，窄沿，圆腹，平底，底部有粗箅孔9个。口沿下有两周阶状凸起。口径34.6～35.2、底径16、高18.5、厚0.4～0.6厘米（图一五三，1）。

仓　12件。形制整体为筒形，矮子口，窄肩，直壁外弧，平底较大。

M2：8，位于墓道中部，保存完整。泥质灰陶。整体瘦高，子口亦略高。器表和内壁呈轻微的波浪状。素面。口径12.4～12.7、底径12～12.4、高20.3～21.2、厚0.5～0.6厘米（图一五四，1）。

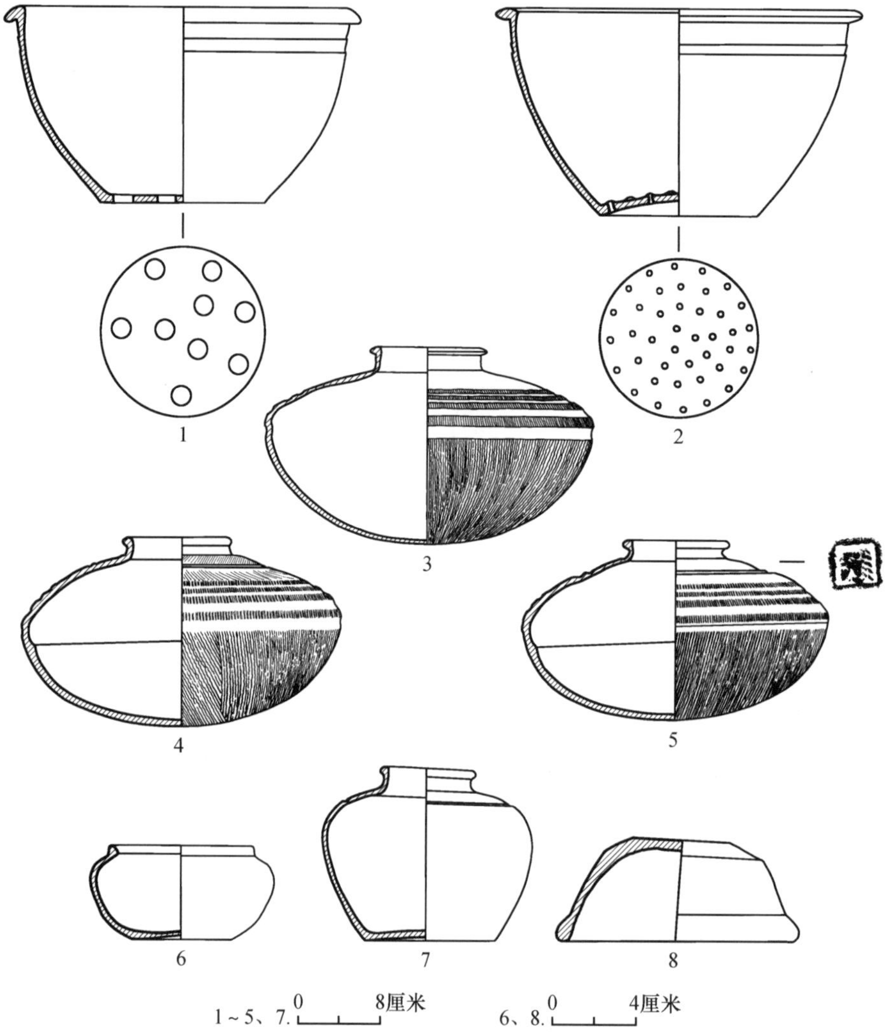

图一五三　铺溪四组M2出土陶器

1、2. 甑（M2：94、M2：4）　3～5. 小口圜底罐（M2：99、M2：21、M2：88）　6、7. 罐（M2：11、M2：12）　8. 器盖（M2：53）

M2：9，位于墓道东北部及西北部，基本完整。夹极细砂灰陶。仓（M2：9-1）上腹部饰有一周凹弦纹和一周凹槽，下腹器表有一排刀削痕迹；仓盖（M2：9-2）为覆碗形，敞口，斜壁，近顶部折收，平顶。素面。仓口径9.8、底径10.4、高12.5、厚0.35～0.58厘米，仓盖口径10.9～11.8、顶径4.5、高4.4、厚0.48～0.6厘米，通高16.3厘米（图一五四，9）。

M2：10，位于墓道东北部，保存完整。夹极细砂灰陶。仓体中上部饰一周凹槽，下腹有一排刀削痕迹，内壁呈瓦棱状起伏。口径9.2、底径8.1、高11.9、厚0.4～0.7厘米（图一五四，6）。

M2：23，位于墓道西南角，保存完整。泥质灰陶。器体较粗矮，仓体中上部饰有一周凹槽，下腹有一排刮削痕迹，内壁呈瓦棱状起伏。口径10、底径8.7、高10.8～11.1、厚0.5～0.7厘米（图一五四，5）。

M2：36，位于墓室东北角，保存完整。泥质灰陶。仓（M2：36-1）上部有两周凹槽，下腹有两排刀削痕迹，器底轮旋痕迹明显；仓盖（M2：36-2）为覆盆形，敞口，斜壁，近顶部折收，平顶。素面。器身口径9.3、底径10.8～11、高13.4～13.1、厚0.3～0.8厘米，仓盖口径

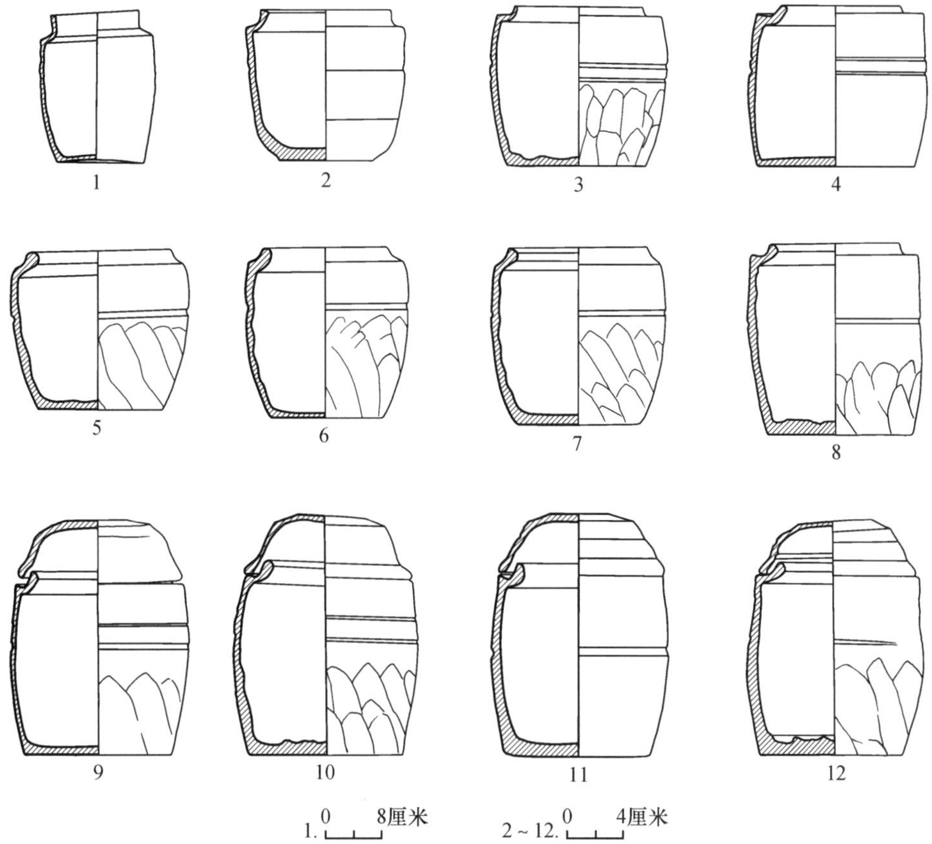

图一五四　铺溪四组M2出土陶仓

1. M2∶8　2. M2∶87　3. M2∶40　4. M2∶72　5. M2∶23　6. M2∶10　7. M2∶93　8. M2∶47　9. M2∶9　10. M2∶36　11. M2∶37　12. M2∶55

11.9、顶径5、高4.3、厚0.2～0.5厘米，通高16.8厘米（图一五四，10；图版五七，2左）。

M2∶37，位于墓室东北角，保存完好。夹极细砂灰陶。仓（M2∶37-1）中部饰有一周凹槽；仓盖（M2∶37-2）为覆盆形，敞口，斜壁，平顶。外壁有一周折痕和两周下凹，素面。仓口径8.5、底径10.2、高13.4、厚0.5～1.1厘米，仓盖口径11.5、顶径4.15、高4.2、厚0.3～0.5厘米，通高16.8厘米（图一五四，11；图版五七，2右）。

M2∶40，位于墓室东北部，保存完整。泥质深灰陶。器体较粗矮，腹中部有两周凹槽，下腹有两排不甚规整的刀削痕迹。口径9、底径10～10.2、高10.9～11.1、厚0.38～0.6厘米（图一五四，3）。

M2∶47，位于墓室东北部，保存完整。泥质灰陶。腹中部有一周凹槽，下腹有一排不规整的刀削痕迹，内壁呈瓦棱状起伏。口径9.1～9.4、底径10.3～10.5、高13.1～13.3、厚0.6～0.7厘米（图一五四，8）。

M2∶55，位于墓室东北部，保存完整。夹极细砂灰陶。仓（M2∶55-1）中部饰有一周凹槽，下腹有一排刀削痕迹；仓盖（M2∶55-2）为覆盆形，敞口，斜壁，平顶，外壁有一周折痕和两周下凹，素面。仓口径9、底径10.4～10.7、高13.2～13.3、厚0.4～0.7厘米，仓盖口径11.2、顶径5.2、高3.6～4、厚0.3～0.5厘米，通高16.3厘米（图一五四，12）。

M2∶72，位于墓室东北部，保存完整。泥质灰陶。腹中部有两周凹槽。口径8.5、底径11.3、高11、厚0.3～0.71厘米（图一五四，4）。

M2：87，位于墓室东南部，基本完整。泥质深灰陶。腹中有两周凹槽。口径9～9.3、底径6.8、高10.4、厚0.3～0.7厘米（图一五四，2）。

M2：93，位于墓室靠近南壁偏东，保存完整。泥质灰陶。腹上部有一周凹槽，下腹有两排刀削痕迹，内壁呈瓦棱状起伏。口径9.8、底径9、高12.3、厚0.49～0.6厘米（图一五四，7）。

罐　7件。分为平底罐和圜底罐两类。

平底罐　4件。

M2：11，位于墓道东北部，基本完整。泥质红陶。侈口，圆唇，窄折沿，窄肩，鼓腹，平底微内凹。素面。口径7、最大腹径9、底径5、高4.5、厚0.35～0.5厘米（图一五三，6）。

M2：12，置于墓道东北部，保存完整。泥质灰陶。直口，圆唇，短束颈，圆肩，鼓腹，下腹斜收，平底内凹。肩部有一周凹槽。口径9.5、最大腹径20.3、底径12.7、高16.1～16.6、厚0.5～0.7厘米（图一五三，7）。

M2：13，位于墓道东北部靠近北壁，破碎严重，保存极差，无法修复。泥质红陶。

M2：97，在墓室南部人骨附近，破碎严重，已无法修复。泥质红陶，釉已剥蚀殆尽。

圜底罐　3件。整体呈扁圆体，小口，短颈，广肩，圆腹，大圜底。

M2：21，位于墓道西南部人骨附近，保存完整。泥质灰陶。内壁腹部有一周凸棱，颈下有一周较深的凹槽，凹槽的上下位置有排列整齐的暗纹，肩以下位置以四周凹槽为界，布满竖向细绳纹。口径10.9～11.3、最大腹径31.3、高18、厚0.4～0.7厘米（图一五三，4；图版五七，1）。

M2：88，位于墓室东南部，保存完整。泥质灰陶。内壁腹部有一周凸棱，颈下有两周较深的凹槽，肩以下位置以四周凹槽为界，布满竖向细绳纹，紧挨颈下的肩部有一个方形印章形下凹，内容不清。口径10.2、最大腹径29.8、高17、厚0.4～0.8厘米（图一五三，5）。

M2：99，位于墓室靠近南壁东部，保存较好。泥质灰陶。折肩上下有四周抹弦纹，弦纹之间及以下饰竖绳纹。口径11.4、最大腹径31.8、高18.8、厚0.44～0.87厘米（图一五三，3）。

器盖　1件（M2：53）。位于墓室东北部，保存完整。泥质灰陶。覆盆形，应为仓盖。敞口，圆唇，斜壁，平顶。口径11.7、顶径4.7、高5、厚0.2～0.6厘米（图一五三，8）。

（三十七）铺溪四组M3

位于T2012中部，部分延伸至T1912、T2112内。开口于第3层下，打破生土层。

墓葬形制为土坑竖穴砖室墓，方向75°，大致呈西南—东北方向，朝向澎溪河。墓葬由墓室和墓道两部分组成，平面呈有把刀形，通长5.9米（图一五五；图版五六，2）。墓葬上部的券顶部分已被扰乱破坏，部分塌落于墓室之内，下半部则保存较好。现存墓口距地表40～50厘米，海拔153～153.1米。现存墓口距墓底深80～90厘米。

墓室平面近方形，南北长336、东西宽320厘米，砖壁现存9层，系采用模印花纹砖或素面砖错缝平铺垒砌而成，西壁上部明显向内倾斜。砖室南北长296、东西280厘米，砖墙厚20厘米。墓室底部平铺一层纵向排列的青砖。

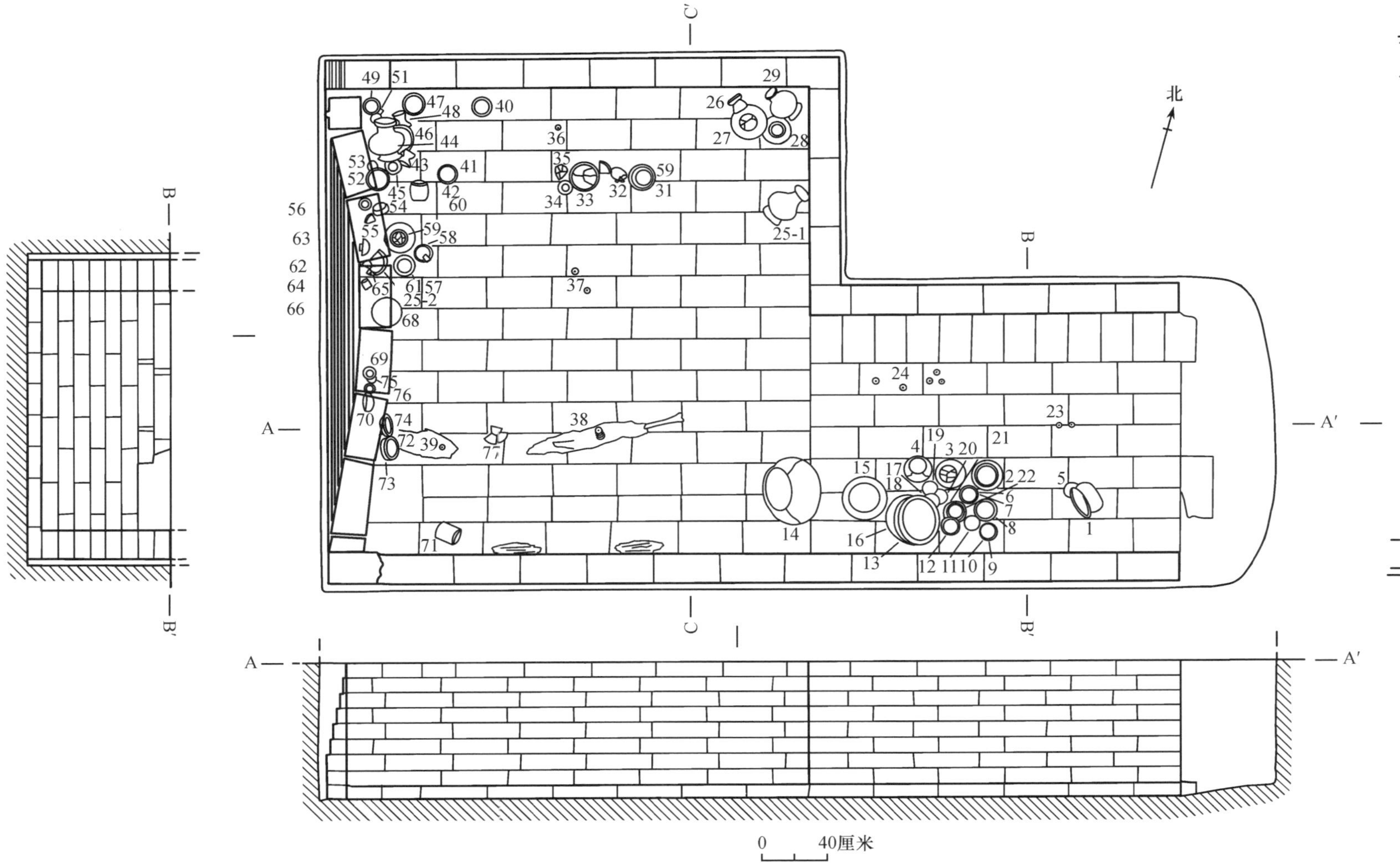

图一五五　铺溪四组M3平、剖面图

1. 铜洗　2、60. 陶罐　3. 釉陶直口壶　4、27、28. 陶壶　5. 釉陶杯　6、54、56、69. 釉陶盂　7、17、40、52. 釉陶碗　8、42、71. 陶仓　9、19、20、55、58、63、75. 釉陶罐　10、65、66. 釉陶勺　11、49、77. 釉陶器盖　12、18、26、34、43、45、48、59. 釉陶灯　13. 陶甑　14. 铁壶　15、16. 铁釜　21、32、61. 釉陶魁　22、46、72、74. 釉陶盆　23-1、23-2. 琉璃耳珰　24、36～39. 铜钱　25、29、44. 釉陶盘口壶　31、33、68. 陶碗　35、51、57. 釉陶卮　41、73. 釉陶甑　47、62、70. 釉陶钵　53、76. 釉陶双耳釜　64. 釉陶鼎［30、50、67销号，合计75件（组）］

墓道位于墓室东壁南半部，平面呈长方形，东西长270、南北宽190厘米，两侧长边错缝平铺垒砌花纹砖，亦保存有9层，与墓室内的高度平齐，内净空间长270、宽150厘米，砖墙厚20厘米。墓道底部平铺一层青砖，并与墓室的地砖连成一体，但系单独铺就。

墓砖的大小略有差别，基本尺寸为长40、宽20、厚10厘米。花纹砖的纹样主要有两种：一种是内外重叠的连续菱形纹图案，数量较多（图一五六，下）；另一种略显复杂，两端各有一组菱形纹，中部两侧各有两个半组的菱形纹，中间则为一对相背的卷云纹，之间以两个小圆圈及连线相界隔（图一五六，上）。墓室和墓道的砖壁交替使用两种花纹砖，其中以第二种较多，第一种略少。墓室底部及墓道范围内的底部错缝平铺一层长砖，系东西向成列铺就，从交接位置的情况看，系先铺好墓室的地面，之后铺设墓道底。墓道东端的墓道口底部没有铺砖，而是垫一层熟土并打实，使之与砖面持平。

墓内填黄褐色花土，土质较黏，质地较硬，结构紧密，包含少量水锈点及红烧土颗粒。填土中夹杂有少量碎花纹砖块，可能为墓壁和墓顶塌陷所致，填土的底部有很多散乱的红色漆片痕迹，可能与棺椁或漆器有关。

墓葬清理过程中没有发现棺椁的痕迹，但墓室底部发现有散乱的红漆痕迹，应为棺或者椁的遗留。

墓内只发现部分人骨，已高度腐朽。在墓室南部正对着墓道的位置发现一段上肢骨及一小段下肢骨痕迹，东西向排列，据此推断头应向东。此外，在墓道中部偏东位置发现一对琉璃质耳珰，其位置当是人体的头部。据此推断，M3所埋葬的人数至少为2人。

墓内发现75件（组）随葬品，其中铜器6件（组），铁器3件，釉陶器52件，陶器12件，琉璃器2件。

图一五六　铺溪四组M3花纹砖拓片

1. 铜器

6件（组）。器形有铜洗和铜钱。

洗　1件（M3：1）。位于墓道东南部，保存完整。侈口，尖圆唇，宽折沿，粗短颈，弧腹斜收，平底。腹部有对称的兽面铺首，衔环残失。上腹部有三周凸棱。口径22.7、最大腹径22、底径13.8、高9.6、厚0.26～0.4厘米（图一五七，4；图版六〇，5）。

铜钱　5组23枚。均为五铢，圆形，方穿。

M3：24，1组6枚。位于墓道西北部，其中1件保存完整。直径2.5～2.6、穿径1、郭宽

0.08～0.11厘米（图一五七，7）。

M3：36，1组4枚。位于墓室北部，其中3枚保存完整。

M3：36-1，直径2.5～2.6、穿径0.9～0.95、郭宽0.08～0.13厘米（图一五七，8）。

M3：36-2，直径2.5～2.6、穿径1、郭宽0.08～0.1厘米（图一五七，9）。

M3：37，1组6枚。位于墓室中部，其中2枚保存完整。直径2.6、穿径1、郭宽0.08～0.15厘米（图一五七，10）。

M3：38，1组4枚。位于墓室南部，保存较差。直径2.3～2.57、穿径0.9～1、郭宽0.08～0.09厘米（图一五七，11）。

M3：39，1组3枚。位于墓室西南部，其中一枚保存完整。直径2.43～2.53、穿径0.95、郭宽0.08～0.1厘米（图一五七，12）。

2. 铁器

3件。器形有釜和壶。

釜　2件。均位于墓道西南部，保存完整，表面锈蚀严重。2件釜的形制相同，器腹整体呈扁球形，侈口，方唇，宽折沿，圆肩，圆腹，圜底。

M3：15，侈口，折沿，圆肩，圆鼓腹，圜底。肩部有两周凸棱。口径26、最大腹径27.5、

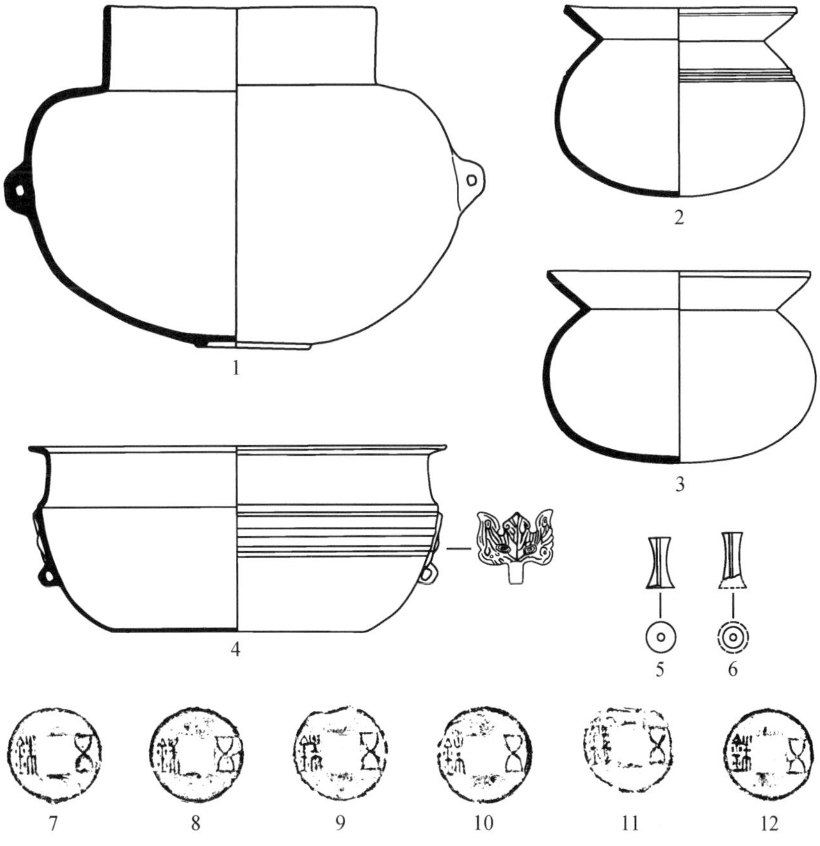

1～3. 0 8厘米　4. 0 4厘米　5～12. 0 2厘米

图一五七　铺溪四组M3出土器物

1. 铁壶（M3：14）　2、3. 铁釜（M3：15、M3：16）　4. 铜洗（M3：1）　5、6. 琉璃耳珰（M3：23-1、M3：23-2）　7～12. 铜钱（M3：24、M3：36-1、M3：36-2、M3：37、M3：38、M3：39）

高20.6、厚0.5～0.7厘米（图一五七，2；图版六〇，6）。

M3：16，侈口，折沿，圆肩，圆鼓腹，圜底。素面。口径29、最大腹径30、高20.5、厚0.75厘米（图一五七，3）。

壶　1件（M3：14）。位于墓室东南角与墓道相连处，保存完整，表面锈蚀严重。高直口，窄肩圆折，圆鼓腹，近底部急收，圈足既小且矮。腹部两侧有对称的竖耳。素面。口径29.5、最大腹径48、底径12.5、高36.3、厚0.6厘米（图一五七，1）。

3. 釉陶器

52件。器形有鼎、双耳釜、甑、罐、直口壶、盘口壶、盂、盆、钵、魁、碗、勺、卮、杯、灯和器盖。

鼎　1件（M3：64）。位于墓室靠近西壁偏北，保存较差。泥质红陶，外表有较好的酱黄色釉。口部残，窄肩，鼓腹，大平底，足残。素面。腹径11.8、底径9.2、残高6、厚0.45～0.68厘米（图一五八，6）。

双耳釜　2件。

M3：53，位于墓室西北角，保存完整。泥质红陶，内外壁中上部有酱黄色釉。侈口，尖唇，折沿，鼓腹，斜折肩，平底微内凹。口沿有一对对称的环形斜立耳。素面。口径11、最大腹径10.5、底径5.6、高5、通高7、厚0.5～0.7厘米（图一五八，8；图版五九，3）。

M3：76，位于墓室靠近西壁偏南，保存完整。泥质红陶，内外壁上半部有酱黄色釉。侈

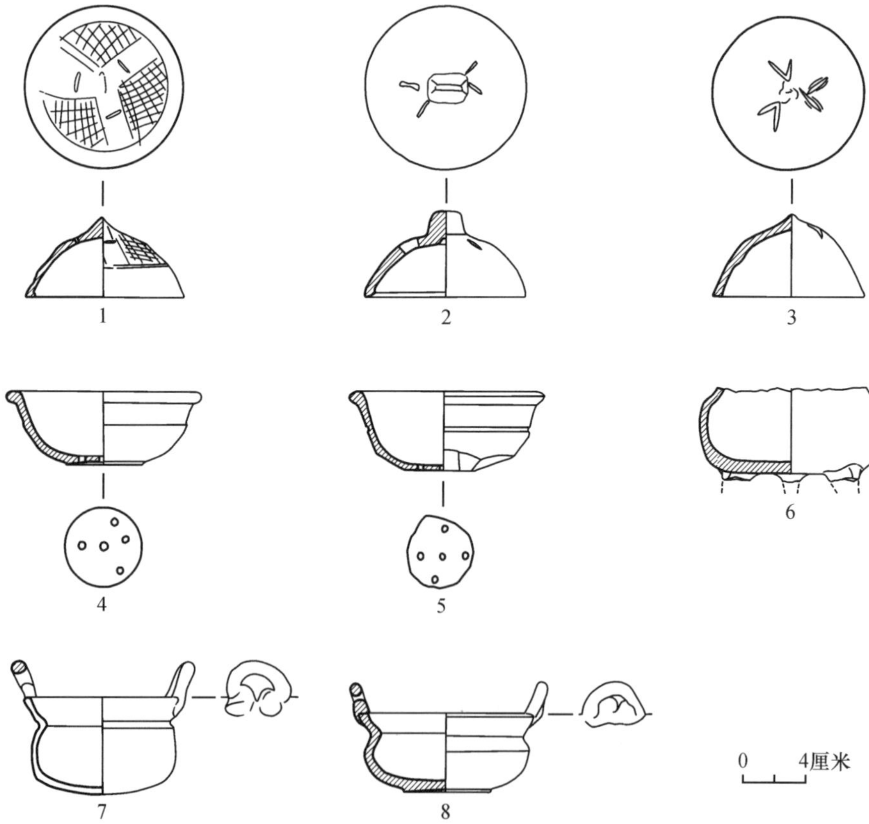

图一五八　铺溪四组M3出土釉陶器

1～3. 器盖（M3：49、M3：11、M3：77）　4、5. 甑（M3：41、M3：73）　6. 鼎（M3：64）

7、8. 双耳釜（M3：76、M3：53）

口，折沿，圆腹，近底部折收，缓圜底。口沿有一对对称的环形斜立耳。素面。口径10、最大腹径9.2、高6.05、通高8.35、厚0.38厘米（图一五八，7）。

甑　2件。

M3：41，位于墓室西北部，保存较好。泥质红陶，釉已剥落殆尽。盆形，敞口，圆唇，卷沿，弧腹，平底微内凹，底部有5个箅孔。腹中部有一周阶状凸起。口径12.5、底径5、高4.6、厚0.42～0.65厘米（图一五八，4）。

M3：73，位于墓室靠近西壁偏南，保存较差。泥质红陶，釉已剥落殆尽。盆形，敞口，圆唇，斜壁，近底部折收，平底，底部有5个箅孔。腹中部有一周凹槽，近底部有一排刀削痕迹。口径12.4、底径4.5、高4.9、厚0.3～0.44厘米（图一五八，5）。

罐　7件。

M3：9，位于墓道西南部，保存较差。泥质红陶，釉已剥落殆尽。直口外敞，高领，窄折肩，斜腹，平底。器壁较厚，素面。口径9、最大腹径10.3、底径6、高5.4、厚0.5～1厘米（图一五九，11）。

M3：19，位于墓道西南部，保存一般。泥质红陶，釉已剥落殆尽。侈口，圆唇，折沿，斜腹，平底，器壁较厚。腹中部有一组凹槽和阶状凸起组合。口径10.7、最大腹径11、底径6、高5.4、厚0.58～0.9厘米（图一五九，12）。

M3：20，位于墓道西南部，保存完好。泥质红陶，釉已剥落殆尽。敛口，斜折肩，鼓

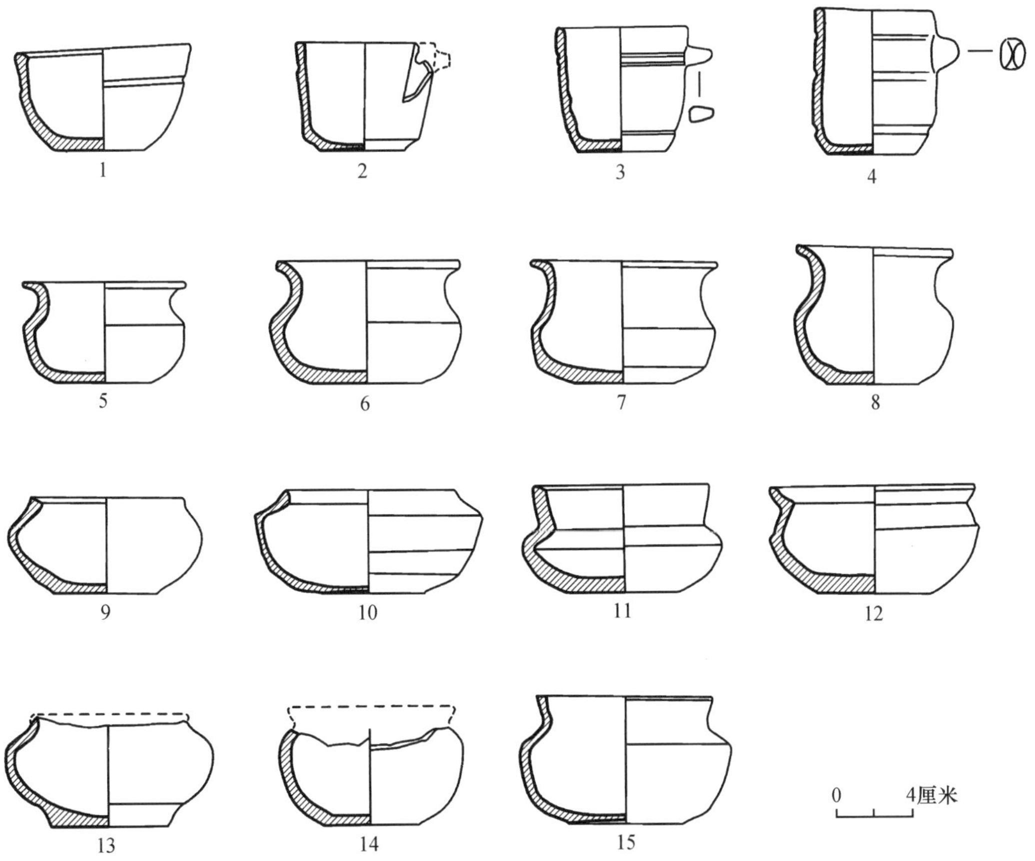

图一五九　铺溪四组M3出土釉陶器

1. 杯（M3：5）　2～4. 卮（M3：57、M3：51、M3：35）　5～8. 盂（M3：56、M3：6、M3：54、M3：69）　9～15. 罐（M3：20、M3：63、M3：9、M3：19、M3：55、M3：75、M3：58）

腹，下腹斜收，平底。素面。口径7.9、最大腹径10.05、底径5.5、高4.9、厚0.5～0.6厘米（图一五九，9）。

M3：55，位于墓室靠近西壁偏北，口部残。泥质红陶，釉已剥落殆尽。敛口，斜折肩，鼓腹，近底部折收，假圈足状平底。素面。腹径10.6、底径6、残高5.6、厚0.44～0.56厘米（图一五九，13）。

M3：58，位于墓室靠近西壁偏北，基本完整。泥质红陶，釉已剥落殆尽。口微外侈，短折肩，圆腹，平底内凹。素面。口径9、最大腹径10.9、底径6、高6.5、厚0.35～0.5厘米（图一五九，15）。

M3：63，位于墓室靠近西壁偏北，保存完整。泥质红陶，内外壁局部保留黄绿色釉。敛口，窄折肩，圆腹，腹壁有折棱，平底微内凹。口径8.8、最大腹径11.7、底径5.4、高5.3、厚0.4～0.7厘米（图一五九，10）。

M3：75，位于墓室靠近西壁偏南，口颈部残失。泥质红陶，釉已剥落殆尽。圆腹，平底。素面。腹径9.4、底径5、残高5、厚0.5厘米（图一五九，14）。

直口壶　1件（M3：3）。位于墓道西南部。泥质红陶，表面有黄绿色釉。筒形高直口，窄斜沿微侈，圆肩，扁球形腹，圈足残失。肩部有两个对称的兽面铺首衔环，颈肩交界处有阶状凸起，肩部有两周凹槽。口径11.8、最大腹径21.4、残高27.2、厚0.74～1厘米（图一六〇，1）。

盘口壶　3件，皆有盖。

M3：25，壶位于墓室靠近东壁北部，盖在墓室靠近西壁偏北处。泥质红陶，表面有酱黄绿色釉。壶（M3：25-1）的口部残，粗高束颈，溜肩，圆鼓腹，高圈足。肩部有一对对称的兽面铺首衔环，颈、腹部有四周凹槽，颈肩交界处有两周阶状凸起，圈足中部有一周凸棱；壶盖（M3：25-2）为覆盘形，子母口，弧腹，小平顶上有环状纽，盖面中部有三个柱状泥突。壶的最大腹径24、足径14.3、残高27、厚0.49～1.07厘米，壶盖口径15.5、高4.6、厚0.48～0.81厘米（图一六〇，3）。

M3：29，位于墓室东北角，基本完整。泥质红陶，壶身为酱色釉，壶盖为黄绿色釉。壶（M3：29-1）为盘口，窄平沿，粗高束颈，溜肩，圆鼓腹，高圈足。肩部有一对对称的兽面铺首衔环，口沿下有一周凹槽，颈肩交界处有两周阶状凸起，腹部有两周凹槽，圈足中部有一周凸棱；壶盖（M3：29-2）为覆盘形，子母口，弧腹，小平顶中部有环状纽，盖面上有三周折棱。壶的口径13.4、最大腹径22.7、足径15.5、高29.5、厚0.4～0.6厘米；壶盖口径13.4、高6、厚0.5～0.98厘米；全器通高35.7厘米（图一六〇，4）。

M3：44，位于墓室西北角，保存完整。泥质红陶，表面有酱黄绿色釉。壶（M3：44-1）为盘口，窄平沿，粗高束颈，溜肩，圆鼓腹，高圈足。肩部有一对对称的兽面铺首衔环，颈、腹部有四周凹槽，颈肩交界处有三周阶状凸起；壶盖（M3：44-2）为覆盘形，子母口，弧腹，小平顶中部有环状纽，盖面中部有三个柱状泥突，盖壁有三周折棱。壶的口径13.8、最大腹径22、足径13.6、高26、厚0.43～0.8厘米，壶盖口径13.8、高6.2、厚0.42～0.65厘米，通高31.8厘米（图一六〇，2；图版五九，6）。

盂　4件。

M3：6，位于墓道西南部，保存完整。泥质红陶，釉已剥蚀殆尽。侈口，方唇，卷沿，束

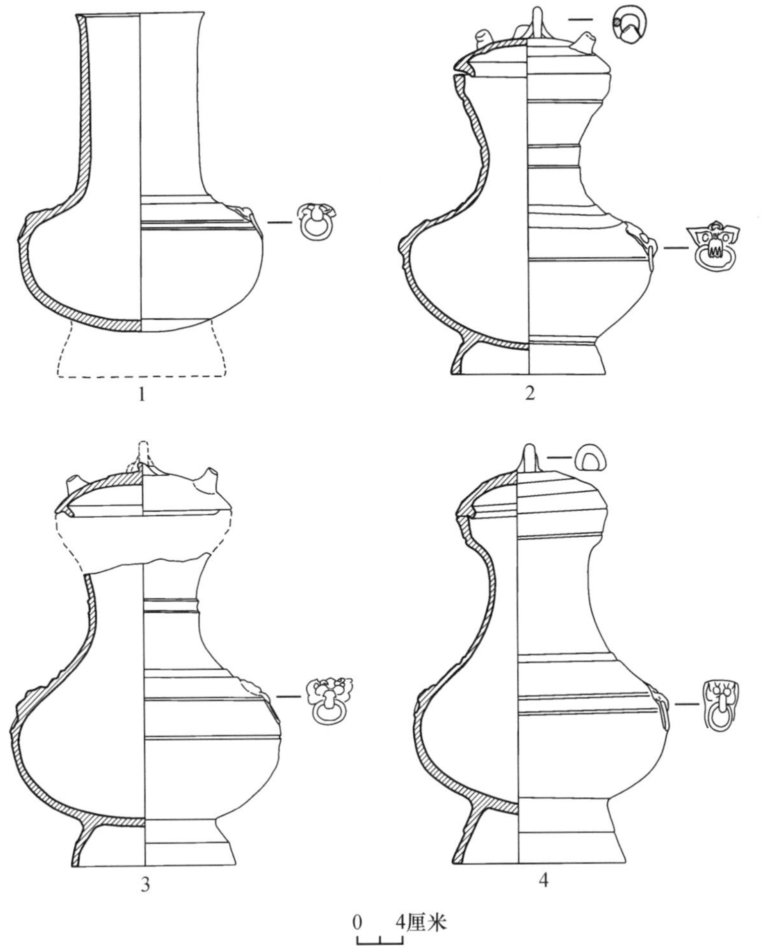

图一六〇　铺溪四组M3出土釉陶壶

1. 直口壶（M3：3）　2～4. 盘口壶（M3：44、M3：25、M3：29）

颈，折肩，下腹部斜收，平底。素面。口径9.7、最大腹径10、底径6、高6.2、厚0.5～0.7厘米（图一五九，6）。

M3：54，位于墓室靠近西壁偏北，基本完整。泥质红陶，内外壁上半部施酱黄色釉。侈口，圆唇，卷沿，粗高颈，折肩，下腹折收，平底。素面。口径9.5、最大腹径9.35、底径5.2、高6.3、厚0.34～0.75厘米（图一五九，7）。

M3：56，位于墓室靠近西壁偏北，保存完整。泥质红陶，内外壁上半部施酱黄色釉。器体较矮，侈口，圆唇，卷沿，折肩，圆腹，平底。素面。口径8.5、最大腹径8.3、底径5、高5.2、厚0.45～0.6厘米（图一五九，5）。

M3：69，位于墓室靠近西壁偏南，保存完整。泥质红陶，内外壁上半部施酱黄色釉。侈口，圆唇，卷沿，粗颈较高，折肩，圆腹，平底。素面。口径8.2、最大腹径8.3、底径4.8、高7、厚0.45～0.6厘米（图一五九，8；图版六〇，3）。

盆　4件。

M3：22，位于墓道西南部，保存较好。泥质红陶，釉已剥蚀殆尽。敞口，圆唇，宽沿斜折，弧腹，平底内凹，内壁底部下凹。腹部有一周凹槽。口径13.2、底径5.7、高4.3、厚0.48～0.7厘米（图一六一，11）。

M3：46，位于墓室西北角。泥质红陶，内壁残留零星的酱黄绿色釉。敞口，圆唇，宽折沿，弧腹，近底部折收，平底，内壁底部下凹。折腹位置有一周凹槽和一周阶状凸起。口径17.2、底径5、高4.6、厚0.38～0.5厘米（图一六一，15）。

M3：72，位于墓室靠近西壁偏南，基本完整。泥质红陶，内壁有酱黄绿色釉。器体歪斜较甚，敞口，圆唇，卷沿，弧腹，平底微内凹。腹中部有两周较浅的阶状凸起，近底部有一排刀削痕迹。口径14.6、底径4.5、高6.3、厚0.35～0.43厘米（图一六一，13）。

M3：74，位于墓室靠近西壁偏南，保存较好。泥质红陶，内壁有较好的酱色釉。敞口，方唇，宽折沿，沿面下凹，弧腹，近底部折收，平底，内壁底部下凹。内外壁近底部各有一周折棱。口径16.2、底径6.4、高5、厚0.47厘米（图一六一，14）。

钵　3件。

M3：47，位于墓室西北角，基本完整。泥质红陶，内壁有酱黄色釉。口微敛，弧腹，近底部折收，平底。腹部和内壁底部各有一周凹槽，近底部有明显的刀削痕迹。口径12.5、底径5.2、高5.2、厚0.33～0.5厘米（图一六一，6）。

M3：62，位于墓室靠近西壁偏北，保存完整。泥质红陶，内壁有青黄色釉痕。直口，窄平沿，弧腹，近底部折收，平底。口沿内壁有一周凹槽，腹部有两周阶状凸起。口径13.8、底径5.8、高4.85、厚0.35～0.5厘米（图一六一，7）。

M3：70，位于墓室靠近西壁偏南，保存完整。泥质红陶，内壁留有较好的酱色釉。口微敛，弧腹，近底部折收，小平底微内凹。腹部有一周凹槽。口径14.2、底径5.5、高5.6、厚0.38～0.6厘米（图一六一，8；图版六〇，2）。

魁　3件。

M3：21，位于墓道西南部，基本完整。泥质红陶，内壁残余零星浅黄色釉。近直口，圆腹，小平底微内凹。一侧有角状鋬手，腹部有一周凹槽。口径12.8、底径5.6、高4.8、厚0.3～0.62厘米（图一六一，3）。

M3：32，位于墓室北部，保存较好。泥质红陶，内外壁的上半部有绿色釉。敛口，圆腹，近底部微折收，平底。一侧有残失的角状鋬手痕迹，腹部有一周凹槽，底部有刮削痕迹。口径13.2、底径6.2、高5.4、厚0.39～0.58厘米（图一六一，4）。

M3：61，位于墓室靠近西壁偏北，保存完整。泥质红陶，内壁残存零星的酱色釉。口微内敛，弧腹，平底内凹。一侧有角状鋬手，腹部有一周凹槽。口径10.2、底径4.5、高4.5、厚0.45～1厘米（图一六一，2）。

碗　4件。

M3：7，位于墓道西南部，保存较好。泥质红陶，釉已剥蚀殆尽。敞口，窄斜沿微敛，斜壁，平底。腹中部有一周阶状凸起。口径11.2、底径4.5、高5、厚0.53～0.9厘米（图一六一，5）。

M3：17，位于墓道西南部，保存较差。泥质红陶，内外壁皆施浅青黄釉，釉已剥蚀为粉末状。敞口，斜壁，平底。口径11.3、底径5.4、高4.4、厚0.42～0.62厘米（图一六一，1）。

M3：40，置于墓室西北部，保存完整。泥质红陶，内壁有黄绿色釉。敞口，圆唇，卷沿，弧腹，近底部折收，平底微内凹。腹部有两周阶状凸起。口径14、底径6、高4.8、厚0.3～0.4厘米（图一六一，9；图版六〇，1）。

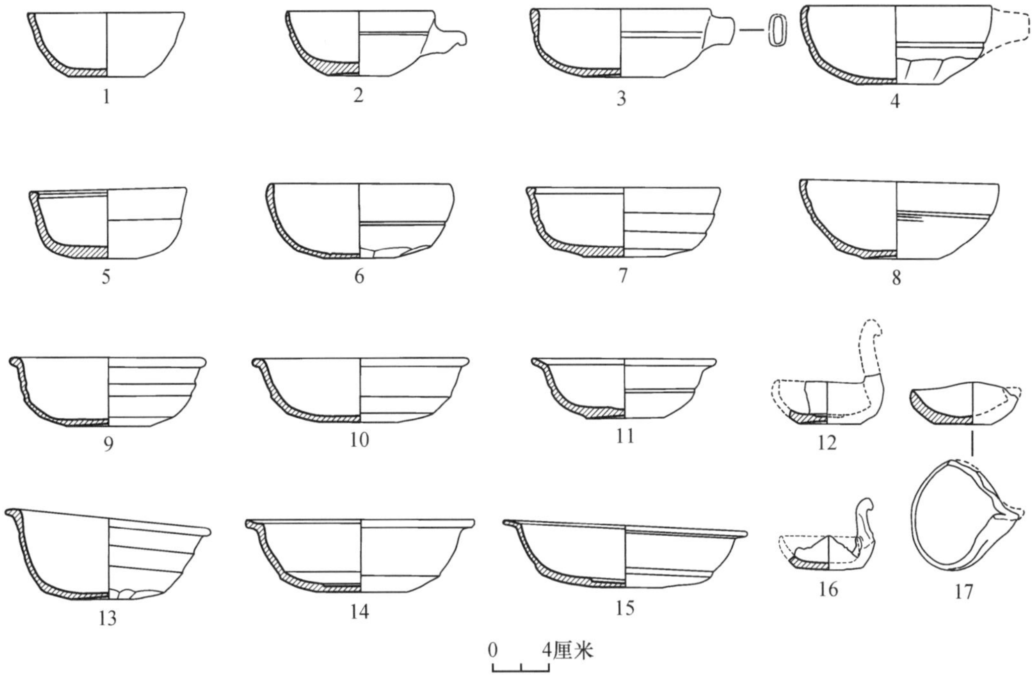

图一六一 铺溪四组M3出土釉陶器

1、5、9、10. 碗（M3：17、M3：7、M3：40、M3：52） 2～4. 魁（M3：61、M3：21、M3：32） 6～8. 钵（M3：47、M3：62、M3：70） 11、13～15. 盆（M3：22、M3：72、M3：74、M3：46） 12、16、17. 勺（M3：66、M3：65、M3：10）

M3：52，位于墓室西北角，保存完整。泥质红陶，内外壁的上半部有酱色釉。敞口，圆唇，卷沿，浅弧腹，近底部折收，平底。内壁底部有明显的轮制痕迹，腹部有一周阶状凸起。口径15.2、底径5.6、高4.5、厚0.62厘米（图一六一，10）。

勺 3件。均为泥质红陶。

M3：10，位于墓道西南部。釉已剥蚀殆尽。钵形勺，敞口，斜腹，平底，一侧有内合式捏鋬手，捏鋬头部残失。长7.8、宽7.5、残高3、厚0.49～0.59厘米（图一六一，17）。

M3：65，位于墓室靠近西壁偏北处，保存较差。内壁残存零星酱黄绿色釉。钵形勺，口微敛，斜腹，平底。一侧有较长的竖钩状把手。残长6.2、残宽4.2、高5.2、厚0.35～0.6厘米（图一六一，16）。

M3：66，位于墓室靠近西壁偏北处，保存较差。内壁残存零星酱黄绿色釉。钵形勺，残，口微敛，斜腹，平底。把手残失。残长6.8、宽7.9、残高3.6、厚0.47～0.58厘米（图一六一，12）。

卮 3件。

M3：35，位于墓室北部，基本完整。泥质红陶，器表和内壁上部施浅青黄釉，釉剥蚀严重。直口，直腹，近底部折收，平底微内凹。一侧有角状鋬手，器表上中下各有一周凹槽。口径6.2、底径4.7、高7.4、厚0.55厘米（图一五九，4）。

M3：51，位于墓室西北角，保存完整。泥质红陶，外施浅青黄色釉，釉剥蚀严重。直口，直腹略内收，平底微内凹。一侧有角状鋬手，器表有三周凹槽。口径6.8、底径4.5、高6.3、厚0.47厘米（图一五九，3）。

M3：57，位于墓室近西壁偏北，保存较好。泥质红陶，外壁上半部和内壁近口沿部位施浅酱黄色釉，釉剥蚀严重。直口，近直腹，底部向内折收，平底微内凹。口沿一部分残失，一侧应有角状錾手，器表上部有一周阶状凸起。口径7.2、底径4.5、高5.5、厚0.3～0.55厘米（图一五九，2）。

杯　1件（M3：5）。位于墓道东南部，基本完整。泥质红陶，釉已剥蚀殆尽。杯体较矮，直口，弧腹，平底。腹上部有一周凹槽。口径9.1、底径4.9、高5.3、厚0.34～0.64厘米（图一五九，1）。

灯　8件。均为泥质红陶。豆形，盘部分别为碗形、盘形和子口盘形；覆碗形粗高圈足。均为素面。

M3：12，位于墓道西南部，保存完整。残存零星浅青黄色釉。子口较高内敛，斜腹。口径8.4、足径11.8、高11.2、厚0.4～1.2厘米（图一六二，6；图版六〇，4）。

M3：18，位于墓道西南部。外施浅青黄色釉，釉已剥蚀的呈粉末状。保存盘底部及覆碗形大圈足。足径12.7、残高9.2、厚0.4～0.93厘米（图一六二，8）。

M3：26，位于墓室东北角，保存完整。盘内壁和器表有酱色釉。口微敛，斜壁，圈足底部内敛。内壁有一周凹槽。口径8.8、足径10.4、高9.1、厚0.5～0.9厘米（图一六二，3）。

M3：34，位于墓室北部，基本完整。盘内壁和器表有黄绿色釉。子口内敛，斜腹。口径7.4、足径12.2、高10、厚0.43～0.82厘米（图一六二，5）。

M3：43，位于墓室西北角。没有发现釉痕，剥蚀殆尽。残存盘底及以下的覆碗形高圈足。足径9.9、残高8.1、厚0.34～0.98厘米（图一六二，4）。

M3：45，位于墓室西北角，保存完整。盘内壁和器表有酱色釉。矮子口内敛，斜腹，盘底和圈足上部各有一周阶状凸起。口径7.7、足径10.5、高8.4、厚0.44～0.8厘米（图一六二，1）。

M3：48，位于墓室西北角，保存完整。盘内壁和器表有酱色釉。敞口，碗形深盘，盘底中部下凹。口径8.8、足径9.95、高9、厚0.38～0.92厘米（图一六二，2）。

M3：59，位于墓室靠近西壁偏北，基本完整。盘内壁和器表保存较好的黄绿色釉。近直口，浅盘，平底。口径9.6、足径11、高11.4、厚0.43～0.9厘米（图一六二，7）。

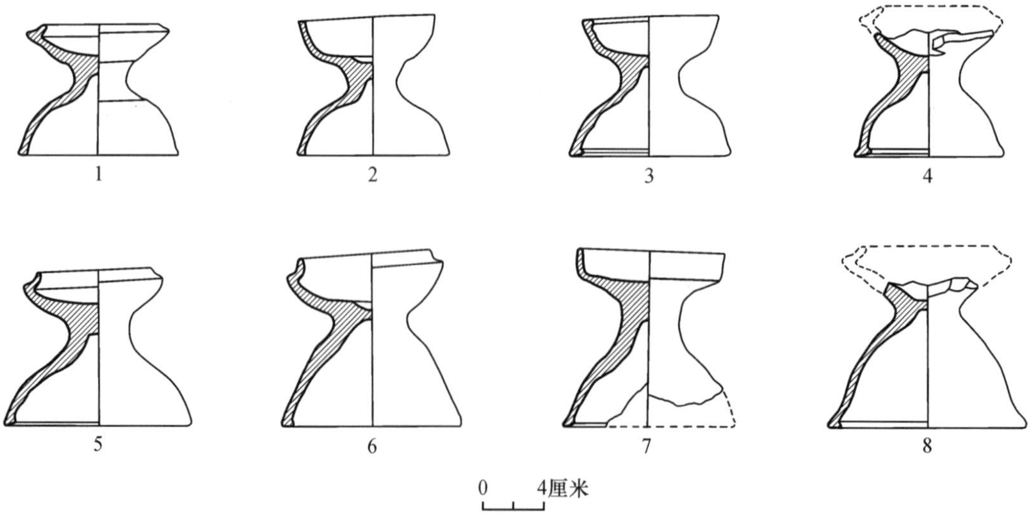

图一六二　铺溪四组M3出土釉陶灯

1. M3：45　2. M3：48　3. M3：26　4. M3：43　5. M3：34　6. M3：12　7. M3：59　8. M3：18

器盖　3件。泥质红陶。形制均为覆碗形，敞口，斜弧壁，尖顶。

M3：11，位于墓道西南部，基本完整。釉已剥蚀殆尽。口沿部微敛，顶部正中有条形板状竖纽，纽的四角各向外伸出一个长条形镂孔。口径10.2、高5.4、厚0.69～0.8厘米（图一五八，2）。

M3：49，位于墓室西北角，保存完整。盖面残存零星的酱黄色釉。口沿部微敛。表面有浅的波浪状起伏，顶部有三个长条形镂孔，之间有三组三角网状刻划纹，其下有一周凹弦纹。口径10.5、高5、厚0.34～0.4厘米（图一五八，1）。

M3：77，位于墓室西南部，保存完整。器表有酱黄色釉。以尖顶为中心，向外分布着三组“V”字形镂孔。口径9.6、高5.15、厚0.3～0.5厘米（图一五八，3）。

4. 陶器

12件。器形有甑、仓、罐、壶和碗。

甑　1件（M3：13）。位于墓道西南部，基本完整。泥质灰陶。深腹盆形，口微敛，圆唇，窄沿，上腹外弧，下腹斜内收，平底内凹，底镂箅孔33个。腹上部有两周凹槽。口径30.8、底径12.8、高17.7、厚0.3～0.6厘米（图一六三，7；图版五九，4）。

仓　3件。形制为矮母口，粗筒形，平底。

M3：8，位于墓道西南部，保存完整。泥质偏浅黄色灰陶。矮子口内敛，腹壁微外弧。内壁呈瓦棱状起伏，器表有两周凹槽。口径8.46、底径10、高12.7、厚0.3～0.6厘米（图一六三，4）。

M3：42，位于墓室西北部，基本完整。泥质灰陶，偏浅黄色。器体略细，矮子口内敛，圆唇，腹微外弧。腹部有一周凹槽。口径9、底径9.5、高13.1、厚0.3～0.6厘米（图一六三，5）。

M3：71，位于墓室靠近南壁西部，保存完整。泥质灰陶。矮子口内敛，腹微外弧。腹部有一周凹槽。口径10、底径10.5、高13.1、厚0.45～0.7厘米（图一六三，6）。

平底罐　1件（M3：2）。位于墓道西南部，保存完整。泥质灰陶。侈口，方唇，折沿，圆肩圆腹，平底微内凹。口沿外侧饰抹绳纹，上腹部饰弦断绳纹。口径17.8、最大腹径22.6、底径12.6、高9.75、厚0.3～0.8厘米（图一六三，8；图版五九，1）。

小口圜底罐　1件（M3：60）。位于墓室靠近西壁偏北，保存完整。泥质灰陶。小口，尖唇，窄平沿，短直颈，广折肩，扁腹，大圜底。腹至底部饰竖绳纹。口径11.4、最大腹径18.4、高10、厚0.6～0.9厘米（图一六三，9；图版五九，2）。

壶　3件。

M3：4，位于墓道西南部，保存完整。泥质灰陶。侈口，束颈，斜折肩，斜直腹，矮圈足。颈肩交界处有三周阶状凸起，折肩处有三周凹槽。口径12.5、足径12、高18.9、厚0.4～0.6厘米。（图一六三，11；图版五九，5）。

M3：27，位于墓室东北角。泥质灰陶。口及颈大部残失，束颈，广折肩，斜腹微外弧，矮圈足。颈肩交界处有三周阶状凸起，肩部有规整的网状暗纹，折肩处有两周凹槽。肩径23.4、足径14.4、残高16.2、厚0.5～0.64厘米（图一六三，12）。

1～6、8～12. 0　4厘米　　7. 0　8厘米

图一六三　铺溪四组M3出土陶器

1～3. 碗（M3：31、M3：33、M3：68）　4～6. 仓（M3：8、M3：42、M3：71）　7. 甑（M3：13）　8、9. 罐（M3：2、M3：60）　10～12. 壶（M3：28、M3：4、M3：27）

M3：28，位于墓室东北角，基本完整。泥质灰陶。近似于盘口，口外侈，束颈，斜折肩，鼓腹，下部斜内收，圈足。颈肩交界处有三周阶状凸起，肩部有规整的网状暗纹，折肩处有两周凹槽。口径11.8、足径13、高18.4、厚0.4～0.6厘米。（图一六三，10）。

碗　3件。

M3：31，位于墓室北部，保存完整。泥质灰陶。敞口，弧腹，平底。口沿下外壁有一周凹弦纹，近底部有两周折痕。口径15.6、底径5.4、高6.4、厚0.15～0.6厘米（图一六三，1）。

M3：33，位于墓室北部，保存基本完整。泥质灰陶。敞口，弧腹，平底。口沿下外壁有一周凹弦纹，近底部外壁有一周折痕。口径17、底径5.7、高6.5、厚0.3～0.5厘米（图一六三，2）。

M3：68，位于墓室靠近西壁偏北，保存完整。泥质灰陶。敞口，弧腹，平底。口沿下外壁有一周凹弦纹，近底部外壁有两周折痕。口径17、底径6、高6.1、厚0.25～0.61厘米（图一六三，3）。

5. 琉璃器

2件。器形为耳珰。位于墓道中部偏东处，当在人体耳侧。

M3：23-1，浅蓝色琉璃质。束腰圆筒形，一端略大，另一端略小，大端内凹，中间有一孔纵向贯穿器身。长1.36、小端径0.64、腰径0.37、大端径0.81、孔径0.2厘米（图一五七，5）。

M3：23-2，一端残。白色琉璃质。微束腰圆筒形，中间有一孔纵向贯穿器身。残长1.28、一端径0.59、腰径0.4、另一端残径0.56、孔径0.17厘米（图一五七，6）。

第四章　结　　语

长塝墓群是澎溪河中上游地区规模较大、发现墓葬数量较多、出土遗物较为丰富的一处汉代至六朝时期的墓地。与该地区同一时期的墓葬在文化内涵和文化特征方面，存在着诸多相同或相似之处。因此，归纳和总结长塝墓群的文化内涵和特征，厘清其分期和年代，对于全面、深入地认识澎溪河流域乃至长江三峡地区同时期文化具有一定的现实意义。

一、墓葬反映的文化内涵和特征

开州区境内澎溪河及其主要支流的两岸地区，星罗棋布地分布着众多大小不一的平坝。如仅在渠口镇驻地以下不足10千米的澎溪河两岸地区，就左右交错地分布着6个平坝。每一个平坝上都发现数量不一的汉代至六朝时期的墓地和墓葬。自上而下统计，右岸的渠口坝有3处，左岸的张家坝有1处，右岸的大浪坝有3处，左岸的小浪坝有1处，右岸的余家坝有1处，左岸的龙家坝有1处。其中经过全面揭露的有云安村余家坝墓地和铺溪村大浪坝上的长塝墓地，小面积发掘的则有7处，即渠口坝的渠口二组和渠口六组2处、张家坝1处、大浪坝的红岩子和铺溪四组2处、小浪坝1处和龙家坝1处。其中余家坝的墓葬年代较早，主要属于战国中晚期，其他平坝上的墓葬均为汉代至六朝时期。而这一时期墓葬的共同特征是，墓葬的具体方向不固定，但特征明显，规律性极强，基本上是随着澎溪河的转动而变化，无论是在河的左岸还是右岸，墓葬的大方向始终朝向澎溪河。这背后应该有其深刻的文化意涵，当是由某种统一的习俗和信仰所决定的。

经过发掘的多处汉代至六朝时期墓地中，以长塝墓地发掘的墓葬数量最多，延续时间较长，特征十分明显。

长塝墓群坐落在大浪坝西部边缘一条南北向土岗之上，现已整修为梯田。墓葬位于最高一级梯田和向西低下的二、三级梯田之上，南北成排分布。墓地内的墓葬分为土坑墓、砖室墓和石室墓三大类别，体现了不同的时代风格。土坑墓主要分布于墓地中部，坐落在南北向土岗的最高位置，南北连成一排。共发现12座，约占全部墓葬的三分之一，按墓道的有无可以分为两小类，即没有墓道的长方形（或近方形）土坑竖穴墓和有墓道的“有把刀形”土坑竖穴墓。墓葬保存深度均比较浅，多数在1米之内，最浅的只有0.2米，应是受到整修梯田等农业活动的破坏。

砖室墓的数量最多，共22座（包括同在大浪坝的铺溪四组2座），主要分布在墓地的北、南两端，分别属于北区和南区，两区之间相距约60米。北区共有10座砖室墓葬，大体分为上下两排，分别坐落在自上而下的第二、三级梯田之上；南区共发现10座砖室墓葬，坐落在略低的二级梯田上，大体呈南北一排分布。按墓葬的平面形状，砖室墓可以分为三类，即长方形、“凸”字形和“有把刀形”。明确的长方形墓葬只有1座（M3），发现于北区；“凸”字形墓共有4座，南北区各有2座；有把刀形墓共有7座，南区4座、北区3座，铺溪四组的2座墓葬均为此类。另有7座墓葬因为前半部被完全破坏，无法确定其形制的归属。

石室墓共有4座，平面形状分为“有把刀形”（3座）和“凸”字形（1座）两类，与同类型的砖室墓基本相同。

砖室墓和石室墓均受到不同程度的破坏。所有墓室的券顶已完全不存，多数只保留接近墓底的部分，不少墓葬的墓底也受到破坏。墓葬的墓室和墓道均以青砖或石板（或块石）错缝垒砌筑成。砌筑墓室四壁的墓砖主要有两种形制，即普通砖和两端呈榫卯结构的砖，保存略好的墓葬有特制的券顶用楔形砖。模印花纹砖的有纹侧面均朝向墓室，花纹以连续内外相套的菱形纹最为常见，也有折线、重叠对角等不同纹样。

北区有2座砖室墓葬（M4和M7）构筑了排水设施。M4的排水设施比较简单，从墓道外端向较低的澎溪河方向挖出一条内（东）高外（西）低的倾斜状长条形水沟，使用带榫卯结构的青砖铺底、砌边、覆盖顶部，形成一个完全封闭的地下排水通道，由此可以将墓室和墓道内的积水及时排向澎溪河。M7的排水设施相对复杂得多，空间上扩展到整个墓室，在前后墓室内呈“田”字形布局，即围绕前后室四壁的内侧，在墓底之下挖出一周较窄的排水沟，前后室之间位置有一条与两侧壁下排水沟连接的横向排水通道，中部有一条较宽的纵贯前后室的纵向排水沟，并且向前延伸到前室之外，穿过位于前室前方中部的短促墓道通向西北方向的澎溪河，整体上呈“甲”字形结构。这种复杂而科学的规划设计，体现了当时人们事死如生的观念和意识，对死者“居住”环境考虑得十分周到。类似的排水设施也偶见于澎溪河流域其他汉代墓葬，如云阳走马岭墓地的04M1和04M4，就发现用陶水管前后连接铺成的简单排水通道①。

形制清楚和保存较好的墓葬多数有墓道，并且多偏向墓室的一侧，呈所谓“有把刀形”，少数则为墓道居中的“凸”字形。长塝墓地保存着墓道的墓葬共有23座，其中位于墓室前方一侧的“有把刀形”18座、居墓室前方中部的“凸”字形5座。“有把刀形”墓的墓道左右两侧皆有，其中以左侧居多，右侧较少。如长塝墓地在18座“有把刀形”墓葬中，墓道位于左侧的14座、右侧只有4座。而没有墓道的长方形墓葬共有5座，其中4座为土坑墓。另外，M11和M36在墓室和墓道之间有一较短的甬道，平面为长方形，平底。M11的甬道两侧用砖垒砌，前接较短且较窄的墓道。石室墓皆有墓道，墓道与墓室的底部平齐，“有把刀形”墓与砖室墓相似，墓道位于墓室左侧者居多。

保存略好的墓葬，除了M7有前后墓室，并且后室略大于前室之外，其余墓葬均为单室墓，平面形状以长宽差别不甚悬殊的近似方形者居多。在长塝和铺溪四组的全部22座砖室墓葬中，明确使用砖铺墓底的有10座（其中不包括土坑墓的M11）。铺设墓底的材料或为普通素面砖，或为头尾有榫卯相接的砖，或为花纹砖，或为小方砖，多数混杂使用不同的砖平铺一层墓

---

① 重庆市文化局、重庆市移民局：《云阳走马岭墓地》，科学出版社，2011年，图一五六、图一八四。

底。铺设方法也不统一，多数为横向平铺或纵向平铺，个别有对角平铺的现象。未使用任何材料铺设墓底的墓葬有8座，因为破坏严重而不清楚墓底是否经过铺设者4座。墓室的四壁和墓道的两侧壁，则采用错缝法垒砌，有花纹者的一侧均朝向墓室之内。由保存略好的M16、M23和铺溪四组M2可知，如果从墓底算起，两侧壁先垒砌9层青砖，然后则采用特制的有弧度的榫卯砖立砌，或采用错缝垒砌法，使两侧墓壁呈弧形内收，最后把墓室和墓道顶部整体封闭成坚固的半圆形券顶。4座石室墓中有3座铺设底部，2座使用大小悬殊且不规则的石板，将墓室和墓道底部一体铺就；1座墓葬则使用榫卯青砖只铺设墓室的底部。石室墓的四壁在砌筑到一定高度之后，两侧长边开始使用经过特殊加工的外厚内薄、断面呈梯形的规整石块向上砌筑，使之内收成弧形，最后砌筑出与砖室墓相同的完全封闭的半圆形券顶。

长塝墓地的墓葬葬具分为土坑木椁和砖椁、石椁两种情况。土坑墓多数有木质葬具，没有墓道的4座墓葬有3座发现木质葬具，其中2座为长方形箱式，长2.55米左右，宽1.3米左右，从其宽度的尺寸和规模来看，应该是木椁一类葬具，其中1座墓葬的木椁底部前后各有一根垫木。有墓道的8座有把刀形墓葬，其中6座有宽大的近似方形木椁，长2.62～3.88、宽2.48～3米，除了1座（M30）纵向较长，其余均为横向长度大于纵向长度。另外1座没有墓道并出土一批别具特色随葬品的墓葬（M33），亦有宽大的木椁，长3.16～3.46、宽3米。这些大型木椁内应有不同的木棺，如M34椁内就发现明显的棺木痕迹，因为腐烂严重而无法区分出棺的具体形制和数量。

砖室墓和石室墓内也应有棺一类木质葬具，和土坑木椁墓一样，因为腐烂严重而无法分辨出来，只是在部分墓室内的局部发现有棺的痕迹，如腐烂的木灰痕甚至红色漆痕，但形状、结构、数量等已皆不可知。

所有墓葬的人骨保存状况极差，绝大多数已完全腐烂不存，从部分能够看出人骨痕迹的墓葬可知，多数墓葬为多人合葬，埋入人数的具体数量则不详。如M11，椁室内的人骨虽然也受到严重腐蚀，但多数骨骼的痕迹尚存，比较清楚的有6具人骨，墓室南侧的空闲位置，应该还可以安置2个人。全部人骨均呈纵向排列，头部朝向澎溪河方向。所以，这是一座比较明确的多人合葬墓。

墓葬内随葬品的陈放位置有一定规律性。土坑墓葬中有葬具的绝大多数置于椁室之内，没有葬具的则放在墓内相当于椁室的位置，没有在墓道内陈放随葬品的现象。砖室墓和石室墓则往往分置于墓室和墓道之内，以墓室内为主，随葬品通常放置得比较散乱，规律性不强。如M23、M31则把随葬品全部放在墓室之内。也有个别墓葬把绝大多数随葬品放在墓道之内，如M28。

未被破坏的墓葬，一般有数量较多的随葬品。随葬品总量超过50件（组）的土坑木椁墓有5座，砖室墓有4座；30～50件（组）的土坑墓和砖室墓各有2座。铺溪四组的2座砖室墓M2和M3，随葬品分别达到96件（组）和75件（组）。土坑墓中没有葬具的M36，只有4件随葬品，显示了墓葬之间的等级差别。随葬品的种类较多，有青铜器、铁器、银器、玉石器、琉璃器、漆器、陶器和瓷器等。其中没有受到破坏的墓葬，绝大多数出土数量不一的铜器，器形既有釜、钫、盆、洗等较大的实用铜容器和剑等兵器，也有铜镜、龙形铜璜、铜璧形器、铜钗和铜环等装饰类或有特殊用途的器物，以及球形铜棺饰和铜泡钉等。多数墓葬出土数量不一的五铢钱，个别墓葬发现“大泉五十”和“货泉”等新莽时期的钱币。

上述墓葬所反映的文化内涵和文化特征，普遍存在于澎溪河流域甚至更远的三峡地区汉代至六朝时期的墓葬之中，表明这一时期的社会具有共同的精神信仰和价值观，人们在对待死者方面有着相同的信仰和习俗。而一座墓葬内埋葬多人的现象，显示了维系当时人们社会关系的纽带仍然是基于血缘的亲族关系。

长塝墓地的发现和发掘是开州三峡淹没区田野考古工作的重要收获，也是开州区范围内迄今为止已发掘的面积最大的汉代至六朝时期的墓地，其延续时间长，多数墓葬保存相对较好，可以比较清楚地观察和研究这一时期墓葬形制和埋葬习俗及其演变，为学术界认识和了解当时的社会提供了一个良好的角度和切入点。

二、墓地的分期和年代

长塝墓地发掘的30余座墓葬，从墓葬形制、建造墓室使用的建筑材料和墓葬随葬品的组合及演变可以看出，其存续的时间较长。依据砖室墓打破土坑（M25打破M26、M17打破M24）和石室墓打破砖室墓（北区M6打破M7、南区M20打破M21）的层位关系、随葬品的组合以及形制演变，可以粗略地将长塝墓地的墓葬划分为三个发展阶段。

第一阶段，均为土坑墓。

长塝墓地共发掘12座土坑墓，其中7座有墓道、5座没有墓道，9座有方形或长方形木椁、3座没有葬具。多数墓葬接近底部的位置保存相对较好，并出土较多以陶器为主的随葬品，为判定其年代提供了较好的基础条件。依据陶器的质地、组合和形制的变化，可以将12座土坑墓划分为两组。

第一组共有3座，即M26、M30和M29。

M26和M30的墓葬形制相同，平面形状均为西北端左侧有斜坡状墓道的“有把刀形”墓，墓室的面积较大，墓内有平面近似方形的宽大木椁。随葬品均置于椁室之内，M26和M29主要集中在椁室中部，M30则位于椁室后半部的两侧。3座墓葬的共同特点是，随葬品中的陶器全部为普通陶器，绝大多数为泥质灰陶，夹砂陶较少，没有发现施釉的陶器；陶器的基本组合为鼎、甑、壶、罐、盆、盆、碗和盒；不见或少见第二组墓葬中常见的小口圜底绳纹罐、小口折肩圜底罐、矮子口近筒形仓、魁、卮、博山炉和灯等；典型陶器的形制特征比较明显，如鼎的腹部较深，甑的腹部内收较甚，壶的颈部较粗较矮，腹部较深近似圆形，小口折肩平底罐的腹部较深，等等。此外，墓葬内（M30）出土少量钱币，钱文清楚者皆为西汉五铢。

长塝第一组土坑墓与澎溪河下游的云阳走马岭墓地2003年发掘的第二期墓葬（03M17、03M22），在墓葬形制、葬具、随葬陶器组合和典型陶器的特征等方面，存在着诸多相同和相似之处①。如墓葬平面形状均为有把刀形，墓室内有近似方形的宽大木椁，均随葬较多泥质灰色陶器而不见釉陶，陶器组合有鼎、甑、罐、仓、壶、盆和豆，墓内均出土西汉五铢钱等。因此，长塝墓地的第一组土坑墓与走马岭墓地第二期墓葬的年代大体同时，约为西汉晚期。约略

① 重庆市文化局、重庆市移民局：《云阳走马岭墓地》，科学出版社，2011年。

相当于蒋晓春《三峡地区秦汉墓的分期》的第三期第2段①。

第二组共有9座，即M10、M15、M24、M27、M32、M33、M34、M35、M36。

与第一组土坑墓相比，两组墓葬之间存在许多共性特征，例如，均为土坑墓，墓葬形制平面多为“有把刀形”；墓室内有较为宽大的近方形木椁；随葬品主要陈放于椁室之内，位置多纵向排列于中部和一侧；随葬品以普通陶器为主，等等。另外，较之第一组也产生了一些明显变化，如随葬品中出现少量铁器，随葬铜器和石器的现象有所增多；随葬陶器中开始出现一定数量的施釉陶器，即在泥质红褐陶器的外表施加黄釉，墓底未受到破坏、随葬品保存完整的墓葬，釉陶占全部陶器的比例多数在20%～40%；陶器中开始出现一些新的器形，如釉陶类中的魁、卮、博山炉、灯等；而小口圜底绳纹罐、仓的数量明显增多，成为多数墓葬随葬品必备的器物。陶器的具体形制也有所变化，如鼎的腹部明显变浅，小口折肩罐的腹部变浅，除了平底还有圜底者。总体来看，两组墓葬之间虽然产生了一定变化，但同类器物之间的传承、演变关系十分明显，从而表明它们之间的文化要素前后相继、紧密相连，在时间上并不存在明显的缺环。

第二组土坑墓中的9座墓葬，有6座出土一定数量的钱币，钱文可辨认的有5座墓葬，其中4座（M27、M33、M35、M36）为“五铢”钱，1座（M34）为“大泉五十”和“货泉”，另有1座因锈蚀过甚而不详。

长塝第二组土坑墓与云阳走马岭墓地第三期的墓葬之间，存在着诸多相同和相似的因素。如墓葬形制亦为有把刀形或方形土坑墓，墓室多近似方形并有宽大的近方形木椁，随葬陶器中开始出现一定数量的泥质红褐陶外表施黄釉的釉陶器，随葬陶器中鼎的数量减少，盆、钵、盒、卮、魁等釉陶器增加。一些器物造型和形制特征也极为相似，如长塝M32：58和走马岭M23：34的釉陶熏炉盖，炉盖的形制和多层复杂纹饰等完全相同②，简直就是出自同一工匠之手。两地墓葬中均出土较多的五铢钱，个别墓葬出土新莽时期的“大泉五十”和“货泉”。故可以判定两者的年代大体同时，推定长塝墓地第二组土坑墓的年代约当西汉末年的王莽前后至东汉初年，大体相当于蒋晓春《三峡地区秦汉墓的分期》的第三期第3段③。

第二阶段，绝大多数为砖室墓。

长塝和铺溪四组墓地共发现22座砖室墓，其中有2座墓葬出土典型的青瓷器，时代明显偏晚，另有9座受到严重破坏，随葬品已被洗劫一空或所剩极少，无法进行详细的考察。可以进行分期讨论的墓葬共有10座，即长塝的M4、M7、M8、M11、M16、M23、M28、M31和铺溪四组的M2、M3。

另外，在所有的墓葬中，M11的形制较为特殊，实际上这是一座介于土坑墓和砖室墓之间的过渡型墓葬，暂归入砖室墓。其平面形状与其他土坑木椁墓相同，如平面形状为“有把刀形”，墓室呈横向略长的长方形，木椁的体量较大，形状和结构比较明确，平面为两端出头的“Ⅱ”字形。与其他墓葬不同的是，M11的墓室之内只是用有榫卯的花纹砖平铺了一层椁室内的墓底，椁室的四周并没有使用砖垒砌的墓壁。墓道与墓室之间有一长方形甬道，甬道两侧

① 蒋晓春：《三峡地区秦汉墓的分期》，《考古学报》2008年第2期，第242、244页。

② 重庆市文化局、重庆市移民局：《云阳走马岭墓地》，科学出版社，2011年，第143页。

③ 蒋晓春：《三峡地区秦汉墓的分期》，《考古学报》2008年第2期，第242、245页。

则用砖各砌出一道矮墙，揭露出来时尚各保存有9层砖，甬道之外有一条内宽外端略窄的短墓道。所以，可以认为这是一座在形制和结构上由土坑墓向砖室墓过渡的一种特殊形态。墓内出土了1件铜釜、1件铜钫和1对做工极为精细的铜质铺首衔环（可能是漆木器等有机质器物的附件，漆木器已完全腐朽不存）。陶器组合完备，形制特征较为清楚，如鼎的数量减少，鼎腹较M30等墓的同类器明显变浅；壶的束颈较甚，腹部趋扁；釜和小口折肩罐的腹部更浅；灯的数量增多，而豆的数量减少，出现了釉陶魁等新器形。陶器中的釉陶所占比例明显提升，在全部42件陶器中有20件釉陶，所占比例约为48%，明显高于上文第二组土坑墓的其他墓葬。综合以上因素，可以推知M11的时代较其他第二组土坑墓略晚，大体推定为东汉初年或略晚。

长塝墓地剩下的7座墓葬，依陶器中釉陶所占比例的差别和典型陶器的形制特征变化可以区分为两组：第一组有M4、M28，受到严重破坏致使随葬品保存较少的M8可以归入此组；第二组有M16、M23、M31，受到破坏的M7和铺溪四组的M2、M3可以归入此组。

第一组砖室墓的M4和M28，釉陶和普通陶器的数量大体相当，各占全部陶器的一半左右。陶器的组合基本一致，典型器物形制具有较多共性特征。与第二组土坑墓相比，也产生了一些明显变化，如随葬品仍然主要放置在墓室之中，但已开始向墓道内移动；铁器的数量有所增多；陶器中鼎的数量显著减少，并且形制发生明显变化，由子母口仿铜陶鼎演变为一般的釜形小鼎，甑的器体变大，小口广肩圜底绳纹罐的腹部变浅，有一定数量的大型同类罐（瓮）和小口广肩平底罐，矮子母口仓形器的体态变矮，腹部外弧，釉陶釜、盂、盆、碗、魁、卮、灯等器形的数量增多。因此，第一组砖室墓在年代上应与第二组土坑墓紧密相连，甚至有部分交错重叠现象。第一组砖室墓的时代大体与蒋晓春《三峡地区秦汉墓的分期》的第四期第1段相当①，约为东汉早期或略晚。

第二组砖室墓比较完整的M23和M31，随葬品中的釉陶数量显著增多，远远超过了普通陶器，在全部陶器中的比例超过75%。随葬陶器组合基本一致，一些典型器物的形制完全相同。例如壶，如M23：38、M23：60与M31：9，均为近盘形口，束颈较甚，扁鼓腹，矮座式圈足，颈腹部的纹饰等也基本相同；盂，如M23：56与M31：1，口、颈、腹、底和器表装饰，甚至包括内底的凹凸棱线都完全相同；如魁，M23：49和M31：7，从器形到把手的纹饰完全一致；如博山炉盖，M23：9与M31：12，纹饰完全相同。上述盂、魁、博山炉盖3件器物，由细节的相同程度几乎可以认定是同一窑口同一批次制作出来的产品。故M23和M31的时代应为同一时代。M16则与上述两墓略有不同，从出土的多件釉陶壶看，盘口明显，腹部较扁，圈足较高，出现未见于其他墓葬的矮直口或矮侈口筒形腹陶仓等，其时代可能较M23和M31略晚。整体来看，第二组约略相当于蒋晓春《三峡地区秦汉墓的分期》的第四期第2段②，时代应在东汉中晚期。

铺溪四组的2座砖室墓未经扰动，保存相对较好，随葬品尤其是陶器的组合较为完整。陶器中的釉陶数量较多，在全部陶器中所占比例高达70%（M2）和81%（M3）。陶器的基本组合和主要特征均与长塝第二组砖室墓接近，故其年代应大体同时。

综合以上分析，可以确定长塝墓地和铺溪四组的砖室墓葬，整体年代约为东汉中期或略晚。

---

① 蒋晓春：《三峡地区秦汉墓的分期》，《考古学报》2008年第2期，第243、245页。

② 蒋晓春：《三峡地区秦汉墓的分期》，《考古学报》2008年第2期，第243、245页。

第三阶段，为全部石室墓和个别砖室墓。

长塝墓地共发现4座石室墓，平面形状分为“有把刀形”和“凸”字形两类，前者3座（M6、M20、M22）、后者1座（M19）。这两种形制的墓葬，均见于年代略早的东汉时期砖室墓，并且在使用等厚的石板或石块分层错缝垒砌墓壁、墓顶部采用券顶结构等具体做法，以及墓葬的朝向、结构和砌筑技术等方面，均与第二阶段东汉时期的砖室墓相似。所以它们之间应该存在着传承关系。此外，砖室墓中比较特殊的M9和M18，墓葬形制和结构完全相同，均为边长3米左右的方形墓室，朝向澎溪河一端的正中位置有较宽的墓道，墓底铺设和四壁垒砌方式及使用的墓砖也基本一致，并且都出土标准的青瓷器物，与前述东汉时期砖室墓明显不同。故其时代应晚于东汉时期的砖室墓，而与出土相同青瓷器的石室墓相近，所处年代大体相当。

以上6座墓葬中，M20因为受到严重破坏，墓内已没有任何随葬品。M22也受到破坏，但尚保存有青铜剑、铁剑、铜镜和瓷碗各1件。青铜剑为典型的细长柳叶形巴式剑，剑身底部正反两面各铸有一个巴蜀图形文字，出土时已漫漶不清；铁剑锈蚀极为严重；铜镜背面饰柿蒂纹和八角星形连弧纹，有“位至三公”铭；青瓷碗为钵形，折腹，平底。其余4座墓葬的随葬品，主要是内表施全釉、外表施半釉的青瓷器。这些青瓷器的共同特点是：器物外表有的存在流釉现象，多数釉色已经脱落；器类和数量与东汉时期的陶器墓相比显著减少；器物的种类和形制均比较简单，瓷器主要有盘口壶、四系和二系罐、平底或假圈足浅腹碗和浅腹平底盘等，其中以瓷碗的数量最多。

综合分析4座墓葬出土瓷器的特征，可粗略地分为两组。

第一组有M9和M19。出土的青瓷盘口壶（M9：4），颈部较细，腹部肥大，高度相对较矮，与丰都汇南墓地的同类器（M1：5）十分相像①；青瓷四系罐（M19：19）则与汇南墓地的同类器（M17：5）基本一致。推定第一组的时代与许永杰等《长江三峡地区的六朝时期墓葬》中的第二期大体相当②，时代约在两晋时期。

第二组有M6和M18。出土的青瓷盘口壶（M6：8）为瘦高体，下腹部有流釉现象，与丰都汇南的同类器（M14：5）相似；青瓷四系罐（M6：1）明显变瘦；M18出土的1件假圈足碗（M18：4），外表刻划一周重叠的仰莲瓣纹，为典型的南朝时期风格和特征，相似的器形在丰都汇南墓地等遗址也有发现。推定第二组与许永杰等《长江三峡地区的六朝时期墓葬》中的第三期约略同时，时代约为南朝时期，M6的年代或更晚一些。

由以上分析和讨论可以明确，长塝墓地的墓葬前后延续了比较长的时间，可以粗略地划分为三个发展阶段，具体年代大约从西汉晚期经东汉到六朝时期。相互之间在墓葬形制、结构及随葬品等方面，既有继承又有发展，如平面呈“有把刀形”的墓葬，始终是澎溪河流域乃至三峡地区汉代到六朝时期的主流墓葬形制。而墓葬结构从土坑墓到砖室墓再到石室墓的变迁，则反映了澎溪河流域墓葬演变的鲜明时代特色。

---

① 四川省文物管理委员会等：《丰都汇南两汉—六朝墓发掘简报》，《四川考古研究论文集》，《四川文物》1996年增刊。

② 许永杰、赵永军：《长江三峡地区的六朝时期墓葬》，《2003三峡文物保护与考古学研究学术研讨会论文集》，科学出版社，2003年，第242～248页。

三、关于特殊的M33

M33位于整个长塝墓地的中部，墓葬坐落在土坑墓较为集中分布区域的中间位置，并且南、北两侧距另外墓葬的距离均在15米以上，墓域环境比较特殊。M33是规模较大的土坑墓中唯一一座没有发现墓道的墓葬。墓葬的现存深度仅有20厘米，保存状况不是太好，个别较高较大的陶器已受到后期耕作等生产活动的破坏。所以，也不排除M33原来有墓道，只是在后期被完全破坏而不存。

M33随葬品的数量多达72件（组），其中有一定数量的铜器和石器，种类有双耳铜釜、鎏金铜饰、铜璧形器、球形铜棺饰、铜泡钉和五铢钱币以及石黛板、煤精石串饰等。铜釜的口径较大，肩部有环形双耳，其形制与战国至汉代较为流行的同类铜鍪较为相似。同时，墓内还出土了3件陶釜，其中两件与铜釜的形制相近，侈口折沿，底部近平，有单耳或双耳，耳的纹饰也模拟青铜器的辫状纹，故其与东周以来的巴人铜鍪关系密切，双耳扁体釜也与同型巴式铜、陶鍪有关。

另外还有几类较具特色的表面鎏金的铜器。一是鎏金铜饰，可能为一件龙形铜璜，器体很薄，出土时锈蚀破损较甚，从保存的一端和中部的情况看，与云阳走马岭墓地M1、M13、M22等出土的同类器相同，两端为龙首，背部正中有半环形纽①。二是璧形器，个体较大甚薄，与龙形璜配套共出，出土时叠压于鎏金铜饰之下。三是球形棺饰，有大、中、小3件，中部为球形，两端凸出部分为短筒形，上下通透，出土时也多与前两者放置在一起。长塝墓地有3座墓葬出土过此类球形铜器，多者3件，少者2件。云阳走马岭墓地有6座墓葬出土完全相同的球形棺饰，每墓出土1件或2件。这三类器物出土时多集中在一起，三者可能形成一个完整的棺饰组合②。

M33出土的15件釉陶器中，发现一批复杂而特殊、寓意深刻的纹样和图案。如雕出龙首形把手的陶魁，全身及足部饰满复杂纹样的三足卮，纹饰华丽的博山炉，造型奇特且器身镂条形孔、沿面有三个虎头、底部有四个熊形足的长方体炙炉等。尤其是出土的6件器物外表雕刻有特殊的“四灵”图案，器形分别为鼎盖、壶身、壶盖、卮盖、盒身和盒盖。图案多位于器盖表面，或者器物的上部（如盒）和向外凸出的部位（外鼓的壶身），显然都是人们的眼睛最容易看到的位置。从动物形态来看，“四灵”分别是龙、虎、鸟和熊，应该是对应着传统的青龙、白虎、朱雀和玄武。这几件有特殊图案的器物，“四灵”图案显然处于纹样的中心位置。从各件器物图案的具体情况来看，“四灵”的排列方式并不完全一致。如最为清楚的釉陶卮盖上的“四灵”，按顺时针方向依次为龙、熊、朱雀、虎，并且它们的头向两两相对。壶盖上的“四灵”排列顺序与卮盖相同，但其头向均朝着同一个方向，即朝向前方，没有头部两两相对的现象。壶腹部的上下两排花纹带，以器耳为界分为两组，上排左右各饰一组“四灵”图案，其中

① 重庆市文化局、重庆市移民局：《云阳走马岭墓地》，科学出版社，2011年，图二七，1；图八一，1、2；图一三四，1、2。

② 重庆市文化局、重庆市移民局：《云阳走马岭墓地》，科学出版社，2011年，第218页。

比较清楚的一组，按顺时针方向依次为朱雀、龙、熊、虎，亦均朝向同一个方向，即朝向前方，但“四灵”的排列方式与前两例有所不同。这种现象或可说明，在西汉偏晚阶段，“四灵”的概念已经广泛散布到民间，甚至像三峡外围的偏远地区也已经出现，而传统的按方位规定的“青龙、白虎、朱雀、玄武”则尚未完全定型。两汉时期“四灵”图案已经比较流行，如四川地区和关中地区均有不少发现，载体也不限于陶器，也见于铜器、漆器和画像石等材质之上[①]。

综上所述，长塝墓地M33的墓室和椁室面积比较大，其时代约在西汉晚期偏晚至两汉之际阶段。墓内出土的部分青铜器中，包括较为少见的龙形璜、璧形器、多件球形棺饰，还有石黛板和煤精石串饰等。尤其是出土的多件雕有“四灵”图案的釉陶器，形制特殊，并伴有复杂的纹样带，如象征云气的纵横“S”形纹带，显然是在营造一种特殊的入仙意境，与峡江地区自古以来就比较流行的神仙方术、巫风习俗密切相关。所以，M33是一座十分特殊的墓葬，出土的这一类器物完全不见于同一墓地内的其他墓葬，在整个澎溪河流域也基本不见。故其墓主的职业、身份和地位应该与其他墓葬全然不同，可能是当地从事特殊职业的人员，并享有较高的社会地位。

① 倪润安：《论两汉时期四灵的源流》，《中原文物》1999年第1期。

附表　墓葬登记表

墓号	位置	墓向（单位：度）	墓葬类型	墓葬尺寸（长×宽—深）/（单位：米）	葬具	葬式	墓葬结构	随葬品	时代	保存状况
M1	T2269北部，延伸至T2169、T2270	不明	土坑竖穴砖室墓	墓圹残4×2.67	不明	不明	墓道情况不明；砖砌墓室，错缝平铺垒砌	不明	不详	保存状况极差，残存墓底及少量墓砖
M3	T2272西部，延伸至T2172	298	长方形土坑竖穴砖室墓	墓圹2.8×1.4—0.44 砖室2.62×1.33	不明	不明	墓道不存；长方形砖砌墓室，墓壁砖墙用规格不一的墓砖错缝平铺垒砌而成，东壁与南北两壁相接处为直缝	不明	不详	墓圹上部被破坏；砖室顶部、西墙不存，结构不详，其余三壁近墓底残存1～4层墓砖；墓内人骨不存
M4	T2675西南部，延伸至T2674、T2676、T2575、T2576、T2476	300	有把刀形土坑竖穴砖室墓	墓圹11.9×（0.4～3.9）—0.67 墓道2.4×2 砖室3.75×3.13 排水设施6.2×（0.26～0.28）	不明	2具，葬式不明	长方形墓道；近方形砖砌墓室；墓道和墓室砖墙为青砖错缝平铺垒砌，墓室北部用榫卯砖和普通砖铺地，墓室南部及墓道底部未发现铺地砖；地下排水设施为不规则长条形，东高西低，起点伸入墓道0.2米，两侧用带榫卯的青砖垒砌，底部和顶部平铺	铜泡2组9件、钱1组6枚，铁铲1、钩5、削1，石黛板1、石块1，琉璃珥珰1，釉陶鼎1、釜2、罐2、壶2、盆2、钵3、魁2、勺2、卮3、灯4、器盖2、熏炉盖1，陶甑4、仓3、小口平底罐4、小口圜底罐12、器盖1、串饰1组4件	东汉早期	墓圹上部被破坏；墓道和砖室顶部被破坏，近底部残存5～6层墓砖；排水设施西端被破坏，残存底砖；人骨腐朽严重

续表

墓号	位置	墓向（单位：度）	墓葬类型	墓葬尺寸（长×宽—深）/（单位：米）	葬具	葬式	墓葬结构	随葬品	时代	保存状况
M5	T2674南部，延伸至T2673、T2573	297	土坑竖穴砖室墓	墓圹残3.47×1.15—0.94 砖室残3.4×1.15	不明	不明	墓道情况不明；长方形砖砌墓室，墓室砖墙用有榫卯的青砖错缝平铺垒砌，未发现铺地砖	铁钩1组3件	不详	墓圹、砖室、墓道被严重破坏，仅存墓室后端一小部分，残存10层墓砖
M6	T2373中部，延伸至T2273	285	有把刀形土坑竖穴石室墓	墓圹6.84×（1.76~2.4）—（0.48~1.46） 墓道1.8×（1.76~1.88） 石室4.84×2.25	不明	4具，葬式不明，可能为二次葬	墓道较宽较短，为一端略宽一端稍窄的梯形；长方形券顶石砌墓室；墓道和墓室石墙用厚薄不均、长短不一的长方形条石错缝垒砌，一体砌成，墓底用青砖和形状不规则的石板混合铺砌	铜钱1组21枚，陶罐1、釜1、甑1，瓷四系罐1、盘口壶1、盘1、碗5	南朝早期	墓圹上部被破坏；石室顶部及西部被破坏，石室东墙近顶部尚保存部分券石，石室西端和墓道近底部残存1~3层砌石；人骨仅存4个头骨与部分肢骨
M7	T2572西北部，延伸至T2573、T2473、T2472、T2373	295	“凸”字形土坑竖穴砖室墓	墓圹10.1×（0.6~3.57）—1.51 墓道0.76×1.59 前砖室2.96×2.9 后砖室3.45×3.1 排水设施（主排水道）10×0.4	不明	1具，葬式不明	墓道短；“凸”字形券顶砖砌墓室，前、后室近方形；墓道和墓室砖墙用较规整的近方形砖错缝垒砌而成；排水设施为不规则长条形，主排水道纵向贯通墓底中部，东高西低，两侧用青砖砌成，上部用花纹砖盖住，墓底四周亦有砖砌水道与主排水道相连	铜泡1组4件、盆1、镜2、环1、指环1组2件、钱1组90余枚，铁釜1、钩2，煤精石1，琉璃耳珰2，釉陶釜1、双耳釜2、甑1、罐2、盂1、盆3、钵3、碗1、勺2、卮2、灯4、器盖1，陶仓1、仓盖1、罐2	东汉中晚期	墓圹上部被破坏；墓道亦被破坏，仅存2~5层墓砖；砖室顶部、前后室连接处、前室东南部被严重破坏，后室东端近顶部残存部分券壁；人骨腐朽严重，仅存部分肢骨

续表

墓号	位置	墓向（单位：度）	墓葬类型	墓葬尺寸（长×宽—深）/（单位：米）	葬具	葬式	墓葬结构	随葬品	时代	保存状况
M8	T2571西北部，延伸至T2471、T2472、T2572	285	土坑竖穴砖室墓	墓圹残3.25×3.39—0.9 砖室残（2.5～3.16）×3.36	不明	1具，头向东，葬式不明	墓道情况不明；近方形砖砌墓室，墓室砖墙用青砖错缝垒砌而成，墓室底用砖平铺	铜泡1组16件、钱1组5枚，铁剑1、削1、钩3，釉陶釜1、碗1、灯1、器盖1，陶罐4、壶1	东汉中晚期	墓圹、墓道被完全破坏；砖室被严重破坏，残存1～10层墓砖；墓室内残存漆皮；人骨腐朽严重，仅存肢骨
M9	T2169南部，延伸至T2168、T2069	283	"凸"字形土坑竖穴砖室墓	墓圹残5×（1.86～3.4）—（0.1～1.2） 墓道残1.7×1.86 砖室（3.18～3.29）×（3.14～3.22）	不明	1具，葬式不明	长方形墓道；近方形砖砌墓室；墓道和墓室砖墙为平铺错缝垒砌而成，墓底用砖平铺，东端比西端略高	铜钱1组19枚，瓷盘口壶2、碗3	两晋时期	墓圹上部及西部被破坏；墓道顶部及西端被破坏，部分墓砖壁直接暴露在田埂上；砖室顶部不存；人骨腐朽严重，仅存骨盆、股骨
M10	T2369东部	23	长方形土坑竖穴墓	墓圹2.2×1.4—0.2	不明	不明	墓圹平面呈长方形，墓壁与墓底基本垂直	铜器1，陶罐3、壶1	西汉末至东汉早期	墓圹上部被破坏，仅存墓葬近底部
M11	T2165中部，延伸至T2166、T2065	285	有把刀形土坑竖穴砖室墓	墓圹7.2×（0.94～4.24）—（0.6～0.77） 墓道2.7×（0.94～1.78） 墓室4.24×3.84 椁3.77×2.91—0.14	一椁	6具，仰身直肢，头向西	略呈"甲"字形的墓道位于西壁南端，东宽西窄，两侧垒砌砖墙；长方形砖砌墓室；木椁为"Ⅱ"字形，位于墓室中部，椁底用榫卯砖铺成，大体以东北—西南的对角线为界，东南侧为横向铺砖，西北侧为纵向铺砖	铜泡1组7件、釜1、钫1、铺首1组2件、钱4组39枚，铁釜1，釉陶鼎1、罐1、壶3、盂1、盆1、魁2、碗1、勺2、卮1、灯3、圈足盘1、器盖3，陶甑2、仓4、小口圜底罐7、小口平底罐3、盖罐2、盆1、杯1、器盖2，漆器3、杯1	西汉末至东汉早期	墓葬上部被破坏，仅存墓葬近底部；墓道南墙残存9层墓砖、北墙残存5层墓砖；人骨腐朽严重，仅存肢骨

续表

墓号	位置	墓向（单位：度）	墓葬类型	墓葬尺寸（长×宽—深）/（单位：米）	葬具	葬式	墓葬结构	随葬品	时代	保存状况
M12	T2368东南部，延伸至T2468、T2367、T2467和T2268	295	有把刀形土坑竖穴砖室墓	墓圹4.29×（1.78～3.35）—1.18 墓道残1.08×1.78 砖室3.2×（3.2～3.3）	不明	不明	长方形墓道位于墓室西壁南端；近方形砖砌墓室；墓道和墓室砖墙为错缝垒砌而成，未发现铺地砖	填土中发现铜泡1、钱1组8枚，釉陶卮1，陶器座1，瓷碗3（晚期扰入）	东汉中晚期	墓圹上部被严重破坏，仅存墓底；墓道东端及墓道与墓室连接处被破坏，最高处残存12层墓砖；砖室上部被破坏，最高处残存6层墓砖；人骨不存
M13	T2266西部	300	土坑竖穴砖室墓	墓圹残2.9×2.56—1.26 砖室残2.53×1.88	不明	不明	墓道情况不明；可能为方形券顶砖砌墓室，墓室砖墙为平铺错缝垒砌而成，砖墙最上4层为起券顶的榫卯砖，未发现铺地砖	不明	不详	墓圹、墓道、砖室均被严重破坏，仅存墓室东部一角，最高处残存14层墓砖；人骨不存
M14	T1629西部，延伸至T1529	282	土坑竖穴砖室墓	墓圹残（1.9～3.1）×2.59—0.68 砖室残（1.8～2.96）×2.5	不明	不明	墓道情况不明；可能为方形券顶砖砌墓室，墓室砖墙为平铺错缝垒砌而成，未发现铺地砖	铜钱1，玉玦1	不详	墓圹、墓道、砖室均被严重破坏，仅存墓葬东半部，墓室砖壁残存6～8层；人骨不存
M15	T1630中部	279	土坑竖穴墓	墓圹残2.58×1.6—0.42	不明	不明	墓道情况不明；填土内有杂乱碎砖，可能为砖砌墓室	不明	不详	墓室绝大部分被一条近代沟破坏，仅存墓室局部

续表

墓号	位置	墓向（单位：度）	墓葬类型	墓葬尺寸（长×宽—深）/（单位：米）	葬具	葬式	墓葬结构	随葬品	时代	保存状况
M16	T1735西南部，延伸至T1635、T1734	290	有把刀形土坑竖穴砖室墓	墓圹残4.87×（1.78～2.43）—1.33 墓道残1.78×（1.56～1.73） 砖室3.1×2.4	残存零星漆片	不明	长方形墓道位于墓室西壁北端；长方形券顶砖砌墓室；墓道两侧及墓室四壁砖墙为平铺错缝垒砌而成，墓室南、北两壁还保留着一层竖立的榫卯券顶砖	铜泡2组13件、钱1组20余枚，铁钩3，煤精石串饰1组7件，釉陶双耳釜1、甑1、罐4、壶4、盂1、盆4、钵2、碗1、勺1、卮1、灯2，陶甑1、仓4、小口圜底罐4、器盖3，漆器2	东汉中晚期	墓圹上部被破坏，墓道西侧被破坏，仅存5～10层壁砖；砖室券顶被破坏，最高处仅存12层壁砖；人骨不存
M17	T1836西部，延伸至T1736	280	土坑竖穴砖室墓	墓圹残2.21×3.17—0.5 砖室残2.19×3.15	不明	不明	墓道情况不明；方形砖砌墓室，墓室砖墙用长方形青砖平铺错缝垒砌而成，南壁有两堵砖墙，之间有一横砖相连，未发现铺地砖	不明	不详	墓圹、砖室的上部及东部破坏严重，仅存砖室西壁及南、北两壁局部，砖室近底部仅存2～4层墓砖
M18	T1838南部，延伸至T1837、T1737、T1738	286	“凸”字形土坑竖穴砖室墓	墓圹残3.48×（1.9～3.36）—0.8 墓道残0.18×1.9 砖室3.25×3.25	不明	不明	长方形墓道位于墓室西壁中部；方形券顶砖砌墓室；墓室砖墙用花纹砖平铺错缝垒砌而成，墓底错缝平铺一层青砖	瓷四系罐1、碗4	南朝早期	墓圹上部被严重破坏；墓道西端被严重破坏，几乎不存；砖室顶部被破坏，最高处仅存9层墓砖；人骨不存

续表

墓号	位置	墓向（单位：度）	墓葬类型	墓葬尺寸（长×宽—深）/（单位：米）	葬具	葬式	墓葬结构	随葬品	时代	保存状况
M19	T1838北部，延伸至T1738	273	“凸”字形土坑竖穴石室墓	墓圹5.41×（1.85～2.45）—1.24 墓道2.08×（1.85～2.05） 石室（3.1～3.26）×（2.26～2.45）	不明	不明	墓道外封门墙为砖石混砌，长方形墓道，较墓室略窄，位于墓室西壁中部；长方形石砌墓室，原应为券顶；墓道及墓室边墙用加工块石错缝平铺垒砌而成，墓室底部东西纵向平铺一层榫卯砖	铜洗1、钗1，铁铲1、剑2、刀1、削3、钩2，银镯1，玉串饰1组92件，煤精石管1，瓷四系罐1、碗4、器盖1	两晋时期	墓葬保存较好，仅墓圹、墓道、石室上部被破坏，墓道外口封门墙残高56厘米，墓室左右两侧和后侧边墙尚保存10～12层砌石；人骨不存
M20	T1939西北部，延伸至T1839、T1840、T1940	285	有把刀形土坑竖穴石室墓	墓圹残4.1×（1.66～2.47）—0.58 墓道残1.06×1.66 石室2.8×2.41	不明	不明	长方形墓道位于墓室西壁北端；长方形石砌墓室；墓道及墓室石墙为石块错缝平铺垒砌而成，未发现铺地砖	不明	不详	墓圹上部、墓道西侧被破坏，最高处仅存2层砌石；石室顶部被破坏，石墙最高处仅存3层砌石；人骨不存
M21	T1940西南部，延伸至T1840、T1839、T1939	282	有把刀土坑竖穴砖室墓	墓圹残4.47×（1.77～3.11）—0.72 墓道残1.3×1.77 砖室3.13×3.06	不明	不明	长方形墓道位于墓室西壁南端；长方形砖砌墓室；墓道及墓室砖墙为平铺错缝垒砌而成，墓底为生土面，未发现铺地砖	不明	不详	墓圹上部被破坏；墓道西侧被破坏，最高处仅存4层墓砖；砖室顶部被破坏，最高处仅存8层墓砖；人骨不存
M22	T1840东北部，延伸至T1940	269	有把刀形土坑竖穴石室墓	墓圹5.93×（1.8～2.54）—0.8 墓道2.73×1.8 石室3.13×2.45	不明	不明	墓道外端原应有完整的封门墙；长方形墓道位于墓室西壁南端；长方形券顶石砌墓室；墓道及墓室石墙为石块错缝平铺垒砌而成，两侧及后壁明显向内倾斜，墓底平铺一层形状不规则的石板	铜剑1、镜1，铁剑1，瓷碗1	南朝早期	墓圹上部被破坏；外端封门墙残存高度为0.23米；墓道上部被破坏，最高处仅存3层石砖；石室顶部被破坏，最高处仅存8层石砖；人骨不存

续表

墓号	位置	墓向（单位：度）	墓葬类型	墓葬尺寸（长×宽—深）/（单位：米）	葬具	葬式	墓葬结构	随葬品	时代	保存状况
M23	T1631北部，延伸至T1632、T1531和T1532	284	有把刀形土坑竖穴砖室墓	墓圹5.92×（1.94～3.38）—1.64 墓道2.44×1.94 砖室3.27×3.23	残存零星漆皮	不明	长方形墓道位于墓室西壁南端；长方形券顶砖砌墓室；墓道及墓室砖墙为平铺错缝垒砌而成，墓室两侧砖墙还有一层竖立的券砖，墓室底部纵横平铺一层砖，排列不甚规整，近墓道一侧纵向平铺，靠后墙一侧横向铺设	铜泡1组3件、釜1、洗1、钱3组151枚，铁釜2、钩1，琉璃耳珰1，釉陶鼎2、釜1、甑2、仓2、罐4、壶5、盂5、盆6、钵3、盘1、魁3、豆2、勺4、卮3、博山炉1、灯6、器盖1，陶甑1、仓10、小口圜底罐3、盆1、器盖5	东汉早中期	墓圹上部和墓道上部被破坏，两侧各残存8层墓砖；砖室顶部被破坏，三面砖墙保存相对较好，最高处残存19层墓砖；葬具可能完全腐朽，仅残存零星漆皮；人骨不存
M24	T1736东部，延伸至T1836	15	长方形土坑竖穴墓	墓圹2.98×1.9—1.16 棺2.52×1.16—0.12	一棺	不明	墓圹平面呈长方形；无墓道；墓壁与墓底基本垂直；长方形木棺位于墓室中部，棺底头脚两端各横置一根垫木；四周有熟土二层台，宽0.30～0.38、残高0.12米	釉陶盒2、勺1，陶罐2、豆1、器盖1	西汉末至东汉早期	墓圹西半部被近代沟打破；木棺腐朽严重，但痕迹可辨；人骨腐朽严重，仅发现几枚牙齿
M25	T1842东北部，延伸至T1942、T1843、T1943	275	土坑竖穴砖室墓	墓圹残1.67×2.37—0.32 砖室残1.64×2.34	不明	不明	墓道情况不明；应为长方形砖砌墓室，墓室砖壁为错缝平铺垒砌而成，未发现铺地砖	铜泡1、钱1组2枚，银镯1	不详	墓圹上部及西侧被严重破坏，仅存砖室东侧底部及南侧砖壁，最高处残存4层墓砖；人骨不存

续表

墓号	位置	墓向（单位：度）	墓葬类型	墓葬尺寸（长×宽—深）/（单位：米）	葬具	葬式	墓葬结构	随葬品	时代	保存状况
M26	T1842中部，延伸至T1942、T1843	287	有把刀形土坑竖穴墓	墓圹4.56×（1.6～3.6）—0.5 墓道残1.14×1.6 墓室3.6×3.42 椁2.62×2.49—0.2	一椁	不明	长方形斜坡墓道位于墓室西壁南端；墓室平面近方形；墓壁与墓底基本垂直；木椁位于墓室中部，平面近方形；椁内是否有棺不详	铜釜1，陶鼎3、盆3、甑3、斗形勺2、箕形勺2、盘口壶5、直口壶3、罐3、豆3、平底碗5、圈足碗4、盒3、敦1、器盖4	西汉晚期	墓圹上部被严重破坏；墓道西部被破坏；墓室内葬具腐朽严重，仅发现椁室的板灰痕迹；人骨不存
M27	T1844东南部，延伸至T1944、T1843、T1943	289	有把刀形土坑竖穴墓	墓圹5.45×（1.57～4.02）—0.96 墓道2.21×（1.57～1.72） 墓室4.02×3.24 椁3.38×2.8—0.48	一椁	不明	长方形斜坡墓道位于西壁南端；墓室平面近长方形，墓壁与墓底基本垂直；木椁位于墓室中部，平面近长方形，椁下铺垫青膏泥；四周有熟土二层台，宽0.20～0.46、残高0.48米	铜泡1组3件、釜1、钱1组36枚，铁釜2，银镯1组6件、指环1组16件，石黛板1组2件，釉陶罐1、壶4、盂1、盆2、洗1、豆6、碗1、卮1、器盖3，陶盆形甑2、仓10、罐4、小口圜底罐5、盆4、碗3、器盖2、盘1、钵1、壶2、鼎1、破碎陶器2，炭棒1	西汉末至东汉早期	墓圹上部被破坏；椁室腐朽严重，仅存椁室的板灰痕迹；人骨不存
M28	T1845东南部，延伸至T1945、T1844、T1944	292	有把刀形土坑竖穴砖室墓	墓圹残5.2×（2.08～3.28）—0.72 墓道残1.8×2.08 砖室3.32×3.24	不明	不明	长方形墓道位于西壁南侧；方形砖砌墓室；墓道及墓室砖墙用方形青砖平铺错缝垒砌而成，墓室底部横向平铺一层方形青砖，靠近墓道一侧的六排为榫卯砖	铜钱2组82枚、镜1，铁矛1、钩2，琉璃珥珰1组2件，釉陶鼎1、甑3、罐3、壶1、盂2、盆3、钵3、魁2、碗2、勺1、卮1、灯4，陶甑3、仓4、罐7、小口圜底罐5、壶1、盆3、钵1、碗2、器盖1	东汉早期	墓圹上部被破坏；墓口封墙已被破坏；墓道南侧砖墙不存，北侧尚存7层墓砖；砖室顶部及南侧被破坏，墓顶不存，结构不详，南壁西侧不存，其余部分尚存6～8层墓砖；人骨不存

续表

墓号	位置	墓向（单位：度）	墓葬类型	墓葬尺寸（长×宽—深）/（单位：米）	葬具	葬式	墓葬结构	随葬品	时代	保存状况
M29	T2044西南部，延伸至T1944	285	长方形土坑竖穴墓	墓圹残2.8×2.1—0.25 椁残2.58×1.32	一椁	不明	无墓道；墓室平面近长方形，墓壁与墓底基本垂直；木椁位于墓室中部，平面近长方形；墓内北、东、南三侧有熟土二层台，宽0.24～0.46米	陶鼎1、甑1、罐2、壶3、盆1、钵3、豆1、碗5、勺1、盒2、器盖1	西汉晚期	墓圹顶部被破坏，西端被完全破坏；木椁完全腐朽，但可见板灰痕迹；人骨不存
M30	T2045南部，延伸至T2044、T1945	282	有把刀形土坑竖穴墓	墓圹5.94×（1.64～3.6）—1.5 墓道2×（1.64～2.1） 墓室3.94×3.6 椁3.44×2.76—0.58	一椁	不明	长方形斜坡墓道位于墓室西壁南端；墓室平面近方形，墓壁与墓底基本垂直；木椁位于墓室中部，平面近长方形	铜钱1组13枚，陶鼎4、仓14、罐4、甑4、盘口壶7、直口壶4、盆3、碗3、豆3、勺3、盒5、器盖6、串饰1组18件	西汉晚期	墓圹上部被破坏，墓道外端被破坏；椁室腐朽严重，仅存板灰痕迹；人骨不存
M31	T2146北部，延伸至T2147、T2047和T2046	285	“凸”字形土坑竖穴砖室墓	墓圹5.15×（1.16～2.21）—1.05 墓道1.74×（1.16～1.5） 砖室（3.25～3.4）×2.12	不明	不明	近梯形墓道位于墓室西壁南端，未发现砖壁；长方形券顶砖砌墓室，墓道与墓室相接处有封门墙；墓室四侧砖壁为平铺错缝垒砌而成；未发现铺地砖	铜泡1组3件，铁釜1，釉陶仓3、罐1、壶2、盂1、盆5、魁2、勺2、卮2、博山炉2、灯2，陶甑2、仓2、罐1、盆1	东汉中晚期	墓圹上部被破坏；砖室封门墙被破坏，仅存几块封门砖；墓室顶部受到严重破坏，券顶几乎不存，最高处仅存11层墓砖；人骨不存

续表

墓号	位置	墓向（单位：度）	墓葬类型	墓葬尺寸（长×宽—深）/（单位：米）	葬具	葬式	墓葬结构	随葬品	时代	保存状况
M32	T2148南部，延伸至T2048、T2147、T2247和T2248	282	有把刀形土坑竖穴墓	墓圹6.06×（1.3～3.94）—0.6 墓道2.53×（1.3～1.42） 墓室3.94×3.53 椁3.26×2.68—0.2	一椁	不明	长方形斜坡状墓道位于墓室西壁北端；墓室平面近方形，墓壁与墓底基本垂直；木椁位于墓室中部，平面近方形；据残存零星漆皮和鎏金铜泡推测，椁内可能有棺	铜泡1组2件、釜1、洗1、器底1、球形棺饰3、璧形器3、龙形饰2、环形饰1、铜钱1，煤精石串饰1组378件，釉陶壶1、盆3、双耳盆2、魁2、勺2、盒1、樽3、博山炉1、灯1、器盖2，陶鼎2、仓1、罐1、小口圜底罐6、壶5、盆1、豆1、碗2、勺1、盒2、器盖6、彩绘器盖1	西汉末至东汉早期	墓圹上部被破坏；墓室东南角被不完全打破；木椁完全腐朽，仅存板灰痕迹；墓内人骨不存
M33	T2151西部，延伸至T2051	273	近方形土坑竖穴墓	墓圹（3.53～3.9）×（3.43～3.54）—0.2 椁（3.12～3.39）×（2.93～3.02）—（0.12～0.2）	一椁	不明	无墓道；墓室平面近方形，墓壁与墓底基本垂直；木椁位于墓室中部，平面近方形	铜泡1组3件、釜1、球形棺饰1组3件、璧形器1、鎏金铜饰1、铜钱1组10余枚，石黛板1，煤精石管状饰1组20件，釉陶鼎1、釜3、壶1、盆1、魁1、碟1、簋1、盒1套2件、卮1、博山炉2、炙炉1，陶鼎1、甑1、仓17、罐11、壶3、盆3、钵2、豆1、碗1、勺1、盒1、器盖7	西汉末至东汉早期	墓圹及墓室被晚期堆积严重破坏，仅存墓底；木椁腐朽严重；墓内人骨不存

续表

墓号	位置	墓向（单位：度）	墓葬类型	墓葬尺寸（长×宽—深）/（单位：米）	葬具	葬式	墓葬结构	随葬品	时代	保存状况
M34	T2355西南部，延伸至T2254、T2255和T2354	286	有把刀形土坑竖穴墓	墓圹5.51×（1.2～4.13）—0.62 墓道1.86×（1.2～2） 墓室4.13×3.65 椁3×2.83—（0.1～0.2）	一椁	不明	近梯形墓道位于墓室西壁偏南；墓室平面近长方形，墓壁与墓底基本垂直；木椁位于墓室中部，近方形，椁内发现棺木痕迹	铜棺铃2、带钩2、钱1组30余枚，铁釜1，釉陶壶1、盂1、盆2、钵1、豆1、碗1、勺1、杯1、博山炉1、器盖4，陶鼎2、釜1、甑2、仓5、罐6、豆3、壶3、盆3、碗1、勺2、盒1、杯1、器盖1、灯座1	西汉末至东汉早期	墓圹及墓室上部被破坏；葬具腐朽严重，木椁保存相对较好，木棺仅剩板灰痕迹；人骨不存
M35	T2356南部，延伸至T2456、T2355和T2455	300	有把刀形土坑竖穴墓	墓圹5.12×（1.62～2.75）—0.4 墓道1.55×（1.62～1.68） 墓室3.57×2.75	不明	不明	近方形墓道位于墓室北壁西端；墓室平面近长方形；墓壁与墓底基本垂直	铜泡1组3件、釜1、盆1、钱1组50余枚，釉陶鼎1、釜1、罐3、壶1、盆1、魁1、豆1、勺2、盒1、杯1、博山炉1、器盖3；陶甑2、仓1、小口圜底罐4、盆1、碗2	西汉末至东汉早期	墓圹上部被严重破坏，仅存墓葬近底部；未发现棺椁痕迹，仅在两件铜器周围发现黑色板灰；人骨保存极差，仅发现少量碎骨
M36	T2456西北部，延伸至T2356、T2357、T2457	298	有把刀形土坑竖穴墓	墓圹6.6×（1～4.67）—1.39 墓道2.7×（1～1.77） 墓室4.67×3.9	不明	不明	“凸”字形斜坡状墓道位于墓室西壁南端；墓室平面近长方形；北壁微内斜，其余三壁基本垂直	铜钱1组50枚，釉陶罐1、博山炉1、器盖1；填土中发现铜泡1组2件，釉陶罐1、杯1	西汉末至东汉早期	墓圹上部被破坏；墓内填土被人为扰乱和破坏；未发现葬具痕迹；人骨不存
M37	T2459东北部，延伸至T2559、T2460	315	有把刀形土坑竖穴砖室墓	墓圹4.8×（1.36～2.13）—0.44 墓道（1.46～1.54）×1.36 砖室3.23×1.99	不明	不明	长方形墓道位于墓室西壁北端；长方形砖砌墓室；墓道及墓室砖壁为平铺错缝垒砌而成；未发现铺地砖	填土中发现釉陶釜1、器底2，陶罐1	东汉中晚期	墓圹上部被破坏；墓道西端被破坏；砖室顶部被破坏不存，底部被扰乱，最高处仅存6层墓砖；棺椁及人骨不存

续表

墓号	位置	墓向（单位：度）	墓葬类型	墓葬尺寸（长×宽—深）/（单位：米）	葬具	葬式	墓葬结构	随葬品	时代	保存状况
铺溪M2	T2111西南部，延伸至T2011、T2010和T2110	77°	有把刀形土坑竖穴砖室墓	墓圹6×（2.04～3.34）—1.14 墓道2.8×2.04 墓室3.34×3.2 砖室3.19×3.1	不明	4具，葬式不明	墓道平面呈长方形；近方形券顶砖砌墓室，墓道和墓室砖墙为错缝平铺垒砌而成；墓室错缝平铺一层青砖，墓道底部未铺砖	铜釜1、盆1、铜泡5组8件、铜钱9组118枚；铁釜1、削1、钩6；石黛板1；釉陶釜1、双耳釜2、甑1、罐6、壶3、盂2、盆6、钵1、魁3、碗7、勺2、卮3、杯1、灯6、器盖4；陶甑2、仓12、罐4、小口圜底罐3、器盖1；贝币1组	东汉中晚期	墓葬上部的券顶部分已被破坏，下半部保存较好；未发现明显葬具痕迹，仅见一些红色漆片；人骨腐朽严重，仅存头骨和部分肢骨
铺溪M3	T2012中部，延伸至T1912和T2112	75°	有把刀形土坑竖穴砖室墓	墓圹5.9×（1.9～3.36）—0.9 墓道2.7×1.9 墓室3.36×3.2 砖室3.28×3.16	不明	可能有2具人骨，葬式不明	墓道平面呈长方形；近方形砖砌券顶墓室，墓道和墓室砖墙为错缝平铺垒砌而成；墓室与墓道底部均单独错缝平铺一层青砖，二者连成一体	铜洗1、铜钱5组23枚；铁釜2、壶1；釉陶鼎1、双耳釜2、甑2、罐7、壶1、盘口壶3、盂4、盆4、钵3、魁3、碗4、勺3、卮3、杯1、灯8、器盖3；陶甑1、仓3、罐2、壶3、碗3、琉璃耳珰2	东汉中晚期	墓葬上部的券顶部分已被破坏，下半部则保存较好；未发现明显葬具痕迹，仅见零星红色漆片；人骨高度腐朽，仅存部分肢骨

ABSTRACT

The Changbang site is located on the western part of Dalangba, which is a terrace on the right bank of the Pengxi River, a primary tributary of the Yangtze River. The site belongs to the Puxi village, Qukou town, Kaizhou district, Chongqing city. A cemetery is found on a north-south oriented mound, covering an area of about 10000 square meters; this mound is called Changbang by local people. In the spring of 1994, the Shandong University archaeology team discovered the cemetery during a survey and carried out a test excavation, which revealed two brick tombs, confirming that it is a cemetery dated from the Han Dynasty to the Six Dynasties.

The Chongqing Three Gorges Office authorized the archaeology team from the Archaeology Department, School of History and Culture, Shandong University to carry out excavations of Changbang Cemetery in three consecutive seasons from 2004 to 2006, exposed an area of 8000 square meters in total, More than 30 burials from the Han Dynasty to the Six Dynasties were found and excavated. 1046 pieces (or sets) of grave goods of various materials were unearthed, including bronze, iron, silver, stone, jade, lacquer, pottery, and porcelain. Among them, pottery is most abundant, followed by bronze. The current excavation report comprehensively and systematically released all the excavation data of Changbang cemetery. In addition, information on another two burials found at the fourth group of Puxi on Dalangba are also included in this report.

This excavation report has four chapters. The first chapter briefly introduces the geography of Kaizhou and the excavation procedures of the Changbang cemetery. The second chapter describes the north-south and east-west profiles of six trenches and summarizes the stratigraphic sequence of the site. The third chapter reports on the findings of 37 burials that dated from the Han Dynasty to the Six Dynasties in detail. The fourth chapter makes a comprehensive analysis and discussion of the cultural characteristics, the periodization, and the chronology of the Changbang cemetery. A detailed inventory of the burials and color plates of burials and unearthed relics are appended after the main text.

The burials at the Changbang Cemetery are all oriented northwest towards the Pengxi River, ranging from 269° to 315°, with the majorities around 280°. The orientations of the two burials from the fourth group of Puxi are 75° and 77° respectively, also towards the Pengxi River. This custom of burial orientations can be traced back to the earlier Warring States Period at Yujiaba Cemetery. It shows that people in the Pengxi River Basin shared deep-rooted common beliefs and customs about how to treat the dead from the Warring States Period to the Han Dynasty and to the Six Dynasties.

The form and structure of burials from Changbang Cemetery can be divided into three groups: simple pit, brick-chamber ones, and stone-chamber ones.

Based on the presence or absence of ramps, the simple pit burials can be divided into two types: the ones with one ramp, named knife-shaped tombs, and the ones without a ramp, which are less common. The simple pit burials are roughly square in shape and equipped with a large wooden outer coffin, which is also roughly square. The traces of wood remains found inside the outer coffin suggest that there might have been wooden inner coffins, however it is hard to be verified. Most burials are likely collective burials with more than one individual. It is not possible to specify the numbers because the skeletons were badly preserved. Six individuals are identified in a relatively well-preserved burial M11. Most grave goods were placed between the outer and inner coffins, only a few were located in the ramps. Among the grave goods there are some bronze and iron ones, the typical forms are fu-cauldrons, pen-basins, and xi-basins. Pottery are quite abundant. The number of red fine pottery with yellow glaze increased through time, some of which are decorated with complicated patterns. For example, several glazed pottery from burial M33 are embellished with the “four spirits” patterns, the Azure Dragon, the White Tiger, the Vermilion Bird, and the Black Turtle.

The number of brick-chamber burials is the largest, accounting for more than half of all burials. Based on the plan view, the brick-chamber burials can be divided into three types: rectangle, “knife-shaped” and “凸”-shaped. Among them, the number of “knife-shaped” ones is the largest, accounting for about two-thirds of all the brick-chamber burials. This kind of burial is characterized by a rectangular passage in front of the burial on one side. Most of the well-preserved ones are single chamber tombs, with nearly-squared shaft pits. Only burial M7 has two chambers, the front and the rear. Among all the 21 brick-chamber burials from Changbang and the fourth group of Puxi, ten (including the shaft-pit tomb M11) have brick-paved bottoms. The bricks used on the bottom were a mixture of plain-surfaced ones, mortise and tenon bricks, bricks with patterns, and small square bricks. There are eight burials without paved bottoms. The presence or absence of bottoms are unclear at four burials due to the serious damages. The walls and the ramps of the tombs were built with a staggered joint method, with the surface with patterns always facing the inner side of the tomb. According to the well-preserved burials M16 and M23, as well as burial M2 from the fourth group of Puxi, nine layers of bricks were piled up on each side of the tomb chamber as its walls, then the specially made curved bricks with mortises and tenons were used to construct the arched ceilings. Eventually, the entire tomb chamber and the tomb ramp were sealed.

Two brick-chamber burials (M4 and M7) at the Changbang Cemetery are equipped with underground drainage facilities. The drainage facilities of M4 are relatively simple. A long ditch was dug to connect the out-end of the ramp towards the Pengxi River direction. Grey bricks with tenon and mortise structures are used to pave the bottom, lay the edges, and cover the top to form a completely closed underground drainage channel, which would timely discharge the accumulated water in the tomb toward the Pengxi River. The drainage facilities at M7 are more complex and extended to the whole tomb. The drainage in the front and rear chambers are arranged in “田” shapes: a narrow channel is dug beneath the four walls of the chamber, an additional channel is placed between the front and rear chambers connected with narrow channel, a third wider channel is dug running through the middle of the front and rear chambers (also connected with the two just mentioned) and extending towards the Pengxi River in the northwest direction. This complicated design reflected the ideology of people at that time to “treat the death as if he/she was alive”.

The exact number of coffins are unknown due to the terrible preservation conditions, however, traces of wooden coffins are generally present. The human bones in the burials are not well preserved either. They are likely to be collective burials, judging from the few relatively well preserved ones. However, the number, sex, and age of the individuals are unknown.

Grave goods in brick-chamber burials are mainly placed in the chamber, however, grave goods in the ramp are also found and is more common than that in the simple pit burials. The number of grave goods in the less-disturbed burials is mostly between 50-100 pieces (or sets), including bronze, iron, silver, stone, jade, glazed, pottery and porcelain ones. Among them, the number of pottery is the largest, and it is worth mentioning that the proportion of yellow glazed pottery is more than a half or even two-thirds.

There are only four stone-chamber burials. The shape, structure and construction method of the tombs are basically the same as those of the brick-chamber ones. However, the variety and quantity of funerary objects significantly reduced, mainly represented by celadon porcelain.

Based on the comprehensive analysis of the tomb shapes and the characteristics of grave goods, it can be concluded that the simple pit burials in Changbang cemetery dated back to the late Western Han Dynasty to the early Eastern Han Dynasty; most brick-chamber burials dated back to the early and middle Eastern Han Dynasty. Stone chamber burials and some brick chamber burials (M9, M18) were later, roughly from the Western Jin Dynasty to the Southern Dynasty of the Six Dynasties.

The Changbang cemetery is an important cemetery in the middle section of the Three Gorges of the Yangtze River dated from the Han Dynasty to the Six Dynasties. The comprehensive analysis and detailed release of the excavation data in current report provides valuable material evidences for the understanding and studying of the cultural characteristics, funeral customs, the evolution of social organization, the components of cultural factors, and cultural exchanges with other regions around the Three Gorges of the Yangtze River during this period.

后　　记

山东大学在重庆市开州区（原四川省开县）长塝墓群的考古调查和发掘工作，始于1994年春。当时，根据国家文物局的安排，为了编制开州区三峡工程淹没区地下文物保护规划，山东大学考古队第一次进入开州区，开展长江支流——澎溪河流域中上游海拔175米以下区域的田野考古调查，发现的遗址和墓群数量很多，其中长塝墓群是众多古代遗存中较为丰富的几个遗址之一。1997年，随着三峡大坝的合龙，三峡工程淹没区地下文物的抢救发掘工作全面展开。由于开州长塝坐落在海拔较高的上游地区，所以直到2004年才开始安排长塝墓群的考古发掘工作。

2004～2006年，山东大学开县考古队对长塝墓群连续进行了三次发掘（其中南京航空航天大学考古队参加了第一次发掘，并承担了1000平方米的发掘任务），累计发掘面积达8000平方米，其间也发掘了同在大浪坝东侧位置的铺溪四组墓地。前后发现和清理墓葬37座（不包括1994年长塝发掘的2座墓葬和铺溪四组1座近现代墓葬），出土各类文物1046件（组）。田野考古发掘工作由栾丰实主持。在开展考古发掘工作的同时，就开始了出土文物标本的修复、绘图、拍照等资料整理工作。发掘报告的编写工作由栾丰实主持，报告的编写体例和分工由栾丰实统一安排，王芬作为课题组的主要成员，承担了田野发掘、室内资料整理以及报告的编写工作，姜仕炜参与了原始文字资料的整合、线图排版等方面的工作，王永磊、樊榕、王清刚、孙启锐、阴瑞雪、李琪和房书玉等参加了制图和核对遗物尺寸等具体工作。白云翔、杨爱国、陈章龙等先生对墓葬出土陶瓷器的定名和年代确定等提出了宝贵意见。

报告的第一章由栾丰实执笔；第二章由王芬执笔；第三章的M3～M37由栾丰实、王芬和姜仕炜执笔，铺溪四组M2和M3由栾丰实和李贝执笔；第四章由栾丰实和王芬执笔；线图由姜仕炜和栾丰实排定，墓葬登记表和全部图版由程保增和栾丰实编排和制作。全部文字、线图和图版最后由栾丰实和王芬统一修改定稿。

发掘现场、墓葬和器物照片由王芬拍摄。遗迹线图由刘善沂清绘加工，文物标本线图由王芬、刘善沂、聂政、徐政和姜仕炜等绘制，铜器拓片由刘善沂拓墨。

英文提要由姜仕炜博士翻译，董豫教授校对。

长塝连续三年的田野考古发掘工作，得到重庆市文化局三峡办、原开县县委和县政府、文化局、文物管理所和渠口镇政府以及铺溪村领导和村民的大力支持和无私帮助。在报告编写过程中，得到诸多同仁的协助。在长塝墓群考古发掘报告正式出版之际，谨向以上关心、支持和帮助过长塝墓群考古发掘工作的单位和个人表示衷心的感谢！

1. 大浪坝和小浪坝全景（远处为大浪坝）

2. 长塝墓地（由南向北）

长塝墓地外景

图版二

1. 长塝墓地（由西北向东南）

2. 铺溪四组墓地（由西南向东北）

长塝、铺溪四组墓地外景

1. M4

2. 铜泡（M4：38）

4. 釉陶钵（M4：59）

5. 铜钱（M4：8及填土中出土）

3. 铁铲（M4：20）

M4及其出土器物

1. 陶仓（左M4：4、右M4：32）

2. 釉陶盆（M4：3）

3. 陶小口平底罐（M4：10）

4. 陶器盖（M4：16）

5. 釉陶灯（M4：53）

6. 釉陶釜（左M4：23、右M4：27）

M4出土陶器、釉陶器

1. 陶甑（M4：44）

2. 陶小口圜底罐（M4：22）

3. 釉陶魁（M4：29）

4. 釉陶卮（左M4：30、右M4：12）

5. 釉陶壶（M4：42）

6. 釉陶壶（M4：5）

M4出土陶器、釉陶器

1. M6

2. 四系罐（M6：1）

3. 盘口壶（M6：8）

M6及其出土瓷器

1. 瓷碗（M6：7）

2. 瓷碗（M6：2）

3. 瓷盘（M6：11）

4. 陶甑（M6：10）

5. 陶罐（M6：4）

6. 陶釜（M6：5）

M6出土陶、瓷器

1. M7

2. M7排水设施

3. 釉陶灯（M7：14）

4. 陶罐（M7：21）

M7及其出土陶器、釉陶器

1. 釉陶盆（M7：23）

2. 釉陶盂（左M7：29）、釉陶釜（右M7：34）

3. 釉陶勺（M7：30）

4. 釉陶卮（M7：13）

5. 釉陶钵（M7：16）

6. 琉璃耳珰（左M7：3、右M7：27）

M7出土釉陶器、琉璃器

图版一〇

1. 铜镜（左M7：2、右M7：20）

2. 铜泡（M7：9）

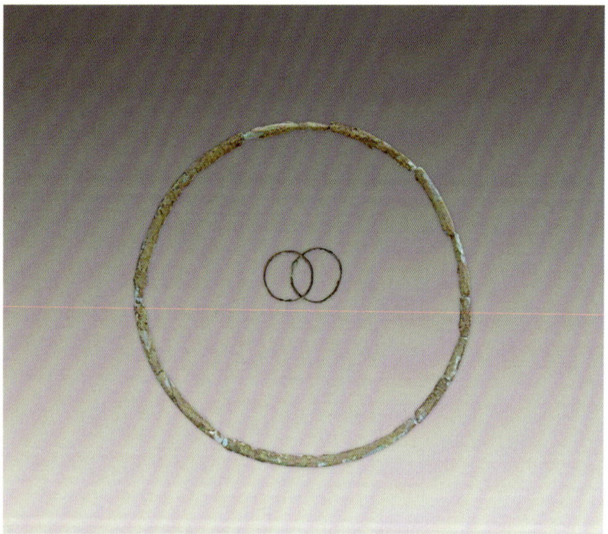

3. 铜环（外M7：39）、铜指环（内M7：38）

4. 铜泡（M8：9）

5. 陶罐（M8：3）

6. 陶壶（M8：4）

M7、M8出土铜器、陶器

1. M9

2. 碗（M9：1）

3. 碗（M9：2）

4. 碗（M9：3）

5. 盘口壶（M9：5）

M9及其出土瓷器

1. M11

2. 陶小口圜底罐（M11：9）

3. 釉陶盂（M11：16）

4. 釉陶鼎（M11：17）

M11及其出土陶器、釉陶器

1. 釉陶魁（M11：22）

2. 陶小口平底罐（M11：27）

3. 釉陶灯（M11：28）

4. 陶小口圜底罐（M11：29）

5. 陶甑（M11：33）

6. 釉陶盆（M11：38）

M11出土陶器、釉陶器

1. 釉陶器盖（M11：50）

2. 陶盖罐（左M11：15、右M11：42）

3. 釉陶壶（M11：5）

4. 陶仓（M11：41）

5. 铜铺首（M11：48）

6. 漆杯（M11：49）

M11出土器物

1. M16

2. M16局部

M16墓室及局部

1. 釉陶灯（M16：31）

2. 釉陶壶（M16：2）

3. 釉陶壶（M16：3）

4. 陶仓（M16：8）

5. 陶仓器盖（上M16：13）、陶仓（下M16：10）

6. 釉陶卮（M16：15）

M16出土陶器、釉陶器

1. 陶小口圜底罐（M16：7）

2. 陶器盖（M16：20）

3. 陶甑（M16：17）

4. 釉陶甑（M16：23）

5. 陶仓（左M16：9、右M16：11）

6. 釉陶罐（左M16：27、右M16：30）

M16出土陶器、釉陶器

1. 瓷四系罐（M18：1）

2. 瓷碗（M18：2）

3. 瓷碗（M18：3）

4. 瓷碗（M18：4）

5. 银镯（M25：1）

M18、M25出土瓷器、银器

1. M19

2. 瓷四系罐（M19：03）

3. 瓷碗（M19：7）

4. 瓷碗（M19：02）

5. 瓷器盖（M19：2）

6. 银镯（M19：4）

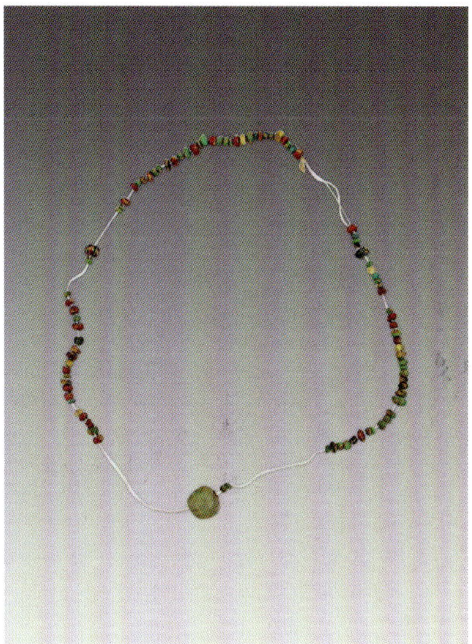

7. 玉串饰（M19：5）

M19及其出土器物

1. M21

2. M22

3. 铜镜（M22：3）

4. 铜剑（M22：2）

5. 瓷碗（M22：1）

M21、M22及M22出土器物

1. M23

2. 壶（M23：30）

3. 壶（M23：60）

M23及其出土釉陶器

1. 陶小口圜底罐（M23：35）

2. 釉陶盂（M23：36）

3. 陶仓（左M23：46、右M23：70）

4. 陶甑（M23：74）

5. 釉陶博山炉（M23：9）

6. 釉陶灯（M23：15）

M23出土陶器、釉陶器

1. 釉陶魁（M23：49）

2. 釉陶釜（M23：33）

3. 釉陶盆（M23：21）

4. 釉陶钵（M23：71）

5. 陶勺（上M23：54、下M23：81）

6. 铜釜（M23：11）

M23出土器物

1. M24

2. 陶罐（M24：1）

3. 陶罐（M24：2）

4. 釉陶盒（M24：3）

5. 釉陶盒（M24：4）

M24及其出土陶器、釉陶器

1. M26

2. 碗（M26：23）

3. 碗（M26：6）

4. 碗（M26：2）

5. 盆（M26：28）

M26及其出土陶器

1. 直口壶（M26：36）

2. 直口壶（M26：18）

3. 盘口壶（M26：17）

4. 盘口壶（M26：21）

5. 豆（M26：9）

6. 鼎（M26：11、盖M26：10）

M26出土陶器

1. 罐（M26：32）

2. 箕形勺（左M26：38、右M26：39）

3. 斗形勺（M26：37）

4. 斗形勺（M26：12）

5. 盘口壶（M26：4）

6. 盘口壶（M26：5）

7. 鼎（M26：29）

M26出土陶器

1. M27

2. 陶仓（M27：8）

3. 釉陶壶（M27：40）

4. 釉陶壶（M27：37）

M27及其出土陶器、釉陶器

1. 陶小口圜底罐（M27：1）

2. 陶小口圜底罐（M27：36）

3. 陶小口圜底罐（M27：46）

4. 釉陶罐（M27：54）

5. 釉陶豆（M27：17）

6. 釉陶壶（M27：30）

M27出土陶器、釉陶器

1. 釉陶器盖（M27：50）

2. 石黛板（M27：26）

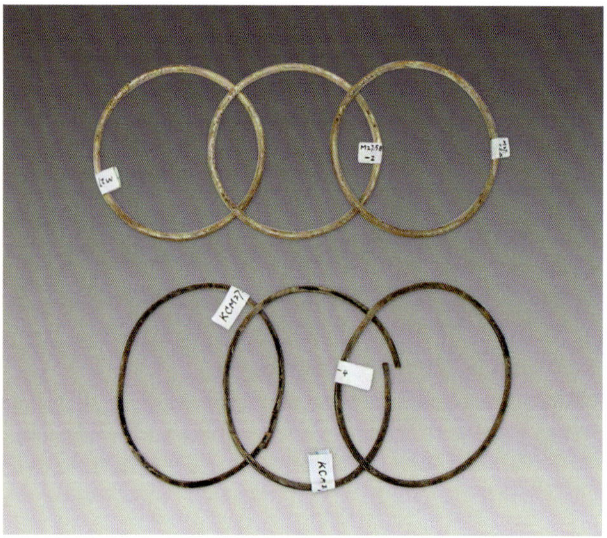
3. 银镯（M27：58）

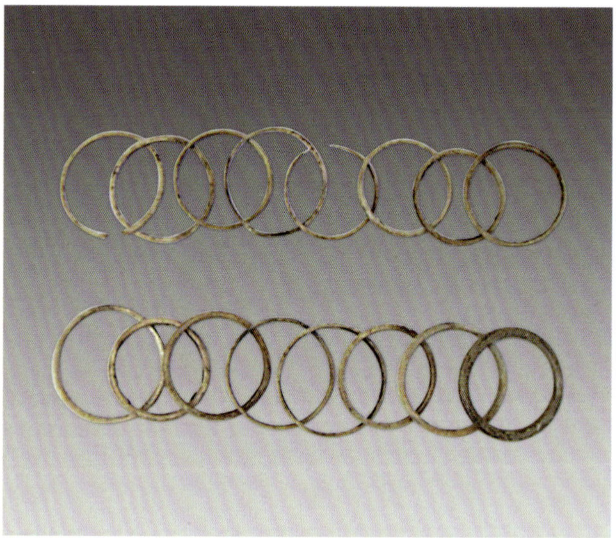
4. 银指环（M27：59）

5. 釉陶豆（M27：11）

6. 陶仓（M27：51）

7. 陶仓（M27：56）

M27出土器物

1. M28

2. 陶仓（M28：15）

3. 釉陶灯（M28：29）

4. 釉陶卮（M28：47）

M28及其出土陶器、釉陶器

1. 釉陶罐（M28：8）

2. 陶罐（M28：24）

3. 釉陶盆（M28：59）

4. 陶罐（M28：32）

5. 釉陶魁（M28：27）

6. 釉陶灯（M28：30）

M28出土陶器、釉陶器

1. 陶小口圜底罐（M28：43）

2. 陶小口圜底罐（M28：35）

3. 陶甑（M28：39）

4. 陶碗（M28：60）

5. 铜镜（M28：16）

6. 釉陶壶（M28：10、盖M28：2）

M28出土器物

1. M29

2. 鼎（M29：19、盖M29：11）

3. 盒（M29：1）

4. 罐（M29：12）

5. 罐（M29：16）

M29及其出土陶器

1. 碗（M29：14）

2. 碗（M29：15）

3. 壶（M29：8）

4. 壶（M29：18）

5. 豆（M29：21）

6. 壶（M29：17）

M29出土陶器

图版三六

1. M30

2. 壶（M30：12）

3. 仓（M30：9）

4. 仓（M30：44）

M30及其出土陶器

1. 盒（M30：26）

2. 盒（M30：53）

3. 罐（M30：59）

4. 罐（M30：8）

5. 碗（M30：13）

6. 甑（M30：63）

M30出土陶器

1. 鼎（M30：29）

2. 鼎（M30：22）

3. 壶（M30：64 ）

4. 壶（M30：37）

5. 豆（M30：11）

6. 豆（M30：45）

M30出土陶器

1. M31

2. 壶（M31：2）

3. 壶（M31：9）

4. 博山炉（M31：20）

M31及其出土釉陶器

1. 釉陶盂（M31：1）

2. 陶罐（M31：6）

3. 釉陶魁（M31：7）

4. 陶仓（左M31：11、右M31：10）

5. 釉陶卮（左M31：17、右M31：21）

6. 釉陶勺（上M31：25、下M31：8）

M31出土陶器、釉陶器

1. 釉陶盆（M31：22）

2. 釉陶魁（M31：23）

3. 釉陶盆（M31：18）

4. 釉陶盆（M31：4）

5. 陶甑（M31：28）

6. 陶甑（M31：3）

M31出土陶器、釉陶器

1. M32

2. 陶仓（M32：3-1）

3. 釉陶壶（M32：28）

4. 陶壶（M32：21）

M32及其出土陶器、釉陶器

1. 釉陶双耳盆（M32：40）

2. 釉陶盆（M32：8）

3. 陶盆（M32：32）

4. 陶盒（M32：17）

5. 陶小口圜底罐（M32：7）

6. 陶罐（M32：19）

M32出土陶器、釉陶器

1. 陶勺（M32：23）

2. 陶鼎（M32：26、盖M32：27）

3. 釉陶魁（M32：9）

4. 陶豆（M32：33）

5. 釉陶勺（M32：15）

6. 釉陶博山炉（M32：4）

M32出土陶器、釉陶器

1. M33

2. 釉陶壶（M33：5）

3. 陶罐（M33：12）

4. 陶仓（M33：20）

M33及其出土陶器、釉陶器

1. 釉陶釜（M33：57）

2. 釉陶簋（M33：6）

3. 陶钵（M33：7）

4. 陶盒（M33：59）

5. 釉陶盒（盖M33：22、M33：23）

6. 釉陶盒（盖M33：22、M33：23）

M33出土陶器、釉陶器

1. 陶罐（M33：10）

2. 陶罐（M33：9）

3. 釉陶鼎（M33：27）

4. 釉陶鼎（M33：27）

5. 釉陶魁（M33：51）

6. 陶罐（M33：54）

M33出土陶器、釉陶器

1. 釉陶炙炉（M33：41）

2. 釉陶炙炉（M33：41）

3. 釉陶炙炉（M33：41）

4. 釉陶炙炉（M33：41）

5. 陶甑（M33：56）

6. 石黛板（M33：30）

M33出土器物

1. 釉陶博山炉（M33：34）

2. 釉陶熏炉盖（M33：34）

3. 釉陶熏炉底座（M33：34）

4. 釉陶卮（M33：52）

5. 釉陶卮盖（M33：52）

6. 铜球形棺饰（M33：3-3）

M33出土器物

1. M34

2. 釉陶博山炉（M34：37）

3. 釉陶豆（M34：36）

4. 陶仓（M34：34）

M34及其出土陶器、釉陶器

1. 陶罐（M34：54）

2. 陶罐（M34：15）

3. 陶罐（M34：21）

4. 釉陶盂（M34：22）

5. 陶鼎（M34：41）

6. 陶鼎（M34：46）

M34出土陶器、釉陶器

1. 陶壶（M34：6）

2. 陶壶（M34：44）

3. 陶盒（M34：12）

4. 釉陶盆（M34：35）

5. 铜棺铃（左M34：40、右M34：39）

6. 铜带钩（上M34：4、下M34：11）

M34出土器物

1. M35

2. 陶仓（M35：1）

3. 釉陶壶（M35：7）

4. 釉陶博山炉（M35：30）

M35及其出土陶器、釉陶器

1. 釉陶盒（M35：2）

2. 陶杯（M35：3）

3. 釉陶盆（M35：6）

4. 陶甑（M35：18）

5. 釉陶魁（M35：9）

6. 釉陶釜（左M35：10）、釉陶罐（右M35：11）

M35出土陶器、釉陶器

1. 陶小口圜底罐（M35：17）

2. 陶小口圜底罐（M35：8）

3. 釉陶罐（M35：24）

4. 釉陶鼎（M35：16、盖M35：29）

5. 釉陶豆（M35：12）

6. 铜钱（M35：25）

M35出土器物

1. M2

2. M3

铺溪四组M2、M3

1. 陶圜底罐（M2：21）

2. 陶仓（左M2：36、右M2：37-1）

3. 釉陶灯（M2：49）

4. 釉陶双耳釜（M2：68）

5. 釉陶盂（M2：52）

6. 釉陶魁（M2：62）

铺溪四组M2出土陶器、釉陶器

1. 陶甑（M2：4）

2. 釉陶卮（M2：64）

3. 釉陶盘口壶（M2：6）

4. 釉陶盘口壶（M2：2）

5. 铜盆（M2：7）

6. 铜釜（M2：14）

铺溪四组M2出土器物

1. 陶平底罐（M3：2）

2. 陶小口圜底罐（M3：60）

3. 釉陶双耳釜（M3：53）

4. 陶甑（M3：13）

5. 陶壶（M3：4）

6. 釉陶盘口壶（M3：44）

铺溪四组M3出土陶器、釉陶器

1. 釉陶碗（M3：40）

2. 釉陶钵（M3：70）

3. 釉陶盂（M3：69）

4. 釉陶灯（M3：12）

5. 铜洗（M3：1）

6. 铁釜（M3：15）

铺溪四组M3出土器物

www.sciencep.com
SCPC-BZBEZF17-0041
ISBN 978-7-03-082401-1
9 787030 824011 >
定 价：258.00元